能源电力碳达峰碳中和实践路径

赵　亮◎主编

中国电力出版社
CHINA ELECTRIC POWER PRESS

内 容 提 要

本书围绕“双碳”目标落地，以能源清洁低碳转型和新型电力系统构建为主线，结合国网天津市电力公司近年来的实践探索，总结在助力城市低碳转型过程中的典型做法和可复制经验，提出了推进能源电力“双碳”目标落地的实践路径和工程示范。

本书可供各地电网企业、政府主管部门、相关企业、行业协会的专业人员以及广大的能源电力领域实践者阅读参考。

图书在版编目（CIP）数据

能源电力碳达峰碳中和实践路径 / 赵亮主编. —北京：中国电力出版社，2023.3（2023.4 重印）
ISBN 978-7-5198-7595-4

Ⅰ.①能… Ⅱ.①赵… Ⅲ.①电力工业—二氧化碳—节能减排—研究—天津 Ⅳ.①F426.61 ②X511

中国国家版本馆 CIP 数据核字（2023）第 030800 号

出版发行：中国电力出版社
地　　址：北京市东城区北京站西街 19 号（邮政编码 100005）
网　　址：http://www.cepp.sgcc.com.cn
责任编辑：崔素媛（010-63412392） 杨淑玲
责任校对：黄　蓓　王海南
装帧设计：张俊霞
责任印制：杨晓东

印　　刷：北京博海升彩色印刷有限公司
版　　次：2023 年 3 月第一版
印　　次：2023 年 4 月北京第二次印刷
开　　本：787 毫米 × 1092 毫米　16 开本
印　　张：23.5
字　　数：454 千字
定　　价：75.00 元

序

实现碳达峰碳中和是我国对国际社会的庄严承诺，也是我国高质量发展的内在要求。党的二十大报告明确提出积极稳妥推进碳达峰碳中和，要求加快规划建设新型能源体系，为我国能源清洁低碳转型指明了方向。能源活动是我国二氧化碳排放的主要来源，占全社会总排放量的80%以上，其中，电力行业占能源行业碳排放量的四成，是能源转型的中心环节、碳减排的关键领域。要实现“双碳”目标，建设新型电力系统是关键举措之一。

新型能源体系和新型电力系统的构建带来了一系列新挑战，未来电网形态将发生重大变化，运行场景复杂、受控对象点多面广、系统不确定性增强、调节手段多且难协调等问题将逐步显现。输配电系统的形态结构、运行方式、市场机制都将发生深刻变革。以配电网为例，需要以高灵活性对冲新能源接入的不确定性，充分挖潜电网数字化、智能化调控技术，研究边缘侧运行控制方法，为大规模新能源接入提供可靠网架支撑，许多问题亟待系统研究和实践探索。

面对新的形势和任务，能源电力领域的诸多企业、学者对“双碳”目标的实现路径开展了多角度的积极探索，取得了丰硕的成果。本书是重要成果之一。作者深刻认识到电力在能源转型过程中的关键作用，紧密结合电网连接能源生产和消费的枢纽属性，围绕电源、电网、负荷等环节，在技术、政策、市场机制等方面做了深入思考；围绕省级电网企业更好服务“双碳”目标这一命题，在打造坚强主网、升级灵活化配电网、建设电力“双碳”先行示范区基础上，积极推进综合能源利用、碳监测、碳减排规划等工作，从实际出发，在多方面进行了实践探索，不仅为今后大型公用事业和企业推进“双碳”目标实现提供了技术支撑和实践经验，也为相关领域后续研究奠定了很好的基础。

除了专业领域的深耕细作，本书还体现了作者精益求精的工作态度、高瞻远瞩的先进理念，不难看出国网天津市电力公司持之以恒的努力和作为有关国计民生的央企的强烈责任感和使命感。书中的思考视角独特、观点新颖，体现出能源电力人开阔的视野和扎实的积累，相信作者团队围绕“双碳”目标做出的有益实践，将为我国能源行业及企业的转型提供有益借鉴。

中国工程院院士

2023年1月

前 言

党的十八大以来，以习近平同志为核心的党中央把生态文明建设纳入中国特色社会主义事业“五位一体”总体布局，做出了实现2030年前碳达峰、2060年前碳中和的重大战略决策，不仅为中国经济社会发展全面绿色转型指明了方向，也为全球应对气候变化共同行动贡献了关键力量。党的二十大报告指出：“实现碳达峰碳中和是一场广泛而深刻的经济社会系统性变革”“坚持先立后破，有计划分步骤实施碳达峰行动”“深入推进能源革命”“加快规划建设新型能源体系”“确保能源安全”。在以中国式现代化全面推进中华民族伟大复兴的宏伟蓝图中，定位了能源坐标、明确了转型使命，为能源电力高质量发展指明了方向。

实现“双碳”目标是党中央统筹国内国际两个大局做出的重大决策，是破解资源环境约束突出问题、实现可持续发展的迫切需要，也是顺应技术进步趋势、推动经济结构转型升级的迫切需要，具有重大战略意义。加快低碳发展是落实我国能源安全战略的需要，也是推动全球一体化、体现大国担当的必然选择，更是推进我国可持续发展的必由之路。

推动“双碳”目标落地，能源是主战场，电力是主力军，电网是排头兵。近年来，国网天津市电力公司贯彻国家电网公司和天津市政府决策部署，坚决守牢能源安全底线，推动能源转型发展，以打造能源革命先锋城市为己任，全力争做能源清洁低碳转型的先行者、引领者、推动者；充分发挥区位优势、政策优势、开放优势、人才优势，立足当前、着眼长远，取得了一系列重要突破，探索形成了一批可复制、可推广的典型模式。国网天津市电力公司特别抢抓“双碳”机遇，迅速启动津碳“3060”电力行动，发挥电网枢纽平台作用，以破解“能源不可能三角”为追求，以新型电力系统构建为切入点，打造了全国首个政企合作的电力“双碳”先行示范区。

构建新型电力系统，筑牢“双碳”电网之基。历时三年全面竣工“1001工程”，35千伏及以上输电线路长度、变电容量分别增长120%、70%，相当于再造了一张天津电网，电网整体水平全面提升。500千伏双环网全面建成，特高压电力疏散能力提升近70%，供电可靠率等指标达到世界先进水平。适应分布式能源系统等“产消者”大量并网需要，在提前一年完成农网升级改造和“煤改电”、农网供电能力提升近一倍基础上，2021年建成国家电网公司系统首批世界一流城市配电网。

擦亮能源绿色名片，打造“双碳”示范引领。投运首批生态宜居型和产城集约型智慧能源小镇，发布“10+10”技术和模式创新成果，整体达到国际领先水平。在此基础上建成滨海能源互联网综合示范区，实现持续引领。先后建成首个综合能源服务中心、城市能源大数据中心、全球首个“零碳”码头等重大示范工程，零能耗建筑成果在党的二十大“奋进新时代”主题成就展上亮相，津门湖新能源车综合服务中心等一批成果在第27届联合国气候变化大会上被推介。依托世界智能大会，连续三年举办城市能源高峰论坛，在降碳减排、绿色发展上不断闯出新路子、打开新局面，在能源转型方面的探索始终走在全国前列。

着力攻克核心技术，凝聚“双碳”创新内核。立足打造电力“双碳”先行示范区，推动跨专业、跨学科联合攻关。打造“双碳”原始创新策源地，先后攻克交直流混合配电网保护与控制技术世界级难题，投运国际首个八端口交直流混合配电网工程；研发人工智能配电网带电作业机器人，作业效率和安全性大幅提升，产品已实用化推广；研发全球首套分布式虚拟同步机，攻克电力电子化装置与配电网交互技术难题，解决光伏、充电桩等大规模接入电网的系统冲击问题，为“双碳”目标落地提供可靠技术支撑。打造“双碳”联合创新共同体，成立专家咨询委员会，共建院士工作站、博士后工作站；联合天津市科技局、天津产权交易中心搭建能源电力领域科技成果转化平台，实现智能电网、综合能源、电动汽车等领域百余项科技成果转化推广，实现能源领域创新链、产业链融合发展。

投运碳业务运营服务平台，启动“双碳”数字引擎。经天津市碳达峰碳中和领导小组办公室授权，牵头建设天津市碳达峰碳中和运营服务中心，聚焦“双碳”全产业链服务需求，提供碳减排管理、碳资产运营、碳交易管理、碳评估认证、低碳技术研究五大服务。依托城市能源大数据中心，贯通电力、政务大数据交互通道，在生态城试点实现电、水、气、热等七类数据统一归集应用；深挖电力大数据“富矿”，推出“电力+”经济、环保、应急等系列大数据产品，疫情期间推出“一区一行一指数”行业用电全景图谱，支撑社会治理更加精准、更具预见性。创新“电－碳”关联分析模型，推出城市发展“碳足迹”、重点行业“碳监测”、园区用能“碳场景”等系列碳治理数据产品，努力为政府提供精准决策支持、为低碳产业发展“赋能”“赋智”。

本书从人类应对气候变化讲起，以能源清洁低碳转型和新型电力系统构建为主线，结合国网天津市电力公司近年来的实践探索，总结在助力城市低碳转型过程中的典型做法和可复制经验，进一步找准省级电网企业角色定位，发挥价值作用，提出了推进能源电力“双碳”目标落地的实践路径和工程示范。

全书共十二章，第一章主要介绍国际社会应对气候问题开展的经济低碳化举措和气候治理实践，以及中国“双碳”目标带来的低碳发展机遇和结构调整挑战。第二章主要介绍新型能源体系、新型电力系统主要内涵和特征，明确能源电力支撑实现“双碳”目标的核心地位。第三章从能源供给侧阐述了能源生产方式从高碳向低碳、从以化石能源为主向以清洁能源为主的转变。第四章围绕各个领域的电气化建设实践，指出能源电气化消费对促进落实国家能源战略、降低终端碳排放的重要意义。第五章阐述了电网企业以“新型数字基础设施、新型能源电力物联网、新型能源数字服务”为主要内容的数字化转型探索。第六章介绍了电网企业不断提高能源利用效率、实现能源高效化利用的系列举措。第七章介绍了电网企业聚焦客户新期待、新要求，持续优化能源服务水平，满足客户多元化用能需求，助推全社会能效水平提升的能源便捷化服务做法。第八章围绕能源社会化行动，从加强生态文明普及教育、强化媒体融合、搭建信息交流平台、创立产业发展联盟等角度出发，提出积极引导全社会共同关注、共同参与碳达峰碳中和工作的倡议。第九章主要介绍科技创新引领，阐述了电网企业承接新型电力系统科技攻关行动计划项目，实施国家重点研发计划项目，为能源电力“双碳”先行示范区建设提供科技支撑的主要做法与成绩。第十章围绕体制机制保障，提出努力构建与新型能源体系、新型电力系统建设相适应、相促进的体制机制，以卓越的管控模式助力“双碳”目标实现。第十一章立足区位特点和实际应用场景，详细介绍了津门湖新能源车综合服务中心、滨海能源互联网综合示范区、宝坻“一园一村”“双碳”先行示范区、天津港“零碳”码头智慧能源系统等工程案例。第十二章围绕电碳监测分析服务平台建设，介绍了全国首个政企协作的省级碳达峰碳中和运营服务中心的建设运营情况。

实现“双碳”目标，需要政府、企业、个人等众多社会主体共同参与、通力协作，本书主要是国网天津市电力公司在“双碳”领域的阶段性成果总结与分享，希望能为助力“双碳”目标落地提供有益参考。本书在编写过程中得到了天津市发展改革委、天津市工业和信息化局、天津市生态环境局等众多部门，以及国家电网公司、天津大学等单位专家学者的支持和帮助，在此一并表示感谢。

推进“双碳”目标实现面临许多重大的理论实践问题，需要持续深入探索，加之作者能力水平所限，书中难免有疏漏和不妥之处，欢迎广大专家、读者提出宝贵意见和建议。

编者

2023年1月

目　录

第一章　碳达峰碳中和与能源电力发展

应对全球气候问题威胁，国际社会构建多元气候治理机制，开展气候治理实践，加快经济低碳化进程。中国承诺“双碳”目标，既会经受经济和能源结构调整的压力，也将面临绿色低碳发展和能源科技创新的机遇，中国展现绿色低碳发展的决心和负责任大国的担当，必将为全球生态文明以及人与自然生命共同体的建设注入强大动力。

第一节　气候变化与减碳愿景

一、气候变化与碳排放

1. 气候变化的各种影响

气候变化是指气候平均状态随时间的变化，即气候平均状态和离差（距平）两者中的一个或两个出现了统计意义上的显著变化。离差值越大，表明气候变化的幅度越大，气候状态越不稳定。全球气候变暖是世界公认的气候变化现象，这种现象带来的直接影响包括以下几方面。

（1）冰川消融。

全球冰川正在因全球变暖而以有记录以来的最大速度融化着，20世纪90年代以来，更呈现出加速融化的趋势。冰川融化和退缩的速度不断加快，意味着数以百万的人口将面临洪水、干旱以及饮用水减少的威胁，并由此导致的海平面上升威胁到许多沿海地区的安全。格陵兰冰盖作为地球第二大冰盖，受全球变暖的影响质量损失持续增加，其消融可能导致全球海平面上升约6.5米，严重威胁人类生存安全并产生经济、社会、生态等问题，如图1–1和图1–2所示。

图1–1 正在融化的北极冰川

图1–2 1882年和2005年的阿拉斯加州的缪尔冰川对比

（2）极端气候。

暴雪、暴雨、洪水、干旱、冰雹、雷电、台风……极端气候在近几年异常频繁地光顾地球，这些都与全球气候变化大背景有关。“自20世纪70年代以来，干旱的发生范围更广、持续时间更长、程度更严重，特别是热带、亚热带地区。”“过去50年里，极端高温、低温发生了大范围的变化。昼夜低温、霜冻变得不如以前频繁，而昼夜高温、热浪则愈加常见。”通过这些极端天气气候事件报导可以看出，发生的频率和强度都有所增加，给人民生命财产安全带来极大的危害。

（3）粮食减产。

全球变暖带来干旱、缺水、海平面上升、洪水泛滥、热浪及气温变化，这些都会使世界各地的粮食生产受到破坏。在一些干旱农业地区，如非洲撒哈拉沙漠地区，只要全球变暖带来轻微的气温上升，粮食产量都将会大大减少。稻米对温度变化十分敏感。若晚间最低气温每上升1摄氏度（1.8华氏度），稻米收成便会减少10%，近代全球平均温度一直呈升高趋势，如图1–3所示。值得警惕的是，稻米是全球过半人口的主要粮食，全球变暖的轻微变化可能将带来深远的影响。

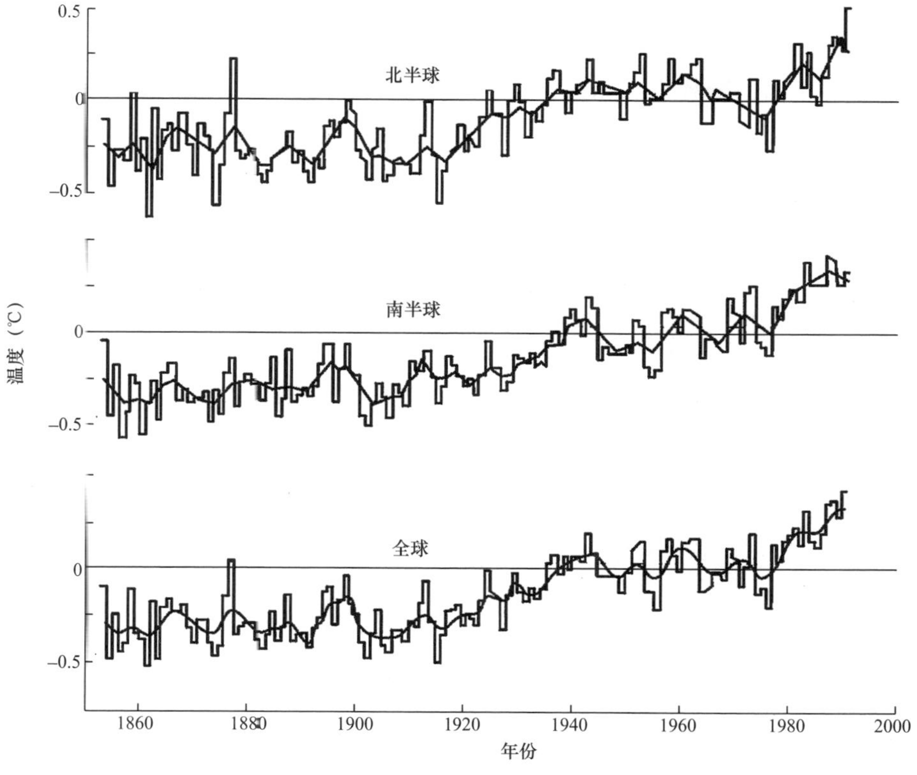

图1–3　近代南北半球及全球平均温度的变化

（4）海平面上升。

全世界大约有三分之一的人口生活在沿海岸线60千米以内经济发达、城市密集区域，全球气候变暖导致的海洋水体膨胀和两极冰雪融化对其影响巨大。政府间气候变化专门委员会（IPCC）第5次报告指出，在全球变暖的背景下，全球海平面会有持续显著的上升，到2100年，海平面的上升幅度在0.26～0.82米之间。海平面上升会给生态系统、自然环境和人类社会带来巨大损失，危及全球沿海地区，特别是那些人口稠密、经济发达的河口和沿海低地。这些地区可能会遭受淹没或海水入侵、海滩和海岸侵蚀、港口受损等。

（5）物种灭绝。

全球气候变化及人类对自然生态系统的干扰，使生物多样性面临着前所未有的威胁。国际自然资源保护联合会2004年的报告中指出，当前地球物种灭绝的速度是物种正常衰亡速度的100～1000倍，比物种形成速度快100万倍，物种的丧失速度由大致每天丧失一个物种加快到每小时丧失一个物种。

地球生命力指数（Living Planet Index，LPI）监测了1970～2010年3038种哺乳动物、鸟类、爬行类、两栖类和鱼类物种共10 380个种群生存变化趋势。结果表明：全球物种的种群数量自1970年以来下降52%，温带地区现有1606个物种、6569个种群，下降36%；热带地区现有1638个物种、3811个种群，减少56%；拉丁美洲降幅达到83%。陆生LPI反映栖息于树林、草原、沙漠、冻土等1562个陆生物种的数量变化，1970～2010年减少39%且未呈现减缓迹象；淡水LPI反映栖息于江河湖泊等淡水区域757个物种丰度变化趋势，LPI平均下降76%，比陆生物种LPI下降更为严重；海洋LPI反映栖息于海洋及沿海生态区域910个物种数量变化趋势，1970～2010年减少39%，1970年至20世纪80年代中叶降幅最大，此后趋于稳定，最近再次出现一个下降期。

2. 气候变化的原因——碳排放

碳排放是关于温室气体排放的一个总称或简称，指人类生产经营活动过程中向外界排放以二氧化碳（CO_2）为代表的温室气体的过程，其主要产生来源是石油、煤炭、天然气等化石能源的燃烧，碳排放是目前被认为导致全球变暖的主要原因之一。由于二氧化碳在所有温室气体中占有绝对优势，为了便于统计和计算，通常把其他气体按照影响程度不同折算成二氧化碳当量密度，因此现在常用二氧化碳指代温室气体。除二氧化碳外，常见的温室气体还有甲烷（CH_4）、氧化亚氮（N_2O）、全氟碳化物（PFCs）、氢氟碳化物（HFCs）、含氯氟烃（HCFCs）及六氟化硫（SF_6）等。

工业革命之前，二氧化碳在大气中的含量仅占百万分之二百八十，而现在的含量则达到了百万分之三百七十以上，温室效应加剧，70%以上的原因是大气中二氧化碳含量的增加。工业革命后的几个世纪中，人们通过燃烧化石燃料，向大气中排放了1600亿吨二氧化碳，占现有总量的35%。由此可见，二氧化碳含量在过去几百年中的攀升，大多是由人类活动造成的。

二、《京都议定书》与《巴黎协定》

1.《京都议定书》

《京都议定书》是人类第一部限制各国温室气体排放的国际法案，全称是《联合国气候变化框架公约的京都议定书》，由联合国气候大会于1997年12月在日本京都通过。其目标是将大气中的温室气体含量稳定在一个适当的水平，进而防止剧烈的气候改变对人类造成伤害。中国于1998年5月签署并于2002年8月核准了该议定书，目前已有170多个国家加入该议定书。

《京都议定书》的签订是多边气候制度发展进程中的一个里程碑。《京都议定书》几乎是以满足大多数国家利益为前提订立的，它设定了发达国家至2012年的减排目标，强调促使发达国家承担量化减排指标或者承担可比的减排承诺，强调主要发展中国家自愿参与减排。但是《京都议定书》中提出的“京都模式”围绕减排义务分配问题的矛盾无法调和，使其有效性大大受限。多重否决权的存在，加上各国利益和规范认知的差距使全球气候治理面临着严重的集体行动困境，各国纷纷转向“免费搭车”战略，提高减排目标、推动落实对发展中国家的资金技术援助日益困难。尽管国际社会在围绕京都模式的谈判中耗费了极大的政治资源，但《京都议定书》第二承诺期几乎无法执行，气候治理“赤字”越来越大。与此同时，经过20多年的发展变化，各国的社会经济水平、减排能力、潜力等均发生了巨大变化，发展中大国的减排潜力日益增加，无论是发展中国家还是发达国家都逐渐意识到：从不断提升气候变化应对效率的角度来看，无论各国参与的程度如何，全球气候变化应对框架要发挥其作用，就必须涵盖主要碳排放国。上述变化的最重要后果是气候谈判南方阵营的逐渐分化，以巴西为代表的一些发展中大国也开始倡导一个包含发展中国家的全球减排体系。

2.《巴黎协定》

2015年年底通过第21届联合国气候变化大会（COP21）达成的《巴黎协定》成为全球气候治理历史上最新也是最重要的多边协定。《巴黎协定》于2015年12月12日在第21届联合国气候变化大会巴黎气候大会上通过，于2016年4月22日在美国纽约联合国大厦签署，于2016年11月4日起正式实施。2016年9月3日，经全国人大常委会批准，中国正式加入《巴黎协定》，成为完成了批准协定的缔约方之一。《巴黎协定》共29条，包括目标、减缓、适应、损失损害、资金、技术、能力建设、透明度、全球盘点等内容。

从环境保护与治理上来看，《巴黎协定》的最大贡献在于明确了全球共同追求的“硬指标”。协定指出，各方将加强对气候变化威胁的全球应对，把全球平均气温升幅控制在工业化前水平以上低于2摄氏度之内，并努力将气温升幅限制在工业化前水平以上1.5摄氏度之内。只有全球尽快实现温室气体排放达到峰值，21世纪下半叶实现温室气体净零排放，才能降低气候变化给地球带来的生态风险、给人类带来的生存危机。

从人类发展的角度看，《巴黎协定》将世界所有国家都纳入了呵护地球生态、确保人类发展的命运共同体当中。协定涉及的各项内容摈弃了零和博弈的狭隘思维，体现出与会各方为实现互惠共赢的强烈愿望。《巴黎协定》在联合国气候变化框架下，按照共同但有区别的责任原则、公平原则和各自能力原则，进一步加强联合国气候变化框架公约的全面、有效和持续实施。

从经济视角审视，《巴黎协定》同样具有实际意义：首先，推动各方以“自主贡献”的方式参与全球应对气候变化行动，积极向绿色可持续的增长方式转型，避免过去几十年严重依赖石化产品的增长模式继续对自然生态系统构成威胁；其次，促进发达国家继续带头减排并加强对发展中国家提供财力支持，在技术周期的不同阶段强化技术发展和技术转让的合作行为，帮助后者减缓和适应气候变化；最后，通过市场和非市场双重手段，进行国际间合作，通过适宜的减缓、顺应、融资、技术转让和能力建设等方式，推动所有缔约方共同履行减排贡献。此外，根据《巴黎协定》的内在逻辑，在资本市场上，全球投资偏好未来将进一步向绿色能源、低碳经济、环境治理等领域倾斜。

《巴黎协定》将《京都议定书》签订以后的气候谈判成果固定下来，推动了全球气候治理制度基础的发展。作为多边气候制度建设的最新成果，《巴黎协定》除设置富有雄心的全球升温控制目标，还进行了一系列制度创新，其中最重要的是对减排义务分配原则和体系的重构。《巴黎协定》更新了对“共同但有区别的责任和各自能力原则”的解释，废除了《京都议定书》以二分法处理发达国家和发展中国家（或称“南北”）减排义务的模式，并首次以国际条约形式确认了所有缔约方“自下而上”提出国家自主贡献的减缓合作模式。此外，《巴黎协定》还试图通过动态监督和全球盘点机制为国家遵守自身承诺提供国际压力。

在将全球各国纳入一个统一的减排体系中后，《巴黎协定》设定了相对松散、但有一定顶层管控的减排义务分配体系。国家自主贡献（Intended Nationally Determined Contributions，INDCs）机制允许每一个国家从其自身国情和能力出发进行气候减缓、适应等行动。这实际上是将减排义务分配这一难题从多边层面下放到各国，取消了事先设定减排目标的顶层设计路径，转而允许各国“自行领取”相关义务。《巴黎协定》第3条和第4条的诸多条款都明确规定了国家自三贡献将作为实现2摄氏度目标的主要方式。由此，国家自主贡献在共同减排的基础上强调有区别，因而区别于京都模式在有区别基础上模糊地提出共同。这也是在现有观念和利益冲突条件下所能收到的最好结果。《巴黎协定》对全球气候治理的发展起到了承上启下的作用，它将各国围绕多边气候制度所达成的一系列新共识形成制度，又以其权威性为多元气候治理机制的发展和全球经济低碳化进程注入了新的政治动力。

三、国外典型国家碳达峰碳中和发展进程

2019年5月，美国国家海洋和大气管理局发布，由于人类的活动，大气中二氧化碳的浓度已从1750年工业化前的280×10^{-6}上升到415.26×10^{-6}，创造了有史以来的最高纪录。大气中二氧化碳浓度的快速增长，促使了气候变化的加速发展。2016年，全球的二氧化碳排放量达到了320亿吨，预计2030

年将会达到550亿吨，增长70%，远高于《巴黎协定》在保证地球升温不超过2摄氏度时的二氧化碳排放量420亿吨的限制，现在，碳排放问题已经成为危及全人类共同面对的最严峻的挑战之一，因而联合国气候变化专门委员会建议，碳减排的目标要从《巴黎协定》关于全球平均气温较工业化前水平升高须控制在2摄氏度之内的规定修改为1.5摄氏度，并于2050年实现全球碳的零排放。为此，全球多数发达国家均做出了承诺，在2050年以前实现碳中和。

1. 瑞典

瑞典作为创新型国家，在减排与可持续发展方面一直走在世界前列。为实现2045年温室气体零净排放，瑞典实施了“战略创新计划”推动可持续科研项目产业化，确立气候中和行业为“创新伙伴关系计划”四大主题之一，实施“气候飞跃”和“绿色工业飞跃”计划以及“无化石瑞典行动计划”等。在生物医药、信息通信、新材料、能源、环境、交通、健康以及可持续发展等领域布局“减排”科研项目，以技术创新助力减排目标实现。

在战略与科研部署方面：2017年6月，瑞典议会通过《气候政策框架》，包括国家气候目标、《气候法案》和气候政策委员会三大支柱，提出了2045年实现温室气体零净排放的长期减排目标和2020降低40%、2030降低63%、2040年降低75%的阶段性目标。2020年，瑞典相继发布了《循环经济国家战略》《绿色复苏国家计划》《生命科学国家战略》和《瑞典减少温室气体排放长期战略》等国家战略计划，标志着瑞典的气候政策框架和实现碳中和目标的总体战略框架及政策路径基本形成。

在重点技术领域方面：2011年，瑞典创新署发布《环保技术发展总体战略》，确定绿色材料和生物能源、可持续运输、轻量化、先进材料及可持续建筑环境等为重点领域。2014年启动的“战略创新计划”，在生物医药、信息通信、新材料、能源、环境、交通、健康以及可持续发展等领域布局“减排”科研项目，以技术创新助力减排目标实现。

其他重大政策举措方面：瑞典的《环境法》《规划和建筑法案》等法规对环保减排提出了明确要求。在交通领域规定了减排义务、提供可再生燃料的义务、对新车辆二氧化碳排放的强制要求等。政府部门也从税收、补贴、评估与信息服务等方面采取政策措施，形成了较为完整的政策体系。

2. 德国

德国在1990年前就实现了碳达峰，是全球积极实施能源转型的国家。2000～2019年，德国碳排放强度从8.544亿吨降低到6.838亿吨，降幅近20%。

多年以来，德国通过立法等举措持续推进减排目标。2019年5月，德国宣布成立退出煤炭委员会，2019年9月，德国联邦政府内阁通过了《气候行动计划2030》，2019年11月通过了《德国联邦气候保护法》，通过立法确定了德国到2030年温室气体排放比1990年减少55%，到2050年实现净零排放的中长期减排目标。

德国在促进碳中和过程中构建的法律体系是系统性的。德国联邦政府在气候立法前，发布了“德国适应气候变化战略”“适应行动计划”《气候保护规划2050》一系列的国家长期减排战略、规划和行动计划，以此框定目标、取得共识。在此基础上，再通过《联邦气候立法》《可再生能源法》《国家氢能战略》等一系列法律法规增强约束力，进而再落实具体行动计划，制定了《气候行动计划2030》，对每个产业部门的具体行动措施做了明确的规定。

《德国联邦气候保护法》的核心目标是“到2030年温室气体排放比1990年减少55%，到2050年实现净零排放，且目标只能提高，不能降低”，这部法律为确保德国实现碳减排目标提供了严格的法律框架，明确了各产业部门2020～2030年间刚性年度减排目标，具有传导压力、明确责任、倒逼目标的强约束作用。作为落实《德国联邦气候保护法》的重要行动措施和实施路径，《气候保护计划2030》将减排目标在建筑和住房、能源、工业、建筑、运输、农林等六大部门进行了目标分解，规定了部门减排措施、减排目标调整、减排效果定期评估的法律机制。

3. 日本

日本于2013年出现碳达峰，碳排放峰值为14.08亿吨，人均排放量为11.17吨二氧化碳当量。日本长期气候战略是：到2050年在2010年的基础上减排80%，2050年年底之前实现碳中和。

日本为降低使用化学能源造成温室气体的排放，1997年颁布了《关于促进新能源利用措施法》、2002年发布了《新能源利用的措施法实施令》等法规政策，被视为日本实现碳中和目标的法律依据。此外，日本政府也发布了针对碳排放和绿色经济的政策文件，如2008年5月的《面向低碳社会的十二大行动》及2009年的《绿色经济与社会变革》政策草案。

为落实2030年中期目标及2050年碳中和目标，日本政府打出政策组合拳，制定了“绿色增长战略”，修订《地球温暖化对策推进法》以及与之配套的“地球温暖化对策计划”，修订《能源基本计划》等，试图同时运用财政与金融两手，推动能源革命、产业转型、技术换代，在全球绿色转型大变局中重新确立全球产业竞争力。日本实现碳中和路径总结概括如下：

第一，推动能源结构转型。日本政府在最新修订的“地球温暖化对策计划”中明确提出，力争到2030年使来自能源的二氧化碳排放量降低至约6.8亿吨，较2013年减少45%。一方面，大幅提升电力部门中零排放电源占比。日本计划将2030年非化石燃料电源在全部发电量中的占比目标值由此前的44%调高至59%。另一方面，加速推动非电力产业部门的电动化转型并推进节能工程转型。在产业领域电动化转型，对各领域分别设定各自减排目标。此外，还就产生于能源领域以外的二氧化碳及其他温室气体提出了具体的减排目标，例如，通过强化环境保护措施，减少塑料废弃物焚烧等。

第二，加速产业结构调整。日本政府在能源、运输和制造、家庭和办公等三大领域划定了14个去碳化重点发展产业，希望通过加大政府政策扶持力度，促进“知识产权竞争力”转化为现实“产业竞争力”，广泛提升日本企业在全球产业分工中的地位和水平。

第三，构建绿色金融体系。设立“绿色创新基金”，公开招募企业，支援企业研发脱碳技术。在税制上，对去碳化设备投资给予税额优惠；在融资上，对于旨在实现去碳化的企业提供贷款优惠；在企业治理上，规范上市企业行为，要求披露气候变化对业务的影响。此外，日本还在开征碳税、碳边境税、构建全国碳交易市场等方面开展实证研究，为能源转型、绿色经济输血。

第四，与地方自治体合作打造示范区。2021年6月，日本制定“地区去碳化路线图”，计划从离岛、农山渔村、市区等选出100个区块作为2030年率先实现碳中和的示范区。在先行示范区内因地制宜地推广使用太阳能、风能、地热等可再生能源。在地方人才支援制度中设置绿色领域，派遣相关专家赴各地指导。设立“去碳化基金”，对积极实施去碳化项目的地方政府加大财政转移支付力度。

第五，积极参与国际合作。日本计划利用与接受技术援助等的国家分享减排量作为回报的联合信用机制，以“印太”地区为中心，力争到2030年累计减排1亿吨。日本将向受援方提供生产可再生能源、物流节能化、利用焚烧垃圾产生的热能发电等优势技术，并助力日企开拓海外市场。

第二节　中国碳达峰碳中和的挑战与机遇

一、中国碳达峰碳中和的承诺

2020年9月22日，习近平总书记在第七十五届联合国大会一般性辩论上正式宣布：“中国将提高国家自主贡献力度，采取更加有力的政策和措施，二氧化碳排放力争于2030年前达到峰值，努力争取2060年前实现碳中和。”2021年3月5日十三届全国人大四次会议上，政府工作报告提出扎实做好碳达峰碳中和各项工作，制定2030年前碳排放达峰行动方案。

碳达峰目标提出，到2030年中国单位国内生产总值二氧化碳排放将比2005年下降65%以上，非化石能源占一次能源消费比重达到25%左右，森林蓄积量将比2005年增加60亿米^3，风电、太阳能发电总装机容量将达到12亿千瓦以上。中国是世界上最大的碳排放国家，也是世界上唯一做出承诺的发展中大国。中国庄严地向世界宣布的这一承诺和这一重大战略决策，事关中华民族永续发展和构建人类命运共同体，是一场广泛而深刻的经济社会系统性变革，必然会使我国的产业结构、能源结构、生产生活方式发生深刻的转变。

中国宣布的“双碳”目标，不仅与《巴黎协定》提出的全球温升控制目标一致，并且与我国21世纪中叶建成社会主义现代化强国和美丽中国目标相契合。首先，要充分理解“双碳”目标的重大意义。实现“双碳”关系到中华民族伟大复兴、彰显大国担当，是加快我国生态文明建设和高质量发展的重要抓手，有利于在绿色发展相关技术中抢占先机、加快促进我国能源清洁转型与产业升级等。其次，要深刻认识实现“双碳”目标所面临的机遇与挑战。中国实现碳达峰碳中和目标面临的机遇主要包括形成新的市场、催生新的绿色产业、倒逼中国经济发展方式根本转型、加快战略性新兴产业发展等；同时面临着挑战，中国仍处于工业化深化阶段，对能源需求尚处于增长期，处于全球价值链低端，化石能源消耗占比与高耗能产业占比过高，碳达峰碳中和时间间隔较短等。再次，要利用好“双碳”战略机遇促进生态产品价值实现。加强生态资源一体化保护修复，巩固生态系统固碳能力，着力提升碳汇增量，探索碳汇产品价值实现机制，把具有强大固碳能力的林地、草地、湿地、海洋、冻土等生态资源变成可交易指标，既有利于碳达峰碳中和目标实现，也会加快生态产品价值实现。抓住碳达峰碳中和战略机遇，充分发挥生态资源碳汇作用，通过碳汇指标市场交易，促进生态产品价值实现。最后，要做好“双碳”目标的路径选择。实现“双碳”目标，需要从制度设计、生产生活方式绿色转型、市场建设、技术支撑、金融工具支持等方面共同发力。

二、中国碳达峰碳中和的挑战

当前，中国正处在转变发展方式、优化经济结构、转换经济动能的攻关期，工业化、城镇化进程正持续深化，民生改善和发展任务还很重；经济增长仍以高要素投入、粗放型发展为主，钢铁、化工、有色等高耗能产业比重居高不下，能源消耗量及碳排放仍处在上升期；能源结构中化石能源比重偏高，其中煤炭占比最高，也是碳排放的主要来源。此外，中国能源利用效率整体偏低，能耗强度是世界平均水平的1.5倍，是发达国家的2～3倍。在此背景下，实现“双碳”目标任重道远，具体而言主要面临以下挑战。

1. 产业结构偏重，仍处在工业化深化期

中国过去经济增长长期依赖以化石能源为基础的传统工业体系，2019年中国单位GDP能源消耗为4.1吨标准煤/万美元，是世界平均水平的1.7倍，是发达国家平均水平的2.9倍（见图1–4）。美国、日本之所以单位GDP能源消耗低，是因其主要生产的都是高附加值、低能耗的产品，而中国目前主要还是以高能耗、低附加值的产品为主，碳排放强度大、能耗高。近年来，国内产业持

续转型升级，工业增加值占比持续下降，但产业结构整体偏重，工业直接排放占全国总排放量的30%，加上工业使用的电和热，占比高达60%~70%。同时，制约国内传统产业转型升级的因素还较多，制造业等迈入全球产业链价值链中高端行列仍需时日。此外，5G、大数据中心等新兴服务领域高能耗现象较为突出。目前，全国有15万个数据中心，年耗电量超过1600亿千瓦时，相当于整个上海地区全年的耗电量，且这些数据中心电力供应70%来自煤电。

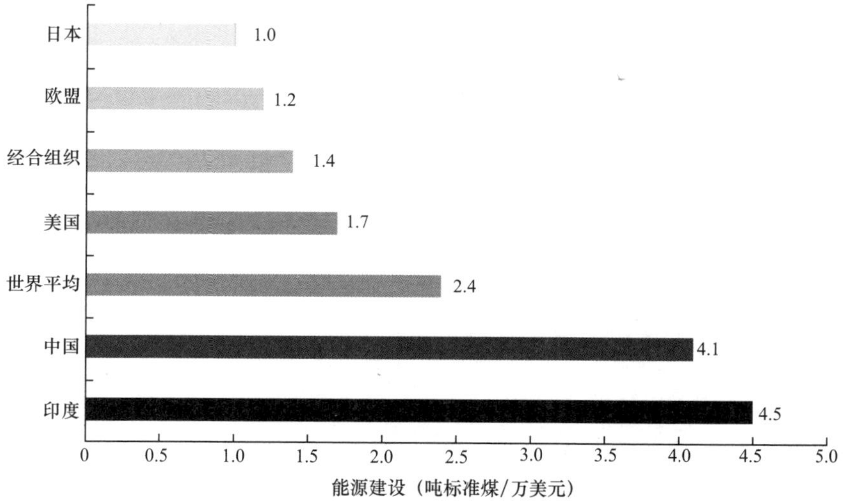

图1-4　2019年世界主要国家能源强度

数据来源：世界银行

2. 能源结构偏煤，石油和天然气对外依存度较高

中国是世界最大的能源生产国和消费国，据统计能源消耗产生的碳排放约占全国碳排放总量的85%，在化石能源中，尤以煤炭碳排放占比最高，比石油高30%，比天然气高70%。2020年，中国化石能源燃烧的二氧化碳排放量约占全球的32.5%，超过欧盟和美国之和，在所有工业大国中占比最高。目前中国的能源结构偏煤，从中国2020年的能源消费结构（见表1-1）来看，煤炭消费占比56.8%，石油占比18.9%，天然气、非化石能源等清洁能源占比达到24.3%。尽管2016~2020年天然气和非化石能源等清洁型能源在能源结构中的占比逐年增加，能源消费正在加快向绿色低碳转型，但是化石能源消费占比仍居高位。

表1-1　2016～2020年中国一次能源消费总量及能源消费结构

年份	能源消费总量（亿吨标准煤）	能源消费结构（%）			
		煤炭	石油	天然气	非化石能源
2016	43.6	62.2	18.7	6.1	13.0
2017	44.9	60.6	18.9	6.9	13.6
2018	47.1	59.0	18.9	7.6	14.5
2019	48.7	57.7	18.9	8.1	15.3
2020	49.8	56.8	18.9	8.2	16.1

中国石油和天然气的对外依赖程度仍然较高，以石油产业为例，2020年国内原油产量为1.95亿吨，全年净进口量为5.41亿吨，原油对外依存度高达73.5%。在工业化进程持续推进前提下，未来中国对能源的需求还将持续增加。“双碳”背景下如何摆脱化石能源的对外依赖，保证中国能源安全，核心应是大力减少煤炭等化石能源的使用比例，高质量发展以可再生能源为主的非化石能源，提高中国能源自给率。

3. 碳排放总量大，实现碳中和时间紧

从全球角度看，中国碳排放总量、人均碳排放、碳强度等关键指标都较高。目前，中国二氧化碳排放总量约占全球的30%，位居第1位，碳强度是全球平均水平的130%、欧美国家的2～3倍（见图1-5），人均碳排放也已经超越欧盟。实现“双碳”目标，意味着中国要完成全球最大总量、最高强度的碳排放降幅，任务艰巨、难度极大。同时实现目标的时间极为紧迫，欧盟从碳达峰到实现碳中和历时71年，美国为43年，中国提出的碳达峰到实现碳中和时间只有30年左右。而且，欧美等发达国家是在人均GDP达到20 000美元之后开始转型的，从碳达峰向碳中和过渡时，已实现了经济发展与碳排放的脱钩，各方面压力较小。而中国尚处于人均GDP刚过10 000美元的经济上升期，至2019年末，中国二氧化碳年排放总量仍超过100亿吨，远超欧盟及美国，排放尚未达峰，工业化、城市化仍处于快速发展进程中。要求用30年左右的时间实现能源结构、产业结构、经济社会发展模式和生产生活模式的转型，时间紧迫。

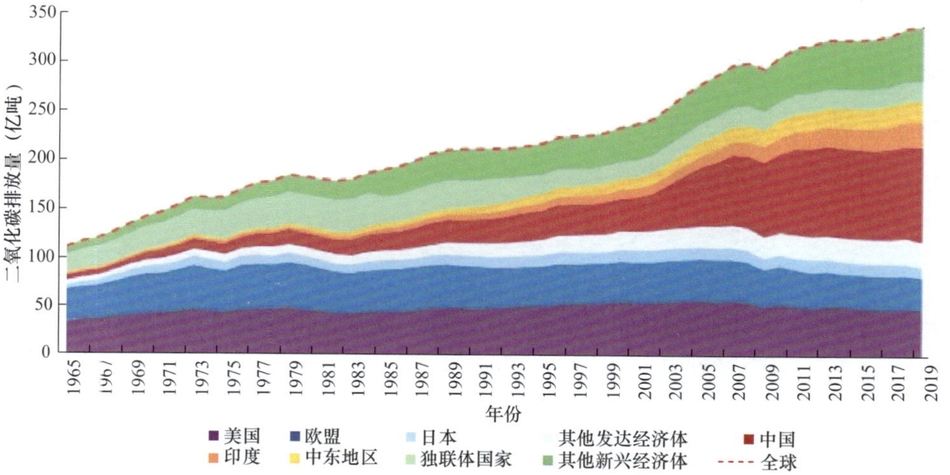

图 1-5 主要经济体碳排放占比

4. 能源效率偏低，仍处在高耗能发展阶段

在加大清洁能源利用的同时，提高能效已成为减少能源行业碳排放的主要方式。据国际能源署数据，在未来20年间，提高能效将削减40%能源相关的温室气体排放。自2015年以来，世界能效增速开始不断放缓，2018年能效增长幅度仅为1.5%，2019年仅为1.6%。中国是世界上能源效率提升幅度最大、能源强度下降最快的经济体（见图1-6），能源强度年均降速超过2%，能源强度下降幅度达86%。然而，中国能源利用效率整体仍然较低，能源强度

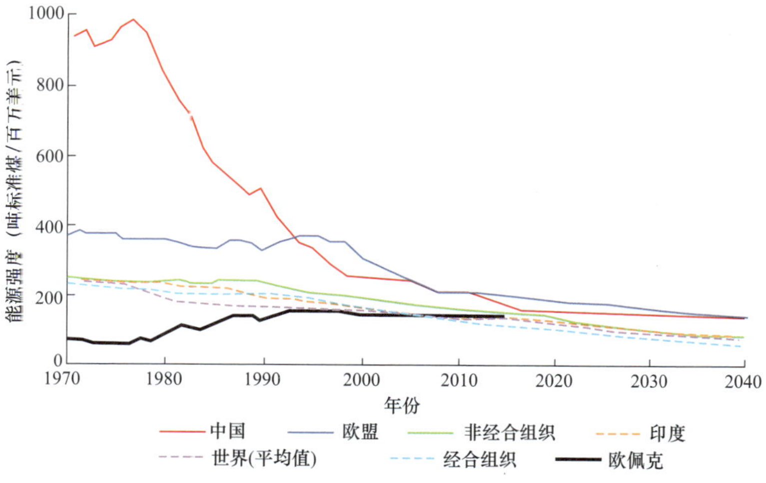

图 1-6 世界主要经济体能源强度变化趋势

仍居高不下，2019年能源强度为世界平均水平的1.3倍，是经合组织（OECD）国家的2.7倍。下一步应积极推动能源综合化、智慧化利用，加强节能提效和新技术新工艺应用，进而提高利用效率。

5. 深度脱碳技术成本高且不成熟

从科技创新的角度看，低碳、零碳、负碳技术的发展尚不成熟，各类技术系统集成难，环节构成复杂，技术种类多，成本昂贵，亟须系统性的技术创新。低碳技术体系涉及可再生能源、负排放技术等领域，不同低碳技术的技术特性、应用领域、边际减排成本和减排潜力差异较大。实现碳中和目标需持续推动低碳领域基础研究及应用技术研发，重点在太阳能、风能等新能源发电、特高压输电、适应新型电力系统的智能电网、大容量电化学储能、大型储能电站、源网荷侧多类型储能技术、绿色氢能与燃料电池、碳捕获利用与封存（CCUS）等领域发力。如果仅延续当前投资政策和碳减排目标等，现有低碳、零碳和负排放技术难以支撑中国到2060年前实现碳中和。被寄予期望的CCUS技术成本十分高昂，动辄数亿元甚至数十亿元的投资和运行成本以及收益不足，阻碍了CCUS项目的顺利建设。

6. 市场化体制机制有待完善

一是电力市场。以降电价为主的电力价格体制改革已无法满足新型电力系统建设新要求。需不断完善新能源市场化价格机制，推动新能源消纳成本在发电侧、电网侧和用户侧合理分摊，最终形成“谁受益、谁买单”的市场化长效机制，以利用统一的市场出清价格，保障“平价时代”的新能源能够获得合理收益。**二是碳市场**。中国碳市场配额仍以免费发放为主，市场化价格机制尚未真正形成，流动性明显不足。可借鉴欧盟经验，逐步由免费发放配额过渡到以拍卖为主，碳市场覆盖范围从电力行业逐步扩大到工业、交通等行业，覆盖的温室气体可从二氧化碳逐步扩大到甲烷等其他温室气体，参与主体可从高耗能行业拓展到金融等相关行业。

7. 外部环境仍面临诸多挑战

当前已有100多个国家和地区以不同形式提出了碳中和目标。欧盟是全球气候治理的“风向标”，自2019年起提出一系列绿色新政，美国也欲借新一轮气候外交政策，重返全球气候治理舞台中心。中国作为全球最大的碳排放国和世界第二大经济体，在气候变化问题上的主张影响深远。在此背景下，中国顺应时代潮流，提出2030年碳达峰、2060年碳中和的目标愿景。

然而，我国在气候治理的外部环境上仍面临诸多挑战。**一是来自欧美等西方国家的挑战**。近期欧盟宣布了气候治理一揽子计划“Fit for 55”，并正式公布碳边境关税政策（Carbon Border Adjustment Mechanism，CBAM）立法提案，拟对来自碳排放限制相对宽松国家和地区的铝、钢铁、水泥、肥料等进口商品征税。美国也在起草计划，拟对未采取积极政策应对气候变化的国家征税。若美欧等国联手形成西方国家利益主导下的碳边境税集团，不仅会对我国出口造成重大影响，引发与美欧等碳边境税国家新一轮贸易争端，还可能将我国排挤在新一轮全球气候治理规则之外。**二是“一带一路”煤电项目正面临国际舆论质疑、投融资受限等多重挑战**。随着全球加紧控制温室气体排放的共识日益增强，共建“一带一路”国家和地区及海外煤电投资将经受越来越多的国际舆论压力。当前，来自26个国家的近120家私营和公共金融机构已同意将化石燃料排除在其投资之外；世界银行和日本、韩国等OECD国家开始限制对燃煤发电项目的财政支持，亚投行也公开表示不再为任何火电项目和涉煤项目提供融资。2021年9月21日，习近平主席提出，中国将大力支持发展中国家能源绿色低碳发展，不再新建境外煤电项目，这充分体现了中国将加强清洁能源国际合作的决心。**三是中国气候治理国际话语权有待加强**。长期以来，以欧盟为代表的发达国家和地区一直掌握着较强的气候话语权。自《京都议定书》制订发达国家未来减排基准以来，欧盟更是引领着气候变化多边谈判的进程。中国需努力提升在全球气候治理中的话语权和规则制定权，在温室气体减排工作中遵循“共同但有区别的责任原则”，积极推动《巴黎协定》实施。同时，尽快完善国内气候变化立法及碳交易机制，并将相关经验推广到国际气候变化治理规则层面，不断提升中国在全球气候治理中的领导力。

实现“双碳”目标是一个系统性变革，涉及复杂的利益调整。碳达峰碳中和既是自然科学问题也是社会科学问题，既是近期问题也是长远问题，需要科技、法律、制度、金融、国家安全、社会稳定等全方位的互动、协调和统筹，也包括对既得利益的调整。对我国这样一个有着14亿人口的大国而言，进行这种规模的转变极其复杂。

综上，实现“双碳”目标面临多重困难和挑战，需要付出极其艰巨的努力。尽管如此，实现“双碳”目标仍是中国进入新发展阶段的重要选择，是中国推进现代化的必由之路，对全球应对气候变化和构建人类命运共同体具有重要意义。

三、中国碳达峰碳中和的机遇

1. 相关决策部署引导能源行业积极推进能源转型

为支撑实现我国碳达峰碳中和目标，国家陆续推出碳达峰碳中和相关政策，从引导“双碳”落地，到国家明确发文遏制“两高”项目盲目发展，政策指导层面已经越来越清晰——“双碳”目标已成为长期国家战略，它不仅被定义为能源问题、环境问题，更是经济问题和长远发展问题。据不完全统计，2020年12月以来，中共中央、国务院及各相关部委下发的与碳达峰碳中和相关政策如表1-2所示。

表1-2 碳达峰碳中和相关政策

时间	发布单位	政策名称	主要内容
2020年12月	国务院	《新时代的中国能源发展白皮书》	实行能耗双控制度。实行能源消费总量和强度双控制度，按省、自治区、直辖市行政区域设定能源消费总量和强度控制目标，对各级地方政府进行监督考核。把节能指标纳入生态文明、绿色发展等绩效评价指标体系，引导转变发展理念
2021年1月	生态环境部	《碳排放权交易管理办法（试行）》	明确有关全国碳市场的各项定义，对重点排放单位纳入标准、配额总量设定与分配、交易主体、核查方式、报告与信息披露、监管等方面进行了全面规定
2021年1月	生态环境部	《关于统筹和加强应对气候变化与生态环境保护相关工作的指导意见》	从法律法规、标准体系、环境经济政策、减污降碳协同、适应气候变化与生态保护修复协同等5个方面，明确了推动法规政策统筹融合的工作任务
2021年3月	十三次全国人大四次会议	《中华人民共和国国民经济和社会发展第十四个五年规划和2035远景目标纲要》	提出单位国内生产总值能源消耗和二氧化碳排放分别降低13.5%、18%

续表

时间	发布单位	政策名称	主要内容
2021年5月	生态环境部	《关于加强高耗能、高排放建设项目生态环境源头防控的指导意见》	提出坚决遏制高耗能、高排放项目盲目发展，推进“两高”行业减污降碳协同控制
2021年7月	国家发展改革委	《“十四五”循环经济发展规划》	提出推进循环经济发展，构建绿色低碳循环的经济体系，助力实现碳达峰碳中和目标
2021年9月	国家发展改革委、生态环境部、自然资源部、商务部等十部委	《关于印发全国特色小镇规范健康发展导则的通知》	要求特色小镇应按照碳达峰碳中和要求，协同推进经济高质量发展和生态环境高水平保护
2021年9月	生态环境部	《关于推进国家生态工业示范园区碳达峰碳中和相关工作的通知》	将碳达峰碳中和作为示范园区建设的重要内容，通过践行绿色低碳理念、强化减污降碳协同增效、培育低碳新业态、提升绿色影响力等措施，以产业优化、技术创新、平台建设、宣传推广、项目示范为抓手，在“一园一特色，一园一主题”的基础上，形成碳达峰碳中和工作方案和实施路径
2021年10月	中共中央、国务院	《关于推动城乡建设绿色发展意见》	到2025年，城乡建设绿色发展体制机制和政策体系基本建立，建设方式绿色转型成效显著，碳减排扎实推进，城市整体性、系统性、生长性增强
2021年10月	中共中央、国务院	《中共中央　国务院关于完整准确全面贯彻新发展理念做好碳达峰碳中和工作的意见》	提到2025、2030、2060年三个目标。到2025年，绿色低碳循环发展的经济体系初步形成，重点行业能源利用效率大幅提升。单位国内生产总值能耗比2020年下降13.5%；单位国内生产总值二氧化碳排放比2020年下降18%；非化石能源消费比重达到20%左右；森林覆盖率达到24.1%，森林蓄积量达到180亿米^3
2021年10月	国务院	《国务院关于印发2030年前碳达峰行动方案的通知》	提到“十四五”期间、“十五五”期间两个目标。“十四五”期间，产业结构和能源结构调整优化取得明显进展，重点行业能源利用效率大幅提升，煤炭消费增长得到严格控制，新型电力系统加快构建，绿色低碳技术研发和推广应用取得新进展，绿色生产生活方式得到普遍推行，有利于绿色低碳循环发展的政策体系进一步完善。到2025年，非化石能源消费比重达到20%左右，单位国内生产总值能源消耗比2020年下降13.5%，单位国内生产总值二氧化碳排放比2020年下降18%，为实现碳达峰奠定坚实基础
2021年12月	国资委	《关于推进中央企业高质量发展做好碳达峰碳中和工作指导意见》	提出要把碳达峰碳中和纳入国资央企发展全局，加快央企绿色低碳转型和高质量发展

续表

时间	发布单位	政策名称	主要内容
2022年1月	国务院	《“十四五”节能减排综合工作方案》	大力推动节能减排，深入打好污染防治攻坚战，加快建立健全绿色低碳循环发展经济体系，推进经济社会发展全面绿色转型，助力实现碳达峰碳中和目标
2022年1月	国家发展改革委、国家能源局	《关于加快建设全国统一电力市场体系的指导意见》	到2025年，全国统一电力市场体系初步建成，到2030年，全国统一电力市场体系基本建成，适应新型电力系统要求，国家市场与省（自治区、直辖市）/区域市场联合运行，新能源全面参与市场交易，市场主体平等竞争、自主选择，电力资源在全国范围内得到进一步优化配置
2022年2月	国家发展改革委、国家能源局	《关于完善能源绿色低碳转型体制机制和政策措施的意见》	到2030年基本建立完整的绿色能源低碳发展制度和政策体系等主要目标，从完善引导绿色能源消费的制度和政策体系、完善新型电力系统建设和运行机制等十方面明确了完善能耗“双控”和非化石能源目标制度、推动构建以清洁低碳能源为主体的能源供应体系等35项工作任务
2022年3月	国家发展改革委、国家能源局	《“十四五”现代能源体系规划》	到2025年，国内能源年综合生产能力达到46亿吨标准煤以上，原油年产量回升并稳定在2亿吨水平，天然气年产量达到2300亿米^{3}以上，发电装机总容量达到约30亿千瓦，能源储备体系更加完善，能源自主供给能力进一步增强
2022年3月	国家能源局	《2022年能源工作指导意见》	以保障能源安全稳定供应为首要任务，着力增强国内能源生产保障能力，切实把能源饭碗牢牢地端在自己手里
2022年5月	生态环境部、国家发展改革委等17部门	《国家适应气候变化战略2035》	实施积极应对气候变化国家战略，坚持减缓和适应并重，把握扎实开展碳达峰碳中和工作契机，将适应气候变化全面融入经济社会发展大局，推进适应气候变化治理体系和治理能力现代化
2022年5月	国务院办公厅	《关于促进新时代新能源高质量发展的实施方案》	统筹发展和安全，坚持先立后破、通盘谋划，更好发挥新能源在能源保供增供方面的作用，助力扎实做好碳达峰碳中和工作
2022年5月	财政部	《财政支持做好碳达峰碳中和工作的意见》	积极构建有利于促进资源高效利用和绿色低碳发展的财税政策体系，推动有为政府和有效市场更好结合，支持如期实现碳达峰碳中和目标
2022年6月	国家发展改革委、国家能源局、财政部等9部门	《“十四五”可再生能源发展规划》	明确了“十四五”可再生能源发展目标、重点任务和保障举措

续表

时间	发布单位	政策名称	主要内容
2022年8月	科技部等九部门	《科技支撑碳达峰碳中和实施方案（2022—2030年）》	到2025年实现重点行业和领域低碳关键核心技术的重大突破，支撑单位GDP二氧化碳排放和能源消耗较2020年分别下降18%、13.5%；到2030年建立更加完善的绿色低碳科技创新体系，有力支撑单位GDP二氧化碳排放比2005年下降65%以上等主要目标
2022年8月	国家发展改革委、国家统计局、生态环境部	《关于加快建立统一规范的碳排放统计核算体系实施方案》	到2023年，初步建成统一规范的碳排放统计核算体系。到2025年，统一规范的碳排放统计核算体系进一步完善，数据质量全面提高，为碳达峰碳中和工作提供全面、科学、可靠数据支持
2022年8月	工业和信息化部、国家发展改革委、生态环境部	《工业领域碳达峰实施方案》	提出“十四五”期间产业结构与用能结构优化取得积极进展，能源资源利用效率大幅提升，建成一批绿色工厂和绿色工业园区，研发、示范、推广一批减排效果显著的低碳零碳负碳技术工艺装备产品，筑牢工业领域碳达峰基础
2022年10月	国家能源局	《能源碳达峰碳中和标准化提升行动计划》	开展新型电力系统安全稳定运行标准需求和现有标准的适应性研究，持续完善涵盖新型电力系统分析认知、规划设计、运行控制、故障防御、网源协调等重点领域标准，加强新能源发电涉网安全标准建设
2022年11月	国家发展改革委、国家统计局、国家能源局	《关于进一步做好新增可再生能源消费不纳入能源消费总量控制有关工作的通知》	对规范绿证交易、优化能源消费总量计算、完善可再生能源消费数据统计核算体系等方面做出进一步规定

2. 创造经济多方面的发展机遇

未来中国经济发展趋势是有利于实现碳排放达峰，创造经济多方面的发展机遇。一是尽管中国总人口规模居世界首位，但是已经进入低增长阶段。中国从2019年的14.00亿人上升至2030年的14.63亿人，年均增速为0.4%，明显低于1991～2019年0.7%的增速，而且未来一段时期还将进入零增长阶段，年均增速小于0.2%，也将带动能源消费总量增速下降。二是中国经济增速明显下降，进入中高速阶段。2019～2030年，中国经济年均增速预计在5%以上，明显低于1991～2019年的9.5%增速，也直接带动能源消费增速下降。三是中国人均GDP从2019年的15 117美元上升至2030年的25 270美元，相对美国人均GDP水平从25.8%提高至35.8%，接近中等发达国家水平，应对气候变化、实现碳达峰的能力明显提高。四是中国仍然是世界上国内储蓄率、国内资本形成总额占GDP比重最高的国家，在绿色能源、绿色交通、绿色建筑、绿色基础设施、低碳经济等方面有强大的投资能力和国内市场规模。五是中国研究与开发强度不断提高，从2019年的2.33%上升至2030年的2.8%以上，预计研发总支出将从5250亿美元上升至10 895亿美元，居世界首位；并且有效地开发各类绿色技术，其中国际发明专利（PCT）申请量将翻一番以上，建成世界最大的国内绿色技术市场，这是中国能够在2030年前实现碳达峰的基本条件。

3. 驱动科技创新与绿色金融

国际碳中和技术创新已经进入高潮期，掀起了新的一场全球范围的科技竞争。当下中国经济增长已由高速转向高质量阶段，应将创新作为核心要素来考虑，激发创新活力，推动“双碳”目标实现。首先，低碳转型面临的困难需要技术进步支撑。以光伏发电为例，技术进步使光伏发电整体成本不断下降，1990年每发1千瓦时电要100美元，2000年需要10美元，2010年为1美元，目前太阳能发电技术的推广已经可以使电价低于煤炭发电的价格，因此技术进步对实现“双碳”目标意义重大。另外核能、氢能技术、水能技术等其他技术都需要创新进步，每进一步都将为“双碳”目标的实现做出贡献。其次，发挥碳市场对绿色技术创新的促进作用。全球碳定价已形成61项已实施或待实施的重要举措，覆盖46个国家及32个司法管辖区。中国碳市场试点建设经验丰富，全国统一碳市场已实现在线交易，走在世界前列。碳市场的重要功能在于促进绿色技术创新以降低全社会减排成本，在中国碳市场的技术创新功能充分发挥以后，其将不仅对中国“双碳”目标发挥重大作用，也将为全世界碳减排作出贡献。最后，扩大绿色投资、发展绿色金融极为重要。投资政策、信贷债券投资、绿色产业的风投等，对产业发展具有导向作用。根据国际能源署测算，实现全球范围的碳中和约需要110万亿美元投入。欧盟在绿色投资方面已经做了较多工作，例如其绿色复苏计划提出以1万亿欧元来推动整个欧盟的绿色发展。美国重返《巴黎协定》后也提出一系列措施，绿色投资是其中的关键举措。其他各国也都在全面行动，比如韩国、印度、南非、巴西等国家都已明确各自的基本方向。根据中国权威金融机构的测算结果，未来40年实现碳中和需要百万亿人民币的资金投入。因此，扩大绿色投资的规模对碳中和实现极为重要。在资金来源上，政府扶持只能覆盖所需投资资金的一小部分，未来绿色投资在很大程度上将依赖于市场，通过发展与创新绿色金融、市场调节等方式来解决。需要注意到，中国是拥有14亿人口的大国，具有庞大规模的市场优势、集中力量办大事的制度优势，具备社会、企业和市场全面的动员与推动能力，所以通过落实技术进步战略，促进技术成果的全面推广等，其效益会逐渐显现并快速产生放大效应，累积起其他国家难以比拟的发展优势。

4. 提升新兴行业发展活力

在“双碳”目标的实现过程中，不仅催生了全新的行业和商业模式，也为各个行业注入了新的活力。我们应该顺应科技革命和产业变革大势，抓住“双碳”目标带来的巨大发展机遇，从绿色发展中寻找机遇和动力。在“双碳”的背景下，能源结构、产业结构等方面将面临深刻的转型，能源技术即将成为引领能源产业变革、实现创新驱动发展的源动力，给节能环保、清洁生产、清洁能源等产业带来广阔的市场前景和全新的发展机遇，中国应借此机遇，催生零碳钢铁、零碳建筑等新型技术产品，推动低碳原材料升级、生产工艺升级、能源利用效率提升。为绿色服务行业发展带来机遇，金融机构可以开发更多的绿色信贷、绿色债券、绿色保险等金融产品和工具支撑绿色化转型，从而建立起有利于低碳技术发展的投融资机制。环境服务行业将进一步拓宽服务范围，把降碳作为长期发展方向，在循环经济、低碳技术的开发应用、环保设施的低碳运行、碳排放监测计算、非化石能源发展等方面进一步提升能力，把低碳全面融入环境服务中。为新的商业模式带来机遇，“双碳”目标有助于改变生产方式，加快节能减排改造，培育新的商业模式，从而实现结构调整、优化和升级的整体目标。大数据、区块链、人工智能等新技术的落地应用，带动了数字经济的绿色快速发展，催生出了大量新业态和新模式，企业可以借助数字技术和数字业务推动商业模式转型和数字化商业生态重构，加快制造业数字化转型。

5. 碳市场机制力促能源转型

碳市场给能源部门去碳化提供了一个很好的基础。全国碳排放权交易市场已于2021年7月16日启动上线交易，其运行机制是政府将碳排放量达到一定规模的企业纳入碳排放管理，在一定的规则下向企业下达年度碳排放配额，如果企业的配额不够用，就要到碳排放权交易市场上购买；如果企业节能减排做得好，配额用不完，可以到碳排放权交易市场上出售，从而获取收益。能源行业的转型需要面对稳定发展和节能减排之间的矛盾，碳排放权交易市场的建立，一是对能源企业形成激励或约束，引导企业在技术攻关和资金投入方面向低碳方向发展，推动企业进一步朝着绿色低碳的目标发展；二是有助于政府加强对碳排放总量的管理，从源头上减少传统化石能源的使用，降低二氧化碳的排放。能源企业若能积极调整发展战略，快速熟悉碳排放权市场相关交易规则，便可主动抓住机遇，借助碳排放权交易市场机制更好地实现能源转型。

第三节 能源电力发展趋势

一、全球能源电力发展趋势

1. 能源结构演进

能源是人类活动的物质基础，是一个国家强盛的动力、安全的基石。从某种意义上讲，人类社会的发展离不开优质能源的出现和先进能源技术的使用。当今世界，能源的发展、能源对环境的影响，是全世界、全人类共同关心的问题，也是社会经济发展的重要问题。

（1）薪柴时代。

恩格斯在评价火的作用时说："摩擦生火第一次使人支配了一种自然力，从而最终把人同动物分开。"人类从钻木取火开始，就初步具备了自由支配自然资源的能力，使人类走向了与其他哺乳类动物不同的进化之路。运用火可以让人夜间视物，获得熟食，并可将火用于冶炼金属、制造工具，极大地改善了当时人类的生存条件。

（2）煤炭时代。

1860年，人类开始了第一次工业革命，随着蒸汽机的发明，机械力开始大规模代替人力，煤炭以其高热值、分布广的优点成为全球第一大能源，带动了钢铁、铁路、军事等工业的迅速发展，促进了世界工业化进程。

19世纪以来，随着电磁感应现象的发现，世界由“蒸汽时代”跨入“电气时代”，随着蒸汽轮机作为动力的发电机出现，煤炭被转换成更加便于输送和利用的二次能源——电能。

（3）石油时代。

1859年，美国宾夕法尼亚州打出了世界上第一口油井，石油工业从此蓬勃发展。石油以其更高热值、更易运输等特点，于20世纪60年代取代了煤炭地位，成为第三代能源的主力。石油作为一种新兴燃料，不仅直接带动了汽车、航空、航海、军工业、重型机械、化工等工业的发展，甚至影响着全球的金融业，人类社会自此被飞速推进到现代文明时代。

（4）清洁能源时代。

人类文明发展的需求驱动着能源革命，随着社会文明加快发展，人类对能源的需求量达到了前所未有的高度，同时对能源带来的负面影响也提出了更高的要求。传统能源尽管过去百年间在全球工业化进程中风光无限，但过度的开采和使用终非长久之计，而且传统能源有其高碳排放的天然缺陷。为满足新的能源需求，人类开始利用太阳能、核能、风能、氢能、水能、潮汐能、地热能等新型能源。

1）太阳能。太阳能具有资源无限、简便易得、绿色清洁等特点，有着其他能源无法比拟的先天优势，是最具代表性的新能源类型。并且，太阳能技术和使用成本在过去十年迅速下降，在不久的未来，太阳能在全球绝大部分地区将成为最经济的能源来源。

2）核能。核能，曾被看成是下一个能源时代的代表。人们开发核能的途径有两条：一是重元素的裂变，如铀的裂变，已得到实际性的应用；二是轻元素的聚变，相关技术正在积极研究之中。重元素铀和轻元素在海洋中储藏量都很丰富，但是因切尔诺贝利和日本福岛核电站严重的核事故，人类对核能的利用变得更为谨慎。

3）风能。风能分布广、无污染、可再生，取之不尽、用之不竭；但密度低、不稳定且地区差异大。风力发电作为目前最有竞争力的战略新兴产业之一，正以不可估量的速度飞速发展。风电行业主要包括两类：陆上风电和海上风电。整体来看，海上风电相比陆上风电更为绿色环保且效率更高。随着风电技术的与时并进，机组大型化、高塔筒和长叶片等技术应用，风电行业步入成熟、稳定的工业化发展轨道只是时间问题。

4）氢能。氢能储量丰富、燃烧快、无毒害、发热值高，但制作成本高且不稳定，作为一种来源广泛、清洁低碳、应用场景丰富的二次能源，氢能有利于推动传统化石能源清洁高效利用和支撑可再生能源大规模发展。近年来，氢能及氢燃料电池产业逐步成为全球能源技术革命和未来能源绿色转型发展的重要方向。

5）水能。水力发电成本低、可连续再生、无污染，但分布受水文、气候、地貌等自然条件的限制大，容易被地形、气候等多方面的因素所影响，随着我国能源结构调整，对于清洁和可循环利用的水电需求量逐渐上升，水力发电量也逐渐上升。

（5）能源发展趋势。

科技进步、社会文明两大动力驱动了能源发展。薪柴到煤炭，煤炭、油气到可再生能源，每一次能源品种的替代、每一次转换既是科技创新驱动的结果，又是能源满足人类社会文明发展需要的结果。对同一种能源由兴起到兴盛的全生命周期，贯穿着开发利用水平的不断进步。随着高碳能源在开发利用过程中产生的废水、废气、废渣等引发生态环境问题，能源生产和消费的“低碳化”已是新要求。随着太阳能、风能、地热能、海洋能及储能等新能源快速发展，能源正从过去以煤炭、油气、电力集中式资源供给，向集中式与“分散式”并重的“多元化”发展。随着各种信息化技术在能源领域中的应用，将逐步打破了不同能源品种间的壁垒，成为未来的一大发展趋势。

2. 能源技术发展

在传统化石能源时代，资源和资本对能源的生产和消费起着决定性作用。煤炭、石油、天然气等化石能源储量有限且分布极不均衡。由于化石能源的有限性以及现代经济社会发展对能源的高度依赖性，使得化石能源成为世界各国竭力争夺的战略性物资。控制更多的化石能源，既有利于提高国家竞争力，也意味着在国际事务中拥有更大的话语权和影响力。例如，英国在19世纪海上运输中占主导地位，主要原因之一就是拥有大量能作为蒸汽机燃料的高能量密度煤。

近两个世纪以来，围绕石油、天然气和煤炭等资源的争夺，在国际地缘政治格局形成中起到关键作用。美国、欧盟、俄罗斯、日本等国家涉足国际能源市场较早，在国际能源竞争中处于优势。中国油气资源短缺且能源国际化战略起步较晚，在国际能源市场上获取资源、参与国际能源定价的能力较弱，加大了能源安全和经济可持续发展的压力。

随着全球能源绿色低碳转型快速推进，“技术就是资源”正在成为现实。在这场转型浪潮中，新兴技术将成为核心驱动力，推动能源产业从资源、资本主导向技术主导转变。近年来，各发达国家纷纷将科技创新视为推动能源转型的重要突破口，基于各自能源资源禀赋特点，从能源战略的高度制定各种能源技术规划、采取行动加快能源科技创新，以增强国际竞争力，尤其重视具有潜在颠覆影响的战略性能源技术开发，从而降低能源创新全价值链成本，如美国的《全面能源战略》、欧盟的《2050能源技术路线图》、日本的《面向2030年能源环境创新战略》、俄罗斯的《2035年前能源战略草案》等。

在能源革命和数字革命双重驱动下，全球新一轮科技革命和产业变革方兴未艾，能源科技创新进入持续高度活跃期。新的能源科技成果不断涌现，新兴能源技术正以前所未有的速度加快迭代，可再生能源发电、先进储能技术、氢能技术、能源互联网等具有重大产业变革前景的颠覆性技术应运而生。随着云计算、大数据、物联网等新兴技术的发展，能源生产、运输、存储、消费等环节正发生变革。

3. 国外典型国家发展现状及趋势

为应对气候变化，以欧盟、美国为主的发达国家与地区都将大力发展可再生能源为主体的电力系统作为主要抓手。如德国拟将可再生能源发电占比从2020年的45%提升至2030年的65%和2050年的80%。美国加州的可再生能源配额制（RPS）提出，到2024、2027、2030、2045年前必须有44%、52%、60%和100%的售电量来自可再生能源（不包括大水电）。发达国家和地区在大力发展可再生能源、努力寻求保障高比例可再生能源占比的同时，通过市场化机制、加强电网互联和充足容量、强调公正转型等，保障电力系统的安全可靠运行和社会经济的平稳发展，但也发生过电价大起大落等问题，相关经验教训值得我们关注和借鉴。

（1）综合施策推动能源转型的德国经验。

2020年德国全社会用电量5510亿千瓦时，发电量5670亿千瓦时。其中，风光发电占比33%，煤电、气电和核电分别占比24%、16%和11%，见图1-7。德国地处欧洲大陆电网的中心位置，目前输电网络长达37 000千米，通过大电网互联互通，扩大电力平衡区域，保障了电力系统在高比例波动性新能源的渗透下，仍保持着较高程度的稳定性。2020年电网终端用户平均停电时间创造2006年以来的最短时间，仅为10.73分钟。

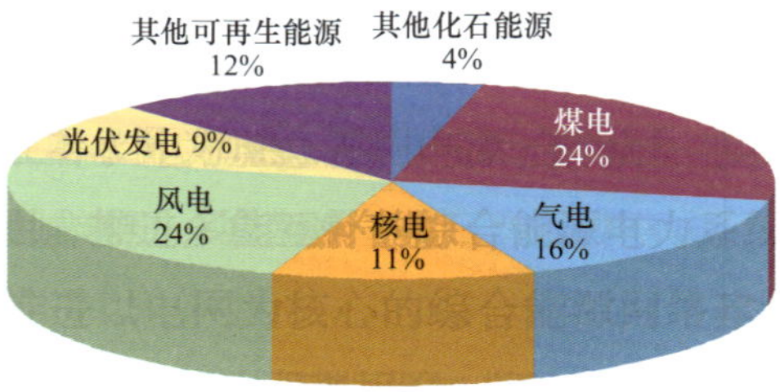

图1-7　2020年德国发电量结构

数据来源：Global Electricity Review 2021，Ember

国际方面，德国电网通过30个220～400千伏的跨国输电通道与法国、奥地利、荷兰、瑞士等陆地邻国互联，还通过海底电缆与瑞典、挪威电网互联。德国目前电网互联互通容量达2100万千瓦，约占德国总装机容量的10%。2016～2020年德国进出口电力总规模保持在1000亿千瓦时左右，约占德国全社会用电量的20%。通过国际大电网互联，德国有效将可再生能源高发时的富余电力出口到了邻国，并在可再生能源出力不足时进口邻国电力，见图1-8。由于近些年来德国可再生能源的快速发展，德国从邻国的进口电力也持续增加，已由2016年的218亿千瓦时增加到了2020年的423亿千瓦时，并将在2025年左右成为电量净进口国。

国内方面，德国持续加强电网建设，将北部地区的富裕风电输送到南部和西部负荷中心。德国目前有四条“北电南运”高压直流输电线路处于计划或在建状态，并有望在南部核电于2022年关闭后就投入运营。德国电网运营

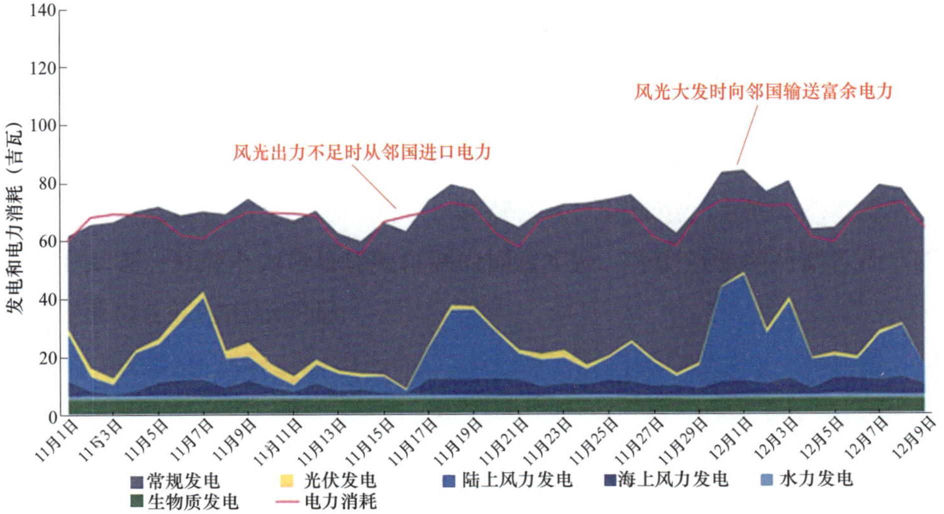

图1-8 德国2021年11月1日～12月9日电力供需曲线

数据来源：Agora Electricity Data（Power Generation and Consumption）

商计划未来投资约1100亿欧元用于电网建设与改造，以满足德国电力系统深度脱碳带来的要求。

为促进公平公正转型，寻求能源、经济、环境协同发展的最佳策略和途径，德国政府通过筹建“增长、结构变化和就业委员会”（也称退煤委员会），广泛把主要利益相关方纳入政府决策过程中，寻求各方都易接受的退煤战略与计划。成员构成方面，委员会31名人员涵盖涉及退煤利益的核心相关方，其中7名人员来自地方，各有5名人员来自学术界和工商界，4名人员来自能源行业，各有3名人员来自环保组织、贸易组织和议会，还有1名人员来自政府。德国的退煤委员会之所以能在2018年6月成立后的半年时间左右就制定出了几乎全票通过的淘汰燃煤发电的战略（即不再批准新建燃煤电厂，仍在建设中的煤电厂不再上网，于2035年或最晚2038年退出煤电），并最终被德国联邦政府采纳，这与退煤委员会的成立息息相关。

保障措施方面，德国政府充分考虑了退煤对社会经济发展的影响和公平公正转型的迫切性。在最终通过的退煤战略中，德国政府决定借助对先进能源技术、交通和数字化基础设施的投资，以及推动创新活动，积极在传统煤炭地区创造新的就业和经济发展机会。德国政府计划在未来20年对煤炭地区额外增加至少400亿欧元的投资。此外，德国政府还决定通过降低输配电价来减缓终端用户承受电价上涨的冲击，以及通过协议和招标在财政上补偿提前退役的煤电机组，招标的最高竞价补偿为165欧元/千瓦（之后逐步减少到89欧元/千瓦），在2030年之后退役的机组将不再享有财政补偿。

此外，德国可再生能源开发坚持集中式与分布式并举，尤其在太阳能的利用方面，分布式光伏的开发与应用是德国光伏高速发展的主要推手。2017年，100千瓦以下的分布式光伏占德国光伏总装机容量的比重就超过了50%。2020年，德国新增光伏装机容量创历史纪录，达488万千瓦，总装机容量突破5400万千瓦。在2020年的新增装机容量中，750千瓦及以下的光伏新增装机容量占比高达82.25%，见图1-9。

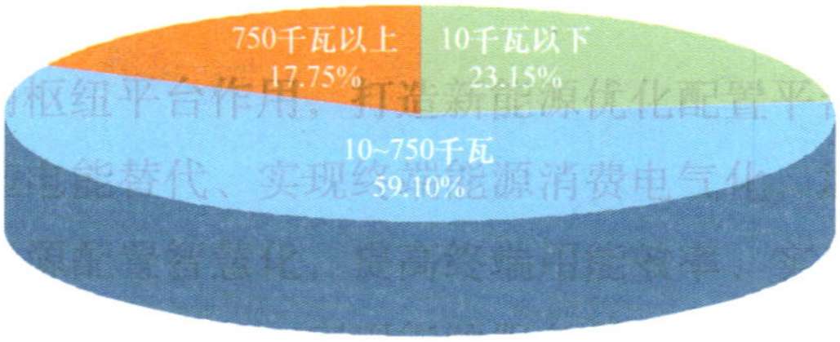

图1-9　2020年德国新增光伏装机容量构成

德国对分布式光伏的优惠补贴政策是其高速发展的重要保障。2021年德国最新更新的可再生能源法案（EEG）免除了光伏装机大小不超过30千瓦且年发电量不超过3万千瓦时的可再生能源电价附加（之前的免除大小为不超过10千瓦）。此外，政府还保留了对装机大小不超过300千瓦光伏项目的上网电价补贴，300~750千瓦的光伏项目只能通过招标作为集中式光伏并网（不可“自发自用”）或通过接受仅有一半发电量的上网电价补贴并网（允许“自发自用”），超过750千瓦的光伏项目将只能通过招标进行并网。

（2）市场机制支持可再生能源消纳的加州经验。

2020年，加州全社会用电量达2726亿千瓦时，发电量1909亿千瓦时。在终端用电量中，可再生能源占比33.09%（不包括大水电），煤电、气电和核电分别占比2.74%、37.06%和9.33%，见图1-10。加州一年中有许多小时的可再生能源电量都超过50%，甚至达到70%。2021年3月13日，加州一度达到了92.5%可再生能源用电量的瞬时记录。

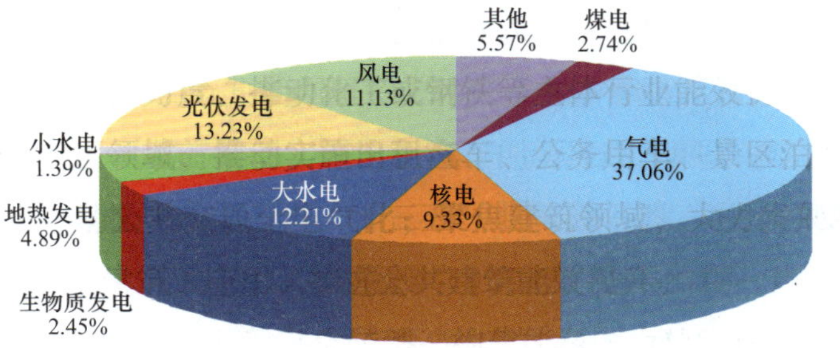

图1-10 2020年加州用电量结构

数据来源：2020 Total System Electric Generation，California Energy Commission

加州大规模波动性的可再生能源的并网消纳导致电力系统对灵活性的需求骤增。例如，加州负荷的“鸭形曲线”导致该州目前在3小时之内需要有超过1300万千瓦的向上调峰能力，接近加州总装机容量的20%，且该调峰能力随着可再生能源的持续发展正在加速扩大，见图1-11。为应对可再生能源对电网安全可靠运行带来的冲击，加州通过不断完善市场机制建设，充分调动源网荷储各类灵活性资源，全力维护供电安全。

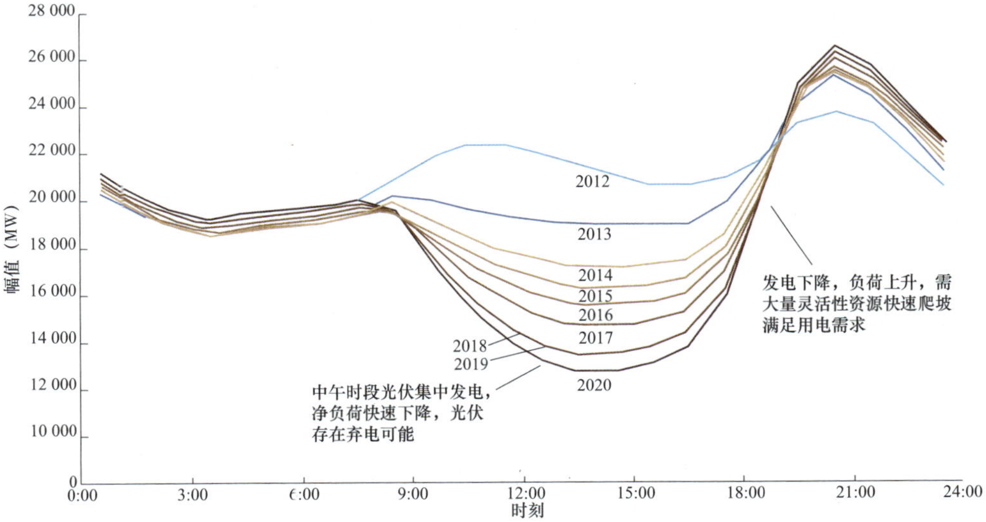

图1-11 加州负荷曲线（典型春季日）

资料来源：Duck Curve FastFacts，CAISO

在批发市场中，加州独立系统运营商（CAISO）通过聘请气象学家、开发基于神经网络预测分析算法和软件，打造小地域空间、多时间尺度的精细化预报系统等措施，提升风光出力预测精度。预测不仅包含集中式可再生能源，还包含分布式可再生能源，从源头上减少了电力系统灵活性的压力。加州风光日前预测的平均绝对误差在4%～6%。

CAISO通过中长期市场、日前市场、实时市场、辅助服务市场等，保障可再生能源在以边际成本低的优势优先上网的同时，各灵活性资源在提供调峰、调频、备用、黑启动等辅助服务时，能获得稳定收益。尤其是实时市场和辅助服务市场根据发电竞价、辅助服务竞价和超短期负荷预测等条件，滚动优化发电计划和满足系统辅助服务需求，确保系统实时稳定平衡。

在零售市场中，加州三大主要公用事业公司，即太平洋燃气与电力公司（PG&E）、南加州爱迪生电力公司（SCE）和圣地亚哥燃气与电力公司（SDG&E）为终端用户提供了包括分时电价、尖峰电价、实时电价、可中断电价、自动需求响应（auto-DR）、容量投标项目（Capacity Bidding Program，CBP）等一揽子电价政策，引导用户科学用电、节约用电，改善电力供需状况，为电力系统安全可靠运行提供支撑。例如，自动需求响应项目的参与者将允许电力公司自动切断用户的可中断负荷（如空调、取暖、照明等智能管理设备），对于该项目的参与者，太平洋燃气与电力公司将承担75%的初始设备安装成本和给予用户每千瓦200美元的高额收益回报。加州容量投标项目的参与方将根据电力公司的事前通知在电力供应紧张时期（称为CBP事件）按协议规定减少用电量（一般为5月～10月的工作日，上午11时～晚上7时或下午1时～晚上9时），用户作为回报，将获得电力公司给予的固定月度收益，该收益不受电力公司是否在该月启动CBP事件的影响，但在CBP事件中未按协议规定削减足够用电量的用户将面临相应惩罚或收益减免。

（3）有关不足和教训。

加州和德国都高度依赖仍属于传统化石能源的燃气机组作为灵活性电源，支撑可再生能源的并网消纳。由于气电在欧美的度电成本低，且具有启停速度快、升降负荷能力强、建设周期短和选址灵活等特点，加州和德国在逐步淘汰煤电的过程中都愈加依赖气电作为给电网提供调峰调频的服务方。2020年加州和德国燃气机组发电量占总发电量的比重分别高达48%和16%（我国仅为3%）。对气电的高度依赖也让其承受了国际天然气价格波动带来的经济风险和能源安全风险。由于经济复苏、天然气产能供应受限、可再生能源出力不足等原因，2021年欧洲天然气进口价格一度超过30美元/百万英热单位，与2020年的平均价格相比上涨约10倍，见图1-12。

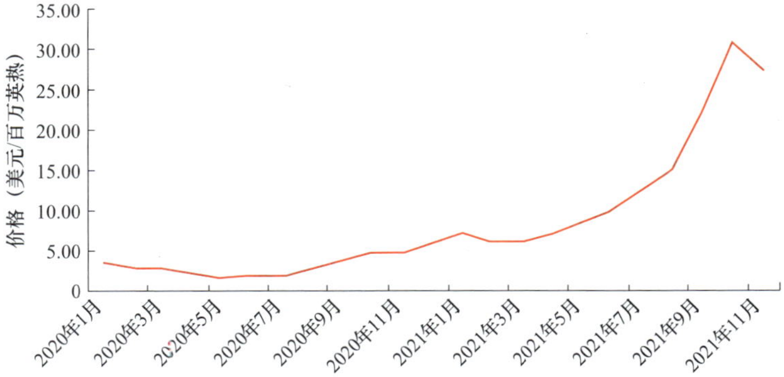

图1-12 欧洲天然气进口价格

数据来源：Commodity Markets Review，World Bank

加州与德国大规模可再生能源并网消纳使终端用户承受了高昂的电价水平。当可再生能源在发电端大规模平价甚至折价上网的同时，电力系统整体的消纳成本却不断上升，这包括了灵活性电源的投资与改造成本、系统调节运行成本、大电网扩展及补强投资成本，以及接网及配电网投资成本。可再生能源的消纳成本直接反映在德国和加州终端用户的电价水平上。德国拥有全欧洲最高的居民电价，2020年德国中等大小家庭（年用电量在2500~5000千瓦时）的居民电价高达0.3043欧元/千瓦时，远高于欧盟27国的平均水平（0.2143欧元/千瓦时），见图1-13。2020年加州平均零售电价高达18美分/千瓦时，远高于德州8.36美分/千瓦时、宾州9.70美分/千瓦时、纽约州14.87美分/千瓦时和美国10.59美分/千瓦时的平均水平。

（4）对我国的启示。

第一，转变以“降电价”为主要目的的电力体制改革，将以应对气候变化和推动能源转型为主要推动力。一方面是利用辅助服务市场有效保障源网荷各个环节的灵活性资源在提供调峰、调频、备用等服务时获得合理的投资回报和激励，促使其承担保障高比例新能源接入下电网系统安全稳定运行的主力作用。另一方面建立和完善高比例新能源消纳下合理的成本分摊机制，

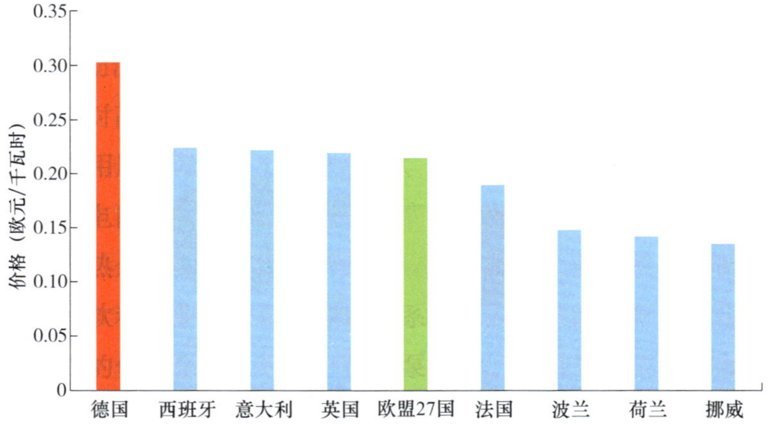

图 1-13　2020 年欧洲中等大小家庭的平均电价

数据来源：Electricity prices by type of user，Eurostat

引入容量机制以提高保障电力安全的能力。不断完善终端价格机制，发挥电价机制作为促进源网荷储协同互动的润滑剂和催化剂。

在保障低收入群体的用电量和用电费用总体不变的情况下，逐步有序提高全社会平均电价水平，建立起阶梯电价、峰谷电价、尖峰电价等电价政策，配合新型电力系统的电价传导，改善电力供需状况、提高能源利用效率，为电力系统的安全稳定运行提供支撑。

第二，我国要强化"大电网+大基地"和"微电网+分布式能源"的发展格局。一方面要加强电网互联，充分借助大电网发挥光与风、光与光、风与风之间的互济和支援能力，切实提高新能源出力的置信系数，平缓新能源的出力波动，提高系统安全水平。另一方面，在输电通道走廊资源愈加稀缺、极端天气事件越来越频繁的情况下，我国应加强东中部负荷地区的工商业用户和居民用户开发使用分布式能源，大力建设和改造微电网和配电网，以促进新能源就地开发利用，减少长距离输电带来的损耗，并提高用户供电的可靠性、满足负荷差异化用能需求。

第三，我国要广泛汲取各方意见与建议，寻找实现电力清洁转型的最优之路，把公正转型放在优先地位考虑。实现"双碳"目标、构建新型电力系统是一场经济社会广泛而深刻性的系统性革命。中国需要群策群力共谋发展，统一思想凝聚共识。

二、中国能源电力发展历程

1. 起步阶段

1949年中华人民共和国的建立，是中国电业发展史上的重大转折点。此后的中国电业，虽有所波折，但年均增长速度仍列世界前茅。

1949～1952年，电力工业为国民经济恢复作出重要贡献，其自身也从千疮百孔的“旧电业”彻底改造成为全新的“人民电业”。到1952年，在发电设备容量只增长6.2%的条件下，发电量增长了68.5%、发电设备平均利用小时数增长了61%。

1953～1957年第一个五年计划时期，中国电力工业拉开了电力建设快速发展的序幕。火电建设以苏联援建的25项电力工程为主，加强对东北、华北、中南和华东电力工业的建设，在西南和西北新建、改扩建一批电厂，国产6000千瓦汽轮发电机组在田家庵发电厂投运，标志着中国自行设计、制造、安装国产发电设备的重大进步。水电建设除苏联援建的丰满水电站和三门峡水电站外，相继自主建设了狮子滩、古田溪一级、上犹江、流溪河、新安江、以礼河等水电站19座，建设规模为185.59万千瓦，超额完成了“一五”计划任务。其中，新安江水电站是新中国自主兴建的第一座大型水电站。中国第一条自行设计与施工的跨省、长距离输电的220千伏超高压线路——松东李输电线路建成。东北、上海、西安三大电站设备基地逐渐形成。到1957年，全国年发电量达193.35亿千瓦时，超额完成21.6%，年发电量的世界排名中，中国从1949年的第25位上升到第13位。

“二五”时期，国产1.2万、2.5万、5万千瓦火电机组和7.25万、10万千瓦水轮发电机组相继研究成功并投运，首创了双水内冷发电机，基建与生产基本走上了自力更生的发展道路。三门峡和刘家峡等一批水电站开工建设，农电设施成倍增长，电力工业布局基本适应整个工业布局的需要。到1965年末，全国拥有发电设备装机容量1507.63万千瓦，年发电量676.04亿千瓦时，发电设备容量和年发电量在世界上的排名均上升到第9位。但技术装备和技术经济指标，大部分还只达到世界先进国家20世纪40年代末期的水平。

“三五”“四五”时期，中国电力工业几经曲折却总体保持了较快的发展和进步，迈上大机组、高参数、大容量、高电压等级的重要发展阶段。10万千瓦以上的超高压发电机组达到更广泛的发展应用。基本建成丹江口、三门峡、刘家峡、龚嘴、青铜峡、碧口、富春江等水电站，其中，刘家峡水电站是中国第一座完全自己设计、自己制造、自己安装、自己调试的百万千瓦级大型水电站，丹江口水利枢纽是中国自行设计、自行施工的第一座集防洪、发电、灌溉、航运和养殖等效益于一体的大型水利水电工程。中国独立自主研制“两弹一艇”成功，为核电发展奠定了初步基础。1970年，在核潜艇压水堆技术基础上，开始了“728”工程，拉开了中国独立自主建设核电站的序幕。中国输变电工程技术更加成熟，省际电力联网步伐加快，安全稳定的输变电网络架构在全国逐步形成，初步建成了独立、较为完整的电力工业体系。

2. 快速发展阶段

1978年党的十一届三中全会召开，开启了我国经济社会发展的全新历史征程。电力工业在支撑国民经济年均增速9.3%发展奇迹的同时，也实现了自身历史性的大跨越。

1978年，全国电力装机总容量5712万千瓦，比1949年增长了31倍，全国农村年用电量287.42亿千瓦时，比1949年的0.2亿千瓦时增长1437倍。1982~1987年，形成了东北、华北、华东、华中、西北、西南六大电网格局，粤港澳地区实现联网。中国新能源初露头角，第一座光伏电站1983年在甘肃兰州诞生，第一座并网风电场1986年在山东建成。1991年，我国自行设计、研制、安装的第一座核电站——秦山一期核电站并网发电，从此结束了中国大陆无核电的历史。1987年，全国电力装机总容量达1亿千瓦，至1990年末，全国发电设备装机容量为1.38亿千瓦，年发电量6213.18亿千瓦时，均已跃居世界第四位。至1994年达2亿千瓦，至2000年破3亿千瓦。

从1988年起，中国电力工业高速发展，连续10年每年新增大中型机组超过1000万千瓦，到1996年年底，全国发电装机总容量和发电量均已跃居世界第二位。从1996年开始，中国电力工业发展水平全面提高，加大优化调整电力结构，迈入了大机组、大电厂、大电网、超高压、自动化、信息化，水电、火电、核电、新能源发电全面发展的新时期，科技水平与世界先进水平日益接近，国内一流火电厂上海外高桥发电厂投产。

从2001年开始，中国电力工业进入快速大规模增长阶段。2004年，以三峡电站7号机组投产为标志，全国电力装机容量达4亿千瓦，2005年，以浙江宁海电厂2号机组投产为标志，全国电力装机容量达5亿千瓦，到2007年，电力装机容量连续突破5亿、6亿、7亿千瓦大关。2011年，新疆乌苏热电厂2号机组并网发电，标志着中国发电装机总容量达10亿千瓦时。截至2012年年底，全国在运、在建百万千瓦级机组容量居世界第一，30万千瓦及以上机组已经占到全国机组的75%以上。到2002年年末，基本完成跨大区联网，形成了全国联合电网。2005年第一个750千伏输变电示范工程——250千伏青海官亭至甘肃兰州东输变电示范工程正式投运。2009年建成投运第一条1000千伏特高压输电线路（晋东南—荆门），我国电网进入特高压时代。2010年建成投运两条±800千伏特高压直流输电线路（云南—广东，向家坝—上海），我国迎来特高压交直流混联电网时代。

2005年《中华人民共和国可再生能源法》颁布实施，中国可再生能源开发和利用迈上快车道。2004年，以公伯峡水电站1号机组投产为标志，中国水电装机容量突破1亿千瓦，居世界第一。2010年，以小湾水电站4号机组为标志，中国水电装机容量突破2亿千瓦，到2020年年底，全国水电装机容量达3.7亿千瓦，年发电量1.4万亿千瓦时，稳居世界第一。以新疆达坂城风电场1995年总装机容量超过1万千瓦为节点，风电规模化发展开始起步，到2000年，我国风电装机仅30多万千瓦，2010年则突破4000万千瓦，超越美国成为世界第一。

此外，电力工业节能环保体系初步建立。电力工业环境保护起步于20世纪70年代，80年代到90年代初，中国电力工业在国家环境保护国策出台和完善的背景下，制定了一系列具体的环保政策、规定、标准，形成了电力工业环境保护工作的体系。

3. 高质量发展阶段

党的十八大以后，中国电力发展进入转型的重要战略机遇期。推动构建清洁低碳安全高效的能源体系，形成了横跨东西、纵贯南北、覆盖全国、连通海外的能源基础设施网络，电力结构不断优化，节能减排成效明显，科技进步突出，有力保障了经济社会发展用能需求。

十年来，我国能源生产以年均约2.4%的增长速度支撑了国民经济年均

6.6%的涨幅，能源自给率长期稳定在80%以上。与2012年相比，2021年中国单位GDP能耗下降了26.4%，单位GDP二氧化碳排放下降了34.4%，主要资源产出率提高了约58%。发电装机达到24.7亿千瓦，建成投运特高压输电通道33条，西电东送规模接近3亿千瓦，220千伏及以上输电线路逾84万千米，相当于十年前的10倍。

党的十八大以来，“绿水青山就是金山银山”的理念深入人心，绿色越来越成为高质量发展的底色。我国可再生能源实现跨越式发展，光伏、风电等产业链国际竞争优势凸显，能源结构调整和减碳效果逐步显现。绿色低碳的能源基础设施加快建设，能源绿色低碳转型成效显著。

截至2021年年底，我国清洁能源消费占比达到25.5%，比2012年提升了11个百分点。煤炭消费占比下降至56%，比2012年下降了12.5个百分点。风光发电装机规模比2012年增长了12倍左右，新能源发电量首次超过1万亿千瓦时。全国风电光伏并网装机合计6.35亿千瓦，是2012年的近90倍。

（1）清洁能源发电技术显著进步。党的十八大以来，我国已形成较为完备的可再生能源技术产业体系。

1）水电技术居世界领先水平。大型水电机组制造不断迈上新台阶。我国先后完成了澜沧江、金沙江、怒江等大中型河流的水电规划，建成投产了白鹤滩、乌东德等一批大型特大型常规水电工程。同时，我国大型混流式、贯流式、轴流式以及可逆式水电机组均已实现自主设计制造，达到国际领先水平。

高坝筑坝技术领跑全球。世界最高拱坝、面板堆石坝、碾压混凝土坝等均在我国，建成投产的200米、300米级高坝工程均名列同类大坝世界前列；高水头泄洪消能防护、高坝抗震设防、超高边坡变形稳定控制、大型地下洞室设计施工能力等关键技术取得重大突破，处于国际领先水平。

水电工程智能化全面推进。2014年开工建设的雅砻江两河口水电站大坝是国内第一座采用施工全过程智能化技术修建的300米级超高土石坝；白鹤滩、乌东德水电站工程构建了以资源要素动态管理、业务流程数字化管理、工艺过程智能控制、结构安全与进度耦合分析及联动调控的数字化智能化系统。

2）风电技术水平明显提升。单机容量大型化发展趋势明显。2021年，我国自主研制、具有完全自主知识产权的DEW-5.5S-172型永磁直驱陆上风电机组成功下线，标志着我国陆上风电正式步入6兆瓦时代；海上大容量风电机组技术保持国际同步，主流机型单机容量已达到5兆瓦以上，10兆瓦级海上风电机组已开始批量生产。

风电设备的技术水平不断提高。我国低风速、抗台风、超高塔架、超高海拔风电技术位居世界前列，特别是我国陆上低风速风电技术国际一流，已将可利用的风能资源下探到4.8米/秒左右，不仅提高了低风速地区风电开发的经济价值，还极大地提高了我国风能资源的开发潜力。

3）光伏发电技术快速迭代更新。光伏电池转换效率多次刷新世界纪录，产业化制造水平世界领先。目前，我国光伏电池制造环节基本实现了从传统“多晶铝背场”技术到“单晶PERC”技术的更新换代，量产单晶硅、多晶硅电池平均转换效率分别达到22.8%和20.8%。

生产设备技术不断升级，基本实现国产化。我国光伏发电制造设备水平明显提升，除了电池片制造环节的小部分设备外，多晶硅硅片、电池片、组件各环节生产装备已基本实现国产化。

光伏发电系统成套技术不断优化完善。光伏跟踪支架、柔性支架等新技术在光伏电站建设施工中的重要性愈加凸显，特别是支架跟踪系统依托其发电增益优势，近年来在集中式光伏电站占比稳步上升。

4）核电技术取得重大进展。具有自主知识产权的大型三代压水堆核电技术逐渐形成。“华龙一号”全球首堆示范工程——福清核电5号机组正式投入商业运行，标志着我国在三代核电技术领域跻身世界前列；“国和一号”示范工程建设进展顺利，成功打破了多项材料及设备制造技术垄断，主泵、爆破阀、压力容器、蒸汽发生器、堆内构件等关键设备材料全部实现自主化设计和国产化制造。

系统掌握具有四代特征的高温气冷堆技术。全球首个并网发电的第四代高温气冷堆核电项目——石岛湾高温气冷堆核电站示范工程首次并网发电，60万千瓦示范快堆工程进入安装阶段。

小型反应堆发展取得重要进展。多种各具特色的小型堆技术正在进行工程示范准备，“玲龙一号”小堆示范工程启动建设，泳池式低温供热堆初步设计全面完成。

（2）电网技术创新能力大幅提升。我国电网的总体装备和运维水平处于国际前列，连续攻克特高压输电、柔性直流输电、大电网安全等关键核心技术。

特高压输电技术处于世界引领地位。依靠自主创新，我国攻克了特高压技术和装备难题，掌握了具有国际领先水平的长距离、大容量、低损耗的特高压输电技术，运行着领先世界的特高压电网，掌握了1000千伏特高压交流和±800、±1100千伏特高压直流输电关键技术，建成了世界上输电电压等级最高、距离最远的±1100千伏特高压直流输电工程。

柔性直流输电技术取得显著进步。深入推进柔性直流技术研究，世界首台机械式高压直流断路器投运，研制成功世界上电压等级最高、容量最大的柔性直流换流阀，张北柔性直流电网示范工程支撑北京冬奥会场馆实现100%绿电供应，世界首个特高压多端混合直流工程——乌东德电站送电广东广西工程提前投产。

大电网安全防御体系加速构建。我国已全面掌握国际领先的大电网仿真技术，构建起大电网仿真技术支撑体系，研发了适用于各级调度的大电网安全监测、预警与防御系统，实现了多级协调防御。建立大电网安全防御信息支持系统，解决了大电网协调建模和海量电力信息处理等难题。自主创新研发大电网智能调度控制系统、大规模源网荷友好互动系统，开发完成了适应智能电网发展的安全稳定控制装置。

（3）火电清洁低碳化技术取得新进展。我国燃煤发电技术世界领先，煤电机组污染物排放控制水平、二氧化碳排放控制水平等多项指标达到世界先进水平；大型煤炭气化、液化、热解等煤炭深加工技术、煤制清洁燃料和化学品技术已实现产业化，煤炭清洁利用多项技术达到国际领先水平。

1）燃煤发电技术达世界先进水平。

当前，我国燃煤发电技术世界领先，超临界和超超临界先进煤电机组超过860台，在全国煤电总装机中占比超过一半。同时，百万千瓦空冷发电机组、二次再热技术、大型循环流化床发电等技术均世界领先，多台超超临界二次再热煤电机组相继投产，世界首台135万千瓦煤电机组投入运行。此外，我国自主研发的世界参数最高、容量最大超临界二氧化碳循环发电试验机组已完成72小时试运行，标志着我国在超临界二氧化碳循环发电技术领域已处于世界领先水平。煤电机组节能降耗改造持续推进，煤电机组发电效率、资源利用水平、污染物排放控制水平、二氧化碳排放控制水平等均达到世界先进水平。部分国家煤电发电效率变化情况如图 1-14 所示。部分国家单位煤电发电量二氧化碳排放量情况对比如图 1-15 所示。

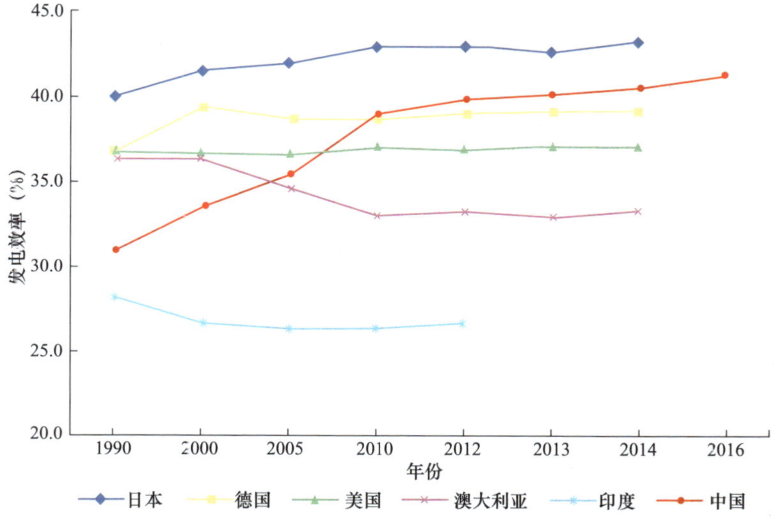

图 1-14　部分国家煤电发电效率变化情况

数据来源：中国煤电清洁发展报告（2017）

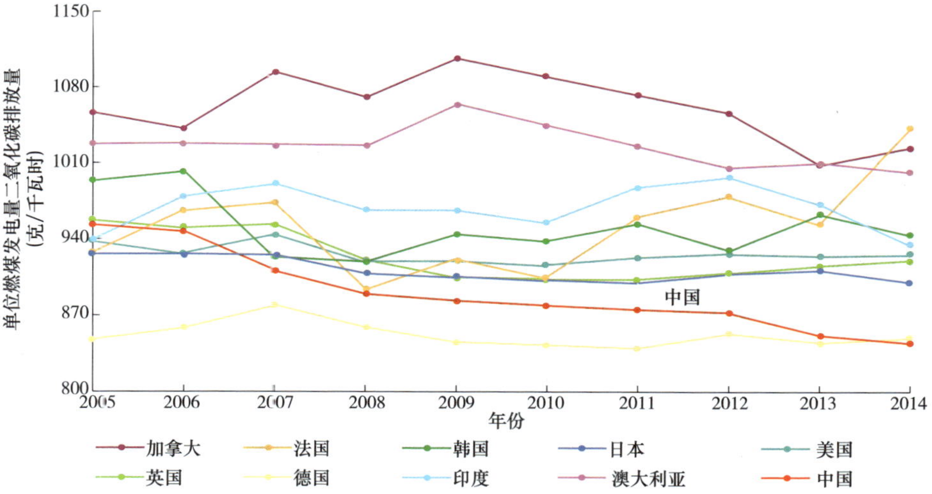

图 1-15　部分国家单位煤电发电量二氧化碳排放量情况对比

数据来源：中国煤电清洁发展报告（2017）

2）燃机装备技术取得重要突破。

十年来，通过实施能源技术创新规划、燃气轮机创新发展示范，中国燃气轮机设计体系基本建立，重型燃气轮机获得重大突破，实现了从E级到F级的新跨越。2014年，我国具有自主知识产权的第一台重型燃气轮机R0110设计与研究项目取得突破性进展；2018年，我国首件自主化300兆瓦F级重型燃气轮机涡轮第一级静叶铸件通过鉴定，标志着我国在重型燃机热端核心部件上取得重要突破；2019年，我国首台F级50兆瓦重型燃气轮机原型机整机点火试验成功，顺利实现满负荷稳定运行；2020年，我国具有完全自主知识产权的5万千瓦燃气轮机实现满负荷稳定运行；2022年，我国国内首套F级燃气轮机控制系统成功投运。

第四节 “双碳”目标下中国能源电力发展形势

一、能源安全新战略新使命

能源安全是关系国家经济社会发展的全局性、战略性问题，对国家繁荣发展、人民生活改善、社会长治久安至关重要。

在新发展理念的引领下，我国能源绿色低碳转型的步伐不断加快，发展的质量和效益大幅提升。党的二十大报告提出“深入推进能源革命”“加快规划建设新型能源体系”“确保能源安全”。能源是国民经济发展的重要物质基础和推动力，构建新型能源体系对于我国应对国际国内风险挑战和建设现代化强国都具有十分重要的战略意义。

构建新型能源体系既是社会主义现代化强国的必然要求，也是重要支撑。当前，我国正处在以中国式现代化全面推进中华民族伟大复兴战略全局和世界百年未有之大变局加速演进的时期。随着新一轮能源革命与产业变革的孕育兴起，各国之间能源竞争将愈加激烈，没有强大能源保障，中华民族伟大复兴的中国梦就难以实现。社会主义现代化强国建设，离不开坚强有力的能源保障，新型能源体系既是社会主义现代化强国的重要支撑，也是重要组成部分和必然要求。

构建新型能源体系是生态文明建设和实现“双碳”目标的重要支柱。从世界能源发展形势看，发达国家资源依赖粗放扩张的发展模式已经难以为继，我国必须从根本上改变发展路径，由工业革命的发展思路向生态文明转变。生态文明建设，必须促进人与自然和谐发展、经济社会发展与资源环境的协调发展，必须促使能源消费高效化和能源生产清洁化，最终建成以可再生能源为主体的清洁低碳能源体系，实现可持续发展。因此，要充分认识建设美丽中国和构建新型能源体系的内在逻辑关系，以新型能源体系构建推动生态文明建设和“双碳”目标的实现。

构建新型能源体系是国家安全和国际竞争力的有力保障。当今世界正经历新一轮大变革大调整，新旧国际体系和国际秩序交替演变，地缘政治形势错综复杂，大国战略博弈日趋加剧，在这个过程中，能源问题无论是作为“因”还是作为“果”，都是国际社会关注的焦点。

美国50年前制定能源独立战略，近年来已基本实现，天然气实现大量出口。美国能源独立使其更有能力干预国际能源市场，并从中东地区“战略收缩”，实施“重返亚太”战略，对国际地缘政治造成重大影响，尤其对我国的能源安全、经济安全和地缘政治安全构成潜在威胁。2022年俄乌冲突导致欧洲国家能源供应紧张，能源价格暴涨，通货膨胀率达到高位，经济社会稳定受到影响，这凸显了欧洲国家能源对外依存度过高所带来的国家安全风险。

可见，能源与国际地缘政治交互影响。面对新的国际局势，中国应加快构建新型能源体系，建立以本国可再生能源资源为依托、多能互补的相对独立的综合能源供应体系，建立具有强大国际竞争力的能源工业产业链供应链，保障国家能源安全和经济安全新使命。

二、能源电力发展前景

党的二十大报告提出：“深入推进能源革命，加强煤炭清洁高效利用，加大油气资源勘探开发和增储上产力度，加快规划建设新型能源体系，统筹水电开发和生态保护，积极安全有序发展核电，加强能源产供储销体系建设，确保能源安全。”国家电网公司董事长辛保安指出，着力谋划构建新型电力系统，助力积极稳妥推进碳达峰碳中和是能源高质量发展的基本路径。

新型电力系统是能源高质量发展的重要载体，是我国现代化经济体系转型升级的重要载体。在供给侧，清洁能源高质量规划建设和利用消纳，主要以电力的方式完成；在消费侧，电力是全面改善社会生产生活方式，为满足人民美好生活需要提供安全、经济、绿色、普惠用能服务的最直接载体；在配置侧，持续完善特高压及各级电网网架，确保能源电力资源大规模广域优化配置，助力加强能源产供储销体系建设的关键支撑。在现代化经济体系建设中，发挥好新型电力系统兼具的基础设施产业和经济新动能作用，建立涉及财税、金融、价格、环保、土地和人才等关键要素的支撑保障政策供给体系，激励各类型市场主体的创新活力。

在现代化经济体系建设中，发挥好新型电力系统兼具的基础设施产业和经济新动能作用，助力能源电力行业创新发展。在创新中，形成政产学研用深度融合，着力破解科技转化“最后一公里”难题，加强能源电力“双碳”路径与基础性、紧迫性、前瞻性和颠覆性四类重大科技创新的一体化、系统性布局研究，解决面向未来能源技术与产业的潜在“卡脖子”环节，牵引形成现代化、多元化、科学化的现代能源产业集群，形成一大批具有创新活力、发展潜力和技术产业竞争力的民营企业，支持民营经济发展壮大。

深入贯彻能源安全新战略，坚决保障电力安全可靠供应，充分发挥大电网资源优化配置平台作用，统筹源网荷储共同发力，确保电力供应平稳有序。形成“西电东送、北电南供”的局面，极大促进中国西部、北部能源资源的大规模开发外送，显著提升国家能源安全保障能力。因地制宜加强城乡电网建设，助力新型城镇化和乡村振兴，在发展中国家率先实现“人人有电用”，为经济社会发展和民生改善提供有力保障。

积极构建新型电力系统，推进能源转型。将先进能源技术与数字技术深度融合应用，加快电网向能源互联网转型升级，推进风光水火储多能互补、电气冷热氢互通互济。推动能源结构优化调整，积极服务沙漠戈壁荒漠大型风电光伏基地建设，推动清洁能源大规模开发、高水平消纳。

“十四五”时期，我们要抓住机遇，面对挑战，一方面要吸取欧盟能源清洁转型过早去煤去核、退出煤电、高度依赖国外等经验教训，传统能源逐步退出要建立在新能源安全可靠的替代基础上，建立“多能互补、多元保障”能源产供储销体系，必须将能源的饭碗牢牢端在自己手里；另一方面要坚持能源清洁转型的战略方向，保持战略定力，不能因为全球能源短缺、国内局部地区拉闸限电而产生动摇，要继续跑出新能源发展“加速度”，实现新能源高质量跃升发展。除了继续坚持集中式与分布式并举、陆上与海上并举、就地消纳与外送消纳并举外，新能源发展要更加突出“单品种开发与多品种互补并举、单一场景与综合场景并举、发电利用与非电利用并举”的发展方针，并以“新能源+煤电”“新能源+储能”耦合发展为方向，以沙戈荒大基地开发为重中之重，通过优化区域布局、多元示范引领、落实“九大行动”，实现大规模、高比例、高质量、市场化发展，积极构建新型电力系统。

第二章　能源电力碳达峰碳中和路径

能源电力是支撑实现碳达峰碳中和目标的核心，构建新型能源体系和建设新型电力系统是实现能源转型的中心环节。新型能源体系以清洁低碳、安全高效为特征，是保障国家能源安全，如期实现“双碳”目标的内在要求。新型电力系统具有清洁低碳、安全可控、灵活高效、智能友好、开放互动等基本特征，是新型能源体系的重要组成部分。“双碳”先行示范区建设依托“双碳”目标落地体系和发展路径，助力国家电网公司碳达峰碳中和行动方案在天津率先落地实施。

第一节　建设新型能源体系

党的二十大报告提出，推动绿色发展，加快发展方式绿色转型，积极稳妥推进碳达峰碳中和，立足我国能源资源禀赋，加快规划建设新型能源体系。《中共中央　国务院关于完整准确全面贯彻新发展理念做好碳达峰碳中和工作的意见》明确提出，2030～2060年，绿色低碳循环发展的经济体系和清洁低碳安全高效的能源体系全面建立，能源利用效率达到国际先进水平，非化石能源消费比重达到80%以上，碳中和目标顺利实现，生态文明建设取得丰硕成果，开创人与自然和谐共生新境界。加快构建新型能源体系是保障国家能源安全、如期实现碳达峰碳中和的内在要求，也是推动实现经济社会高质量发展的重要支撑。

一、基本特征

保障安全，绿色低碳。统筹发展和安全，坚持先立后破、通盘谋划，以保障安全为前提构建新型能源体系，不断增强风险应对能力，确保国家能源安全。践行“绿水青山就是金山银山”的理念，坚持走生态优先、绿色低碳的发展道路，加快调整能源结构，协同推进能源供给保障与低碳转型。

创新驱动，智能高效。坚持把创新作为引领发展的第一动力，着力增强能源科技创新能力，加快能源产业数字化和智能化升级，推动质量变革、效率变革、动力变革，推进产业链新型化。

深化改革，扩大开放。充分发挥市场在资源配置中的决定性作用，更好发挥政府作用，破除制约能源高质量发展的体制机制障碍，坚持实施更大范围、更宽领域、更深层次的对外开放，开拓能源国际合作新局面。

民生优先，共享发展。坚持以人民为中心的发展思想，持续提升能源普遍服务水平，强化民生领域能源需求保障，推动能源发展成果更多更好惠及广大人民群众，为实现人民对美好生活的向往提供坚强能源保障。

二、发展目标

能源保障更加安全有力。国内能源年综合生产能力持续提升，能源储备体系更加完善，能源自主供给能力进一步增强。重点城市、核心区域、重要用户电力应急安全保障能力明显提升。

能源低碳转型成效显著。单位GDP二氧化碳排放连续五年不断下降。非化石能源消费比重进一步提高，非化石能源发电量比重持续提高，电气化水平及电能占终端用能比重不断提升。

能源系统效率大幅提高。节能降耗成效显著，单位GDP能耗不断下降。能源资源配置更加合理，就近高效开发利用规模进一步扩大，输配效率明显提升。电力协调运行能力不断加强，灵活调节电源占比不断提升，电力需求侧响应能力持续增强。

创新发展能力显著增强。新能源技术水平持续提升，新型电力系统建设取得阶段性进展，安全高效储能、氢能技术创新能力显著提高，减污降碳技术加快推广应用。能源产业数字化初具成效，智慧能源系统建设取得重要进展。能源研发经费投入持续增长，新增关键技术突破领域数量不断提高。

普遍服务水平持续提升。人民生产生活用能便利度和保障能力进一步增强，电、气、冷、热等多样化清洁能源可获得率显著提升，人均年生活用电量不断提高，天然气管网覆盖范围进一步扩大。城乡供能基础设施均衡发展，乡村清洁能源供应能力不断增强，城乡供电质量差距明显缩小。

能源高质量发展取得决定性进展，基本建成新型能源体系。能源安全保障能力大幅提升，绿色生产和消费模式广泛形成，非化石能源消费比重大幅提高，可再生能源发电成为主体电源，新型电力系统建设取得实质性成效，碳排放总量达峰后稳中有降。

三、发展方向

1. 增强能源供应链稳定性和安全性

强化战略安全保障。增强油气供应能力。加大国内油气勘探开发，坚持常非并举、海陆并重，强化重点盆地和海域油气基础地质调查和勘探，夯实资源接续基础。加快推进储量动用，抓好已开发油田“控递减”和“提高采收率”，推动老油气田稳产，加大新区产能建设力度，保障持续稳产增产。

提升运行安全水平。加强煤炭安全托底保障，优化煤炭产能布局，完善煤炭跨区域运输通道和集疏运体系，增强煤炭跨区域供应保障能力。发挥煤电支撑性调节性作用，统筹电力保供和减污降碳，根据发展需要合理建设先进煤电，保持系统安全稳定运行必需的合理裕度，提升天然气储备和调节能力，统筹推进地下储气库、液化天然气（LNG）接收站等储气设施建设。

加强应急安全管控。强化重点区域电力安全保障，按照“重点保障、局部坚韧、快速恢复”的原则，以直辖市、省会城市、计划单列市为重点，提升电力应急供应和事故恢复能力，提升能源网络安全管控水平，完善电力监控系统安全防控体系，加强电力、油气行业关键信息基础设施安全保护能力建设。

2. 加快推动能源绿色低碳转型

大力发展非化石能源。加快发展风电、太阳能发电，全面推进风电和太阳能发电大规模开发和高质量发展，优先就地就近开发利用，加快负荷中心及周边地区分散式风电和分布式光伏建设，推广应用低风速风电技术。因地制宜开发水电，极安全有序发展核电，在确保安全的前提下，积极有序推动沿海核电项目建设，保持平稳建设节奏，合理布局新增沿海核电项目。

推动构建新型电力系统。推动电力系统向适应大规模高比例新能源方向演进，统筹高比例新能源发展和电力安全稳定运行，加快电力系统数字化升级和新型电力系统建设迭代发展，创新电网结构形态和运行模式。加快配电网改造升级，推动智能配电网、主动配电网建设，提高配电网接纳新能源和多元化负荷的承载力和灵活性，促进新能源优先就地就近开发利用。增强电源协调优化运行能力，提高风电和光伏发电功率预测水平，完善并网标准体系，建设系统友好型新能源场站。加快新型储能技术规模化应用，大力推进电源侧储能发展，合理配置储能规模，改善新能源场站出力特性，支持分布式新能源合理配置储能系统。

减少能源产业碳足迹。推进化石能源开发生产环节碳减排，推动化石能源绿色低碳开采，强化煤炭绿色开采和洗选加工，加大油气田甲烷采收利用力度，加快二氧化碳驱油技术推广应用。促进能源加工储运环节提效降碳，推进炼化产业转型升级，严控新增炼油产能，有序推动落后和低效产能退出，延伸产业链，增加高附加值产品比重，提升资源综合利用水平，推动能源产业和生态治理协同发展，加强矿区生态环境治理修复，开展煤矸石综合利用。

更大力度强化节能降碳。完善能耗“双控”与碳排放控制制度。严格控制能耗强度，新增可再生能源和原料用能不纳入能源消费总量控制，大力推动煤炭清洁高效利用，严格控制钢铁、化工、水泥等主要用煤行业煤炭消费。实施重点行业领域节能降碳行动，加强工业领域节能和能效提升，深入实施节能监察、节能诊断，推广节能低碳工艺技术装备，推动重点行业节能改造。提升终端用能低碳化电气化水平。

3. 优化能源发展布局

合理配置能源资源。完善能源生产供应格局，发挥能源富集地区战略安全支撑作用，加强能源资源综合开发利用基地建设，提升国内能源供给保障水平，加强电力和油气跨省跨区输送通道建设。稳步推进资源富集区电力外送，加快已建通道的配套电源投产。

积极推动乡村能源变革。加快完善农村和边远地区能源基础设施，提升农村能源基础设施和公共服务水平，实施农村电网巩固提升工程，持续加强脱贫地区农村电网建设，加强乡村清洁能源保障，提高农村绿电供应能力，实施千家万户沐光行动、千乡万村驭风行动，积极推动屋顶光伏、农光互补、渔光互补等分布式光伏和分散式风电建设。

4. 提升能源产业链新型化水平

增强能源科技创新能力。锻造能源创新优势长板。巩固非化石能源领域技术装备优势，持续提升风电、太阳能发电、生物质能、地热能、海洋能等开发利用的技术水平和经济性。强化储能、氢能等前沿科技攻关，开展新型储能关键技术集中攻关，加快实现储能核心技术自主化，推动储能成本持续下降和规模化应用，实施科技创新示范工程。

加快能源产业数字化智能化升级。推动能源基础设施数字化，加快信息技术和能源产业融合发展，推动能源产业数字化升级，加强新一代信息技术、人工智能、云计算、区块链、物联网、大数据等新技术在能源领域的推广应用。建设智慧能源平台和数据中心，面向能源供需衔接、生产服务等业务，支持各类市场主体发展企业级平台，因地制宜推进园区级、城市级、行业级平台建设。

完善能源科技和产业创新体系。整合优化科技资源配置，以国家战略性需求为导向推进创新体系优化组合，加强能源技术创新平台建设，加快构建能源领域国家实验室，重组国家重点实验室，优化国家能源研发创新平台建设管理。激发企业和人才创新活力，完善能源技术创新市场导向机制，强化企业创新主体地位，发挥大企业引领支撑作用，构建以企业为主体、市场为导向、产学研用深度融合的技术创新体系。

5. 增强能源治理效能

激发能源市场主体活力。放宽能源市场准入，落实外商投资法律法规和市场准入负面清单制度，修订能源领域相关法规文件，优化能源产业组织结构，建设具有创造创新活力的能源企业，进一步深化电网企业主辅分离、厂网分离改革，推进抽水蓄能电站投资主体多元化，支持新模式新业态发展，健全分布式电源发展新机制，推动电网公平接入，培育壮大综合能源服务商、电储能企业、负荷集成商等新兴市场主体。

建设新型能源市场。优化能源资源市场化配置。深化电力体制改革，加快构建和完善中长期市场、现货市场和辅助服务市场有机衔接的电力市场体系，深化价格形成机制市场化改革，进一步完善省级电网、区域电网、跨省跨区专项工程、增量配电网价格形成机制，加快理顺输配电价结构，持续深化燃煤发电、燃气发电、水电、核电等上网电价市场化改革，完善风电、光伏发电、抽水蓄能价格形成机制，建立新型储能价格机制。

加强能源治理制度建设。依法推进能源治理。健全能源法律法规体系，建立以能源法为统领，以煤炭、电力、石油天然气、可再生能源等领域单项法律法规为支撑，以相关配套规章为补充的能源法律法规体系。强化政策协同保障，立足推动能源绿色低碳发展、安全保障、科技创新等重点任务实施，健全政策制定和实施机制，完善和落实财税、金融等支持政策，加强能源监管，优化能源市场监管，加大行政执法力度，维护市场主体合法权益，促进市场竞争公平、交易规范和信息公开，持续优化营商环境。

6. 构建开放共赢能源国际合作新格局

拓展多元合作新局面。巩固拓展海外能源资源保障能力，完善海外主要油气产区合作，优化资产配置，持续巩固推动与重点油气资源国的合作，增强进口多元化和安全保障能力，巩固和拓展与油气等能源资源出口大国互利共赢合作，增强油气国际贸易运营能力。

深度参与全球能源转型变革。推进能源变革与低碳合作，建设绿色丝绸之路，深化与发展中国家绿色产能合作，积极推动风电、太阳能发电、储能、智慧电网等领域合作。加强科技创新合作，加强与有关国家在先进能源技术和解决方案等方面的务实合作，重点在高效低成本新能源发电、先进核电、氢能、储能、节能、二氧化碳捕获、利用与封存等先进技术领域开展合作。

积极参与全球能源治理体系改革和建设。推动完善全球能源治理体系，运营好“一带一路”能源合作伙伴关系合作平台，办好国际能源变革论坛，加强能源领域应对气候变化国际合作。坚持共同但有区别的责任原则，推动中美清洁能源合作，深化中欧能源技术创新合作，形成能源领域应对气候变化和推动绿色发展合力，推动落实《联合国气候变化框架公约》及其《巴黎协定》。

第二节 构建新型电力系统

国家电网公司研究制定了构建新型电力系统行动方案，全力推动实现“双碳”目标。构建新型电力系统，是一项极具开创性、挑战性的系统工程。国家电网公司积极面对发展机遇和挑战，贯彻新发展理念，坚持系统观念，转变发展方式，落实国家战略，强化规划引领，统筹计划安排，全力推进新型电力系统构建。

一、建设目标

构建新型电力系统，**是加快生态文明建设的战略选择**。我国生态文明建设以降碳为重点战略方向，大力发展风电、太阳能发电等非化石能源，是能源领域降碳的主要途径。**是保障国家能源安全的重要举措**。能源安全关系国家安全，实现以新能源为供给主体，将大幅降低我国油气对外依存度，显著提高能源安全保障能力。**是构建新发展格局的强大动力**。以终端用能电气化推动能源利用节能提效，增强绿色发展内生动力，为全面建成社会主义现代化国家提供基础支撑和持续动能。**是推动能源产业链转型升级的重要引擎**。通过自主创新，集中突破能源电力领域核心和颠覆性技术，摆脱关键技术装备对外依赖，推动能源电力产业全链条自主可控和转型升级。

实现碳达峰碳中和，能源是主战场，电力是主力军。电网连接电力生产和消费，是重要的网络平台，是能源转型的中心环节。国家电网公司按照国家“双碳”目标和电力发展规划，预计到2035年，基本建成新型电力系统，到2050年全面建成新型电力系统，见表2-1。

表2-1 新型电力系统建设目标

建设阶段	建设目标
建设期（2021~2035年）	新能源成为第一大电源。电力系统总体维持较高转动惯量和交流同步运行特点，交流与直流、大电网与微电网协调发展。大规模配置系统储能，负荷侧广泛参与系统调节，常规电源逐步转变为调节性和保障性电源，发电机组出力和用电负荷初步实现解耦
成熟期（2036~2060年）	新能源成为电力电量供应主体。分布式电源，微电网，交、直流组网与大电网融合发展。储能在源网荷各环节全面应用，负荷侧全面深入参与系统调节、双向互动，火电通过CCUS技术实现净零排放，成为长周期调节电源，发电机组出力和用电负荷全面实现解耦

二、建设重点

1. 加强各级电网协调发展，提升清洁能源优化配置能力

一是加快特高压电网建设。在受端，扩展和完善华北、华东特高压网架，加快建设华中特高压网架，实现500千伏合理分层分区，构建风光水火资源优化配置平台。在送端，推进西南特高压网架建设，完善西北、东北750/500千伏网架，支撑跨区直流安全高效运行。**二是提高跨区输送清洁能源力度**。“十四五”，将持续提升已建输电通道利用效率，作为电网发展主要内容和重点任务，实现已建通道满功率运行，提升输电能力3527万千瓦。优化已建通道配套电源结构，提高输送清洁能源比重。**三是加大配电网建设投入**。加强配电网规划体系建设，全面落实新版《配电网规划设计技术导则》，适应分布式电源、微电网发展需要，深化应用网格化规划方法，大力推广配电网典型模式、标准接线，提高配电网规划精细度和精准度。

2. 加强电网数字化转型，提升能源互联网发展水平

一是提升配电网智慧化水平。加大中压配电网智能终端部署、配电通信网建设和配电自动化实用化，并向低压配电网延伸，大幅提高可观性、可测性、可控性。2025年，基本建成安全可靠、灵活互动、绿色友好、经济高效的智慧配电网。**二是打造电网数字化平台**。加快信息采集、感知、处理、应

用等环节建设，构建连接全社会用户、各环节设备的智慧物联体系，推广人工智能、国网链、北斗等共性平台和创新应用，实现电网、设备、客户状态的动态采集、实时感知和在线监测。**三是构建能源互联网生态圈**。推动新能源云成为国家级能源云，完善新能源资源优化、碳中和支撑服务、新能源工业互联网、新型电力系统科技创新四大平台。建设能源大数据中心，加大数据共享和价值挖掘，拓展新业务、新业态、新模式。

3. 加强调节能力建设，提升系统灵活性水平

一是加快建设抽水蓄能电站。落实国家电网公司加快抽水蓄能开发建设6项重要举措，引导社会资本投资建设。“十四五”新开工2000万千瓦以上抽蓄电站，2025年公司经营区域内抽水蓄能装机容量超过5000万千瓦，2030年达到1亿千瓦。**二是全力配合推进火电灵活性改造**。2025年力争“三北”地区累计完成2.2亿千瓦、东中部地区累计完成1亿千瓦改造任务。尽快建立健全调峰、调频辅助服务机制，调动火电参与灵活性改造和调峰积极性。**三是支持新型储能规模化应用**。按照国家政策要求，大力支持电源侧储能建设，积极服务用户侧储能发展，提供技术咨询和并网服务。积极推动并参与制定新型储能规划设计、建设安装、并网调试、运行监测等全环节标准体系。**四是扩大可调节负荷资源库**。开展可调节负荷资源普查。建成27家省级智慧能源服务平台，积极参与需求响应市场、辅助服务市场和现货市场。推动各省出台需求响应支持政策和市场机制，通过市场机制合理分配成本和收益。

4. 加强电网调度转型升级，提升驾驭新型电力系统能力

一是构建新型电力系统安全稳定控制体系。攻克新型电力系统基础理论和稳定机理，建设以多时间尺度、平台化、智能化为特征的电网仿真平台，掌握“双高”电力系统运行特性。构建新型电力系统故障防御体系，巩固完善“三道防线”。**二是建设适应电力绿色低碳转型的平衡**。控制和新能源调度体系。提高新能源预测精度，推广长周期资源评估和功率预测技术。研究适应分布式新能源大规模接入的负荷预测技术及标准。加强电网统一调度，充分发挥源网荷储各类调节资源作用，保障电力可靠有序供应。**三是建设适应分布式电源发展的新型配电调度体系**。建设贯穿国分省地县的分布式电源调度管理系统，构建全景观测、精准控制、主配协同的新型有源配电网调度模

式。强化5G+智能电网调控应用，满足海量分布式电源调度通信需求，实现广域源网荷储资源协调控制。

5. 加强源网协调发展，提升新能源开发利用水平

一是做好新能源接网服务工作。针对新能源与送出工程建设周期不匹配问题，开辟风电、太阳能发电等新能源配套电网工程建设“绿色通道”，加快接网工程建设，确保电网电源同步投产。**二是支持分布式新能源和微电网发展。**配合政府部门做好分布式电源规划，明确分省、分地市、分县的开发规模。完善公司服务分布式新能源发展指导意见，继续做好一站式全流程免费服务，实现“应并尽并、愿并尽并”。**三是不断扩大清洁能源交易规模。**“十四五”期间，推广中长期交易+现货交易+应急调度的新能源消纳模式，开展绿电交易、发电权交易、新能源优先替代等多种形式交易，强化交易机构协同配合和市场协同运营。

6. 加强全社会节能提效，提升终端消费电气化水平

一是推动低碳节能生产和改造。落实国家能源双控政策，密切跟踪重点省份“两高”企业调整和转移情况，严格用户并网审核，严禁不符合环保要求项目并网，严格执行差别性电价政策。开展“两高”企业用能监测和分析，为政府监管考核提供支撑。**二是持续拓展电能替代广度深度。**在工业、建筑、交通等领域，大力推进以电代煤、以电代油、以电代气。推动1000吨及以上码头岸电设施全覆盖、长江船舶靠港使用岸电常态化。推动燃煤自备电厂清洁替代，科学稳妥推进北方“煤改电”清洁取暖。**三是开展综合能源服务。**聚焦公共建筑、工业企业和农业农村等领域，积极拓展综合能源实体项目和增值服务。以能效提升、分布式新能源开发利用为重点，开展楼宇建筑能源托管、供冷供暖、智能运维等业务。

7. 加强能源电力技术创新，提升运行安全和效率水平

一是实施科技攻关行动计划。制订并加快实施“新型电力系统科技攻关行动计划”，以“三加强”“三提升”为攻关方向，统筹推进基础理论研究、关键技术攻关、标准研制、成果应用和工程示范。**二是加快关键技术攻关。**重点突破新能源发电主动支撑、智能调度运行控制、市场运营协同、多能互补运行等技术，推进大容量电化学储能、柔性输电等技术进步和规模化

应用，试验示范直流组网、氢能绿色制取与高效利用、超导输电等技术。**三是开展关键装备和标准研制**。制定国家电网技术成熟度评价体系，遴选出一批前景广阔、成熟度高的新技术新产品，加快推广应用。重点开展新型电力系统构建及运行控制、分布式新能源及微电网、新能源和储能并网、需求响应等标准制订。超前布局标准国际化方向。**四是推进新型电力系统示范区建设**。选择西藏藏中、新疆南疆、河北张家口作为地区级示范区，重点研究送端高比例新能源电力系统构建方案，推广“新能源+储能+调相机”发展模式。

8. 加强配套政策机制建设，提升支撑和保障能力

一是推动健全电力价格形成机制。研究新型电力系统构建新增成本和疏导问题，配合政府部门健全价格体系，按照“谁受益、谁承担”原则，由各市场主体共同承担转型成本。通过输配电价合理疏导电网建设运营成本，还原电力商品价值属性。**二是推进全国统一电力市场建设**。加快推动建设竞争充分、开放有序的统一电力市场，在全国范围优化配置清洁能源。完善中长期、现货和辅助服务衔接机制，探索容量市场交易机制，开展绿色电力交易，推动可再生能源参与电力市场。**三是构建能源电力安全预警体系**。预判重点行业用电需求增长，滚动分析未来两年电力供需和电网安全形势，及时向政府部门汇报和预警。推动建立政府、企业和社会各负其责的燃料供应储备体系，确保极端情景下的电力供应。

9. 加强组织领导和交流合作，提升全行业发展凝聚力

一是强化工作组织落实责任。建立协同工作机制，充实国家电网公司碳达峰碳中和领导小组办公室力量，实现全公司“一盘棋”，一体谋划、一体部署、一体推进、一体考核。各部门、各机构、各单位细化分解工作任务，落实责任分工，全力推进各项工作。**二是深化宣传引导与开放合作**。加强信息公开和对外宣传，积极与政府机构、行业协会、科研院所、产业链上下游企业研讨交流，集思广益、群策群力、凝聚共识、形成合力，推动新型电力系统高质量发展。

三、新型电力系统支撑新型能源体系构建

随着碳达峰碳中和进程加快推进，能源生产加速清洁化、能源消费高度电气化、能源配置日趋平台化、能源利用日益高效化。能源格局的深刻调整，必将给电力系统带来深刻变化。**从电源结构看**，由可控连续出力的煤电装机占主导，向强不确定性、弱可控出力的新能源发电装机占主导转变。**从负荷特性看**，由传统的刚性、纯消费型，向柔性、生产与消费兼具型转变。**从电网形态看**，由单向逐级输电为主的传统电网，向包括交直流混联大电网、微电网、局部直流电网和可调节负荷的能源互联网转变。**从技术基础看**，由同步发电机为主导的机械电磁系统，向由电力电子设备和同步机共同主导的混合系统转变。**从运行特性看**，由源随荷动的实时平衡模式、大电网一体化控制模式，向源网荷储协同互动的非完全实时平衡模式、大电网与微电网协同控制模式转变。

新型电力系统是清洁低碳、安全高效能源体系的重要组成部分，承载着能源转型的历史使命，是清洁低碳、安全可控、灵活高效、智能友好、开放互动的电力系统。**清洁低碳**，以太阳能、风能等新能源发电为供给主体，通过碳捕获等技术革新，实现以电为核心的碳循环利用。**安全可控**，新能源具备主动支撑能力，分布式、微电网可观可测可控在控，大电网规模合理、结构坚强，构建安全防御体系，增强系统韧性、弹性和自愈能力。**灵活高效**，发电侧、负荷侧调节能力强，电网侧资源配置能力强，实现各类能源互通互济、灵活转换，提升整体效率。**智能友好**，高度数字化、智慧化、网络化，实现对海量分散发供用对象的智能协调控制，实现源网荷储各要素友好协同。**开放互动**，适应各类新技术、新设备以及多元负荷大规模接入，与电力市场紧密融合，各类市场主体广泛参与、充分竞争、主动响应、双向互动。

第三节　能源电力“双碳”目标实践路径探索

一、战略落地体系

能源电力是支撑实现“双碳”目标的核心，构建新型能源体系和建设新型电力系统是实现“双碳”目标的重要支撑。基本路径是确保能源电力安全为基本前提、绿电消费为主要目标，以坚强智能电网为枢纽平台，以源网荷储互动及多能互补为支撑，具有清洁低碳、安全可控、灵活高效、智能友好、开放互动基本特征。

以碳达峰碳中和为目标的新型电力系统，是未来我国能源体系的核心组成部分。主要特征如下：从结构上，新能源大发展，高比例新能源广泛接入；从形态上，源网荷储融合互动，“大电源”“大电网”与“分布式系统”兼容互补；从技术上，各环节全面数字化，调控体系高度智能化；从机制上，现代电力市场体系全面建成，电力市场和碳市场协同发展。国网天津市电力公司能源电力“双碳”目标战略落地体系如图2-1所示。

确保实现“双碳”目标，需要以电为中心、以新能源大规模开发利用为出发点，依托技术创新驱动和政策机制保障，通过对电源侧、电网侧、负荷侧系统性融合重塑，支撑和保障新型电力系统的构建，推动建立绿色低碳、安全高效的能源供应体系。

二、理论发展路径

围绕推动实施碳达峰碳中和重大战略，以能源消费升级为牵引，以供给侧结构性改革为主线，以改革创新为动力，统筹安全和发展，从供需两侧协同发力，加快构建清洁低碳、安全高效的新型能源体系，打造能源革命先锋，推动能源高质量发展，为经济社会发展提供坚强能源保障。实现能源供应清洁化、能源消费电气化、能源配置智慧化、能源利用高效化、能源服务便捷化、能源行动社会化。

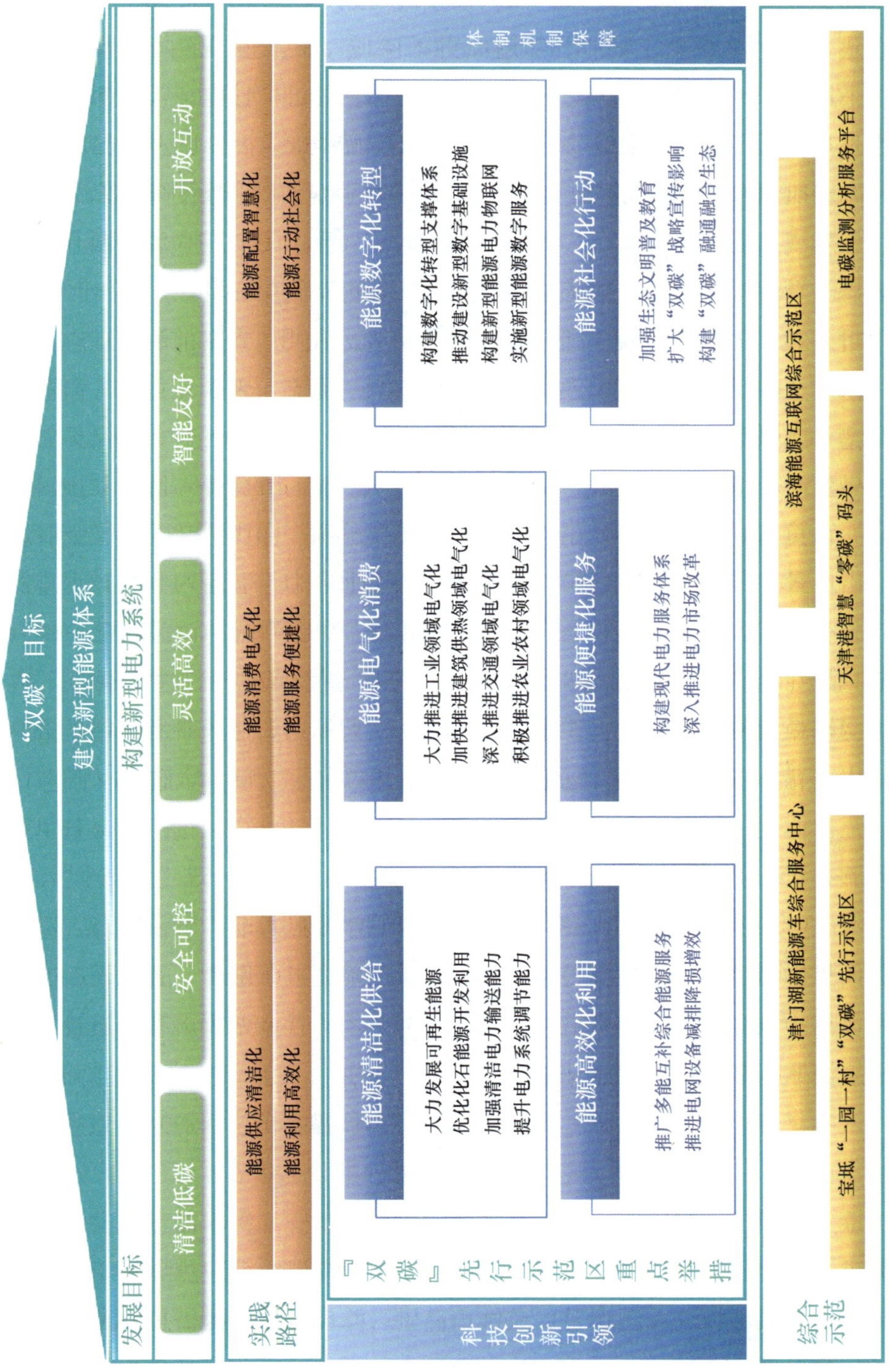

图 2-1 能源电力"双碳"目标战略落地体系

高比例可再生能源广泛接入。大幅提高以风、光等新能源为主的可再生能源电力占比，是电力系统升级换代的重要标志，也是实现能源转型的主要支撑。同时对系统灵活性需求提出更高要求，需要灵活性电源与新能源发电机组互补运行，电源侧在大力推动能源供给清洁化的同时，需要从新能源+储能、多能互补等方面保障清洁能源可靠供应，为系统安全运行提供支撑。

大规模推进电能替代。在“双碳”背景下，能源消费将不断涌现新产业、新业态、新模式，负荷结构将更加多元化、负荷特性更加复杂。为满足负荷侧对可靠性、便捷性、效能等方面的更高要求，需要加强需求侧管理，挖掘需求侧资源利用，促进能源供需双向互动；主动适应未来多元化能源消费模式，建立面向用户需求的多能互补系统，推进能源消费电气化。

多能互补综合能源利用。充分发挥多元资源配置的平台作用，促进风、光、水、煤等协同互补，电、热、冷、气综合利用，实现能源资源的按需、合理、高效开发利用。推进多能互补的综合能源电力系统应用研究，促进源网荷储协调互动。推进以电网为核心的综合能源网络建设，构建智能互动、开放共享、协同高效的现代电力服务平台，积极主动服务能源消费方式变革。开展源网荷储协调互补优化调度策略研究，实现源网荷储全环节灵活性资源统一协调互补，提升电力系统灵活调节能力，保障电力供应可靠性。

高比例电力电子装备大规模应用。电力电子装备应用数量不断提升、范围不断扩大，将深刻影响电力系统运行特征。开展新型电力系统运行特性分析研究，“双碳”背景下大规模新能源并网导致电网“双高”特征日益凸显，开展新型电力系统安全稳定控制、多时空尺度电力电量平衡、大规模新能源源网协调控制、大规模新能源发电高效并网与消纳等技术攻关和相关技术标准制，支撑新型电力系统运行体系构建。

数字化智能化智慧能源发展。先进数字化、智能化技术将广泛渗透在未来能源电力系统各环节设计规划及调度控制中，形成高效运行、用户友好的智慧能源系统。通过数字化手段实现用能设备的状态和需求信息的监测，实现对负荷侧储能、可控负荷、充电桩、用户侧分布式能源系统的实时管理，挖掘用户侧灵活性调配资源，促进网荷储融合互动。结合区域负荷特性，研究负荷聚合商模型构建与量化方法，通过大数据、区块链等技术促使海量用户侧可调负荷参与电力需求响应，增强负荷侧响应能力，促进电力用户能效管理提升。

清洁高效低碳零碳转型。构建新型电力系统作为支撑实现“双碳”目标的核心手段，应以清洁、高效、低碳为根本发展导向，提升新能源开发利用水平、提高系统总体能源利用效率、降低二氧化碳排放，为整体能源转型奠定坚实基础。开展电力市场相关机制的探索实践，为促进源网荷储各环节融合发展营造良好的市场环境。

三、“双碳”先行示范区建设

为推动能源转型和绿色发展，加快构建清洁低碳、安全高效能源体系，构建新型电力系统，推动国家电网公司“碳达峰碳中和”行动方案在津率先落地，国网天津市电力公司依托“双碳”战略落地体系和发展路径研究成果，率先打造电力“双碳”先行示范区。

1. 基本原则

坚持创新发展，以全面创新为先行示范区建设赋能，聚焦“双碳”目标重构创新体系、优化创新资源，一体推进技术创新、机制创新、模式创新，加快新技术、新产品研发和推广应用，开拓新业务、新业态领域创新合作，更好地推动转型发展。围绕实现“双碳”目标，将新发展理念贯彻先行示范区建设全过程，打造高质量发展典范。

坚持协调发展，统筹处理短期与长期、发展与安全、低碳与高效、能源与经济等方方面面的关系，更加注重新能源高比例接入与供电高可靠保障的协调，更加注重全局“双碳”与局部“双碳”的协调，更加注重短期“碳达峰”与长期“碳中和”的协调，更加注重“碳减排”与经济高质量发展的协调，探索实现“双碳”目标过程中全局最优解，全力服务绿色出行、绿色生活、绿色办公、绿色生产。

坚持绿色发展，坚持供给和消费两侧双向发力，坚定不移推进绿色发展，加快构建清洁低碳、安全高效能源体系，持续推进碳减排。供给侧加快构建以新型电力系统，打造绿色能源配置平台，推动电力系统由碳排放系统向碳循环利用系统转变；消费侧深化电能替代，推动电气化率等关键指标迈入全国前列。

坚持开放发展，推动成立产业联盟、搭建共享平台，凝聚服务“双碳”合力，能源结构持续优化，电能替代等技术处于国际领先水平，打造与社会主义现代化大都市定位相匹配的绿色低碳技术支撑体系。坚持实用实效，模式可复制、成本可推广、技术可实行，通过技术、模式创新等手段提高能源供给和利用效率，面向全国乃至全世界输出一批典型经验模式。

坚持共享发展，聚焦群众对绿色低碳美好生活的向往，统筹好发展与安全、政府与市场、保供与节能、成本与价格之间的关系，让“双碳”成果看得见、摸得着、用得好，满足人民群众对美好生活的需要，形成政府主导、政策引导、市场调节、全社会共同参与的良好氛围。

2. 建设内容

充分发挥电网枢纽平台作用，打造新能源优化配置平台、实现能源供给清洁化，大力实施电能替代、实现终端能源消费电气化，加快电网向能源互联网演变、实现能源配置智慧化，提高终端用能效率、实现新能源利用高效化，提供一站式能源解决方案、实现能源服务便捷化，倡导绿色低碳生产生活方式、实现能源行动社会化，推动电力行业碳排放先行达峰。在供给侧，打造若干百万千瓦级新能源基地；在电网侧，构建满足本地新能源接网、消纳及能源供给枢纽平台；在消费侧，聚焦工业、交通、建筑领域，推动绿色低碳能源消费方式；在产业侧，形成新能源及储能装备全链条产业链，打造规模化产业基地。

能源供应清洁化。大力发展可再生能源，优化化石能源开发利用，加强清洁电力输送能力，提升电力系统调节能力。大力发展非化石能源，加快发展风电、太阳能发电，因地制宜开发水电，积极安全有序发展核电，发展其他可再生能源；推动构建新型电力系统，推动电力系统向适应大规模高比例新能源方向演进，创新电网结构形态和运行模式；增强电源协调优化运行能力，加快新型储能技术规模化应用，大力提升电力负荷弹性。减少能源产业碳足迹，推进化石能源开发生产环节碳减排，促进能源加工储运环节提效降碳，推动能源产业和生态治理协同发展。

能源消费电气化。大力推进工业领域电气化，加快推进建筑供热领域电气化，深入推进交通领域电气化，积极推进农业农村领域电气化。聚焦工业领域，加大电能替代力度，推动化工或钢铁等主体行业能效提升、碳排放强度下降；聚焦交通领域，推动实施出租汽车、公务用车、景区泊客车辆电动化更新换代，推动公共交通全电气化；聚焦建筑领域，大力发展绿色建筑，推广“零能耗智慧建筑”应用，推进公共建筑能效提升。

能源配置智慧化。能源数字化转型。构建能源电力数字化转型支撑体系，推动建设新型数字基础设施，构建新型能源电力物联网，实施新型能源数字服务。广泛应用以互联网、人工智能为代表的新一代信息通信及控制技术，促进能源信息深度融合和数字化转型，加快传统电网向能源互联网升级，提高电网对各类能源电力资源的优化配置和集成优化能力，推动化石能源清洁利用与新能源优先开发。

能源利用高效化。推广多能互补综合能源服务，推进电网设备减排降损增效。打造绿色低碳循环示范项目，还原能源商品属性，推动构建有效竞争、利于新能源发展的市场结构和市场体系。转变传统用能方式，降低能耗强度，提高终端用能效率，助力实现能源消费总量、碳排放总量“双控”目标。

能源服务便捷化。构建现代电力服务体系，深入推进电力市场改革。以终端用户为中心，创新服务模式，围绕终端用户安全可靠、便捷绿色的多元化能源生产、消费需求，推广一站式能源解决方案，促进全社会用能成本下降，打造有利于新能源大规模发展的互惠共赢生态圈。积极开展公共机构能源费用托管型合同能源管理项目。

能源行动社会化。坚持“绿水青山就是金山银山”理念。自觉开展绿色生活创建活动，倡导简约适度、绿色低碳生产生活方式，倡导绿色出行，培育绿色、健康、安全消费习惯。在新能源消费占比较高的地区打造一批“全绿能供给示范村”。大力推广使用节能环保产品，提高用能水平和效率。

第三章　能源清洁化供给

实现能源供给清洁化要推动能源电力从高碳向低碳、从以化石能源为主向以清洁能源为主转变。新能源开发方式由集中式开发向集中式与分布式并举开发转变，不断提升区外绿电受入能力，助力煤电由支撑性电源向调解性电源转变。提升化石能源高效清洁利用效率，鼓励碳减排关键技术研发利用，全过程降低能耗水平。加强各级电网建设，实现电网协调发展，打造能源绿色配置枢纽平台。不断提升电网调节能力，着力增强系统灵活性，提升新能源消纳水平。

第一节　大力发展可再生能源

一、建设目标

中国正处于经济快速发展时期，对能源的需求持续增长，能源、环境和气候压力对可持续发展的约束越来越严重。可再生能源作为资源丰富、环境友好、本地化的清洁低碳能源，对“双碳”目标的实现具有重要意义。

持续扩大区外清洁来电规模。推动政府与新能源富集省份形成新能源购电协议，拓展利用域外新能源的范围和广度，提高外来电中新能源发电占比。加强城市主网建设，确保区外清洁电力落得下。

全力保障新能源接网及消纳。按照科学规划、合理布局、有序开发的原则，推动本地清洁能源开发利用，提高新能源接纳能力，支撑新能源就地就近并网消纳。因地制宜制定清洁能源接网模式，建设新能源并网专用通道，扩大新能源消纳范围，提升新能源消纳能力。

推动分布式能源和微电网发展。做好分布式电源和微电网接网服务，持续简化、优化分布式电源接网工作流程，为发电企业提供一站式全流程免费服务。积极推动发展"光伏+储能"，提高分布式电源利用效率。加强配电网互联互通和智能控制，满足分布式清洁能源并网和多元负荷用电需要。做好并网型微电网接入服务，发挥微电网就地消纳分布式电源、集成优化供需资源作用。

二、工程实践

1. 区外清洁能源供应提升工程

我国一次能源分布与区域经济发展并不均衡，其中煤炭、天然气主要分布在西北、东北地区，而水力资源则主要分布在西南地区。对于一次能源匮乏、环境承载力有限的能源输入型城市而言，为满足能源供应与能源保障，对清洁能源供应提出了更高要求，因而加大区外送电规模、增加天然气供应、有效利用本地可再生能源已成为共识。

天津市作为典型的能源输入型城市，本地煤电发展受限，天然气供应易受气源、气价和输气能力等因素影响。为实现碳减排目标并保证居民供电质量，国网天津市电力公司依据本地能源分布特点，提出并执行了以下工程方案。

（1）拓宽"外电入津"通道，确保区外清洁电力进得来。

"十三五"期间，天津市电力用电需求保持持续快速增长态势。根据电力平衡测算，天津电网需要从区外受入电力超600万千瓦，外受电占比在25%以上。至"十三五"末，通过研判"十四五"期间天津地区负荷增长态势，在本地煤电、气电发展空间有限的情况下，考虑到本地新能源出力的较大不确定性，提出天津外受电需求将进一步提高。"十四五"天津外受电格局如图3-1所示。积极争取新增特高压交流落点及通道，获取上级及能源富裕省份对特高压电网的发展支持，最终促成"外电入津"项目纳入规划。

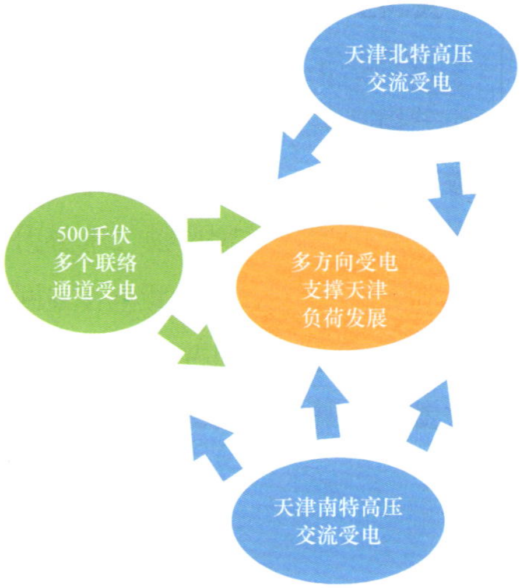

图3-1 “十四五”天津外受电格局

（2）加快城市主网建设，确保区外清洁电力落得下。

“十三五”初期，天津电网的500千伏双环网尚未形成，网架结构薄弱，承载潮流大规模转移的能力不足，影响天津电网对特高压外受电力的消纳。为进一步提升天津城市主网架消纳特高压及500千伏对外联络通道外受电能力，国网天津市电力公司于2018年启动“1001工程”，加快城市主网架建设，解决天津电网发展不平衡不充分问题。

对内凝聚公司合力，建立保障支撑机制。成立落实战略合作框架协议领导小组，抽调本部及基层单位专业骨干成立“1001工程”办公室，专门推动“1001工程”建设。各专业部门分别围绕人财物资源配置、前期工作堵点、施工建设难点、项目管理需求，先后推出“1+6”财务保障方案（1项总方案和资金供应、提升有效资产等6项子方案）、“物十条”等23项配套保障措施；综合部门分别围绕过程监测、督办考核、氛围营造、成果评价，先后推出“1001工程”任务管理、“黎明杯”劳动竞赛、党员建功、专项监督、主题宣传、项目后评价等系列举措，形成了完善的支撑保障体系。

对外政企紧密联动，营造良好外部环境。推动成立“1001工程”指挥体系，选派骨干力量与公司“1001工程”办公室联合办公，主要负责同志深度对接“1001工程”属地实施。2018年9月5日，天津市人民政府办公厅印发

《关于落实国家电网有限公司天津市人民政府加快美丽天津建设战略合作框架协议实施方案（2018—2020年）的通知》，标志着协议落地相关工程任务上升为政府重点工作，也为电网工程的落地提供了有力保障。“1001工程”实施方案及目标如图3-2所示。

图3-2 “1001工程”实施方案及目标

2. 本地集中式清洁能源开发工程

进入“十四五”，随着“双碳”目标的提出以及新型电力系统的建设发展，天津市本地清洁能源必将呈现出快速增长趋势，面对本地大规模清洁能源的消纳需求，促进可再生能源发展方式转变，保障可再生能源发展规划与电网规划有效衔接，促进源网协调发展，持续推动天津清洁能源有序开发和高效利用显得尤为重要。

（1）因地制宜制定清洁能源接网技术原则。

为保障本地清洁能源高效消纳，制定本地清洁能源并网的相关原则。

清洁能源并网规模应适应电网的清洁能源消纳能力。可再生能源接入规模不应超过当地电网的消纳能力，接入配电网的可再生能源应在本地区参与平衡，不向上一级电网倒送。对于可再生能源开发利用资源丰富的局部地区，在满足技术原则和安全稳定运行的基础上，接入配电网的可再生能源不应超过上级电网变电站容量和线路输送能力等限制。根据可再生能源装机容量和当地电网条件，通过技术经济比较来确定应接入电压等级。

本地清洁能源并网应满足电网安全稳定运行的需要。可再生能源接入系统应以电网现状资源条件为前提，充分论证接入后对系统稳定性、无功功率和电压波动、短路容量、潮流断面的影响，保证输出电力的电能质量符合公用电网的电能质量要求，在电网电压或频率异常时的响应特性符合相关标准的要求，如不满足应采取应对措施和方案解决。

本地清洁能源并网应符合电网灵活调度的配置要求。因地制宜确定可再生能源的调度关系，通信方式、传输通道和信息传输符合相关规定。符合条件的应参与AGC调节，参与系统有功功率、无功功率控制应满足相关调度端的总体要求。可再生能源电站的信息交换、信息传输和安全隔离必须满足电力系统二次安全防护相关规范。

（2）超前开展本地清洁能源并网方案研究。

以可再生能源电力送出消纳作为安排可再生能源电力建设规模及布局的基本前提条件，合理确定本地区可再生能源电力发展目标以及年度建设规模。结合电网负荷特性和电力发展情况，开展全网消纳能力测算，为可再生能源发展总体规模提供指导；依据区域电力电量平衡分析和电网安全运行边界，合理确定分区分年度消纳能力上限。参考“十三五”可再生能源发展情况，以及各区可开发利用资源情况，确定可再生能源“十四五”开发布局，并与全网和分区消纳能力进行校核，确保可再生能源有效消纳，促进源网协调发展。具体技术路线如下：

测算新能源可开发规模。分析水、风、光、生物质等可再生能源自然资源禀赋，结合本地区土地利用现状调查及规划、遥感卫片比对等基础资料，测算各类可再生能源技术可开发量。结合各类地区地理特性、区域定位、产业布局和政策导向，在技术可开发量基础上，测算实际总体可开发规模，扣除已开发规模后测算剩余可开发规模。整理现状并网发电运行数据，分析可再生能源发电特性，测算风电、光伏等可再生能源出力同时系数和出力效率。

评估本地电网消纳能力。依据“十四五”电网规划负荷预测和主力电源规划方案，结合各类机组技术出力等边界条件，逐年测算电网调峰裕度。考虑风电、光伏差异化出力特性和出力效率，以不同运行方式下调峰裕度为边界，扣除已接网规模，分别测算“十四五”风电、光伏总体消纳上限。考虑可再生资源禀赋与用电负荷逆向分布的本质特性，差异化制定资源富足区与一般地区分区消纳边界条件。结合各区域“十四五”负荷预测和电网规划建设进度，考虑可再生能源发电特性，扣除已接网规模，以差异化边界条件逐年确定各区域“十四五”可再生能源分区消纳能力上限。

制定本地清洁能源并网方案。以可开发规模和全网消纳能力测算结果为双向边界，综合提出“十四五”各类可再生能源发展总体发展目标。以分区域可开发规模和分区消纳能力测算结果为双向边界，结合各地区可再生能源开发政策导向和发电企业开发意愿实际情况，逐年提出“十四五”可再生能源分区布局方案。校验可再生能源发展目标及分区布局合理性，进行修正和完善。

（3）合理制定本地清洁能源并网方案。

“双碳”目标的落地实施将引导新能源加速发展，新型电力系统的建设发展则要求电网保障大规模新能源发电的高效消纳，同时需确保电力系统的安全稳定运行。因此，确定科学合理的新能源接入方案，在保障新能源分层、分区均匀消纳的同时，积极发挥新能源支撑地区负荷的发展需求显得尤为重要。

优先考虑本地新能源就地、就低并网。统筹评估各电压等级电网新能源消纳能力，优先考虑新能源就地、就低并网方案，用以支撑本地负荷需求。在确定新能源开发并网规模及开发区域后，提前开展新能源就地、就低并网方案分析，针对就地、就低接入系统方案，校核大负荷、小负荷、新能源大发、新能源小发等不同运行方式下的局部电网电力平衡情况、短路水平以及潮流分区情况，由此确定新能源就地、就低并网方案。进入“十四五”，为满足天津地区显著增加的新能源并网需求，国网天津市电力公司制定相关新能源优化并网方案，优先在武清区、西青区、北辰区等本地消纳能力充裕且靠近负荷中心区域布局新能源就地、就低接入，确保方案可实时性强、最大限度发挥新能源对电网积极的支撑作用。

合理优化大规模集中式新能源发电项目跨区并网。当某地区新能源并网需求超过该地区电网消纳能力时，集中升压、打捆送出等跨区消纳方案将更有利于新能源在更高电压等级电网、更广阔的地理空间分布中合理消纳。“十四五”以来，天津滨海、宁河、静海等地区由于风光资源开发条件优越等原因，新能源开发规模显著提升。如宁河地区新能源开发呈现“扎堆式开发”和“碎片式并网”的特点，新能源总开发规模接近200万千瓦。滨海海晶盐场光资源丰富，光伏集中开发规模达到300万千瓦。面对远超过本地低电压等级电网消纳能力的新能源并网需求，国网天津市电力公司提出天津新能源全域消纳思路，提出在天津北部地区建设首个大规模新能源汇集站，在滨海海晶盐场实现新能源在500千伏电压等级并网等新能源集中跨区并网方案，有力实现新能源资源在天津全域的优化配置。

3. 本地分布式清洁能源开发工程

分布式能源是相对于传统集中供能系统而言的，具有因地制宜、就近利用、独立运行的特点，有助于降低能源长距离传输的损耗。同时，分布式能源可以采取能量梯级利用的方式，为农民采暖以及农业项目提供供热、制冷等综合能源服务在全世界范围内得到广泛发展应用。

依据天津市各区域发展方向、土地政策的影响，可供集中式光伏发电开发的区域主要集中在部分区县，其他各区域均具备开发分布式光伏发电的条件。因此，依据本地区域分布特点因地制宜地开展了本地分布式清洁能源开发工程。

（1）充分发挥分布式风光资源优势，大力促进分布式电源发展。

大力推动光伏建筑一体化应用，促进光伏发电与城市建筑、基础设施等要素融合发展，鼓励新建建筑同步安装光伏发电设施或预留安装条件，政府投资项目优先采用光伏发电满足部分用能需求。支持利用工业园区、学校、医院、商场、写字楼等公共建筑，以及机场、车站、高速公路服务区等交通设施，推广分布式光伏发电系统。鼓励居民在自有产权住宅屋顶建设户用分布式光伏。此外，天津市已出台整区屋顶分布式光伏开发试点方案，推动滨海、西青、东丽、津南四个地区推进屋顶光伏开发。预计到2025年，全市试点区分布式光伏装机规模增加96.77万千瓦。

（2）整合分布式发电资源，构建友好型虚拟电厂运行机制。

分布式能源单独运行时，电源容量较小，且具有较大的随机性、波动性、间歇性，并网后电网难以对其进行调度。为了解决单独的分布式能源接入电网带来的不利影响，虚拟电厂作为对分布式能源接入电网进行有效管理的重要形式得到广泛关注。

虚拟电厂一般由可控机组、不可控机组（风、光等分布式能源）、储能设备、可控负荷、电动汽车、通信设备等聚合而成，并进一步考虑需求响应、不确定性等要素，与控制中心、云中心、电力交易中心等进行信息通信，并且与大电网进行能量交互。虚拟电厂通过分布式电力管理系统将配电网中大量的分布式能源、可控负荷和储能装置聚合成一个虚拟的整体，从而参与电网的运行和调度，协调大电网与清洁分布式能源之间的矛盾，充分体现分布式能源为电网和用户所带来的价值与效益。特别是提出全面建设能源互联网之后，虚拟电厂成为分布式能源实现广域合作的有效途径。

“十三五”期间，天津在需求响应方面积极开展探索与实践，在滨海生态城建成一套虚拟电厂系统，开展整体负荷资源的优化调控，有效减少区域用电尖峰，就地消纳分布式可再生能源，提升区域电网整体运行的安全性和经济性。通过为电网的各类电源、负荷、储能资源加装物联感知终端，将各类资源高效聚合，参与电网调峰、调频辅助服务和电力市场交易等，协调电网供需平衡，促进区域内各种能源资源的优化配置，同时为参与用户提供补贴。系统建设内容主要包括虚拟电厂系统建设和用户侧工程建设两部分，如图3-3所示。

1）虚拟电厂系统建设。

虚拟电厂系统通过与营销业务系统、调度系统等系统的实时信息互动，配合用户侧工程建设，实现虚拟电厂系统信息流融合。友好互动虚拟电厂平台遵从国家电网公司SG-EA框架，基于SG-UAP开发，具有分布式电源调度控制、用户侧资源调度控制、储能电站调度控制、厂内协调优化、厂外调度优化等功能模块，并对各类功能模块进行细化，共计开发125个三级功能点。开展整体负荷资源的优化调控，有效减少区域用电尖峰，就地消纳分布式可再生能源，提升区域电网整体运行的安全性和经济性。

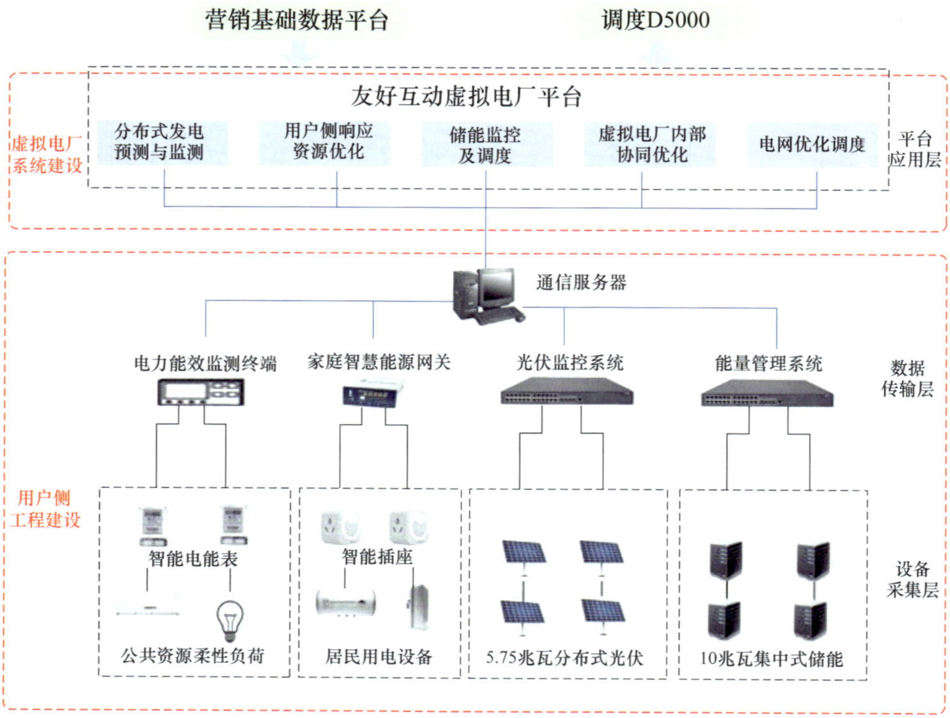

图3-3 虚拟电厂建设内容架构图

2）用户侧工程建设。

在用户侧，虚拟电厂主要包括居民用户建设、公共资源建设、分布式电源接入和储能装置接入等4部分内容。

在居民用户建设方面，以月均能耗量大为主、负荷种类多样为辅的筛选原则，选取居民用户576户对其用能设备进行改造。每户需安装1套家庭智慧能源网关和2套空调控制器，选择居民家中空调等柔性可控的大功率家用电器进行数据采集、控制，以满足接入友好互动虚拟电厂系统的要求。友好互动虚拟电厂系统利用GPRS无线通信的方式进行家庭用电能效信息的采集监测以及家庭主要用电设备的远程控制，实现秒级、15分钟级、1小时级、4小时级及日级的多时间尺度响应。

在公共资源建设方面，选取50户商业用户和公共建筑，对其非工中央空调、新风机组等柔性可调的用能设备进行改造，每户安装1套公共资源电力能效监测终端和4个公共资源智能电能表，每个用户内设置4个采集点，实现秒级、15分钟级、1小时级、4小时级及日级的多时间尺度响应。

在分布式电源接入方面，通过对分布式光伏逆变器改造，在逆变器上安装通信控制终端，由GPRS无线通信的方式，将5.75兆瓦分布式光伏接入友好互动虚拟电厂，实现两个系统间的数据集成。

在储能装置接入方面，通过光纤专网接入10兆瓦时储能装置的能量管理系统（EMS），虚拟电厂系统通过控制储能装置的EMS，调控集中式储能电站。

生态城虚拟电厂系统集成了储能电站、全量清洁能源发电、分布式储能、电动汽车充电桩和用户可中断/可调节负荷。接入50户公共资源用户和500户居民用户等用电负荷、5.75兆瓦分布式电源、10兆瓦集中式储能负荷，可调负荷约36兆瓦。采用面向随机性电源的虚拟电厂优化协调控制技术，实践基于双向选择、实时竞价的虚拟电厂市场化模式，为电网提供调频、调峰及多时间尺度需求响应，实现各种能源资源的优化配置，用户用能成本降低5%以上。开展了春节填谷需求响应实证，缓解了北方地区低负荷时段热电供需矛盾，实现了由源随荷动到源荷互动的转变，推动形成多方参与的能源互联网供需互动格局。

三、建设成效

外受电能力持续提升，满足经济社会发展需要。“十三五”期间建成投产的锡盟—南京、蒙西—天津南及天津南特高压变电站1000千伏特高压交流工程，新增受电能力500万千瓦，可节约煤炭消费900万吨，减少地区二氧化碳排放1750万吨、二氧化硫4.4万吨、氮氧化物4.6万吨，大大改善地区环境空气质量。自“1001工程”实施以来，天津电网一大批调结构补短板的工程建成投产，新建、扩建220千伏变电站19座，220千伏重载变电站减少60%；500千伏由“日”字形环网形成“目”字形扩大双环网，特高压电力疏散能力提升近70%，有效解决了天津网架结构薄弱、承载潮流大规模转移能力不足的问题，并且有力保障了区外清洁电力的消纳。

本地清洁能源发展迅速，助力天津经济绿色发展。发电装机容量由2015年的1324.3万千瓦增长到2020年的1916.8万千瓦，其中煤电装机由1074.7万千瓦增长到1229.9万千瓦，比重由81.2%下降到64.2%；清洁能源装机由41.2万千瓦增长到248.6万千瓦，比重由3.1%提高到13%；余热余压余气发电装机由14.8万千瓦增长到22.9万千瓦，比重由1.1%提高到1.2%。

虚拟电厂发挥效用，提升电力资源的优化配置水平。天津生态城虚拟电厂的设立有效延缓了发电建设和电网投资，提升用户侧用能系统运维信息化水平，降低用能成本和人工成本5%以上。建设成果在全市需求响应工作中推广，2018、2019、2020年春节期间的填谷需求响应，增加谷段负荷约400、340兆瓦和210兆瓦，累计降低参与企业用能成本2000余万元，实现了政府、电网公司、用户的多方共赢。与此同时，虚拟电厂可减少电网峰谷差，提高电力系统运行可靠性，提升电力资源的优化配置水平。此外，填谷需求响应可有效提升春节期间社会最小用电负荷，每年减少2台热电联产机组停机，破解了春节期间的供电供热矛盾，保障了全市居民节假日供暖需求。

第二节　优化化石能源开发利用

一、建设目标

大力发展化石能源高效清洁利用技术。推动煤炭高效燃烧和转化、石油天然气高效利用及煤化工“三废”处理技术研究和应用，强化化石能源的燃料与原料属性的耦合。“十四五”时期大力推动煤电节能降碳改造、灵活性改造、供热改造“三改联动”，新增煤电机组全部按照超低排放标准建设、煤耗标准达到国际先进水平，现役机组加快节能升级和灵活性改造，降低供电煤耗。严格控制工业用煤，加强钢铁、焦化、化工等重点耗煤行业管理，落实国家控制钢铁产能和产量政策，推动工业终端减煤限煤。

鼓励和支持石油、天然气高效清洁利用。有序拓展用气领域，推动城镇燃气、工业燃料、公共服务等领域的高效科学利用，鼓励因地制宜发展燃气分布式能源。强化民生用气保障，持续扩大天然气供应，优化天然气利用结构和方式，确保供气稳定可控，保障清洁取暖“煤改气”等民生用气需求。

建设智能高效的调度运行体系，探索电力、热力、天然气等多种能源联合调度机制，促进协调运行。

鼓励和支持企业开展碳捕捉等碳减排关键技术研发和创新。推动化石能源绿色低碳开采，强化煤炭绿色开采和洗选加工，加大油气田甲烷采收利用力度，加快二氧化碳驱油技术推广应用。推动碳捕捉等碳减排关键技术成果的示范应用。

二、工程实践

1. 煤炭高效燃烧与低碳转化

（1）燃煤锅炉灵活调峰。

可再生能源发电的快速发展为我国能源系统低碳转型注入新的活力。由于可再生电力的波动性和间歇性，影响电力系统安全稳定运行。在目前尚无大规模、低成本、长周期的先进储能技术可用状况下，迫切需要煤电深度灵活调峰技术，以满足可再生能源大规模接入电网的需求。加快开发和应用燃煤锅炉深度灵活调峰技术、超低负荷稳燃技术、高效灵活电–热双供技术等，实现锅炉深度调峰与快速变负荷，为可再生能源发电高比例接入电网保驾护航。特别是2030年以后，煤炭逐步向基础能源和保障能源过渡。随着可再生能源的深入发展，煤电深度调峰逐步向高灵活性和全负荷范围调峰的方向发展，应利用变革技术建造新型调峰发电机组来保障可再生能源的接入，从而在高度灵活智能的前提下，实现清洁高效经济运行，支撑新能源系统的构建及“双碳”目标的实现。

（2）工业过程高效燃烧。

清洁高效燃烧技术是实现提升能源利用效率、有效降低碳排放强度的有效手段。针对冶金、建材等典型高耗能、高排放工业过程的节煤、降碳、减排等重大需求，突破气化–燃烧、富氧/全氧燃烧、多污染物协同脱除等关键技术，完成典型流程的工业示范，实现高效低碳燃烧利用，从而推动工业用煤领域燃烧技术变革，节能增效。同时，推动冶金、建材等高耗能行业与煤化工的结合，充分发挥煤炭直接和间接转化技术优势，促使高耗能和高耗煤行业技术变革。例如，从焦炭高炉炼铁转型到还原冶炼工艺，可大幅度减少二氧化碳排放。

（3）工业过程/流程低碳耦合。

充分发挥煤炭的能源属性和物质属性，重点突破高耗煤/高耗能行业间、流程/过程间的物质和能量的耦合瓶颈，形成煤电-可再生发电、煤化-冶金、煤化-石化、多过程联产等系列高效低碳耦合利用技术，完成典型工业示范；推动煤炭由燃料属性向燃料与原料属性耦合转变，实现系统综合能效提升和二氧化碳减排。其中，燃煤发电与可再生能源耦合发电方面，推动发展煤与生物质耦合发电，可实现生物质发电效率提高15%~20%，达到超超临界发电水平；而燃煤发电与太阳热耦合发电，可以充分利用低品位的太阳热来减排二氧化碳。煤化-冶金耦合方面，开发甲醇-钢厂煤气制乙酸乙酯技术，可充分利用钢铁厂的尾气（主要是焦炉煤气、转炉煤气），通过提纯形成合成气原料，实现冶金尾气原料化，具有显著的降碳、固碳及增效效益。煤化-发电方面，推动煤化工与燃煤发电耦合，充分发挥煤炭的燃料属性和原料属性，实现电力和化学品联合灵活生产，既满足灵活调峰，又满足大幅度减排二氧化碳的需求。此外，可通过甲醇石脑油耦合制烯烃技术、铁锰矿定向还原焙烧技术等实现煤化-石化、多过程联产等多过程低碳耦合。

（4）煤炭高效转化。

煤炭转化方面发展空间很大，主要针对目前煤转化过程中二氧化碳排放高、系统能效低、影响国家能源安全的特种油品及高端化学品不足等问题，提出煤炭转化新路径，加快推进低碳气化、先进催化、含氧化合物制备、高端化学品及特种油品合成等关键技术研究和示范。一方面，发展煤炭清洁经济制备一氧化碳技术，逐步利用大规模可再生能源的氢源合成能源产品和化学品，实现少排甚至不排二氧化碳；另一方面，通过转化-合成、气化-转化-合成等过程集成，实现煤炭低碳高效高质转化，为实现“双碳”目标、保证国家油气和产业链安全提供技术支撑。

2. 石油、天然气高效清洁利用技术

（1）石油高效利用。

“双碳”目标下，未来对成品油的需求将急剧下降，推进炼化企业从“燃料型”向“化工型”转型是发展趋势。通过石油催化裂解生产烯烃/芳烃技术、原油直接催化裂解多产化学品技术等石油直接制备化学品技术，以及甲醇石脑油耦合制烯烃、甲醇－原油共催化裂解制烯烃等石油基与煤基原料耦合制烯烃芳烃技术，构建石油制烯烃/芳烃等化学品的新技术体系，实现其低碳、清洁、高效利用。从而提高我国基础化工原料自给率，有效推动“双碳”战略实施。

（2）天然气高效清洁利用。

充分发挥天然气能源属性的清洁低碳优点和物质属性的原料特点。一方面，推进天然气高效低排放燃烧、燃气轮机联合循环发电等技术研发和示范应用，充分发挥天然气具有调节灵活、响应迅速的优点，与可再生能源协同发展，形成良性互补。另一方面，开展单活性中心甲烷无氧转化制烯烃、芳烃和甲烷/二氧化碳干气重整制合成气等天然气制备化学品技术，实现天然气高效、清洁、高值化利用，有效支撑清洁低碳、安全高效现代能源体系构建。

3. 化石能源固碳循环利用

（1）碳捕获、碳封存。

尽管世界多家机构对碳捕获、利用与封存（Carbon Capture，Utilization and Storage，CCUS）技术的定义用语各有不同，但其基本含义一致，即是指将二氧化碳从电厂等工业或其他排放源分离，经富集、压缩并运输到特定地点，注入储层封存以实现被捕获的二氧化碳与大气长期分离，并进行合理利用的技术。

目前，二氧化碳捕获主要有三种技术路线：燃烧前捕获、富氧燃烧捕获和燃烧后捕获。其中，燃烧前脱碳技术（PCDC）是指在碳基燃料燃烧前，首先将其化学能从碳中转移出来，然后再将碳和携带能量的其他物质进行分离，如此实现碳在燃料利用前进行捕获。富氧燃烧技术的总体原理是利用空分系统获得富氧或纯氧，与燃料共同进入专门的纯氧燃烧炉进行燃烧，由二氧化碳烟气循环流控制燃烧温度。富氧燃烧产生的烟气主要由水和二氧化碳组成，采用水分离技术在后端能比较容易地捕获二氧化碳。燃烧后脱碳技术（Post-combustion Capture，PCC）就是在燃烧设备（锅炉或燃机）后的烟气中捕获或者分离二氧化碳。这种技术是目前最能够适应燃煤和燃气机组巨大安装容量的技术。该技术通过一台捕获装置将二氧化碳有选择地去除。

对于CCUS技术而言，燃气流中的二氧化碳浓度、燃气流压力以及燃料类型（固体或气体）都是选择捕获系统时要考虑的重要因素。影响碳捕获和封存技术（Carbon Capture and Storage，CCS）长期使用的制约因素主要是二氧化碳捕获的高成本，燃烧前的物理吸附是最有前途的碳捕获技术。

（2）非自然二氧化碳固定。

在各种工业生产过程中，如电力生产、石油化工、水泥、钢铁及冶炼等工业过程，需要消耗大量的化石燃料，如煤炭、石油、天然气及生物质燃料等，从而产生了大量含有二氧化碳的废气。二氧化碳与化石资源化利用一体，共筑工业良性碳循环。二氧化碳资源化利用方式主要包括光合、矿化、化学品生产等。

光合作用是人类向自然学习的一种资源化利用方式。科学家们利用光合效率最高的生物——藻类，固定并转化二氧化碳为生物燃料。通过设计和优化反应器结构，使得藻液内二氧化碳分布更加合理，保障藻类生长所需的良好光照环境和充足的二氧化碳供给，可使单位面积上固定的二氧化碳量提高至自然界的数十倍。还有一种更为主动的方式是人工构建更高效的光合作用系统，即人工光合作用。杨培东团队利用细菌表面的人工光能捕获系统，将光能传递给细菌，转化二氧化碳为醋酸，该系统的太阳能—化学能转化率可达3%以上。二氧化碳还能作为温室气肥，起到保温、增产的作用，被广泛应用于农业生产。二氧化碳矿化处理的固碳潜能巨大，在人类目前可利用的范围内（地下15千米深），硅酸盐的储量理论上可以封存至少4×10^4亿吨二氧化碳。快速吸收矿化已能通过化学链技术实现，但目前尚处实验室阶段。

通过加氢、水合等方式，二氧化碳可用作化学品的合成。近年来，二氧化碳加氢制甲醇、二氧化碳定向转化合成聚酯等生产技术日趋成熟。二氧化碳逆合成碳氢化合物的研究也正不断开展。值得一提的是，随着煤炭分质利用的发展，以焦炭还原二氧化碳为一氧化碳，进而通过生物发酵生产甲醇、乙醇及后续产品的工艺路线前景广阔，有利于形成工业良性碳循环。

（3）化石能源采炼过程的“三废”处理。

在我国化石资源利用过程中，仍然有废水、废气、固体废物大量排放，存在处理成本高、环境污染严重等问题。迫切需要突破规模换低成本关键技术的瓶颈。

1）废水处理方面。推动煤化工废水低成本处理及资源化利用，开展催化臭氧氧化、催化湿式电氧化、酚油协同萃取及高效生化处理等关键技术研究，并进行工程示范和应用。

2）废气处理方面。重点突破NO_x和挥发性有机物（VOCs）等多种污染物协同脱除技术，进行污染物系统高效脱除催化剂开发和应用，进行废气催化净化处理工程示范。

3）固废处理及资源化方面。推动大宗化石资源的固废资源化、高值化及低碳化利用，开发气化灰渣焚烧利用、废液与废固高温熔融高质化、油泥高质化利用等关键技术，完成工程示范和推广应用。

三、建设成效

为贯彻落实国家和市委、市政府关于碳达峰碳中和的部署要求，天津市生态环境局启动了低碳（近零碳排放）示范建设工作，经过对天津市各区推荐低碳（近零碳排放）示范建设单位的评审，发布了第一批低碳（近零碳排放）示范建设单位名单，分别为天津荣程联合钢铁集团有限公司（简称荣程钢铁集团）、三星高新电机（天津）有限公司、国家会展中心（天津）展馆、中德天津大邱庄生态城展示中心、河西太湖路街雀榕园社区与河西区挂甲寺街海景雅苑社区。其中，荣程钢铁集团作为天津市津南区的重点龙头企业和国家级绿色工厂，多年来始终坚持走新型工业化道路。2015～2021年期间，荣程钢铁集团平均吨钢综合能耗下降13.52%，自发电比例提高到52%，吨钢烟粉尘排放量削减幅度为33%。除此之外，荣程钢铁集团还启动了“天津荣程40兆瓦渔光互补分布式光伏发电项目工程”，这是荣程钢铁集团继建成天津首个氢能运输示范应用场景后，全面推进碳达峰碳中和工作的又一有力举措。项目建成后，每年可节约标准煤1.7万吨，减排二氧化碳3.8万吨，在节能降耗、减污降碳、可持续发展等方面起到积极的推动作用。

国网天津市电力公司积极探索化石能源优化利用途径，在天津港助力打造绿色智慧港口新型电力系统示范工程。天津港位于天津市滨海新区，港口岸线总长32.7千米，码头等级达30万吨级，2021年集装箱吞吐量达到

1348万标准箱，是我国重要的现代化综合性港口和服务全面对外开放的国际枢纽港，已连续多年跻身世界港口前十强。公司以推动电力能源转型升级和天津港高质量发展目标，助力打造绿色智慧港口新型电力系统示范工程。从“源网荷储”四个维度，形成一批可实施、可复制、可推广的示范成果，以“风、光、储一体化”系统为平台，实现全港区的化石能源高效利用与绿色能源供应。在电源侧，依托防波堤建设72.4万千瓦风电，依托仓储物流屋顶建设10万千瓦光伏发电项目。在电网侧，加强天津港区主网架建设，提前开展10千伏主干网架布局，提高配电自动化实用化水平。在负荷侧，推进港口全景清洁能源替代，实施燃油卡车电动化改造和氢能化改造，构建要素集约型综合能源服务体系。在储能侧，新建风电项目配置装机规模30%、光伏项目配置20%储能装置，新建可再生能源制氢项目。打造两个综合示范工程，即在北疆港区打造源网荷储一体化示范项目，在临港经济区打造风光储一体化示范项目。

第三节　加强清洁电力输送能力

一、建设目标

在“双碳”目标背景下，通过特高压架设起来“电力天路”快速蝶变，从输送“煤电”到输送“绿电”，越来越多的清洁能源通过“电力天路”被输送到各地，新能源电力的大规模输送、高效率配置也日渐成为大规模减碳的重要支撑。

加强特高压电网建设，提高电网外受电能力。新增特高压交流落点，完善特高压交流电网结构，构建多通道多落点的特高压受电格局，形成特高压交流环网，拓宽清洁能源电力供给的范围，不断提升电网的外受电能力。

构建坚强输电网结构。充分发挥特高压交流输电功能和网架优化作用，依托特高压电网与周边500千伏电网联络合理断开，保持断面清晰，逐步形成500千伏电网独立分区运行的能力。

防控电网安全风险。优化完善电网结构，500千伏新增布点，220千伏形成合理分区，建成安全可靠、结构坚强、绿色低碳、智能互联的世界一流城市配电网。持续提高供电能力，提高电网抵御严重故障的能力，从电网结构上消除发生严重电网事故的风险。

提升电网资源配置能力。充分发挥电网的能源转换枢纽和配置平台作用，提升电网消纳和配置外来电、低价电的能力，降低生态环境保护压力和社会终端用能成本。

二、工程实践

1. 城市坚强主网架建设工程

中国能源资源与负荷中心呈逆向分布的国情，决定了特高压输电技术在中国具有广阔的应用空间。2004年以来，国家电网公司立足自主创新，联合各方力量，组织开展了特高压电网研究论证、科技攻关、规划设计、设备研制和建设运行等工作，实现了特高压输电从交流到直流、从理论到实践的全面突破，验证了特高压电网的安全性、经济性和环境友好性。特高压交流试验示范工程、特高压直流输电示范工程的相继建成投运和持续安全稳定运行，标志着中国特高压输电技术已经成熟，为今后大规模应用创造了条件。

（1）特高压交流输电工程技术发展实践。

中国自1986年起开展“特高压交流输电前期研究”项目，并于1990～1999年期间分别完成了“远距离输电方式和电压等级论证”“特高压输电前期论证”和“采用交流百万伏特高压输电的可行性”等专题的研究，对特高压输电有了初步认识。

2004年，国家电网公司正式启动特高压输电工程关键技术及其可行性方案研究工作，共计开展课题研究46项。特高压输电工程复杂繁琐，必须先以试验示范工程的方式开展，我国利用1000千伏晋东南—南阳—荆门特高压交流试验示范工程对诸多技术性能进行全面充分的考核。

2006年，中国特高压交流输电研究项目取得了大量的第一手研究成果，解决了建设特高压试验示范工程的全部关键问题，基本掌握了特高压交流输变电的技术特点和特高压电网的基本特性。

（2）特高压直流输电工程技术发展实践。

相较于交流输电技术，直流输电虽然所占输电容量份额较少，但直流输电可实现点对点、大功率、远距离直接将电力送往负荷中心，能够减少或避免大量过网潮流，且潮流方向和大小均能方便地进行控制。从经济和环境等角度考虑，特高压直流输电是远距离、大容量输电的优选方式。

1）直流输电技术的研发与利用。

作为中国第一个高压直流输电工程，舟山直流输电工程从可研、设计、制造、施工、调试到运行，全部依靠中国自己的力量完成。该工程将华东电网的交流电通过浙江省宁波市大碶镇的整流站，向舟山本岛的鳌头浦逆变站输电，再分配给舟山各地使用。输电距离长达54.1千米，其中架空线分三段，总长42.1千米；海底电缆分两段，总长12千米。最终建成双极直流 ±100千伏，500安，100兆瓦的工程规模，并于1989年9月正式投入运行。

嵊泗直流输电工程是中国继舟山直流输电工程之后，又一个完全立足于本国技术和装备的直流输电工程，也是中国第一次采用双极双回海缆方式向海岛跨海直流输电。工程线路总长66.2千米，其中59.7千米为海底电缆，额定电压为 ±50千米，额定电流为600安，额定功率双极为60兆瓦，单极为30兆瓦，于2002年9月正式投入运行。

2）±400、±500、±660千伏高压直流输电技术应用。

20世纪90年代初，中国第一条 ±500千伏高压直流输电工程——葛上直流输电工程（即葛上工程）双极投运。葛上工程是葛洲坝水力发电厂电力外送的配套工程，是中国第一个大容量、远距离高压直流输电工程，它的投产使中国首次实现了华东和华中两个跨省（区）电网的非同步联网。

而由三峡—常州、三峡—广东、三峡—上海三个 ±500千伏、3000兆瓦工程构成的三峡直流工程则引进了世界先进的直流输电技术，对推动中国直流输电技术和自主创新具有十分重要的作用。中国各电力工程科研及设计单位依托三峡直流工程建设，在换流站成套设计等方面开展了深入研究，形成了较为完善的技术体系和规范。中国设备制造厂家通过技术引进和消化吸收、技术合作、自主创新等形式，掌握了直流工程关键技术，为开展特高压直流输电工程建设奠定了基础。2011年建成的三沪Ⅱ回工程主要设备国产化达到

100%，且项目管理由业主全面负责。

宁东—山东 ±660千伏直流输电示范工程是中国自主设计、研发和建设的世界首个 ±660千伏直流输电工程。该工程于2011年2月成功实现双极投运，将宁东及西北地区电力集中输送至山东，对于构建现代能源综合运输体系、实现能源资源的大范围优化配置、促进区域经济协调发展具有重要的作用。柴达木—拉萨 ±400千伏直流输电工程（即青藏工程）是在世界最高海拔地区开展的大型直流输电工程，青藏工程的投运结束了西藏电网孤网运行的历史，是中国输电工程建设史上一个重要的里程碑。

3）±800千伏及以上特高压直流输电技术应用。

从2004年到2010年7月，历经五年多的自主研究和建设，向家坝—上海 ±800千伏特高压直流输电示范工程于2010年全部投运，额定功率为6400兆瓦，直流线路长1891千米。2012年锦屏—苏南 ±800千伏特高压直流输电工程建成投运，工程额定电压 ±800千伏，额定功率7200兆瓦，额定电流4500安，直流线路长2059千米。在建的哈密南—郑州、溪洛渡左岸—浙江金华 ±800伏特高压直流输电工程则将输电容量进一步提升至8000兆瓦。

当直流输送距离增加、输送功率提升到一定程度时，需进一步提升电压等级，以提高投资效率，减小运行损耗。目前中国正在研究 ±1100千伏特高压直流输电技术。

（3）特高压交直流混联电网建设发展实践。

交流与直流都是电网的组成部分，在电网中的应用中各具特点：直流输电适用于超过交直流经济等价距离的远距离点对点、大容量输电；交流输电主要定位于构建坚强的各级输电网络和电网互联的联络通道，同时在满足交直流输电的经济等价距离条件下，广泛应用于电源的送出，为直流输电提供重要的支撑。电网的发展不能单纯依靠直流/交流输电，需构建交流、直流相互支撑的坚强电网。

特高压交直流混合电网是指在超高压交流电网的基础上采用了1000千伏交流和 ±800千伏及以上直流特高压并联同步或异步输电的输电网。在500千伏电压等级之上引入1000千伏电压，可将输电能力提升至500千伏电压的4～5倍，更具备技术经济合理性。基于我国国情，适时引入1000千伏特高压交流输电能够为直流多落点馈入系统提供坚强的支撑，可有效降低发生大面积停电事故的风险并节省输电走廊，从根本上解决500千伏短路电流超标问题。

在中国建设以特高压电网为骨干网架、以智能化技术覆盖各个环节的“三华”坚强智能同步电网，形成“强交强直”的交直流混合输电格局，不仅能够保证系统安全运行、具有抵御各种严重事故的能力，而且能够实现电力大容量、远距离输送和消纳，已然成为现代能源综合运输体系的重要组成部分。

（4）天津电网特高压工程实践。

作为典型的受端超大型城市电网，外受电是支撑天津电网负荷发展的重要一环。随着城市发展、电力负荷水平的不断提高，天津电网的外受电需求和外受电比例也将不断提升。特高压落点天津将显著支撑天津外受电水平，有力保障天津电网负荷发展。

“十三五”期间，天津南部落点海河1000千伏交流特高压项目，天津1000千伏电网形成“两通道一落点”特高压交流电网格局，即蒙西—海河、锡盟—海河两个特高压交流通道汇合于海河特高压变电站的电网结构，通过海河1000千伏特高压站向500千伏电网供电。为天津电网提供了有力的电源支撑，解决天津电网装机容量不足问题，同时增加了外受电通道，天津电网将通过特高压及500千伏电网两个层级接受外来电力，实现了多方向、多通道、多方式分散受电，提高地区外受电比例，保障天津地区电力可靠供应。

“十四五”期间，华北区域规划进一步构建坚强可靠的京津唐特高压交流环网，满足京津唐负荷发展需求。天津规划实施天津南1000千伏变电站主变扩建工程和蒙西—大同—怀来—天津北—天津南1000千伏输变电工程（天津段），融入京津唐特高压环网，形成“三通道、两落点”特高压受电格局。

至远景年，天津地区负荷水平将进一步增长，外受电比例将显著提升，天津地区将新增特高压交直流落点以满足本地负荷需求。在天津西部新增一个天津西交流特高压落点支撑，同时从西部新增一个直流特高压落点支撑，天津电网形成天津北、天津南、天津西三个交流特高压和一个直流特高压的“三交一直”受电格局，有力支撑天津地区电力负荷需求。

（5）天津500千伏电网工程实践。

天津500千伏电网作为承接特高压下送、优化配置电力资源、满足天津各地区负荷发展的重要一环，其规划和建设对天津电网的发展格局构建具有重要影响。

“十三五”期间，天津500千伏电网新增正德、南蔡等500千伏站点，电网结构进一步完善。电网规划得到有效落实，解决了“十二五”末天津500千伏电网局部地区供电能力不足、网架结构薄弱、外受电通道不足的问题。500千伏电网基本建成双环网结构，供电能力显著提升，电网潮流分布得到有效优化。天津南特高压500千伏受电通道建成，电网外受电能力有效提升，500千伏电网与外省保持适度联络，形成了“多方向、多通道”受电格局。

“十四五”期间，天津500千伏电网将依托海河、天津北特高压站接入，优化电网结构及其与周边电网的联络；在滨海新区、津南等地区将新增布点，满足负荷发展需求；结合海港、津南站接入，扩大天津500千伏双环网结构，有效控制短路电流水平，实现断备线路合环运行。天津500千伏扩大环网结构将进一步完善，形成“三横两纵”扩大双环网结构。电力供应保障能力和安全稳定水平进一步提高。

（6）天津220千伏电网工程实践。

220千伏电网是承接500千伏主变电站潮流下送、优化配置地区电源出力、承接配电系统以及为地区负荷可靠供电的重要一环。国网天津市电力公司根据天津不同地区负荷发展特点，合理布局220千伏变电站布点，优化电网结构，确保220千伏电网运行灵活、安全可靠、经济合理、适应性强。

天津220千伏电网主要采取以下两种电网结构：

1）在500千伏变电站同一段220千伏双母线上环接2～3个220千伏枢纽变电站，再通过1个220千伏枢纽变电站与另1个500千伏变电站连接，即“链式自环网”结构，如图3–4所示。

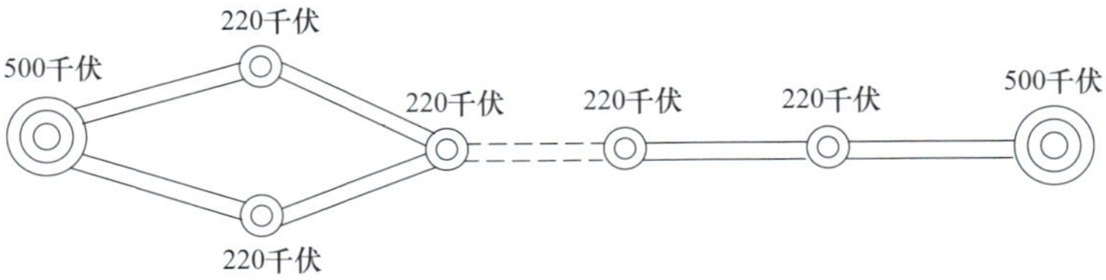

图 3-4 链式自环网结构

2）在两个500千伏变电站的同一段220千伏双母线上分别环接2～3个220千伏枢纽变电站，再通过1个220千伏联络通道连接，即“互联式自环网”结构，如图3-5所示。

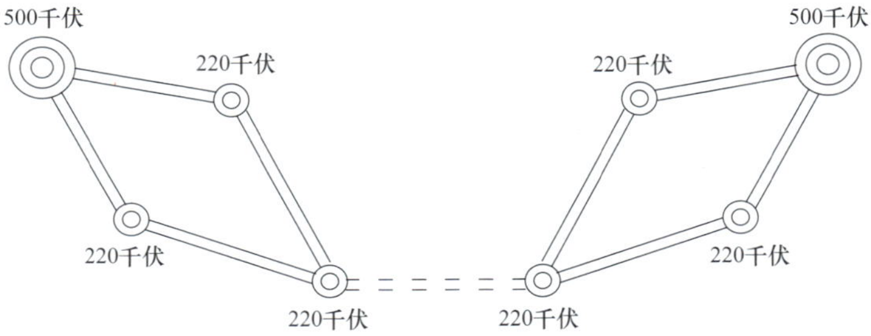

图 3-5 互联式自环网结构

“十三五”期间，陆续建成投产了一批调结构、提能力的220千伏重点项目，供电能力明显提升，满足经济发展需要。220千伏电网结构进一步优化，各地区供电半径较长、链式结构薄弱问题得到有效缓解。部分500千伏变电站的220千伏出线工程投运后，分区网架结构得到显著加强。重建了部分老旧变电站，提升设备装备水平。

“十四五”期间，继续秉持防控电网安全风险、适应大比例外电受入要求以及构建合理220千伏分区的规划思路，持续优化完善电网结构，增加链式自环网及互联式自环网结构。持续提高供电能力，系统解决短路电流超标、设备重载等问题，有效提升电网安全稳定运行水平。

2. 城市配电网建设工程

配电网作为输电网与电力用户之间的传输器，与城乡规划建设密切相关，是服务民生的重要基础设施，直接面向终端用户，是保障电力“配得下、用得上”的关键环节。

（1）天津110千伏电网工程实践。

110千伏电网规划坚持问题导向、目标导向和结果导向。统一标准、统筹城乡、协同推进，以构建目标网架为抓手，加强配电网精准规划、精准投资管理，突出配电网规划安全、质量、效率、效益目标，增强各级电网互相支撑能力，提高电网设备的利用效率，到“十四五”末建成高质量发展的110千伏电网。**优化配置电压序列**，简化配电网变压层次，减少110千伏/35千伏电压等级重复降压。**优化网架结构**，提高110千伏电网链式联络通道比例；全面解洪110千伏“两线三变”等临时性供电方式。**消除安全隐患**，优先解决变电站和线路亘载及不满足*N*–1等电网运行问题。研究未来2～3年配电网发展潜在问题，逐项制定解决措施。**提高供电能力**，合理安排110千伏电源点建设，保证供电能力充裕，并将110千伏电网容载比控制在合理区间。**提升装备水平**，坚持新建与改造相结合，实施线路设备改造提升工程。支持新能源发展，服务“双碳”目标，促进新能源有序发展，推动源网协调发展。

（2）天津35千伏电网工程实践。

35千伏电网规划遵循因地制宜的原则在偏远的低负荷密度地区保留35千伏电压等级，围绕以下六大方面重点进行规划建设。**简化电压序列**，现状35千伏变电站，综合考虑运行年限、负荷需求、上级电源等因素，合理有序安排升压、退运和改造。**优化网架结构**，全面解决35千伏“两线三变”等临时性供电方式，消除电网结构薄弱环节。**消除安全隐患**，以解决问题为导向，准确定位配电网发展薄弱环节，优先解决变电站和线路重载及不满足*N*–1等电网运行问题。研究未来2～3年配电网发展潜在问题，逐项制定解决措施。**提高供电能力**，坚持新建与改造相结合，实施线路设备改造提升工程。**提升装备水平**，结合各级电网发展需求及网架结构优化，坚持新建与改造相结合，实施线路设备改造提升工程，解决35千伏现状电缆线路纸绝缘、薄绝缘及运行年限等设备水平不高的问题。**支持新能源发展**，服务“双碳”目标，促进新能源有序发展，推动源网协调发展。

（3）天津10千伏电网工程实践。

进一步细化10千伏电网规划颗粒度，对接新基建和营商环境优化等发展需求，科学制定目标网架，实现以供电网格为规划单元的问题精准、目标精准、需求精准、方案精准。

10千伏电网规划重点主要包括以下六个方面。**消除安全隐患**，优先解决线路和配电变压器重载等电网运行问题，研究未来2～3年10千伏电网发展潜在问题，逐项制定解决措施。**服务国家决策部署**，服务京津冀协同发展、新型基础设施建设、新电源接入等国家重大决策部署，做好供电服务保障。**提高供电能力**，在负荷热点区域和优质客户区域，提前布局10千伏主干网架，满足各类用户就近接入需求。**优化网架结构**，构建清晰标准的10千伏主干网架结构（见图3–6），提升变电站站间联络率和负荷转移能力。**提升装备水平**，实施线路设备改造提升工程，提高10千伏架空线路绝缘化率，保证电网安全运行，打造坚固耐用电网。**持续改善营商环境**，预留业扩配套电网基建项目包，省级及以上园区、电能替代和电动汽车充电设施、小微企业等项目接入工程投资延伸至客户红线。

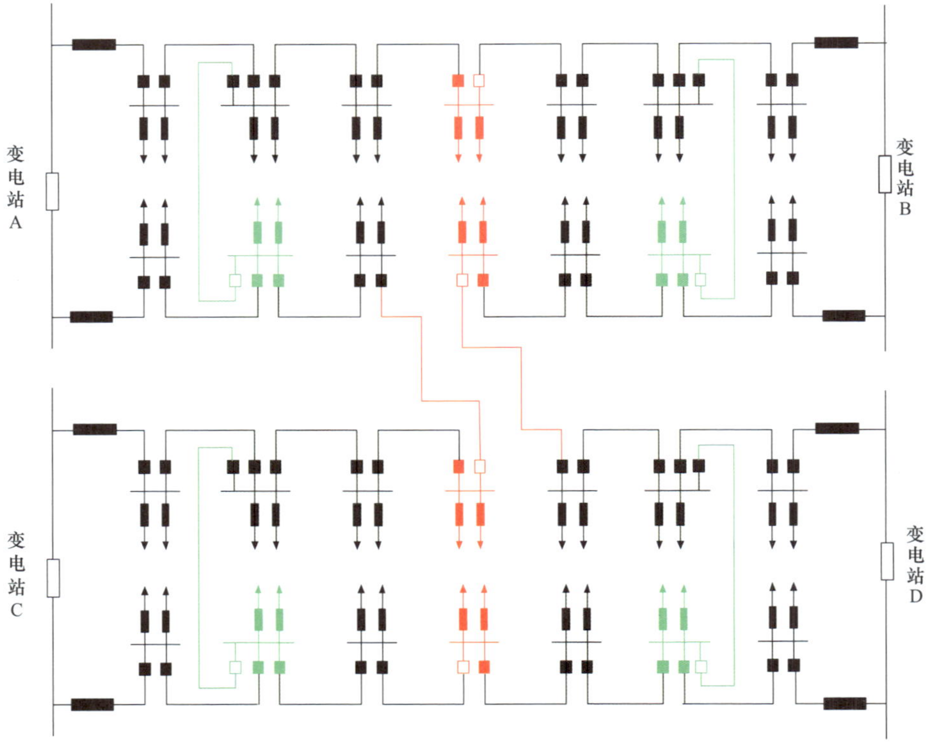

图3–6 高可靠四站雪花配电网结构示意图

三、建设成效

构建坚强特高压电网，提高外受电能力。规划新建特高压交流变电站并扩建现状特高压变电站，新增变电容量，提升特高压电网受电能力。新建并重建500千伏变电站，提高特高压受入电力疏散能力及500千伏电网供电能力。至2025年，构建“三通道、两落点”特高压受电格局，形成500千伏扩大双环网。天津电网外受电能力达到1000万千瓦，外受电比例提升至1/3，外受绿电比例提升至1/3。

（1）电网结构进一步优化，提升电网供电可靠性。500千伏扩大双环网，优化与周边电网联络，解决通道重载问题，有效控制短路水平；优化上级电压安排，220千伏消除长链式结构，形成合理供电分区；110千伏标准链式结构比例提升，加强站间联络，提高负荷转移能力；35千伏消除电网结构性问题，在变电站升压和退运过程中，不降低供电安全性；10千伏电网加快构建电缆双环网、单环网、架空线多分段适度联络目标网架建设，提高站间联络率，供电可靠率和综合电压合格率明显提升。

（2）供电能力显著增强，解决设备不满足*N*–1问题。按照电网建设规模速度适当超前原则，各电压等级规划新建、扩建多座变电站，供电能力显著提高，有力支撑城市经济增长和社会发展需要。

（3）实施老旧变电站重建，提升设备水平。规划重建多座各电压等级变电站以及老旧线路，完成10千伏架空线绝缘化改造，彻底消除生产运行隐患，提升装备水平。

（4）推动35千伏变电站升压改造，简化电压序列。中心城区完成20座变电站升压改造，中心城区以外完成8座变电站升压改造，有效解决变电站布点多、容量小、出线少，存在重复降压、供电能力不足等问题，确保110千伏电网供电能力与地方经济社会发展相匹配。

（5）持续提升电网自动化、数字化信息化、智慧化水平。加大智能终端部署力度、建设推广5G网络技术、提高通信网技术标准，为打造状态全面感知、信息高效处理、应用便捷灵活的电力物联网奠定坚实基础，电网智能化水平进一步提高。

第四节 提升电力系统调节能力

一、建设目标

（1）有序推动火电机组灵活性改造。实施火电机组灵活性改造，推动煤电向基础保障型和系统调节性电源并重转型，鼓励发电企业参与深度调峰，提升电力系统调节能力。探索燃气机组供电供热适度分离的技术经济可行性推动完善灵活性提升优先电量奖励政策，鼓励发电企业参与电力调峰辅助服务市场，推动出台充分发挥燃气机组调节能力的电量电价及辅助服务政策。

（2）加强应急调峰及备用电源建设。严格煤电机组统筹管控，推动大港电厂按照减容量、减煤量、减排量原则，实施替代工程，旧机组按照国家要求作为应急备用电源，合理规划新建应急备用及应急调峰电源，提高电力系统应急备用和调峰能力，保障电网的安全可靠运行。

（3）实施新型储能建设工程。“十四五”期间新建风电、光伏等可再生能源项目按照装机规模配置一定比例的储能装置，实现可再生能源发电功率波动平抑。推动储能技术宽范围、多场景应用，大力支持建设集中式共享储能，开拓共享储能市场服务。

（4）推动抽蓄机组规划建设。抽水蓄能电站是构建清洁低碳、安全可靠、智慧灵活、经济高效新型电力系统的重要组成部分，承载着电力系统安全供电稳定器、清洁低碳平衡器和高效运行调节器的重要功能，有序推动抽蓄机组建设，保障传统能源有序退出，推动能源绿色低碳发展。

二、工程实践

1. 火电机组灵活性改造工程

“十三五“期间为提升火电灵活性和条件调节能力，全国部分火电机组进行了火电灵活性改造工程，使热电机组增加20%额定容量的调峰能力，最小技术出力达到40%～50%额定容量；纯凝机组增加15%～20%额定容量的调峰能力，最小技术出力达到30%～35%额定容量，部分具备改造条件的电厂达到国际先进水平，机组不投油稳燃时纯凝工况最小技术出力达到20%～25%。热电联产机组在供热期运行时通过热电解耦可实现单日6小时最小技术出力达到40%～50%额定容量。天津共有12台656万千瓦煤电机组开展了灵活性深度调峰和低负荷适应性技术改造，占全市煤电机组的55.0%，合计提升调峰能力71.5万千瓦。

“十四五”期间，随着新能源并网规模的迅猛增长，仍将持续推动煤电行业实施节能降耗改造、供热改造和灵活性改造制造“三改联动”，深入推进煤电清洁、高效、灵活、低碳、智能化高质量发展。“十四五”期间全国范围内完成灵活性改造2亿千瓦，增加系统调节能力3000万～4000万千瓦，实现煤电机组灵活制造规模1.5亿千瓦。新建机组全部实现灵活性制造。新建煤电机组纯凝工况调峰能力的一般化要求为最小发电出力达到35%额定负荷，采暖热电机组在供热期运行时要通过热电解耦力争实现单日6小时最小发电出力达到40%额定负荷的调峰能力，其他类型机组应采取措施尽量降低最小发电出力。鼓励通过技术创新示范，探索进一步降低机组最小发电出力的可靠措施。现役机组灵活性改造应改尽改。纯凝工况调峰能力的一般要求为最小发电出力达到35%额定负荷，采暖热电机组在供热期运行时要通过热电解耦力争实现单日6小时最小发电出力达到40%额定负荷的调峰能力。

“十四五”期间，天津计划实施灵活性调峰改造12台共736.7万千瓦煤电机组，改造后预计非供热期增加调峰能力106.82万千瓦，供热期增加调峰能力83.5万千瓦，机组通过实施协调控制低负荷优化、锅炉深度调峰灵活性改造、低压红零出力改造等技术改造，力争在非供热期实现最小发电出力达到35%额定负荷的调峰能力；供热期运行时通过热电解耦实现单日6小时最小发电出力达到40%额定负荷的调峰能力。

2. 应急调峰及备用电源建设工程

为构建清洁低碳、安全高效的能源体系，正确处理需求与供应关系，适度确定部分煤电应急调峰储备电源，在电力、热力供应紧张、电网严重故障以及重大保电需要时适时启动，提高电力应急保障能力。对于煤电应急调峰储备电源机组总装机，原则上不应超过上一年度最大负荷的2%，具体可根据实际需求确定，当最大负荷的2%小于区域内最小合规在建煤电机组单机容量时，可按照单台机组考虑。对于应急机组的选择，淘汰关停的煤电机组要“关而不拆”，原则上全部创造条件转为应急备用和调峰电源，确有必要进行拆除的，需报国家发展改革委和国家能源局同意。淘汰关停的煤电机组，可用于容量替代新建清洁高效煤电机组。符合能效、环保、安全等政策和标准要求的机组，在无须原址重建、“退城进郊”异地建设等情况下，可“关而不拆”，作为应急备用电源发挥作用。

“十四五”期间，全国将形成并保持1500万千瓦的应急备用能力。天津市形成“坚强统一电网联络支撑、本地保障电源分区平衡、应急自备电源承担兜底、应急移动电源作为补充”的四级保障体系，提升在极端状态下的电力供应保障能力，推动大港电厂按照减容量、减煤量、减排量原则实施替代工程，旧机组按照国家要求作为应急备用电源。推动华能临港燃气调峰发电项目的建设，推动军粮城电厂、城南燃气电厂和杨柳青电厂具备孤岛运行能力。

3. 新型储能建设工程

“十三五”期间，我国储能应用技术初步突破储能容量配置、储能电站能量管理、源网荷储协同控制等关键技术，先后开展了大容量储能提升新能源并网友好性、储能机组二次调频、大容量储能电站调峰、分布式储能提升配电网运行可靠性、储能电站共享等多样性示范工程，截至2021年年底，我国新型储能累计装机已达570万千瓦，基本实现由研发示范向商业化初期过渡，各地相继制定出台调峰调频辅助服务、电价补偿、发电量计划保障等支持政策，有力促进了新型储能创新发展。

天津市加快清洁能源发展，积极推动各类储能技术创新、产业发展和示范应用，积累了一定经验，为发展新型储能奠定了良好基础。“十三五”期间建成滨海新区中新生态城南部海旭道集中式储能电站等项目，为电网提供调频、调峰、调压等多种辅助服务。中新生态城南部海旭道集中式储能电站的建设情况如下：

海旭道储能电站（见图3–7），2020年9月建成投产，位于中新天津生态城南部的110千伏游乐港智慧变电站旁边，占地1900米^2，是天津市首座集中式储能电站。该电站具备快速精准控制充放电功率的能力，能够降低不断增加的新能源场站对电网带来的冲击，保障清洁能源100%就地消纳。

图 3-7 中新生态城南部海旭道集中式储能电站

海旭道储能电站选用能量密度大、循环寿命高的磷酸铁锂电池，配备13个储能单元集装箱成套设备，容量为10兆瓦/10兆瓦时，总电量10兆瓦时，相当于25万个普通充电宝，最大充放电功率能达到10兆瓦。海旭道储能电站应用虚拟电厂、多能互补等技术手段，提高分布式新能源并网水平和电网可调控容量占比。海旭道储能电站建有一套遮阳棚光伏发电系统，峰值容量可达94.5千瓦。海旭道储能电站还能够作为周边数据中心等重要用户的紧急备用电源，保障重要用户供电，按5兆瓦功率输出时，其备用电量可连续提供2小时。

除此之外，“十三五”期间天津还完成如下新型储能项目。建设天津大学微网储能示范项目，装机0.12兆瓦，开展微网系统相关技术研究及数据积累；建设中新生态城“光伏+储能”示范项目，装机0.8兆瓦，提供削峰填谷辅助服务；实施捷威动力厂区用集装箱式储能项目，装机8兆瓦，实现削峰填谷和应急用电。

“十四五”期间，将继续推动新型储能多场景示范应用。大力发展电源侧储能，推广“可再生能源+储能”新增集中式风电、光伏发电项目按照规定比例配套建设储能设施，优先通过集中式共享储能提供服务方式满足储能配置要求。有序发展电网侧储能，结合实际需求，在用电负荷增长较快、输电走廊或变电站站址资源紧张地区、电网末端或供电能力不足的偏远地区规划建设新型储能，降低电网基础设施综合建设成本。灵活发展用户侧储能，在满足安全的前提下，鼓励工业、通信、金融、互联网等对供电可靠性、电能质量较高的电力用户，根据需要合理配置新型储能。统筹布局集中式共享储能（见图3-8），结合电网调峰和可再生能源发展需要，推动集中式共享储能发展，天津将加快国网时代（福建）储能发展有限公司（简称国网时代公司）滨海太平镇共享储能项目建设，在滨海、宁河、静海、武清等可再生能源相对集中区域布局一批集中式共享储能站点，每个站点初期建设容量原则上不低于20万千瓦。

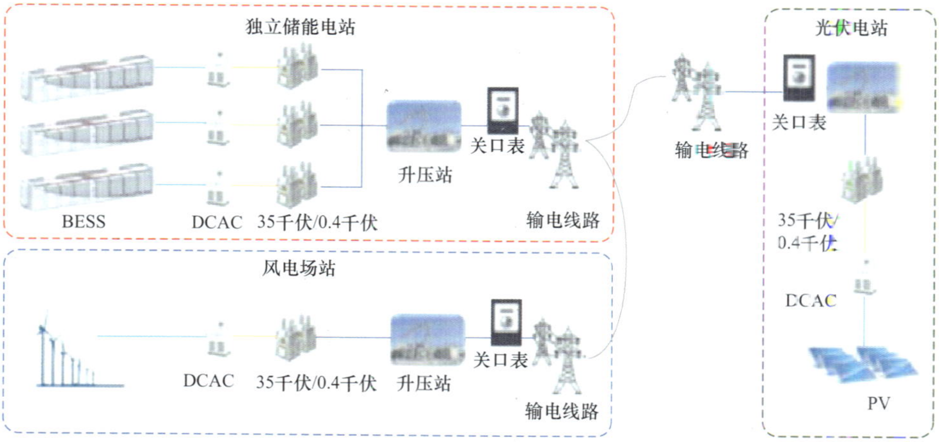

图3-8 共享储能技术方案示意图

在促进天津储能行业健康发展方面，“2021天津储能发展论坛”。2021年7月16日，在滨海新区成功举办“2021天津储能发展论坛”，签署《天津市“新能源+储能”融合发展合作备忘录》，共同推进“新能源+储能”融合发展，建立共享储能发展模式，国网时代公司按照“总体规划、分期实施”的原则，建设40万千瓦新型储能项目，提升天津地区新能源消纳能力。

4. 抽水蓄能电站工程

发展抽水蓄能，是建设现代智能电网新型电力系统的重要支撑，是构建清洁低碳、安全可靠、智慧灵活、经济高效新型电力系统的重要组成部分，承载着电力系统安全供电稳定器、清洁低碳平衡器和高效运行调节器的重要功能，有利于保障传统能源有序退出，实现新能源大规模安全可靠替代，推动绿色低碳发展。“十四五”期间坚持“生态优先、和谐共存，区域协调、合理布局，成熟先行、超前储备，因地制宜、创新发展”的基本原则。到2025年，全国抽水蓄能投产总规模较“十三五”期间翻一番，达到6200万千瓦以上；到2030年，抽水蓄能投产总规模较“十四五”期间再翻一番，达到1.2亿千瓦左右；到2035年，形成满足新能源高比例大规模发展需求的，技术先进、管理优质、国际竞争力强的抽水蓄能现代化产业，培育形成一批抽水蓄能大型骨干企业。

天津市抽水蓄能站点资源较为稀缺，具备开发条件的站点均位于蓟州北部山区，各站点均不同程度涉及天津市生态保护红线、天津市永久性保护生态区域等环境敏感区。龙潭湾（青山岭）抽水蓄能电站以及杨庄（西大峪）抽水蓄能电站纳入《抽水蓄能中长期发展规划（2021—2035年）》中长期规划储备项目。结合天津市新能源发展的进程，天津市将加快推进蓟州抽水蓄能电站的前期工作。天津市发展改革委与国网新源公司签订合作备忘录，明确优先支持国网新源公司与天津市属优势能源企业合作，参与蓟州抽水蓄能项目开发。国网新源公司也与天津能源集团公司签订投资合作框架协议，约定双方进行投资合作，共同开发天津市蓟州区抽水蓄能电站项目，并委托相关研究单位开展龙潭湾抽水蓄能项目自然保护地影响分析以及生态红线调整相关前期工作。目前，天津市规划和自然资源局已完成生态红线调整方案编制，经天津市人民政府同意后已上报自然资源部，自然资源部（国家林草局）已经完成评审工作，龙潭湾抽水蓄能项目力争“十四五”期间核准开工。

三、建设成效

（1）提高电力系统运行的安全稳定水平。提升电网的调峰及应急备用能力，平抑新能源出力的随机性波动，有效削减新能源注入电网功率的不确定性，增强系统抗扰动能力。提高电力系统的应急处置能力，利用电化学储能等的快速响应能力，可以毫秒级速度响应应急处理，增强事故备用水平，提升系统安全稳定运行能力。

（2）提升新能源消纳水平。有效应对高比例新能源渗透下电力系统可靠备用容量不足，提升电力系统大容量调峰能力，缓解因新能源不稳定导致的高峰负荷供给问题和因低谷时段新能源发电量大导致的消纳困难，在风光资源充足时存储新能源多发电量，在风光资源不足时供给电网负荷，实现净负荷曲线的削峰填谷，从而缓解新能源电站的弃风弃光现象，有效促进新能源消纳。

（3）降低大规模新能源并网的高调节成本。通过合理的运行方式，配合火电减碳增效，减少弃风弃光，促进容量配置，提升全系统整体经济性和运行清洁性。与新能源发电联合为电网提供调频、备用、无功/电压、黑启动等辅助服务功能，发挥储能功率快速调节的优势，提升新能源的调频调压能力。

（4）提升电网建设应用效能。当储能投资全寿命周期成本小于电网改造升级成本时，通过新建储能设施应对负荷需求，降低电网输配能力升级成本，提高供电经济性水平。为直流配电网提供电能质量保障，解决或缓解部分偏远地区的电力供应难题。

第四章　能源电气化消费

电能具有清洁、高效、便捷的优势，易于同其他形式能源相互转换，不仅不会产生直接碳排放，随着清洁发电占比逐渐提升，电能的间接碳排放也显著下降。因此，加大电能在工业、建筑、交通、农业农村等重点领域的应用范围，以电气化为手段，推动能源电气化消费水平提升，有助于促进“双碳”目标的落地，是落实国家能源战略、降低终端碳排放的必由之路。同时，推进能源电气化消费对促进终端用户清洁低碳用能、降低能源对外依存度，满足人民群众对美好生活的需求也至关重要。

第一节　大力推进工业领域电气化

一、建设目标

工业领域碳排放约占我国碳排放总量的65%，因此工业领域脱碳是实现“双碳”目标的重中之重。为了提升工业领域的电气化水平，降低碳排放，需要针对工业领域不同门类、不同用能形式、不同生产环节全面推广应用电转供热、电转动力技术，服务工业制造绿色发展。在工业用热领域，针对工业生产过程中热水、蒸汽需求，大力推广电锅炉、热泵、蓄热技术。面向汽车、管件等金属加工行业、玻璃制造、陶瓷等建材行业，大力推广电窑炉技术。在工业动力加工领域，针对大型和特大型工业企业、园区，大力推广应用皮带廊、电动重卡、电动机车等技术。针对工业机械动力需求，积极推广油气管线加压、电动油压机等电加压技术。

此外，针对高端制造业工厂、国家重点高科技园区开展工业绿色低碳微电网建设，应用屋顶光伏、分散式风电、储能、高效热泵、蓄热式电锅炉等可再生能源与电能替代技术，推进多能高效互补利用。面向钢铁企业，应用屋顶光伏、余热余压回收、电炉等集成技术，提升企业能效、降低碳排放水平。针对食品饮料企业，建设余热回收系统以及智慧能源管理平台，利用生产运行中产生的低温余热，采用高温热泵技术，提供制冷或制热服务，减少化石能源消耗。

二、工程实践

1. 天津市渤化永利公司余压发电项目

（1）项目概况。

渤化永利公司位于滨海新区临港经济区，目前有四台410吨/小时锅炉，产生的高温高压蒸汽通过减温减压器生成中压参数蒸汽和低压参数蒸汽，用于工艺使用，蒸汽负荷稳定，如图4-1所示。由于蒸汽在经过减温减压器后，产生了很大的热量损失，造成能量浪费。

为了减少能量品质损失及能量浪费，计划新建两台背压式汽轮发电机组替代减温减压器，让蒸汽做功发电后再供工艺使用，提高热能利用率。结合生产工艺，安装22兆瓦（10兆瓦+12兆瓦）发电机组。

（2）技术方案。

国网（天津）综合能源服务公司采用“固定收益型”合同能源管理方式，投资余压发电项目建设，项目合作期5年，其中建设期1年，运营期4年。项目竣工验收完成后，交由渤化永利公司自行运行维护，安全责任由渤化永利公司承担，运营期间，综合能源服务公司拥有设备资产的所有权，运营期结束后，资产无偿移交给渤化永利公司。

（3）效益分析。

项目节能收益。按照渤化永利公司近三年的平均蒸汽供应量计算（约为满负荷的80%），发电机组年供电量约1.12亿千瓦时，扣除运维成本和因发电

图4-1 渤化永利公司厂房及设备

增加的蒸汽损耗后，年节能效益约3038万元，项目收益良好。

社会减排效益。该项目实施后年可节约标煤4.48万吨，减排二氧化碳11.17万吨，减排二氧化硫0.34万吨，减排氮氧化物0.17万吨。

2. 天津市武清区冠芳果汁余热回收利用项目

（1）项目概况。

天津冠芳果汁有限公司（简称冠芳果汁公司）于2017年5月8日成立，2018年正式生产运营，工厂坐落在天津市武清区汽车产业园盈翔路7号，厂区总占地面积为82 520米^2，厂房建筑面积24 053.97米^2。冠芳果汁公司消耗能源有电力、天然气和耗能工质自来水。冠芳果汁公司生产线如图4-2所示。

现场调研发现企业大量余热通过冷却塔直接排放到大气中，造成余热资源浪费，整个生产工艺用能系统存在很大的优化空间。

图 4-2 冠芳果汁公司生产线

（2）技术方案。

1）余热回收技术方案（见图4-3）。项目采用了板式换热+空气源热泵+高温热泵的三级换热方案，首先将生产用水与空压机冷却水换热，同时减少冷却塔负荷，生产用水由15摄氏度提升至35摄氏度，然后将生产用水与放置在车间内部的空气源热泵换热，空气源热泵制热的同时降低车间温度，生产热水由35摄氏度提升至45摄氏度，最后通过高温热泵将经过前两级换热后的生产用水提高温度至80摄氏度。

本项目包括2套余热回收系统以及1套智慧能源管理平台。其中1套余热回收系统采用5台板式换热器+4台空气源热泵+2台高温型热泵机组，用于回收厂房热空气及制冷冷却水低温余热制取生产工艺用热水，总制热能力为3023千瓦；另外1套余热回收系统，采用4台板式换热器+1台高温型热泵。回收南侧厂房制冷冷却水，收集低温余热，用于南北生产线二次保温杀菌，总制热能力为1015千瓦。

2）智慧能源管理平台。智慧能源管理平台通过科学合理地布置能耗计量

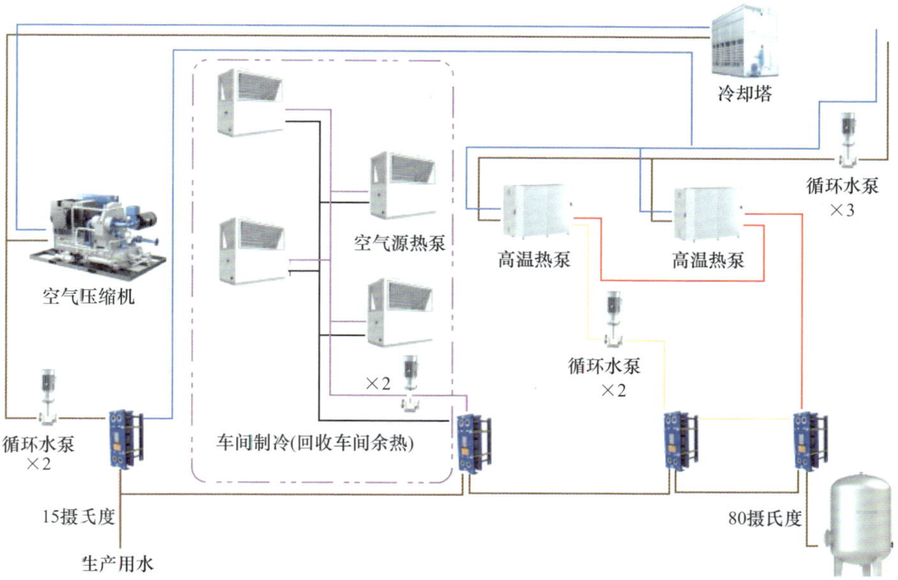

图4-3 余热回收利用技术方案

测点，实现改造项目能耗数据的准确计量；利用先进的计算机统计算法，将能耗计量的大数据进行归一化处理，实时把握能流走向；掌握重点用能区域、重点用能设备的能耗情况，分析用能效率，评价用能效果；分析用能历史数据，对用能过程进行后追踪和评价；对比节能措施执行前后的能耗数据，评价节能减排措施执行的经济效果；实现能耗对标、能耗预测，为用能规划提供数据支撑；为能源审计、碳核查、能耗支出核算提供多样化的能耗数据，使之成为高效的能源管理工作现代化辅助工具。

通过对余热回收系统中的热泵、水泵分别计量耗电量，对供回水温度、压力、供热量进行计量，为项目结算提供依据。

（3）效益分析。

项目总投资1190.5万元，改造后可节约大量天然气，全年替代天然气量314万米^2，采用余热回收+高温热泵技术，设备新增电量546万千瓦时，每年节省的燃气等能源费用509.8万元，每年节能量2164.77吨标准煤，减排二氧化碳3628.88吨。

三、建设成效

电锅炉、电窑炉、热泵等成熟电气化设备在工业领域获得广泛应用，余热余压利用技术日益成熟，工业生产过程所需的中低温热源电气化比例不断提升，为投入生产运行奠定了良好的技术应用基础，电动叉车、电动重卡等工矿企业电气化运输工具蓬勃兴起，铸造、玻璃、陶瓷等重点工业领域电气化水平获得显著提升，绿色制造体系初步建立，建成了一批绿色工厂、全电工厂，工业领域电气化水平明显提升，碳排放量明显下降。

第二节 加快推进建筑供热领域电气化

一、建设目标

建筑领域碳排放约占我国碳排放总量的20%，建筑领域减碳对实现“双碳”目标意义重大。为了提升建筑领域电气化水平，迫切需要提高建筑节能标准，以推动建筑取暖供冷过程清洁化。推进公共建筑电供冷热过程清洁化的主要对象为医院、酒店、商场、写字楼、商业综合体等大型公共建筑，重点推广热泵、电锅炉、电蓄冷技术以期更高效地满足建筑用热（冷）需求。在北方城市市政集中供暖区域试点开展热网末端电补热技术，坚持“宜电则电、宜气则气、宜煤则煤、宜热则热”的原则，综合考虑地区资源禀赋和承受能力，科学实施居民“煤改电”清洁取暖。

二、工程实践

1. 零能耗智慧建筑“0+”小屋项目

（1）项目概况。

项目打造天津市首个零能耗建筑样板间——“0+小屋”（见图4-4），建筑位于中新天津生态城生态科技园内，具体位置为17号办公楼西南侧空地，该位置东侧临中央大道，西侧临中天大道，南侧临中津大道，北侧临中生大道，用地平坦，场地无遮挡，利于提高光伏发电效率。零能耗小屋占地面积200米^2，光伏面积171米^2，在建筑外部配有光伏路面、光伏路灯、光伏垃圾桶等绿色公建，在建筑内部分为调蓄走廊、绿色氧吧、智慧家居体验空间、智慧商务体验空间、零能耗概念空间五大功能分区。

图4-4 运维人员检查零能耗智慧建筑运行状态

（2）技术方案。

1）构建近零能耗建筑综合能源系统优化配置及电网互动技术体系架构。

建立以电为核心的综合能源系统规划优化和运行调度优化两层模型，以经济性和环保性最优为优化目标（见图4–5）。重点考虑采暖期和空调期综合能源系统的运行约束，实现近零能耗建筑综合能源系统容量优化配置，建筑能源自给率达到113%及以上。提出了一种满足电网调峰和用户舒适度的中央空调减载控制方法。建立室温时变模型，确定用户舒适度和下一控制期受控优先级。构建了减载容量与目标调峰容量相差最小的空调减载调峰控制模型，得出各控制期用户空调减载优化结果，满足电网调峰要求下，室内温度控制在24 ~ 27摄氏度。

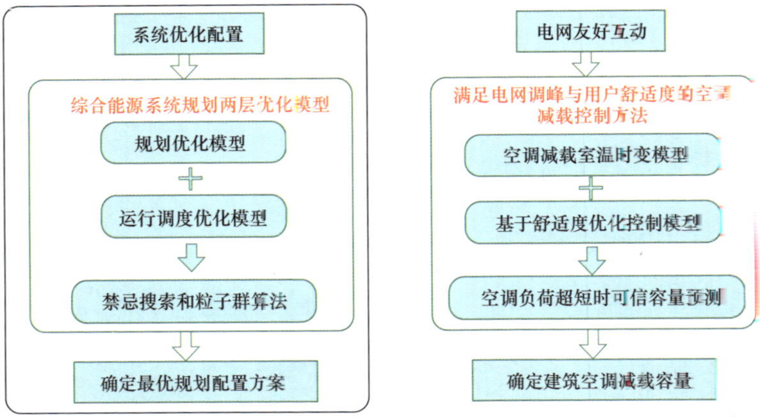

图4-5 近零能耗建筑综合能源系统优化配置及电网互动技术体系架构

2）构建多能经济互补运行配置算法与管理系统体系架构。

研究基本的风力发电、光伏发电系统的静态模型，并对其特性及模型进行介绍（见图4-6）。梳理国内外已有的风力发电、光伏发电系统的静态模型，及微电网中的运行策略，根据粒子群算法的评价体系分析整理，对其原理、特点、适用范围及满足经济性评价的方法，总结模型评价基础实验数据资料。

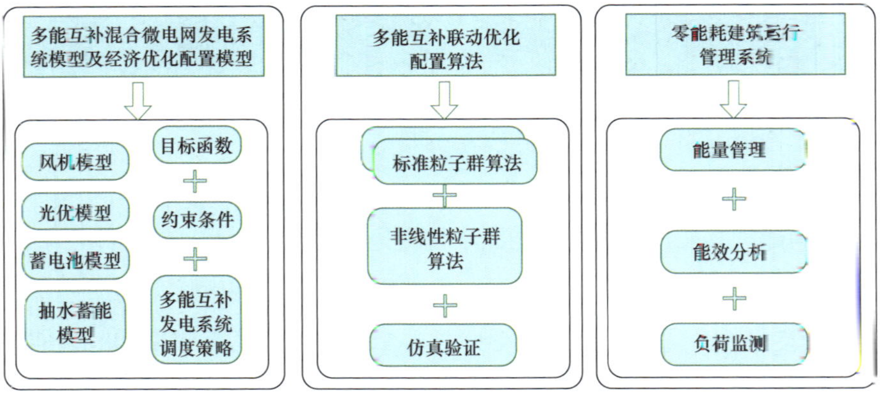

图4-6 多能经济互补运行配置算法与管理系统体系架构

根据在微电网中的运行策略并确定其优化配置方法，对粒子群算法进行改进，得到非线性粒子群算法，利用新型模型在零能耗建筑混合微电网经济优化设计时，不仅要考虑到投资成本、运行成本，还要同时考虑经济目标和环境目标以及其风机和光伏阵列的可靠性，最终满足建筑的冷热负荷跟常用负荷的用电可靠性，使微电网经济成本达到最低，基于以上考虑对系统模型进行调优。

对传统建筑全寿命周期的经济性评价进行创新，建立目标函数以及约束函数，提出一种多种能耗互补联动场景，并提出微电网系统经济性、可靠性和环保性的评价体系，得出节能建筑的微电网系统中得出最佳的成本。

（3）效果分析。

天津首个“0+小屋”零能耗建筑样板，形成了一套一站式、全场景、定制化的全寿命周期建筑零能耗解决方案，并打造具备实际商业使用价值的零碳建筑生态城不动产登记中心。

2. 中新天津生态城不动产登记中心零能耗项目

（1）项目概况。

中新天津生态城不动产登记中心（见图4–7）于2012年建成投运，项目位于天津市中新生态城和风路与和畅路交叉口。项目占地面积8000米^2，总建筑面积3467米^2，其中地上3013米^2，地下454米^2。项目业态为政府办公，主要为居民和企业提供不动产登记服务，年均办理业务2万余件、服务5万人次。

图4–7 中新天津生态城不动产登记中心

项目配有光伏、储能、地源热泵、太阳能热水等设施，依靠市政电网来满足建筑的冷、热、电、热水等用能需求。项目建成后获得国家绿色建筑三星级标识和绿色建筑创新一等奖。年单位面积能耗为30千瓦时/米^2，远低于其他公建能耗水平。其中年用电量为25.54万千瓦时，年分布式光伏发电量为15.12万千瓦时。

（2）技术方案。

按照被动设计优先、主动设计优化、可再生能源充分利用的设计思路，以“绿色产能、灵活储能、按需用能、智慧控能、高效节能”的运行策略，对公屋项目进行零能耗改造。

绿色产能：充分利用建筑、车棚的屋顶资源，建设362.5千瓦高效高功率密度光伏系统，实现年发电量23.39万千瓦时，大于等于公屋全年电力消耗，以确保实现零能耗改造目标。同时，地源热泵、太阳能热水系统的改造提升，可实现全年8.74万千瓦时浅层地热能和1.44万千瓦时太阳能光热利用。建筑屋顶部署的4台风力发电机组，额定发电功率为1.2千瓦，年发电量约为1400千瓦时。同时在室外部署了80瓦光伏座椅、560瓦光伏路面、150瓦光伏垃圾箱等设施。

灵活储能：项目原有储能系统已经无法正常运行。考虑到重要负荷应急供电、提高光伏系统消纳比例、提升负荷可控性等需求，项目部署了50千瓦/150千瓦时高效锂离子电池储能系统。

按需用能：通过室内传感器设置，监测室内温度、湿度、PM2.5、二氧化碳、VOC等环境参数，实现空调、新风、照明以及智能室内环境监控系统的智慧联动，量化控制达到精细化按需用能的目的。

智慧控能：对公屋进行楼宇优化控制系统改造，在本地部署智慧能源管理系统，实现对建筑产、储、用能各个环节的实时监测、协调优化以及智能运维。

（3）效果分析。

每户每年节约62.6万元运行费用，其中包括8万元电费成本，43.2万元运维人工成本，11.4万元设备维保成本。打造了首个规模化、实用化的零能耗智慧能源建筑。考虑到光伏等本地可再生能源发电量，每年节约电能25.54万千瓦时，减排二氧化碳254.6吨。同时，项目对电网的友好互动性也得到了较大程度的提升。

3. 新华中学空气源热泵供热项目

（1）项目概况。

新华中学是天津市重点学校，天津市教育委员会直属重点中学，天津市示范高中校。总建筑面积50 080米^2，供热面积约36 628米^2，其中一期改造面积28 685.91米^2，包括综合楼、实验楼、图书馆与体育馆。

（2）技术方案。

目前天津地区大、中、小学大多采用市政集中供热，在能效提升、节能减碳等方面仍有很大提升空间。学生上课时间统一，各教室、实验室、多媒体教室、宿舍等均为分时段使用；夜间、周末、寒假等时间段的需求较低。基于学校灵活用能的需求，考虑到在满足师生舒适度的同时，提升节能环保的效果，以空气源热泵、碳晶板、地热膜等为代表的清洁能源设备，具有高能效比、稳定、安全、零排放等巨大优势。通过分析对比几种清洁供暖方案，并对新华中学的用能现状进行深度调研分析，最终选取空气源热泵系统作为最优方案。利用热泵技术，吸收空气中的低品位热能，提升至高品位热能加热水温。空气源热泵系统的能效比提高，COP达到2.5左右，远高于其他清洁供热系统。能效比越高，能源转换效率越高，同等制热量的情况下越节能。项目配置12台额定功率为48千瓦、额定供热总容量为1800千瓦的空气源热泵机组，搭配电锅炉设备协同运行。

此外，选取51个典型点位安装温湿度传感器，借助楼宇优化控制系统（见图4–8），为用户提供了以“设备层—本地—云端”三层联动调节架构的服务模式，实现“实时感知、智能决策、精准调控”三大目标，为用户提供智能化、精细化管理模式，提高用户舒适度，实现节能减碳。

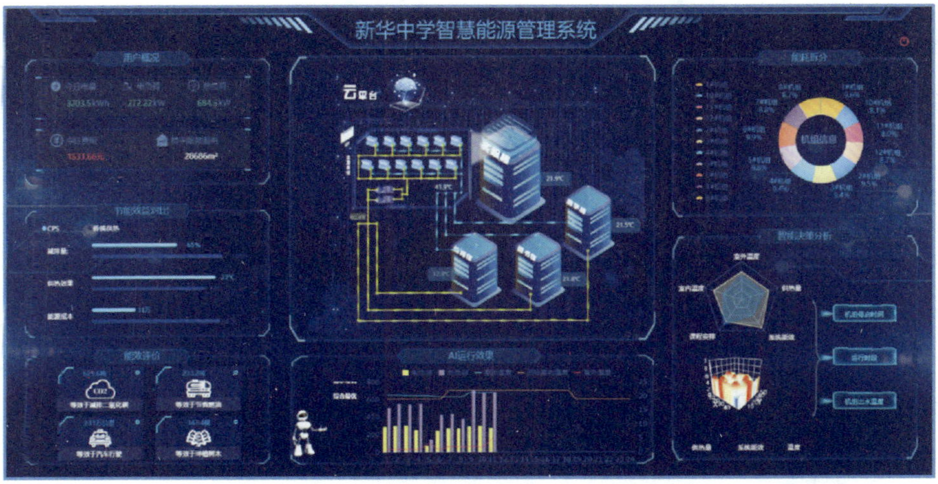

图4–8 新华中学智慧能源管理系统

（3）效果分析。

项目总投资247.1万元。每年供热收费与空调设备维护保养费用合计109.7万元。供暖期间室内平均温度19.7摄氏度，节能量199.52吨标准煤，与传统市政供热相比节能率达65%。每年减排二氧化碳522.7吨。

三、建设成效

初步建立了以电力为核心的建筑能源消费体系，电力在建筑终端消费清洁性、可获得性、便利性等方面的优势逐渐显现；建筑用能电气化的理念深入人心，推广了大量高能效建筑用电设备和产品，热泵、电锅炉、电磁灶具等电能替代设备在建筑领域得到广泛应用；建成了具有示范引领意义的全电建筑、绿色建筑和（近）零能耗建筑，满足城市大型商场、办公楼、酒店、学校、医院、机场航站楼等各类建筑采暖制冷、生活热水、炊事用能的需求，建筑用能电气化占比逐渐提升，建筑碳排放强度显著下降。

第三节 深入推进交通领域电气化

一、建设目标

交通领域碳排放约占我国碳排放总量的10%左右，采用电气化交通工具对交通领域脱碳意义重大，迫切需要落实国家综合立体交通规划，推动水上交通、公路交通电气化发展，助力全面构建绿色交通体系。推进水上交通电气化，重点推进港口岸电建设。在沿海、沿湖、沿运河地区，深入推广岸基供电技术，推动船舶岸电互联互通。加快船岸接插件国家标准的推广普及，提高岸电设施通用性和利用率。深度参与固定航线、水上景区、港口公务等场景下的纯电动船研发，积极推广应用。支撑公路交通电气化，推进电动汽车充换电设施建设，聚焦全国主干高速公路和京津冀、长三角等地区，深入推广电动汽车快充、换电等技术，服务电动汽车普及应用。针对运行线路相对固定的公交、物流、环卫、摆渡车等场景，加快推动专用电动车替代。强化优质服务，继续做好铁路电气化、机场APU（auxiliary power unit，飞机辅助动力装置）等交通领域供电服务。

二、工程实践

1. 天津港MSC集装箱航运船高压岸电项目

（1）项目概况。

天津港太平洋国际集装箱码头有限公司位于天津港东疆港区南端，是港区内唯一一家集装箱码头公司，天津港MSC集装箱航运船高压岸电项目也是保税港区第一个开发建设的项目。船舶停靠码头必须全天采用船舶辅机发电，以满足船舶的电力需求，辅机在工作中燃烧大量的油料，并排出大量的废气。天津港MSC集装箱航运船高压岸电项目由天津港和瑞士MSC地中海航运公司分别投资岸电和船电改造工程，通过岸电技术为停靠码头的船舶提供用电服务，來替代传统的船舶辅机发电。

考虑目前新造大型船舶多使用6.6千伏作为船用电压等级，在太平洋码头试点建设高压岸电系统。系统主要由变电室、变频变压设备、岸电接电箱、船上配电室等部分构成，将10千伏、50赫兹的市电转化为6.6千伏、60赫兹的高压船用电，供电容量3000千伏安，是目前国内容量最大的岸电试点项目。目前，天津港太平洋码头分别进行了两次岸电系统的接电测试，已具备了为国际大型集装箱船提供高压岸电的条件。

（2）技术方案。

目前岸基船舶供电改造的方式有：岸电高压上船、低压移动式、低压固定式。每一种方式最终的目的都是将市电引入船舶，取代用原有的柴油发电，将船舶的供电来源变为市电。天津港太平洋国际集装箱码头有限公司主要作业船舶为MSC船舶，具有用电负荷较大、靠泊时间长等特点。通过综合比较，岸电高压上船方式有诸多优点，是天津港太平洋国际集装箱码头有限公司岸基船舶供电改造的理想方案（见图4-9）。

高压上船方案的优点十分明显：第一，改造简单，投资少；第二，使用高压电缆与船舶连接，只需要一根电缆便可以满足目前世界上最大等级集装箱船的用电需求，连接工艺成熟，可操作性极高，实际使用十分简便；第三，目前

图 4-9 天津港船舶岸基供电系统

国际上已经制定了相关标准，对于港方与船方的改造都有具体依据；第四，虽然上电等级6.6千伏的船舶占现有船舶比例较小，但上电等级6.6千伏的船舶多为新造船舶，因此上电等级6.6千伏是未来船舶使用岸电方案的发展方向。

缺点是局限性较大，具体表现在：第一，比较适用于市电为60赫兹的国家，对于市电为50赫兹的国家需要增加高压变频设备；第二，目前绝大部分远洋船舶用电为440伏低压，船舶改造费用较高。

（3）效果分析。

项目投入运行后，每艘15万吨级以上MSC船舶停靠太平洋码头1天要消耗约为20吨柴油，MSC船舶1年内停靠太平洋码头的数量为112艘（泊位停靠率按75%计算），按照每艘船舶平均每年停靠码头时间为1天计算，1年船舶的总耗油量为1680吨，按照现阶段市场平均价，每吨重油4500元计算：消耗重油费用756万元。用岸电费用：按每艘船舶平均停泊时间24小时可以算出太平洋码头1年的耗电量为403.2万千瓦时，按每度电1.1元计算，电费约为443.52万元。如果使用岸电代替燃油供电，每年MSC公司可节省312.48万元，年减少燃油消耗4149吨，减少二氧化碳排放13 216吨，减少二氧化硫、氮氧化物等烟气排放705.6吨。

2. 天津海河游船油改电项目

（1）项目概况。

海河内河游船由天津市旅游集团下属的津旅海河游船有限公司（简称海河游船）负责运营，共计7个码头，共有游船16艘，年消耗燃油约122吨。自2020年起，海河游船实施游船“油改电”项目，开展绿色智慧码头建设，响应政府低碳要求，计划将游船逐步替换为电力驱动。将新能源与旅游景点相互结合，针对码头基本用电和新能源需求等开展交流，将岸电、光伏、智慧路灯、直流用电和品牌宣传等融入码头智慧用电项目建设。2020年9月29日，海河“人民号”锂电新能源游船（见图4–10）首航仪式在天津市海河天石舫码头启动。这是华北地区内河观光业在新能源方面的首次尝试，标志着天津内河水上旅游运输进入绿色清洁能源时代。

图4–10　工作人员对电船进行供电设施检查

（2）技术方案。

1）海河游船“油改电”。传统船只100%采用燃油船，其中主要是柴油机驱动，其对环境、水面的污染及其缺陷表现在：①噪声特别大，噪声可超过90～100分贝；②废气烟尘的排放，未完全燃烧的燃油，以黑色微小颗粒及粉尘排放在大气中造成对大气的污染；③燃油的泄漏是污染水体的一个主要因素，据有关资料介绍，一滴油可污染4米^{3}的水面，它阻断了水体与大气进行氧气的交换，致使水体缺氧而变质变臭；④燃油的价格问题，面对多次石油危机的冲击，造成了世界性的能源危机，燃油价格一再飙升，找寻燃油的代替品成为世界各国都十分关注的问题。

使用电动游船替代燃油游船，船舶总长近30米、配备2台55千瓦推进电机以及435.5千瓦时磷酸铁锂蓄电池组，可保证游船在12千米/时的航速下续航能力达100多千米，该船是华北地区内河观光游览船舶在新能源方面的首次尝试，实现了船舶低噪声、零排放、无污染的环保效果。此外，该船除了利用清洁能源外，实现了船舶控制的自动化，实现了能量调度、设备运行参数监测报警以及可视化人机交互功能。

2）码头岸基供电。在游船停靠码头期间利用岸基供电系统为游船的照明、空调、仪表等提供电源减少燃油消耗量，同时在码头停电检修期间作为码头应急电源为码头供电。目前海河内河游船7个码头均已实现岸基供电。

（3）效果分析。

初始投资：一艘电动游船和岸基供电系统总投资约500万元。

运行费用：电动游船平均耗电量按70千瓦时/时计，相当于55元/时。与同类燃油船相比，消耗柴油32.6升/时（0号柴油价格7.24元/升）相比，按照一艘电动游船每年运行275小时计算，每年电动船成本比燃油船节省49 781元。

项目环境效益：减少燃油消耗，污染物零排放。如按照一艘电动游船每年运行275小时计算，每艘每年减少燃油消耗7.6吨。假设16艘游船全部换成电船，每年可减少燃油消耗约122吨，减少二氧化碳排放约279吨。

三、建设成效

水陆空交通领域电气化水平不断提高，交通运输领域绿色低碳成效显著。陆上交通方面，公交、环卫、城市邮政、物流、公共服务等领域新能源车型占比显著提升，天津市共有电动汽车31.8万辆，充电桩8.7万根，配套充换电基础设施建设及服务水平显著提升；水上交通方面，建成了一批高低压港口岸电设施，港口船舶实现100%使用岸电，港口岸电连船突破200次/年；至中交通方面，具备实施条件的机场停机位APU替代设施配备率达100%。交通领域二氧化碳排放量显著降低。

第四节 积极推进农业农村领域电气化

一、建设目标

农业农村领域碳排放总量占比不高，但覆盖面广、涉及人口众多。因此，提升农业农村领域电气化水平对实现“双碳”目标、助力乡村振兴意义重大。迫切需要落实乡村振兴战略，持续完善乡村电力基础设施，践行“绿水青山就是金山银山”理念，提升农业农村电气化水平。重点在农业种植领域，聚焦大型粮食生产企业，推广应用农田机井电排灌、农业现代化大棚、电气化育种育苗技术。在水产畜牧领域，推广应用电温控、智能电养殖技术，提高养殖产量和质量，促进增产增收。在农产品加工领域，聚焦各地粮食存储基地、农业经济作物生产基地等客户，推广电烘干、电加工技术。在仓储物流领域，聚焦水果、蔬菜等鲜活农产品主产区、特色农产品优势区推广仓储保鲜、冷链物流技术。在休闲旅游领域，大力推广全电民宿、全电景区。

二、工程实践

1. 宁河区集中式“煤改电”蓄热储能热库集中供暖项目

（1）项目概况。

天津市宁河区板桥镇杨花村全村共计313户，项目实施前不具备燃气集中供暖的条件，村民供暖以烧煤为主，温度无法控制、村民需要自行维护，同时大量使用燃煤导致环境污染，也存在火灾隐患。根据《宁河区2018—2019年农村地区居民冬季清洁取暖实施方案》，杨花村采用煤改电的方式进行供热改造。项目于2018年8月开工建设，2018年11月完成送电供暖。建设供热站一座，包括电锅炉2台（见图4-11），相变蓄热池2台，以及二次管网、入户管路，充分满足了居民供暖需求。

图4-11 电锅炉实物图

（2）技术方案。

杨花村供热站采用的是谷电相变蓄热技术（见图4-12），相变蓄热技术利用相变材料相变时吸收或者释放大量潜热并保持温度恒定的特性，主要储热方式为利用大功率电加热锅炉将传热介质（水）加热，然后利用一套换热系统用于相变材料与传热介质（水）之间的换热，最后利用热库进行热能的储存，其相变温度在78摄氏度左右。

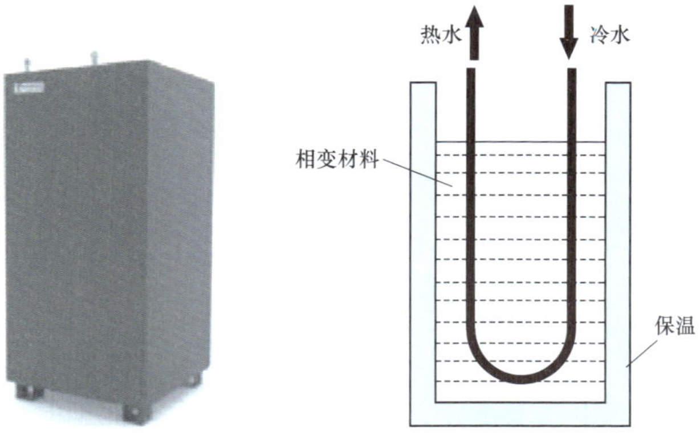

(a)　　(b)

图4-12 谷电相变蓄热设备及结构原理图

（a）设备图；（b）热库结构原理图

（3）效果分析。

通过连续的监测，杨花村用电负荷集中在13:00～13:30，14:30～15:00，16:00～16:30，17:45～18:15，19:00～19:30，20:30～次日5:30。大体上

从12:00开始进行加热，每隔1小时启动电加热锅炉，每次加热半小时，从20:30开始至次日5:30负荷持续，不间断加热，分析用电负荷规律，每天的峰谷时段用电比例为1.25:3.54，每天用电负荷集中在谷段（21:00～次日6:00为谷段）。

通过已经运行的3个月的电费测算，除去补贴的0.2元后，该供热站供暖季电费为35.81万元，用电成本20.23元/米²。但本次供暖由于时间紧，还未完成技术分析及改进，预计未来其供电成本控制在12～13元/米²，基本能够满足其日常运营需求。较市政供暖费用（25元/米²）有较大幅度的降低。

三、天津市某小区电热膜采暖项目

（1）项目概况。

天津某小区建于2001年，由于该地区集中供热管网未铺设，结合蓝天工程及热源多样化，市供热办将该小区列为天津市节能住宅实施低温电热膜采暖示范工程。

该小区为采用外墙加厚保温的节能住宅，共5栋楼，每栋楼为6层建筑，小区整体坐北朝南。小区总户数275户，全部铺设了电热膜采暖。总建筑面积2.74万米²，户均建筑面积约99.68米²。

小区住宅每户安装两具电能表，一具电能表为日常生活用电，另一块电能表专为冬季采暖设置（见图4–13）。电采暖期，即每年11月1日至次年3月31日，不执行居民阶梯电价政策。

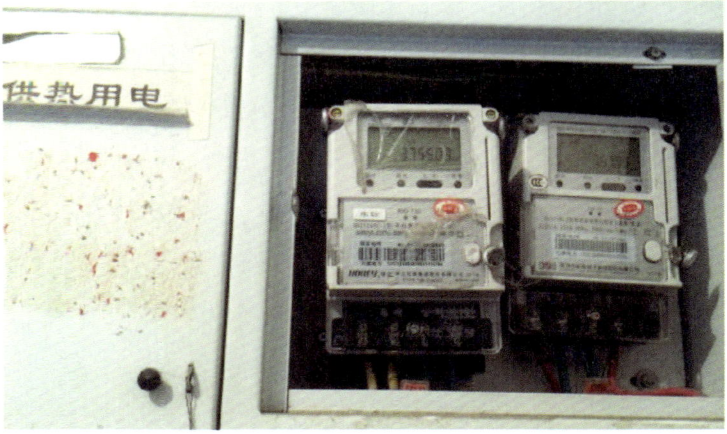

图4–13 为小区供热单独配置的电能表

（2）技术方案。

电热膜容量配置：该小区作为采用外墙加厚保温的节能建筑，与不节能建筑相比，热负荷显著减少。考虑一定裕度，电热膜配置容量约为50瓦/米^2，由开发商随主体工程同步建设。电热膜敷设在每层楼的屋顶，因此1楼住户的地面没有电热膜，其余楼层上下两面均有电热膜。

电力配套容量配置：考虑该小区为节能建筑，以及用户同时使用系数，小区采暖季采暖所需电负荷与夏季空调负荷相当，无须额外增容。小区电力配套由10千伏447号线单电源供电，配置2×500千伏安变压器用于小区生活用电和电采暖用电，折合每平方米建筑面积电力容量配置为36.5瓦。自电采暖投入运行开始，迄今为止没有发生过停电事件。实测采暖季小区变压器负载率最高为31.55%，也完全满足要求。

（3）效果分析。

初始投资：该小区作为采用外墙加厚保温的节能建筑，无须为电热膜采暖系统额外增容，省去了电力增容费用。按照电热膜采暖系统建设成本（含设计、安装、售后服务等费用）约为160元/米^{2}测算，初始投资4384万元。与集中供热225元/米^2（热源配套费122元/米^2，小区供热管网、热计量表等费用约53元/米^2，户内散热器设备约50元/米^2）相比，少65元/米^2，节省投资1781万元。

运行费用：根据实际采集的用户采暖季电费电量数据，小区户均采暖电费1005.50元，折合10.36元/米^2；采暖费最高的是一户跃层，面积大，采暖电费为3266.48元，折合24.6元/米^2。与集中供热25元/米^{2}的收费标准相比，户均节省采暖费用1486.5元，相当于每平方米节省0.4元。

项目经济效益：电热膜采暖系统与集中供暖相比，初始投资节省65元/米^2，共1781万元。每采暖季运行费用节省14.64元/米^2，共401.14万元。

项目环境效益：每采暖季可以减少煤炭消费589.1吨，减少二氧化碳排放1708.4吨。

三、建设成效

农村电气化水平不断提升，清洁取暖成果持续巩固。散煤治理成效显著，完成超过47万户农村居民家庭煤改电，保障农村居民清洁温暖过冬的同时，碳排放和污染物排放显著下降，彻底打赢了“蓝天保卫战”。电气化农机、电动农机、电气化大棚、电排灌、电烘干、电喷淋、电磁灶具等先进电气化设备获得大量应用，共享替代等商业模式逐渐显现，建成了一批全电乡村旅游、绿色低碳民宿等示范景区，农业农村电气化水平显著提高，农业生产效率获得极大提升，用能清洁性、安全性、便利性、经济性显著提升。

第五章　能源数字化转型

数字化转型是推动能源电力低碳发展、市场变革、产业链升级、现代化监管的重要力量和必备手段。国网天津市电力公司牢牢把握能源数字化转型发展趋势，创新构建以“新型数字基础设施、新型能源电力物联网、新型能源数字服务”为主要内容的数字化转型支撑体系架构，建设数据中心、云平台和企业中台等新型数字基础设施，打造以智慧物联体系为核心的新型能源电力物联网，推进以能源大数据为基础的新型能源数字服务，全方位夯实电网智能化升级与企业数字化转型基础，支撑新型电力系统构建，助力新型能源体系规划建设，服务我国碳达峰碳中和目标实现。

第一节　构建数字化转型支撑体系

在实际推进能源数字化转型过程中，不可避免地遇到数字化所带来的创新、共享、安全等问题，需要构建起相对成熟完备的能源数字化转型支撑体系，放大数字化优势，加快转型升级。

一、目标和原则

1. 发展目标

建成覆盖能源生产、传输、转换、消费、结算各环节全场景的能源互联网信息支撑体系，深度融入价值创造体系，有力支撑能源网架体系。新型数字基础设施能力完备，数据要素价值作用充分发挥，能源行业新业务、新模式、新业态不断涌现，形成创新、协同、高效、开放的能源互联网生态。

2. 基本原则

（1）战略引领、统筹兼顾。围绕“双碳”目标，立足能源电力绿色低碳发展方向，结合行业现状和发展需求，因地制宜开展数字化建设运营，把握数字革命与能源革命融合发展新机遇，牢固树立全局意识，统筹资源配置，协同推进能源低碳转型。

（2）数字赋能，创新提效。以新型数字基础设施建设运营为抓手，以“大云物移智链”等先进技术赋能传统业务，加强先进能源技术和数字技术融合应用攻关，着力破解转型升级面临的痛点、难点和堵点问题，为行业效率效益提升和能源互联网创新发展注入新动能。

（3）数据驱动，释放价值。强化能源数据资源融通应用，推进跨行业、跨层级的数据共享开放。深化能源大数据应用和价值挖掘，服务社会民生发展和能源生产消费，为能源行业发展注入不竭动力。

（4）安全保障，牢筑底线。构建严密的数字化全场景网络安全防护体系，深化网络安全人才队伍建设，提升主动防御和实战攻防能力。推进数据安全治理体系建设，实现数据全生命周期安全管控，为能源数字化转型发展保驾护航。

二、框架设计

能源数字化转型支撑体系总体框架如图5-1所示。

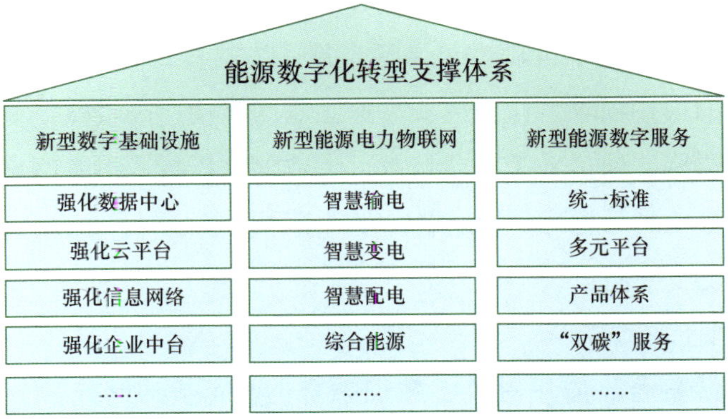

图5-1 能源数字化转型支撑体系总体框架

立足服务能源行业绿色低碳高质量发展，构建能源数字化转型支撑体系框架，明确攻关方向和发展重点。

三、重点任务

1. 新型数字基础设施

构建新型数字基础设施，建成满足能源互联网全场景需求的信息网络和智慧物联体系，建成“资源全域调配、业务敏捷支撑、开发运维一体”的云平台，推动各类型终端和采集量测数据统一接入、在线管控和共享应用，为传统电网向能源互联网跨越升级奠定坚实的数字化基础。

（1）数据中心。

建设完成同城双数据中心运行模式，提供重要业务系统的灾备环境，支撑重点核心业务应用的同城双活建设模式。基于云平台技术路线，建立与云计算环境相配套的分布式存储，满足数据中心I/O密集型、时延敏感型、大带宽或大容量的业务需求。按需完成业务系统从集中式存储到分布式存储的迁移。基于备份一体机、CDM一体机、蓝光存储等设备完成备份系统建设，并完成备份策略迁移，实现数据归档、长期保留以及异地灾备的目标，满足核心业务数据备份与快速恢复的要求。

（2）信息网络。

建设成规范化、扁平化、可扩展的通信网络，提升业务覆盖能力，推动数字化新技术和新业务的部署和落地，实现端到端的业务保障与应急联动。探索新型网络技术，逐步更新数据中心网络设备，提升信息网络对IPv6业务的承载能力，实现更加健壮、可灵活扩展、支持虚拟化等特性的新型网络，满足新技术的应用需求。全面建成高速互联网，构建高带宽、低时延、智能化的高速互联网，通过人工智能技术、大数据分析技术提升网络故障精准定位、网络趋势预测等能力，加强端到端的链路质量监测和全网流量分析能力，实现资源可视、可控。

（3）云平台。

打造资源融合、应用融合、数据融合的ICT基础设施平台，通过一云多池实现内部IT应用、外部创新业务应用、互联网应用运行在统一云平台，统一管理所有资源池。提升云平台组件能力，实现消息、缓存、数据库等中间件服务小时级部署，基于微服务组件和容器化服务能力实现应用分钟级发放和秒级弹性伸缩。应对当前发展趋势，研究在基础设施层提供更丰富的云服务种类以满足业务开发以及用户使用需求，如超级计算集群、高性能计算、GPU计算、桌面云服务、Serverless服务、DevOps、应用文件存储服务等；基于云上数据库服务，扩展更多的数据库类型以及部署数据库生态工具，扩展大数据组件、视频服务组件、容器与中间件。基于云平台建设研发仿真环境，打造企业级技术验证中心，支撑敏捷研发体系建设和研发模式转型。

（4）企业中台。

遵从中台技术路线与架构要求，建成基于云平台的企业级能力共享平台，实现企业核心业务能力沉淀，提供统一的企业级共享服务。通过提升数据全局纳管、共享服务和创新应用能力，建设数据中台，面向公司提供企业级数据服务；建设包括地理信息、移动互联、人工智能、全域视频、数字身份认证、区块链等共性服务的技术中台；建设由电网资源中台、客户服务中台、项目管理中台、财务管理中台组成的业务中台。

2. 新型能源电力物联网

完成物联管理平台产品测试、部署搭建及功能验证，完成平台核心组件设备管理模块的定制化开发与集成工作，全面提升电网发输变配用全环节感知能力。

（1）优化物联管理平台系统架构和部署架构。对平台进行微服务化改造，实现各组件水平扩展及高可用，提高平台实用性和易用性，提升全场景接入、设备管理和物联信息模型管理能力。

（2）深化物联管理平台建设和应用。建设多层级物联管理平台，持续优化各级各类平台间贯通，验证平台亿级接入和千万级并发能力。

（3）拓展平台终端接入和多协议覆盖范围。满足各专业典型终端接入和管理需要，通过插件式协议扩展组件方式，实现协议兼容和设备的即插即用。

（4）提升物联信息模型维护和应用能力。通过定义物联模型和统一管理，实现设备数据标准化接入、校验、处理与共享分发。

（5）实现平台云端能力开放共享。对外提供统一的终端接入管控、物联App开发运营管理、消息处理及标准化交互接口和数据服务。

3. 新型能源数字服务

打造“价值导向、共性支撑、高质高效、共享共用”的能源数据管理及应用新模式，进一步挖掘释放数据要素价值，创新能源服务。

（1）提升能源数据服务能力。

构建能源数据归集，共享应用统一标准，建成能源大数据运营服务平台，逐步丰富数据产品，拓展服务对象。针对政府部门、能源行业、社会大众对能源数据的应用需求，聚焦主体需求差异化，开展多样化的产品构建及服务能力梳理，形成技术服务、产品服务等服务，构建产品体系，解决业务数据支撑能力薄弱的问题。以客户需求为指导，提升大数据产品信息维护、发布、审核、查询、交易、访问、上架、下架等多样化平台能力，大力发展以大数据应用为核心的增值服务、业态培育和模式创新。同时形成需求收集、目录更新等迭代机制，推动产品体系迭代更新，形成丰富的产品内容。促进能源大数据产品化，以能源大数据为核心能力，广泛链接能源生态资源，驱动新兴业务拓展，盘活数据资源价值，在跨界创新领域持续发力。

（2）完善能源数据众创模式。

构建能源大数据众创平台，在确保电网数据资产安全的前提下，吸收政企用户共同推进电力数据价值实现，探索形成公司数据价值变现模式。基于众创平台逐步扩大入驻群体，面向政府、企业、科研机构、高校等单位，在确保数据安全的前提下，提供海量的数据资源、丰富的开发工具、方便的推广平台、良好的配套设施以及便捷的支撑服务，构建“平台运营方+数据提供方+应用开发方”的合作模式，打造互补数据产品，逐步实现能源大数据开发应用深度的持续提升，扩大能源大数据中心辐射范围，提升数据融合与挖掘深度，形成产业集聚效应，打造众创发展新形态。

第二节 新型数字基础设施

一、建设目标

立足当前发展阶段和实际情况，从新型数字基础设施的角度入手，分析数据中心、基础网络、云平台和企业中台等方面的建设需求和瓶颈，积极推进数字化转型，为能源数字化转型提供基础支撑。

1. 技术概况

随着能源数字化转型需求日益迫切，电网业务部署模式正在发生巨大改变，以国网天津市电力公司为例，传统信息机房已经无法支撑业务发展的需求，传统网络架构无法满足信息化建运快速需求，数据共享和业务融合的问题日益突出，主要体现在以下三个方面。

（1）数据中心规模化、智能化、精益化需求日益迫切。

数据中心是基础平台的物理基石。在能源流、业务流、数据流“多流合一”的背景下，电力物联网建设对数据中心实时保障能力、专业服务品质要求越来越高，亟须通过智能化手段提升系统运行保障能力，强化运行管理水平，全面实现IT信息基础环境的智能化、精益化，更高效地支撑电网生产和企业经营。

（2）传统信息化架构无法满足应用快速建运一体需求。

传统的物理服务器架构和资源池方式存在业务应用上线部署周期长、支撑业务负载变化能力差、响应业务需求变化慢、运维复杂度和成本较高等问题，无法满足“互联网+”新业态要求。亟须引入云技术，以满足资源调配弹性灵活、服务集成统一高效、应用开发快速便捷的需要，全面支撑电力物联网建设。

（3）海量数据共享和融通困难制约电网企业数字化转型。

随着生产管理、社会服务等方面的海量数据接入需求及多样的业务创新随之激增，传统业务系统之间专业数据不共享、业务难融合的问题日益突出。亟须建设企业级数据中台，突破传统架构存在的性能瓶颈，存储海量数据，提升现有业务处理速度，实现数据集中管理、统一服务，支撑多部门之间的数据交换。同时，将企业共性的数据进行服务化处理，沉淀至数据中台，形成灵活、强大的共享服务能力，助推数据高效运营和企业数字化转型。

2. 解决方案

为进一步提高基础平台运行、服务与管控水平，更高效地支撑电网生产和企业经营，国网天津市电力公司于2019年10月建成投运海光寺数据中心。在海光寺云化区域搭建一体化国网云平台，构建了IT资源统一管理、最优配置、业务灵活部署的“一朵云”。以云平台为底座，构建数据中台，定位于为各专业、各基层单位提供数据共享和分析应用服务。

（1）数据中心建设。

变电站是电网中枢节点及核心资产，在深入挖掘变电站站址资源价值的基础上，利用变电站资源建设运营数据中心站等设施，有效促进资源集约化利用，将传统变电节点转变为具备源网荷储等特征的能量双向流动的能源信息枢纽，实现能源流、业务流、数据流三流合一，满足能源灵活互动、状态全面感知、信息高效处理、业务实时智能等关键需求，支撑拓宽能源服务渠道、创建能源共享互济新业态。

采用“变电站+数据中心站”模式（见图5-2），可充分发挥变电站电力、通信、土地供应、布点等资源优势，提升数据中心供电可靠性，减少柴油发电设备投入数量，有效降低数据中心建设和运营成本；可进一步促进生产数据的边缘处理能力、核心存储能力和云端计算能力，满足公司不同业务应用需求。

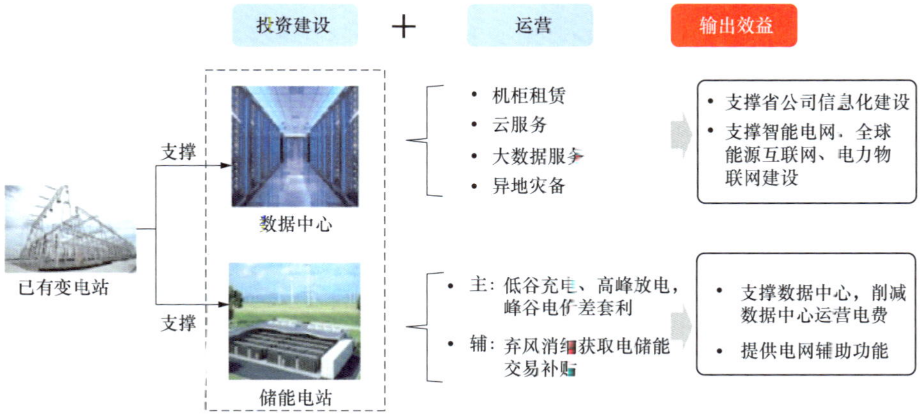

图5-2 “变电站+数据中心站”建设模式

（2）云平台搭建。

构建“资源全域调配、业务敏捷支撑、开发运维一体”的国网云平台，推动内外部、各专业、各类型终端和采集量测数据统一接入、在线管控和共享应用，为传统电网向能源互联网跨越升级、为电网企业向能源互联网企业转型升级奠定坚实的数字化基础。

（3）基础网络提升。

探索新型网络技术，分步更新数据中心网络设备，提升信息网络对IPv6业务的承载能力，支撑公司各类业务对IPv6的需求，探索数据中心SDN（software defined network，软件定义网络）、NFV（network function virtualization，网络功能虚拟化）等新技术的应用，以实现更加健壮、可灵活扩展、支持虚拟化等特性的新型网络，满足新技术的应用需求。同步建设通信网网管系统，根据需求对各网管服务器实现多节点部署，提升网管可靠性；建设网管信息统一展示平台，实现全景监视，宏观上可监视通信网络整体运行情况，微观上体现具体业务、设备在网络中的运行状态，实现整体与局部动态联动，提升监视监测效率。结合核心层网络构建，进一步丰富跨区链路路由，满足大颗粒业务承载需求，提高网络安全性与资源富裕度。

（4）企业中台建设。

以业务需求为导向，构建企业级业务中台和数据中台。建立数据中台，为各专业应用提供统一、高效的数据共享服务和分析决策服务。建成具有“松耦合、分布式、开放性、共享型”特点的企业级电网资源业务中台，支撑电网规划、建设（设计）、运行、运维服务、退役报废等阶段电网信息的全过程管理和电网业务的闭环管控，满足本地差异化管理应用建设需求。

二、工程实践

1. 优化数据中心布局

完成海光寺数据中心建设。海光寺数据中心部署微模块13套，机柜162面，可容纳1800台IT设备。数据中心整体分为A区和B区，其中A区定位于云化区域，主要用于云化业务应用部署，规划为三级等保区域；B区定位于外网、存储、网络、传统服务器区域。机房整体规划为传统架构区和云化架构区域，进一步完善了信息机房整体架构，充分满足电力物联网终端数据大带宽、大容量、大平台的接入需求。通过数据中台、物联管理平台、电网资源业务中台、客户服务业务中台等集中部署，实现电力物联网的感知终端、电网运行、客户服务等海量数据在数据中心的实时交互和处理，打通数据壁垒，满足多业务灵活部署需求，保障数据的高效应用和增值服务，为传统业务和电力物联网新型业务开展提供安全可靠的数据平台。对国网天津电力本部数据中心、利民道数据中心进行升级改造，整体数据存储能力可达到10Pb级别，后备电源支撑时长扩展到2小时以上，可全面支撑公司业务的在线部署。

开展动力环境监控优化整合，实现机房设备和环境的统一监控。利用统一的动环监控系统数据进行数据挖掘及机器学习，充分发掘动环监控系统的数据价值，实现对机房动环告警信息的智能预判。

规划同城双活数据中心建设。建设以华明数据中心为主、海光寺数据中心为辅的同城双数据中心运行模式。未来业务新增优先以华明数据中心为主，海光寺数据中心作为华明数据中心的辅助机房，提供重要业务系统的灾备环境，支撑重点核心业务应用的同城双活建设模式。

2. 搭建一体化云平台

2019年10月启动云平台建设，2019年11月率先完成华为云平台6.5版本部署工作，并支撑10套重点应用上云；2020年3月使用最小化硬件规模，完成华为云平台8.0版本部署工作，率先建成基于鲲鹏生态的电网云平台；2020年4月完成华为云平台6.5版本上业务应用迁移到华为云平台8.0版本，并且实现华为云平台6.5版本设备扩容到华为云平台8.0版本。

通过建设基础架构即服务（Infrastructure as a Service，IaaS）、平台即服务（Platform as a Service，PaaS）服务能力，满足资源统一管理、数据去边界、应用高可靠、运营流程打通、研发效率提升的建设目标，推动企业数字化转型。实现数据中心的计算、网络及存储资源的统一管控，自动匹配和选择最适合的资源状态，为各类业务系统按需供给基础资源；满足业务应用跨数据中心自动迁移的功能。云平台通过软件定义网络、分区分域管理多个数据中心，实现应用在云上高可用，满足云平台的分布式架构以及业务连续支撑性目标。

云平台的管理面数据架构主要包括基础设施纳管、资源池接入、云服务封装和管理平台对接等四个层次。基础设施层的计算、存储、网络、安全、大数据集群等资源会在资源池层面统一纳管；计算、存储、网络资源统一在OpenStack内接入，同时大数据资源池和安全也在资源池层完成封装；云服务层基于资源池的能力完成云服务封装；管理平台提供云平台统一运营和运维能力，运营组件完成云服务和云资源的生命周期管理，运维组件完成云平台的运维管理。

（1）云平台业务面数据架构。

图5-3以常见的三层Web应用为例，描述用户的业务系统在云平台中部署模式和数据流图。

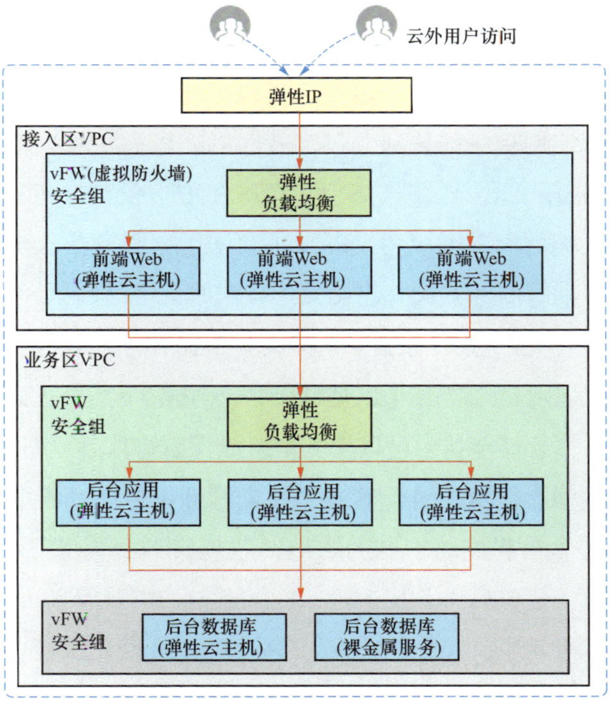

图5-3 业务面数据架构图

Web层和应用层采用虚拟化部署，数据库层可以选择虚拟化部署或者裸金属部署。基于安全需求，前端Web层与后台应用和数据库层有网络隔离需求。因此Web应用部署在一个独立的虚拟私有云（virtual private cloud，VPC）内，应用与数据库部署在一个独立的虚拟私有云（VPC）内，接入区VPC与业务区VPC之间仅开通业务所需端口。Web层与应用层均可按需部署弹性负载均衡服务，云外用户通过云平台提供的弹性IP访问该应用系统。业务区VPC内采用安全组实现应用与数据库的安全隔离。

（2）云平台技术架构。

云平台技术架构如图5-4所示。云平台架构主要分为基础架构即服务（IaaS）、平台即服务（PaaS）、安全服务、容灾备份、持续构建、平台管理六个方面。

基础架构即服务（IaaS）或称基础设施是云平台的基础，由服务器、网络设备、存储磁盘等物理资产组成。建设虚拟机、容器及K8S服务、裸金属服务器、块存储、对象存储、负载均衡、虚拟私有云、虚拟防火墙8个服务，后期可以支持横向弹性扩展。

平台即服务（PaaS）提供对操作系统和相关服务的访问。可使用各类编程语言及工具把应用程序部署到云中。通过PaaS模式，可以在一个提供SDK（software development kit，软件开发工具包）、文档、测试环境和部署环境等在内的开发平台上编写和部署应用，PaaS平台采用与服务器、操作系统、网络和存储等资源解耦的部署方式。建设关系数据库、缓存数据库、文档数据库、消息队列、分布式服务总线/微服务框架、分布式事务、API网关、语音识别、人脸识别、图像识别、自然语言处理11个PaaS服务。

安全服务通过云安全技术可以建立全套纵深防御体系，覆盖虚拟化平台、主机、应用、网络、数据、身份管理、安全管理等。通过云平台安全服务的建设，结合云平台边界网络安全的防护，达到云平台等保三级的安全要求。建设云入侵防御、云WAF（web application firewall）、双因素认证、云堡垒机、数据脱敏、数据库审计、云主机防护、态势感知8个安全服务。

容灾备份可以提供本地和异地的备份能力，建设本地备份，为云平台的虚拟机提供本地备份能力。

持续构建可以提供持续构建服务能力，包括代码托管、代码检查、流水线、编译、构建、部署、测试、发布等，建设DevOps服务。

平台管理可以提供运维和运营管理模块，运营管理支撑管理云平台租户、角色、资源权限和计量、配额等一系列日常工作；运维管理提供从基础资源、

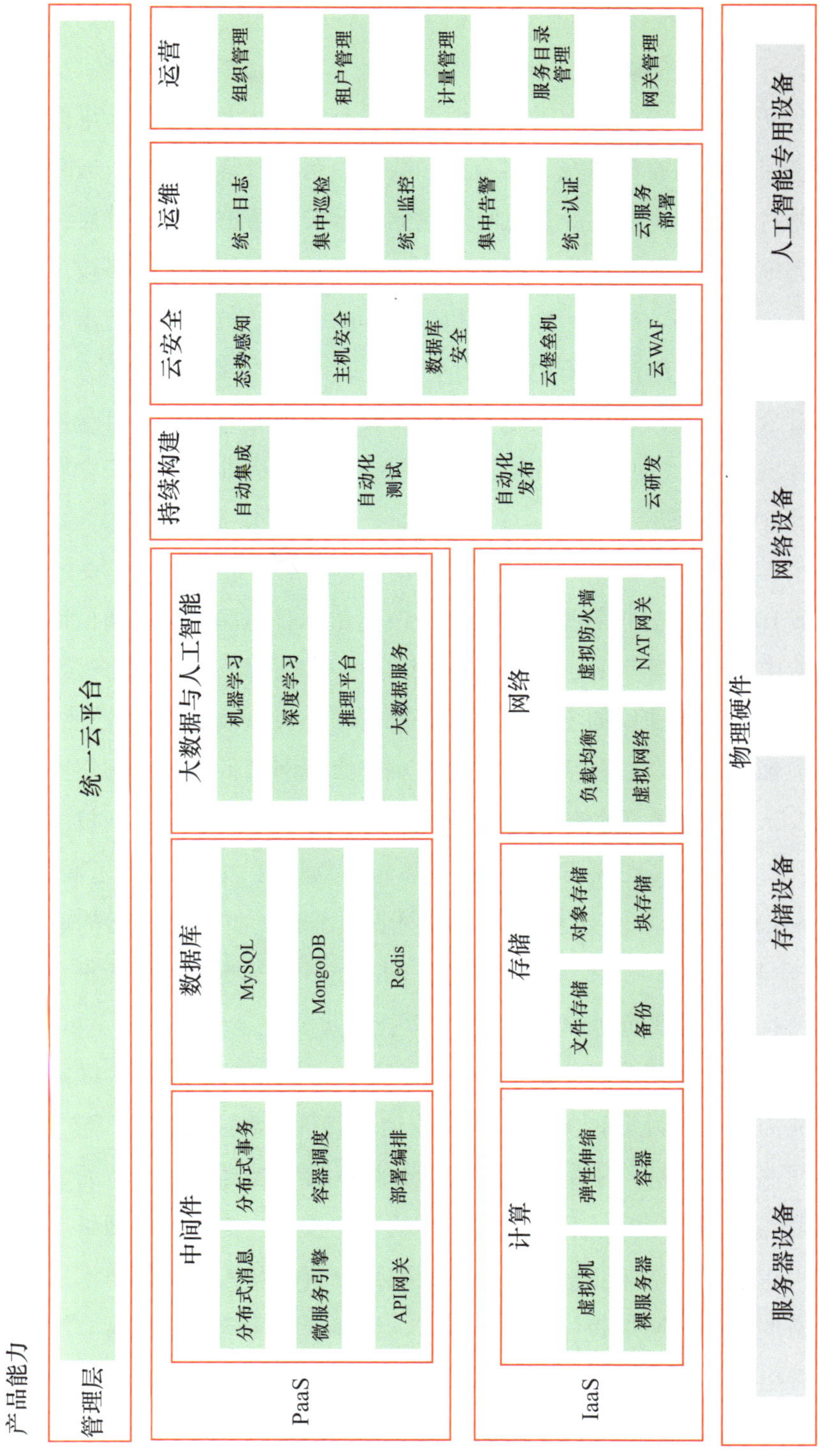

图 5-4 云平台技术架构图

云平台组件、云上应用到日志、监控、巡检等功能。

（3）云平台安全架构。

安全框架以云安全管理平台为中心，综合安全技术和管理运维两个方面的手段确保系统的整体安全。结合云和数据中台平台特点，分析云环境下安全防护相对传统防护的差异和风险，建立平台安全防护体系；分层级设计具体防护措施，提高平台综合防御能力；防范针对平台的恶意网络攻击，保障平台上的业务应用、容器、微应用和微服务的安全，防止平台上重要数据及敏感信息泄露；平台整体安全防护水平满足安全保护等级三级相关安全要求。

从安全技术上，利用数据中心的传统安全防护能力和平台自身安全组件从安全区域边界、安全计算环境进行实现；从管理运维上通过安全管理、安全数据运营等方面进行实现。

3. 升级基础网络架构

开展10家地市公司数据通信网建设改造工作，与国网数据通信网形成两级网络结构，形成规范化、扁平化、可扩展的信息网络，提升业务覆盖能力，使得地市公司具备独立的出口，访问国家电网公司一级部署业务，各地市公司内网汇聚设备以“口”字型连接方式对应接入网设备，实现网络互通，支撑当前及未来公司各级业务应用的承载需求，推动公司数字化新技术和新业务的部署和落地，实现端到端的业务保障与应急联动。完成光传送网（optical transport network，OTN）和通信传输网业务承载，将现有骨干传输带宽由10GB提升至400GB。开展综合业务数据网改造，大幅提升网络数据承载能力和对新兴业务的承载能力，支撑电力物联网数据交互。

此外，建设覆盖全部数据中心的大容量核心环网管理信息大区网络，提升汇聚能力；构建互联网大区网络智能运营管理平台，丰富运营支撑手段，完善全网端到端的链路质量监测和统计分析平台，提高基于业务的大数据分析和挖掘能力，应用网络故障自愈和自动驾驶技术，提升基础网络支撑服务能力。构建智能网络运营平台，基于大数据分析以及人工智能技术，提升网络故障精准定位、网络趋势预测等能力，加强端到端的链路质量监测和全网流量分析能力，实现云网资源可视、可控。

构建高带宽、低时延、智能化的高速互联网，开展互联网出口网络升级改造。提升网络带宽和综合承载能力。推进互联网大区设备性能优化扩容。互联网大区整体网络带宽达到20GB，互联网出口带宽达到10GB，有效支撑公司互联网新业务发展。提升网络智能化水平。通过部署SDN，实现云网协同一体化、可视化管理；通过人工智能技术、大数据分析技术，提升网络故障精准定位、网络趋势预测等能力，加强端到端的链路质量监测和全网流量分析能力。

4. 构建数据中台和业务中台

（1）数据中台。

结合数据中台能力视图，重点围绕数据接入整合、数据存储计算、数据分析服务、数据资产管理和数据运营管理五个方面开展建设，如图5-5所示。

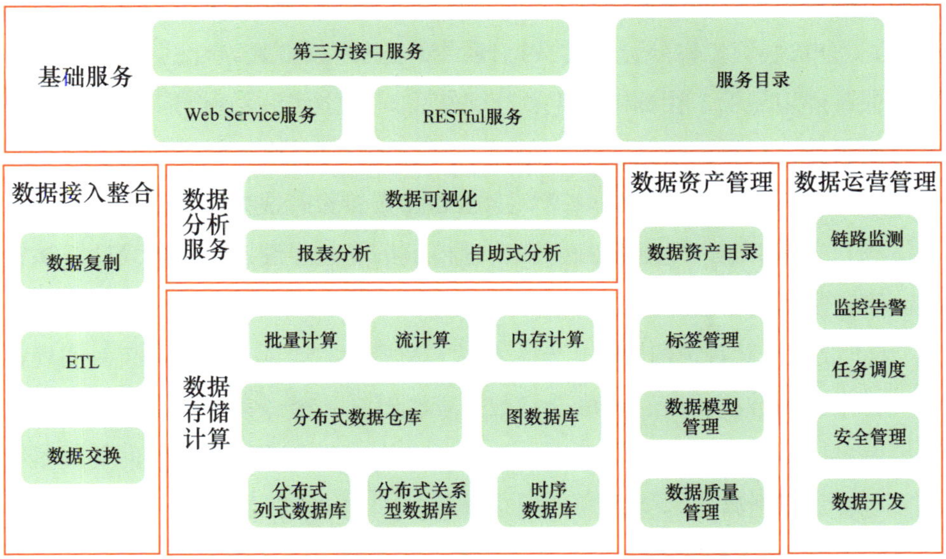

图5-5 数据中台技术架构

数据接入整合负责支撑全量、增量、实时数据采集，支持结构化、非结构化和量测类数据的接入。数据存储计算包括分布式数据库和大数据平台，提供海量数据的存储、计算能力。数据资产管理包含数据资产目录、数据质量稽核、元数据管理、标签管理、模型管理等相关的产品和服务，实现对资源层、共享层、分析层数据资产的统一管理，确保数据在共享和使用过程中的完整性、准确性、一致性。数据运营管理包含基于统一的运营管理体系实现数据开发、链路监测、任务调度、统一监控和数据安全等相关的产品和服务。数据服务中台的数据可以以RESTful、Web Service等API接口形式在对外服务平台上注册、发布，第三方应用以订阅的方式对服务进行访问。

1）贴源层数据接入汇聚。根据数据接入标准化流程，各业务系统、业务中台、物联管理平台等作为数据源全量授权与接入贴源层，分级分批逐步实现数据全量接入汇聚。贴源层数据与源业务系统数据结构保持一致，长期保存历史数据，支撑共享层及以上各层数据溯源，屏蔽源系统数据变化影响。

2）共享层数据整合转换。根据业务部门应用场景需求，基于SG-CIM4.0模型标准，按需开展模型部署，将贴源层数据进行整合、转换，形成标准化明细数据存储于共享层；通过数据模型验证、模型部署、数据清洗转换、数据质量核查和应用场景构建等工作，实现模型标准落地应用。

3）分析层数据标签化及实体画像。基于共享层汇聚整合的各专业数据，结合业务应用需求，在分析层开展分析模型、数据标签及画像构建。原则上，数据中台不提供源数据，仅提供数据服务或数据分析结果。

4）统一数据模型管理。基于SG-CIM4.0模型设计成果，结合统建业务应用需求，组织开展本地数据溯源和物理模型扩充完善设计，并将设计成果上报，实现两级模型协同。

5）数据资源目录构建与运营。利用数据资源目录元数据采集工具实现在线、自动化元数据采集，形成全量数据资源目录，通过常态运营维护和专项运营两种方式，推动数据资源目录的不断优化完善，实现全量数据资源的可视、可查、可溯源。

6）数据服务构建与目录管理。利用数据中台的数据接入、整合转换、分析计算等能力，快速构建易查找、可复用、标准化、规范化的数据服务；通过分类、编码、标准化等方法进行梳理，研究形成企业数据服务目录，为企业内外部提供数据服务检索，实现数据服务可视、可查、可管，建立数据服务目录常态管理运营机制，实现对数据服务目录构建、发布、维护、更新的全生命周期管理。

7）数据质量管理。从数据源端抓起，围绕具体应用场景，对数据流转全过程进行监控，重点监控数据完整性、一致性、准确性、及时性等，制订并动态配置数据质量规则，形成动态构建质量核查规则库；动态创建质量核查任务，根据调度策略，执行核查任务，生成数据质量分析报告和改进建议。根据各阶段数据质量问题，动态更新数据校验规则，按策略推进数据治理。

（2）电网资源业务中台试点建设。

完成电网资源统一信息模型迭代完善设计、电网资源业务中台框架设计、电网资源业务中台配电网侧功能构建、初步完成电网资源业务中台中资产中心、资源中心等6个中心的建设；完成配电网自动化、用电采集系统等配电侧相关系统感知数据接入，依托中心的相关服务和扩展服务体系完成停电分析到户、故障智能研判、同期线损分析、供电可靠性管控四个典型应用验证。基于中台开发配电网侧电网同源维护工具，初步验证基于中台实现电网信息同源维护的可行性。

三、建设成效

1. 数据中心基础支撑能力大幅提升

作为国家电网公司系统内首个集变电站、数据机房、天津市能源大数据中心等多功能于一体的多站融合绿色数据中心，海光寺数据中心的投运完成了天津同城双数据中心运行模式的第一步，为公司实现“双碳”目标提供基础支撑，为数字化转型和天津智慧城市发展提供载体。海光寺数据中心是国网天津市电力公司近年来建成的规模最大的绿色数据中心，整体数据存储能力可达到10PB级别，较现有的存储能力提升100倍，后备电源支撑时长扩展到2小时以上。数据中心部署了智能面部识别门禁管理、3D可视化智能管理平台、封闭冷通道等技术的应用，实现了数据中心的安全性、可靠性和能源利用效率大幅提升，为数据中心安全稳定运行提供了坚实保障。

2. 数据资源调配管理水平大幅提升

基于一体化云建设的云和数据中台基础平台，可提供1288物理核心、10 900GB内存的计算能力，150TB业务数据存储能力，实现IT信息化建设、应用及运维向“企业级”转变。资源调配更加弹性灵活，满足了IT资源的统一管理、弹性调配、智能化服务、自动化运维，满足业务系统一键部署、弹性伸缩和故障自愈的需要。

（1）服务集成更加统一高效。构建服务的统一注册、发布与运行环境，实现了分布式服务集成，为“多场景、微应用”提供支撑。应用开发更加快速便捷。提供应用在线开发、测试和发布全过程服务能力，支撑微应用、移动应用建设，实现了应用“云端开发、敏捷交付、灰度发布”。

（2）数据运营管理更加高效。促进了大数据在电网企业的应用价值，提升运营管理水平，满足各专业、各基层单位和外部合作伙伴提供敏捷开放的数据分析和共享服务，提升了企业智慧运营和新业务创新能力。

（3）数据共享更加开放。在统一的数据中心数据分析域平台基础上构建统一的数据决策管理，能够避免数据处理、智能决策系统的重复建设，节约各业务部门独立建设成本。

第三节　新型能源电力物联网

一、建设目标

在互联网、大数据、人工智能等技术深度应用下的电力物联网建设是支撑能源电力数字化转型的重要基础，通过将能源流、信息流与业务流的深度融合，为能源数据综合应用提供数据基础、算力支撑与平台支持，从而实现能源技术与信息通信技术体系融合。

近年来，国网天津市电力公司通过打造智慧能源小镇、滨海能源互联网综合示范区等精品示范项目，运用多平台融合、应用拓展、统一物模型应用等技术，与云计算、大数据、人工智能、工业互联网、5G等新技术多维创新融合，探索出一系列可复制、可推广、模式化的新型智慧物联应用，在公司开展应用示范，解决规模化、工程化应用问题，推动构建能源行业上下游的产业生态体系，提升基础公共服务能力。

1. 技术概况

传统业务模式下，电力输、变、配、用各环节信息采集、状态监控设备种类多，部分功能和业务存在交叉重叠；采集数据类型和通信协议类型多、安全防护不一致，不同专业数据采集过程缺乏统一管理。因此，亟须打造全面感知、高效处理、应用灵活的企业级智慧物联体系，推进输变电、配用电、客户侧等源网荷储各类型终端标准化接入和统一物联管理。

通过将智能感知、电力芯片等技术应用于边缘层的系统末梢信息数据采集，将5G等移动通信技术应用于基础设施层的信息即时、安全传输，将大数据、云计算等技术应用于平台层的数据管理，将数据挖掘、人工智能等技术应用于应用层的能源电力信息价值挖掘。

2. 解决方案

通过贯通生产控制大区、管理信息大区、互联网大区以及社会大众之间的数据流，端侧部署新型传感器，边侧部署边缘物联代理。通过光纤/4G专网、5G通信方式，将数据汇聚到平台层，平台之上部署应用系统，提供对内对外服务，整体提升电网的感知深度和智能化水平。

物联管理平台以业务需求为导向，全面开展端侧设备接入和管理，对各类型边缘物联代理和智能终端进行在线管理和远程运维，如图5-6所示。通过统一物联信息模型，汇聚各类型采集感知数据，进行模型转换和数据预处理。在此基础上，构建业务应用体系，推动各类业务场景端侧设备的安全接入，打破各业务系统之间数据采集和共享壁垒，支撑各类业务数据统一管理。

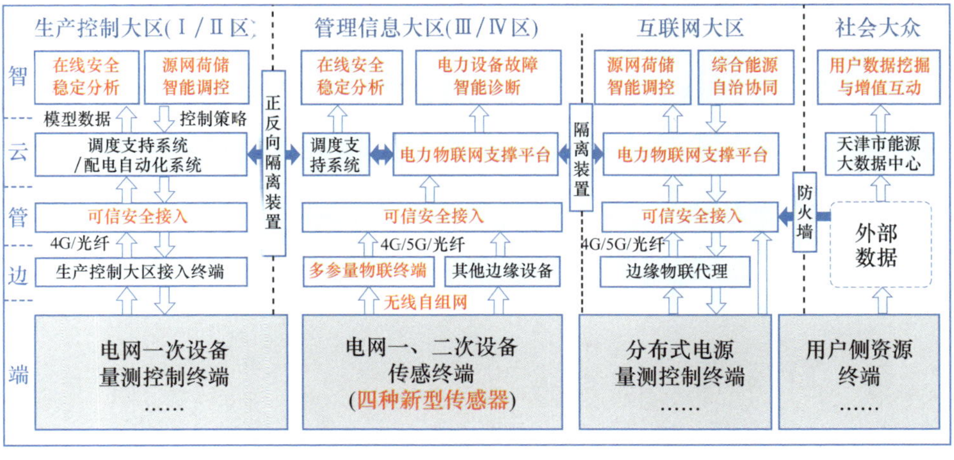

图5-6 新型能源电力物联网络技术架构

（1）输电立体智能监测，7×24小时全天候“护航”。

通过物联管理平台内外网全面升级，在31条500千伏及以上、70条220

千伏、41条110千伏线路，部署舞动传感器、覆冰传感器、动态增容、耐张线夹、杆塔倾斜、导线弧垂、监拍机、无人机等12 000余台共8类设备，实现数据管理全景化、运行状态透明化、诊断决策智慧化和设备修复高效化，助力公司完成全年各项保电任务，推动输电运行保障向智慧输电保障跨越提升。

（2）变电智能巡检，云边协同。

国网天津市电力公司总结企业数字化发展经验，依托数字基础平台建设成果，通过变电应用场景建设，由原来人工定时巡检的刀闸分合闸指示、组合电器气室压力、断路器机构压力、开柜指示灯、仪表示数、避雷器泄漏电流表度数、保护及自动化装置的指示灯、压板状态等工作，变为巡检设备24小时不间断在线监测或智能自动巡检，并将异常报警及隐患信息及时传递给一线运维人员。极大降低一线运维人员人工巡视强度，提升隐患处理效率大幅提升，保障了电网设备健康安全运行。

（3）打造智能配电“多能互动”新模式。

开展台区智能融合终端实用化高级应用落地工作，围绕“云–管–边–端”体系，基于配电物联网感知层建设，打造配电侧物联网化新生态。依托“大、云、物、移、智”技术，打造“物联网+”智能运检体系，构建“工单驱动业务”生产模式，推动从“源随荷动”到“源荷互动”的配电网运行新模式。

（4）综合能源，秒级采集，精准负控。

打造负荷管理系统，通过在物联边缘侧部署秒级负控终端、柔性负控终端，高频采集商业用户侧用电信息，精准、实时对用户侧负荷进行柔性管理，解决电力电量平衡问题，降低错峰、避峰对用户用能的影响，实现用户侧分级、分项负荷的可观、可控、可调。全面提升负荷控制与负荷管理能力，助力新型电力系统建设和“双碳”目标实现。

二、工程实践

1. 智慧输电

打造多协议组件，推动输电物联网规模化应用，结合公司重大保障活动，应对保电工作无人化、智能化新局面，充分发挥智慧物联体系优势，保障输电架空线路可视化通道7×24小时不间断。

优化资源配置，多措并举助力公司保电，全面评估物联资源，优化缓存服务、网络通道等资源分配，完善远程频率调整、智能模式配置、云边时钟同步等功能，优化41条500千伏以上、143条220千伏线路的可视化设备采集频率，联合开展应急演练，确保重要保障线路突发事件的及时上报。

联合人工智能，打开智能输电发展新局面，在复杂的输电需求和环境下，提升协议解析、消息处理等组件能力，支撑10 383台可视化设备稳定运行，通过《输电线路状态监测装置通用技术规范》标准I1协议的个性化定制，实现定时抓拍与智能分析抓拍双模式运转。

2. 智慧变电

（1）“强末梢”，提升边缘感知能力。在白庙变电站、漳州路、美洲路、华山道变电站应用边缘智能装置，通过轨道式机器人、避雷器泄漏电流表、云台机等视频类传感器，实现采集各类表计、指示灯、刀闸分合闸位置状态、电流表示数等图像视频类数据，将图像及视频类数据上传至硬盘录像机进行数据汇聚，然后上传至巡检主机，对数据进行分析，并转换为形成设备运行、环境数据，以巡检日志的形式，通过四区网络传输到物联管理平台中，实现变电站的智能巡检，提升站内巡检效率。

（2）“梳筋络”，提升云边协同能力。利用物联管理平台、云平台、人工智能平台，实现边缘感知巡视结果数据及图像全量采集至公司企业中台，并优化物联边缘框架，由人工智能将优化后模型文件，通过MQS（Message Queue Service，消息队列服务）下发到物联管理平台，物联平台通过应用商店来管理模型，并实现AI模型的下发工作，由巡检主机接收，获取对应的模型文件，实现巡检计划在线管控，12类智能算法云边协同管理。

（3）“健大脑”，提升数据分析能力。提升数据中台应用能力，为传统设备专业赋能，利用现场感知多维度数据，深入挖掘潜在价值，自动完成巡检报告，全面开展设备状态分析，精准指导设备运维。

3. 智慧配电

（1）优化电力营商环境。通过边缘侧部署自主研发的高级应用，对台区智能融合终端全景感知，深度挖掘历史运行数据价值，生成台区运行状态“自画像”，精准分析配电台区客户用电需求及实际负载趋势，对台区进行可开放容量自评估与自预测，针对预测结果进行相别、容量裕度及功率因数等状态的多维度校验，保证各时段设备负载不越限，进而提高配电网供电可靠性，自动生成业扩配套接入方案并对其进行动态优化，提升配电网运行经济性，提升业扩配套建设时效，缩短用户接电时长。

（2）提升新能源应用效率。通过建设安装分布式光伏系统，并在台区低压侧建设部署储能，在台区部署智能融合终端，台区负荷数据、光伏出力数据以及储能系统运行监控数据通过HPLC方式在融合终端进行汇总，融合终端内置策略根据台区负荷水平、光伏出力情况以及储能系统的SOC（state of charge，荷电状态）对储能系统进行充放电管理，以实现台区用电的削峰填谷，避免光伏高出力期间的过电压现象。同时利用储能系统无功调节能力，全面参与配电台区的电压质量治理，全面提高高比例分布式光伏渗透率以及台区的供电服务水平。

4. 综合能源

（1）负荷资源的高频采集、统一检测。通过秒级采集客户侧负荷信息，构建客户侧可控负荷资源库，对可控负荷资源进行监测、分类分析和评估，包括维护开关档案、分路负荷档案、用户基本档案信息和用户策略；并对负荷资源进行评估及出入库管理；对负荷资源的全景监测及负荷实时监测；对负荷资源的可控能力及负荷特性进行分析和评估。

（2）负荷资源的精准定位、统一调控。结合负荷控制方案管理、负荷控制方案执行、负荷控制执行监测等业务，实现负荷方案的制定，确保负荷控制方案精准下发到终端，同时对负荷监测控制的执行情况、执行效果及时进行监测。

（3）负荷资源的柔性互动、统一服务。通过系统对负控终端下发的命令参数与现场召测的参数进行对比分析，对方案执行过程中产生的异常生成工单，经过人工判断后，推送至营销工单中心进行异常处理，形成业务闭环。帮助客户获得直接节能、设备提前检修、优化工序、设备合理配置、合理享受用电政策、精细化管理等多重收益。

三、建设成效

通过物联管理平台建设，支撑企业对各类边缘物联代理和端侧设备进行统一管理，实现了对设备的远程调试、远程监控和远程维护，有效促进了智能设备运行维护管理水平提升，实现了采集装置、通信资源、边缘计算、数据资源跨专业复用并推进各专业共建共享。平台的设备接入能力、边缘计算应用管理能力、模型解析能力、业务编排能力和远程设备运维能力均得到了大幅提升。

1. 实现智慧输电专业发展变革

通过整合各类采集终端、图像、图片设备，将无人机、通道可视化、在线监测数据、移动巡检系统，采用I1协议、MQTT协议、HTTP协议实现不同种类的设备接入，基于无线通信技术实时对输电线路进行监控，定时、定向抓拍线路周围的外部环境，为事故预防及事后分析提供事实依据，由“人工巡视”向“智能自动巡检”转变，完成输电立体智能检测的“技术变革”。

构建输电线路共享互联生态圈，实现数据管理全景化、运行状态透明化、诊断决策智慧化和设备修复高效化，通过物联管理平台7×24小时全天候“护航”输电智能检测，完成输电立体智能检测的“管理变革”。

通过观冰、舞动等设备深入挖掘输电线路状态感知、热稳定限额预测、自然灾害监测预警、运行监测等数据价值，深度融合输电业务原有应用场景，使其具有本质坚强、实时感知、全息互联、自主预警、智能处置等特征，完成输电立体智能检测的“质量革命”。

2. 改变传统巡检、分析和展示模式

（1）变“试点示范”为“规模应用”。该应用综合利用数字化基础平台，规范智能识别、数据采集、分析应用方式，大大降低智慧变电站建设投资，并解决投运变电站带电施工难等问题，提高应用可推广性。

（2）变“人工巡视”为“智能巡视”。该应用解决了巡检数据的共享及在线管理问题，专业人员能够随时获取设备运行数据，实现无人巡视，并准确掌握设备状态，能够有针对性地指导人工巡视，有效提高运维质效。

（3）变“经验主导”为“数据分析”。该应用为设备专业数据应用积累大量运行状态数据，灵活运用公司数据中台，建立主变压器、组合电器、避雷器状态评价典型应用模型，实现在运变压器评价应用，逐台制定运维措施，推送生产管理部门，实现精准运维。

3. 提升配电网综合能力

（1）自动识别户变关系，提升台区管控能力。通过安装低压拓扑识别、电动汽车有序充电等功能，结合物联网设备模型、PMS、主站侧拓扑信息进行自动校核，实现台区变压器—用户关系、供电相位异常等信息的主动发现与自动维护，提升低压配电网拓扑模型准确性，实现低压网络拓扑可视化管理。

（2）实时监控运行状态，提升主动抢修能力。通过电能质量分析、供电可靠性、配电变压器运行状态检测、可开放容量分析等功能，并根据生产及管理需要，上传必要数据到云主站，实现配电台区运行状态精准监控，并对数据进行在线分析与深度挖掘，实现广泛的配电网运行状态全景感知，实现区域内故障快速处理，整体提升配电网智能处置和自愈能力。

（3）精准感知智能解析，提升用户互动能力。通过智能融合终端数据分析模块，综合统计配电变压器台区用电数据、历史负荷曲线，借助物联管理平台召测拓扑文件，集合气象因素，采用神经网络无监督学习主要分析手段，结合节假日以及特殊事件等基础信息，在主站侧挖掘配电变压器负荷变化规律，形成预测模型，利用边缘计算分析可能发生的重过载事件，提高运维工作精准度，支撑有序充电、削峰填谷、光伏预测、储能规划等应用，大幅避免能源浪费。

4. 提升负荷资源管控能力

通过秒级采集用户负荷信息、设备运行信息，构建新型电力负荷管理基础应用业务，包括用户档案、设备档案维护业务，负荷资源的监测、评估管理业务，设备运行状态的监测、维护业务，以保证基础档案数据准确，负荷资源可靠监控，设备运行状态可观可测，同时，提升负荷资源、设备运行状态检测能力。结合负荷控制监测、管理等业务，有计划地指导和控制电力负荷的增长速度，指导负荷调整，限制某些负荷在系统尖峰负荷时用电量，减小尖峰负荷数值，使系统综合负荷曲线更平坦，充分发挥已有发电设备及供电设备的利用率，全面提升负荷精准控制、用电保障能力。通过负荷管理能力提升，负荷控制能力可达到本地区最大用电负荷的10%，实现有序用电下的负荷控制。深化完善新型电力负荷管理系统功能建设和应用，推广智慧能源新型技术应用，支持各类负荷资源的全接入、全监测、全管理和全方位服务，实现常态化的负荷管理，提升负荷资源高效服务、柔性互动能力。

第四节 新型能源数字服务

一、建设目标

1. 技术概况

能源电力大数据具有价值密度高、实时性强、覆盖面广等优势，而新型能源数字服务就是通过深挖海量能源数据价值，开发低碳数字产品，进而服务新型电力系统构建，推动能源行业整体管理决策更具科学性和敏捷性，助力政府治碳、行业减碳、企业降碳。比如面向政府洞悉能源发展趋势、经济运行态势的“电力看经济”的各类指数，包括绿色循环发展情况、乡村振兴发展情况等。还有面向水利、油气、环保、金融等领域，研发典型应用数字产品，推动全行业加速绿色低碳高质量发展。

然而，能源数据挖掘分析往往在各领域各单位独立进行，缺乏多源数据的融合共享与协同分析，能源价值发挥受限，亟须构建统一的能源大数据平台。但也面临着需要攻克的技术难题。一方面，数据无统一归集标准，故而归集融合难。在电力、煤炭、石油、天然气、供冷/热等能源企业信息化的进程中，长期保持着各自规划、独立运行、条块分割的局面，跨系统间的行业壁垒严重，存在多套独立的能源管理系统，封闭了不同能源系统之间的信息互通，通过各自的传感器可以采集单独系统的数据，但由于各系统架构、协议等内容的不一致，数据安全传输通道缺失，各数据采集口径、规则和数据编码不一致，数据质量参差不齐等因素，导致各自采集的数据无法共享，多元异构数据归集技术难度大，成本高。

另一方面，缺少算法模型核心技术，数据应用难。海量数据接入后，一般是不完整的、带有随机性的、有噪声的、不一致的脏数据，数据质量不高，无法直接进行数据挖掘，其次，数据应用需求涉及各行各业，覆盖政府、企业、居民等多方用户，业务繁杂，数据众多，亟须通过数据预处理、机器学习与数据挖掘等大数据技术，针对应用需求研发数据产品。

此外，数据安全存在隐患。能源行业数据大多是涉及商业秘密、知识产权、关键技术的敏感型数据，近年来，全球能源大国企业因遭受网络攻击导致数据泄露的案例时有发生。随着我国能源行业数字化转型的进一步加快，海量数据的集聚、流转、共享可能成为常态，对能源行业信息安全系统、数据平台及其他相关基础设施建设提出更高要求。

2. 解决方案

（1）建立能源大数据相关标准体系。

为进一步规范能源大数据平台的管理和应用，解决能源数据归集难、贯通难等一系列问题，制定天津市能源大数据平台系列标准，推动能源领域大数据跨界融合，发挥优质数据资源价值，支撑政府科学决策、行业创新发展和公众便捷用能。从总体架构、数据归集、数据存储、指标体系、应用发布、接口规范、对外开放、开放程度评价8个方面进行规范，如图5-7所示。

1）总体架构标准。

能源大数据平台是采集各能源企业信息的重要通道、各能源企业间开展信息交换共享的中心枢纽。

服务对象：为能源企业、政府部门、社会公众提供服务。

能源数据归集：可通过API接口、明细数据脱敏、统计报表、基础数据产品等多种形式归集各类能源数据。

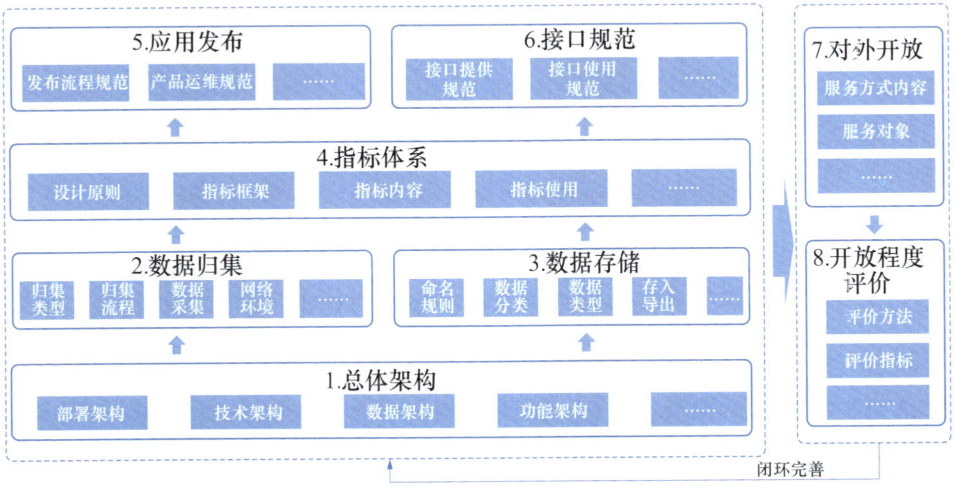

图5-7 能源大数据平台标准体系

平台权限配置：能够有效地、灵活地控制资源使用权限。

平台底层：系统应支持ARM架构、X86架构，在异构环境下实现各能源企业间的信息通道建设。

2）数据归集标准。

对能源大数据归集进行了规范（见图5-8），包括数据归集安全、质量、网络环境、数据类型、归集流程等。

图5-8 数据归集总体要求

数据采集：依托数据中台，将原始数据明细统一采集存放在能源数据共享平台贴源层内，产品类可存在共享层，应用类可存放在分析层。包括但不限于用电明细、用水明细、用气明细、用热明细、企业明细、数据产品、分析报告、数据报表。

数据整合：对贴源层数据进行整合归类，按类存储至能源数据共享平台共享层，分类划分包括但不限于资源能源、地理环境、企业信息。

数据处理：对共享层数据按分析场景不同进行数据分析，将结果存储至能源数据共享平台分析层，数据分析结果包括但不限于：数据变化值、增长率、同比值、环比值。

数据更新：当原始数据发生更新时，应依照数据采集、数据整合、数据处理的步骤对更新数据进行归集。

数据安全：数据传输安全应符合GB/T 37932—2019《信息安全技术 数据交易服务安全要求》。能源大数据归集应保证数据来源合规合法，对数据传输、复制及备份等过程进行风险评估，并及时发布预警信息，提出防范应对措施，指导、监督数据处理者做好数据安全保护工作。接入安全主要包括数据来源安全、数据传输安全、数据防篡改、数据复制安全及数据备份安全。

3）指标体系标准。

能源大数据指标体系主要是以能源的生产、流通、加工转换、库存、消费到综合利用为基础进行构建，同时考虑到对经济、环境等影响，全面、系统地反映出能源体系流程的内在联系、数量关系以及总体特征、发展规律。按照能源体系流将能源大数据指标体系划分为能源资源、能源生产等10个一级指标、22个二级指标、121个三级指标，如图5-9所示。

图5-9 能源大数据指标体系示意图

能源资源：从能源资源开采角度设计，主要包括能源储量、开发程度等。

能源生产：从能源生产角度设计，主要包括水、电、气、热等能源生产量、供应量。

能源加工转换：从能源加工、转换列表角度设计，主要包括发电和供热、气化和液化、煤的焦化等。

能源输送：从能源运输（输送）角度设计，主要包括能源运输量、管道输送量等。

能源流转：从能源流转角度设计，主要包括能源产品、商品的购进量、销售量等。

能源库存量：从能源库存量角度设计，主要包括能源库存值、能源库存量等。

能源消费：从能源消费角度设计，主要包括能源消费量、能源消费形式等。

能源综合平衡：从能源综合平衡角度设计，主要包括能源平衡情况、可供本地消费能源量、地区能源平衡情况等。

能源经济效益：从能源经济效益角度设计，主要包括能源经济效益、能源流程全系统效率等。

节约能源：从节约能源角度设计，主要包括节能量、节能率等。

（2）建设集采集、共享、研发、服务的多元平台。

聚焦能源数据资源“接、存、管、用”全周期运营管理，利用物联管理平台，构建智慧物联运维运营体系，促进采集终端“全面感知、高效处理、应用灵活”；依托云平台存储资源和组件能力，遵循数据中台技术架构，构建具备对接多种主流数据实现数据接入、存储、整合的能力的数据共享平台；应用大数据及人工智能技术，提升数据开发及模型构建能力，打造创新研发平台，支撑能源大数据产品研发，提高应用需求快速响应能力；以数据应用和数据资源为核心，构建运营服务平台，基于政务外网专线通道，对接天津市信息资源共享平台、“津心办”App等政务平台，面向政务、企业、社会提供应用场景、分析报告、数据文件、数据接口等多种形式的在线数据服务，持续提供高水平、高质量的数据共享服务，如图5-10所示。

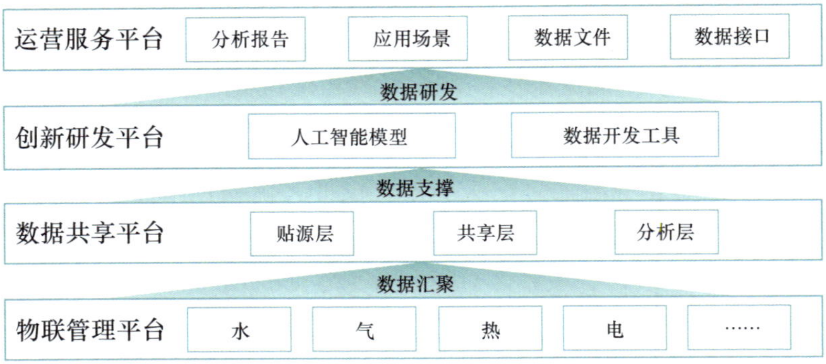

图5-10 多元平台总体架构

二、工程实践

瞄准能力提升与服务运营，以数据应用和数据资源为核心，建成天津市能源大数据平台。平台首页提供整体概览、快捷搜索、热点数据应用和数据资源的快速入口，如图5-11所示。

1. 资源看板

主要展示天津市能源大数据平台中数据资源情况，包含开放数据资源、开放数据应用、产品浏览次数、应用访问次数、文件下载次数、接口调用次数、开发者贡献度、用户需求度、产品类型、开放属性、热点产品TOP10等，如图5-12所示。

2. 数据资源

数据资源包括数据文件和数据接口两类数据产品，用户可通过数据提供单位、服务领域、数据格式、资源类型等进行多条件联合筛选，查找数据资源，也可以通过搜索进行查找。数据资源清单可按照更新时间、访问量、评分等进行排序，展示资源的基本信息、内容简介、使用情况、用户评分等信息，如图5-13所示。

3. 应用集市

数据应用包括应用场景和分析报告两类数据产品，用户可通过服务领域、应用类型等进行筛选，查找数据应用，也可以通过搜索进行查找。数据应用清单可按照更新时间、访问量、评分等进行排序，展示产品的基本信息、内容简介、使用情况、用户评分等信息，如图5-14所示。

图 5-11 能源大数据平台首页

图 5-12 天津市能源大数据平台资源看板

图 5-13 能源大数据平台数据资源

图 5-14　能源大数据平台应用集市

4. 共享生态

共享生态包括服务指南、知识共享下载、生态成员展示等。可以查看政策法规、典型案例、模型算法、知识收藏、服务指南等信息，如图5-15所示。

图 5-15　能源大数据平台共享生态

三、建设成效

依托能源大数据平台，以电力大数据为切入点，深入开展动态化、专题化、全面化数据分析，大数据产品已覆盖城市规划、经济发展、环保治理、金融信贷、治安管理五大方向，形成30余项数据产品，为天津市委市政府提供决策参考。能源大数据中心数据产品体系如图5-16所示。

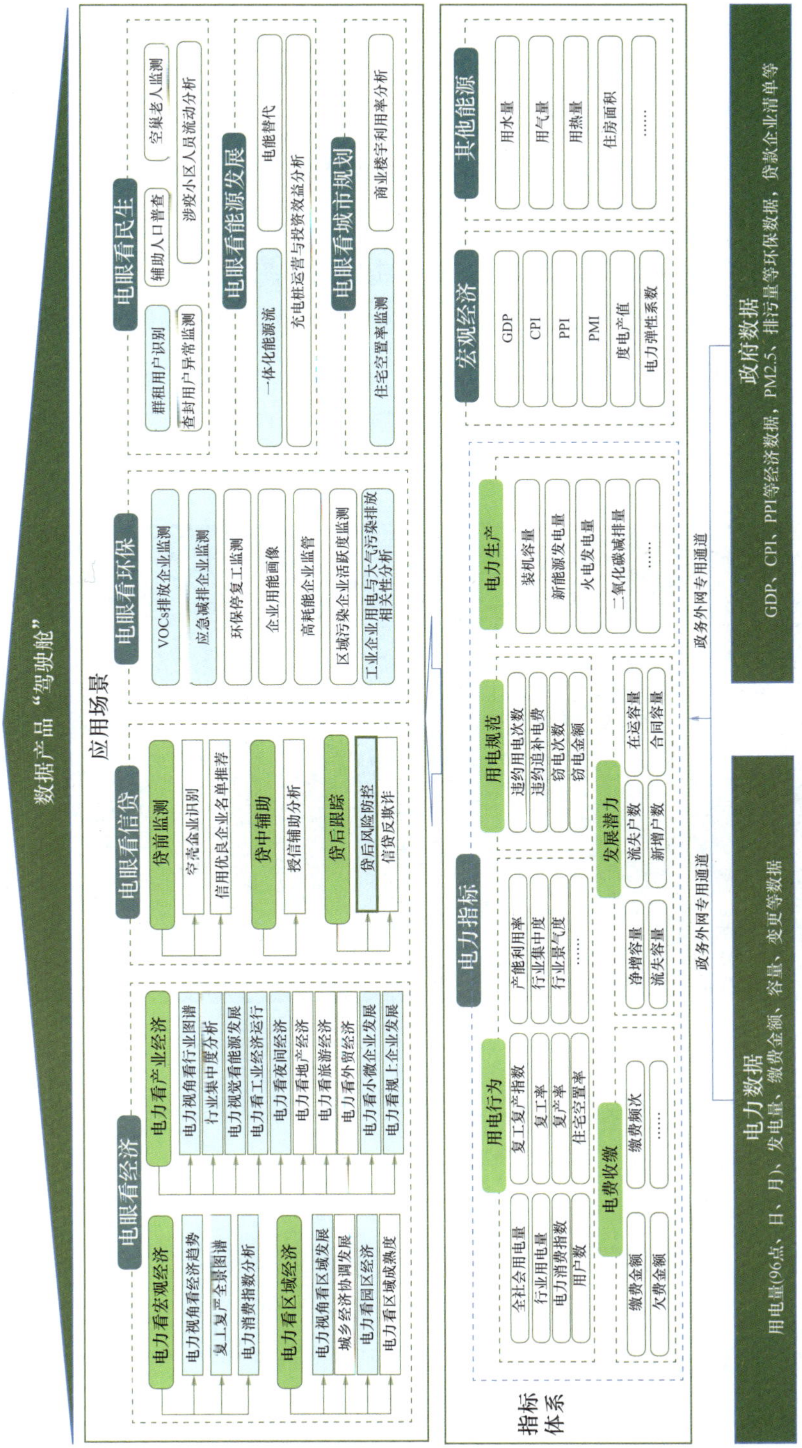

图5-16 能源大数据中心数据产品体系

在“双碳”领域，提供天津能源电力碳排放趋势分析服务。该产品全领域、多维度、深层次汇聚全社会电、气、煤、油等重要碳排放监测分析，构建了全市碳足迹、碳监测及碳场景分析板块，实现了能源数据融合、政企协同合作，可以有效支撑政府宏观掌控全市碳排放情况，辅助企业优化用能结构，提升碳排放水平。

“碳足迹”板块（见图5-17）：根据中国能源统计年鉴、天津市统计年鉴等统计数据，依据省级温室气体清单编制指南提供的能源碳排放核算方法，利用能-碳、能-电、电-碳关联算法，构建能源、工业领域碳的排放计算模型，从能源碳排放整体情况、能源生产侧、能源消费侧等多维度绘制天津市能源碳排放轨迹。

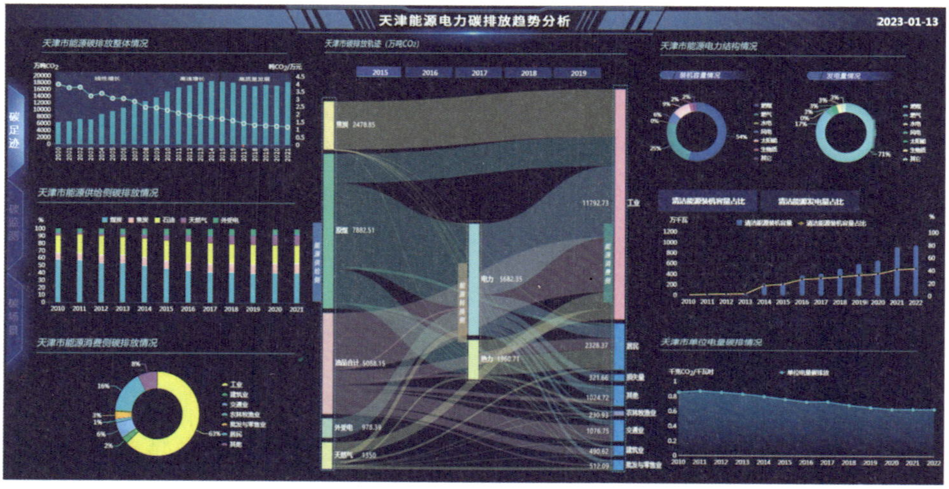

图5-17　碳足迹

社区“碳场景”板块（见图5-18）：以天津中新生态城为典型，基于居民用水、用电、用热、用气以及电动汽车充电信息等能源数据，开展社区碳排放分析，从社区碳排放趋势、能源结构、社区碳账单等多维度进行分析，并对社区碳排放进行评分定位，为社区碳管理提供支撑。

实现全景观碳、深度析碳、精准降碳等多个功能，辅助政府宏观掌控城市碳排放情况，助力企业节能减排，加快促进形成绿色生产和消费方式。

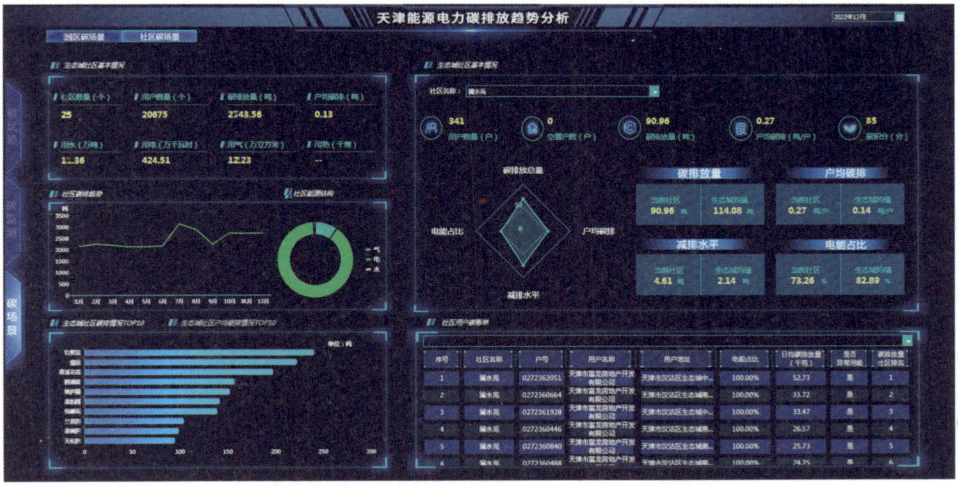
天津能源电力碳排放趋势分析
2022年12月
园区碳场景
社区碳场景
碳场景
25
20675
0.13
424.51
12.23
341
用户数量（户）
0
90.96
0.27
85
碳排放总量
电能占比
户均碳排
减排水平
碳排放量
当前社区
90.96
114.08
户均碳排
0.27
0.14
减排水平
4.61
2.14
电能占比
73.26
82.89
单位：吨
序号
社区名称
户号
用户名称
用户地址
电能占比
0272362051
0272360664
0272361928
0272360446
0272360840
100.00%
52.73
33.72
33.47
26.57
25.73

图5-18　社区碳场景

第六章 能源高效化利用

节能提效是推动实现“双碳”目标的重要内容。电网企业充分发挥电网联系电力供需两端的优势，始终把节能提效放在最突出位置，一方面为企业用户提供综合能源服务，提升能源利用效率，推动全社会节能减排和能效提升；另一方面加快电网数字化、智能化进程，降低电网线路损耗，降低变压器损耗，利用智能化手段开展设备巡视等工作，不断提高能源利用效率，降低各环节碳排放，助力碳达峰碳中和如期实现。

第一节 推广多能互补综合能源服务

一、建设目标

综合能源服务是能源企业落实国家能源战略，减少终端碳排放的重要抓手。综合能源服务作为能源服务高级形态，能够有效推进能源系统功能形态及能源服务内涵升级，实现终端能源结构的持续优化和能效水平的显著提升，是顺应新时代我国能源发展要求、实现“双碳”目标的重要途径。

聚焦六大领域，优化业务布局，提升服务能力。坚持电为中心，深耕客户侧能源生产、消费全环节，持续巩固综合能效服务、多能供应服务、清洁能源服务、新兴用能服务四大原有业务领域，紧扣能源与数字技术相融并进机遇，创新服务业态和模式，拓展智慧用能服务和能源交易服务，提升服务附加价值，持续增强客户黏性。加强信息化赋能，持续完善数字化架构，在楼宇、工业、园区等重点领域加快打造全场景设备感知层，完成以省级智慧能源服务平台为主体的业务管理层，依托“网上国网”App、“绿色国网”App构建交互应用层。瞄准园区、公共建筑、工业企业、农业农村、新兴高载能五类重点客户，形成实体和增值两大类专属服务产品及服务策略。提升园区、公建、工业企业、农村能效水平，促进园区转型，降低公建能耗水平，降低工业企业能源成本，支撑美丽乡村建设。

二、工程实践

1. 国网客服中心冷热多能供应项目

（1）项目概况。

该客服中心一期工程总建筑面积14.22万米^2，共有十栋建筑单体，分生产和后勤两大功能区（见图6–1）。生产核心区由研发楼一～五组成，主要功能是客服中心、运行监控中心和公共服务楼；后勤辅助区由研发楼六～十组成，主要功能是公共服务楼二和换班宿舍。二期建筑有两栋建筑单体，主要功能是客服中心。

图6–1　国网客服中心综合能源项目

园内传统能源利用率低，供能方式单一，传统能源的供给不足以满足南北园区建设理念。只有建设园区型绿色能源网，通过对园区能源综合调度、能量管理及信息流驱动能量流的方式才能在能源方面满足国家电网公司对园区建设提出的高定位和目标，实现能源供应的安全性、经济性和示范性。

（2）技术方案。

1）负荷需求分析。

本工程由市政提供四路独立的10千伏电源，本期配电容量24 200千伏安，最大电负荷13 878千瓦。本期总冷负荷约为12 000千瓦，总热负荷约为7600千瓦，最大热水负荷约3200千瓦。

2）项目内容。

绿色复合型能源网由8+1个子系统构成，包含：光伏发电系统；风能发电系统，储能系统；地源热泵系统；冰蓄冷空调系统；蓄热式电锅炉系统；太阳能空调系统；太阳能热水系统；能源网运行调控平台子系统。

其中地源热泵系统、冰蓄冷空调系统、蓄热式电锅炉系统、太阳能空调系统、太阳能热水系统构成冷热源，满足园区制冷、供暖和生活热水需求。光伏发电系统、储能系统作为市政供电的补充，为园区提供电能，进一步提高园区内重要负荷的供电可靠性。能源网运行调控平台对园区冷、热、电、热水、光储微电网系统进行运行监测、智能学习和智能调控，实现多种能源合理、协调、优化配置，最终实现园区内多种能源的安全、经济运行。

光伏发电系统。太阳能光伏电站为用户侧屋顶光伏电站，位于天津市东丽区内，利用园区内8座建筑物及连廊的闲置屋顶建设光伏电站，采用3580块245瓦多晶硅光伏组件，装机总容量为877.1千瓦。

光储微电网系统。采用50千瓦×4小时铅酸蓄电池储能，接入公共服务楼一的配电网。储能单元与分布式发电单元协调控制，储能系统与负荷协调控制，提供多种能量管理策略，保证能源利用的最优模式。

空调冷热源系统。空调冷热源系统采用多能源组合的复合式能源系统。在研发楼四地下室设置集中能源中心，为一期研发楼一～九和二期研发楼提供空调冷热源。地源热泵系统配置三台螺杆式地源热泵机组。地源热泵系统的地埋管换热器设置在基地西侧的室外空地内。冰蓄冷系统配置两台双工况离心式冷水机组及不完全冻结式冰盘管内融冰蓄冰装置。冬季采用蓄热型电热锅炉供热系统供热。供热系统与卫生加热系统共用4台2070千瓦电锅炉，配套4组15 000毫米 × 9000毫米 × 5000毫米不锈钢蓄热水箱。太阳能空调系统是公共服务楼二的空调系统冷热源。在公共服务楼二的屋面上设置占地面积约1350米^{2}的太阳能集热器，集热器从太阳光中获取能量，通过高温导热油输送至空调设备。

生活热水系统。园区热源生活热水系统尽可能地采用太阳能、空气能等可再生能源，低谷电等倡导使用的能源，采用多能源组合的复合式能源系统。研发楼三太阳能热水与能源中心蓄热式电锅炉并联协调运行为园区一 ~ 九号研发楼集中提供生活热水；能源中心卫生热水和空调供热系统联合选用4台功率为2070千瓦的承压电热水锅炉，并配4台总储水量为2700米^{3}的蓄热水箱。

绿色能源网运行监控平台。为了对光伏发电系统、储能微电网系统、空调冷热源和热水热源进行有效控制，达到节能、减排、安全、经济运行的目的，需要在能源供应和需求之间建立一个运行监控平台。

（3）效果分析。

通过建设绿色复合型能源网，实现可再生能源、节能技术、电能替代技术的规模化应用。该项目预计每年节约电力1695.7千瓦，节约电量1100.2万千瓦时，转移高峰负荷1026.2千瓦，填谷1146.0千瓦，削峰填谷电量达140.9万千瓦时，节省运行费用987.7万元/年。每年折合节约标煤3531.7吨，减排二氧化碳10 969.0吨，二氧化硫73.1吨，氮氧化物40.5吨。项目在取得显著经济效益、环境效益的同时，具有良好的示范、推广效应。

2. 天津武清数据中心余热利用示范项目

（1）项目概况。

项目从某数据中心供冷系统接入余热资源，运用磁悬浮热泵技术提取热量，辅以空气源热泵、电制冷机组作为调峰冷、热源，向清数科技园10万米^{2}建筑提供供冷、供热、供热水服务。通过数据中心余热资源的回收利用，降低了数据中心供冷系统能耗和PUE（power usage effectiveness，电源使用效率）指标；降低了清数科技园的供冷、供热成本；降低了项目公司投资和运营成本，获取了收益，实现了多方共赢；降低了资源消耗，每年减排二氧化碳1659吨。

（2）技术方案。

采用eQuest软件进行负荷计算。

1）结合项目资料确定能源站服务建筑面积以及设计冷、热负荷。

2）通过结合天津市气象资料以及室内设计参数（见图6-2），分别计算全年8760小时的逐时冷、热负荷指标。

3）利用建筑面积及相应负荷指标确定科技园全年8760小时的逐时负荷。

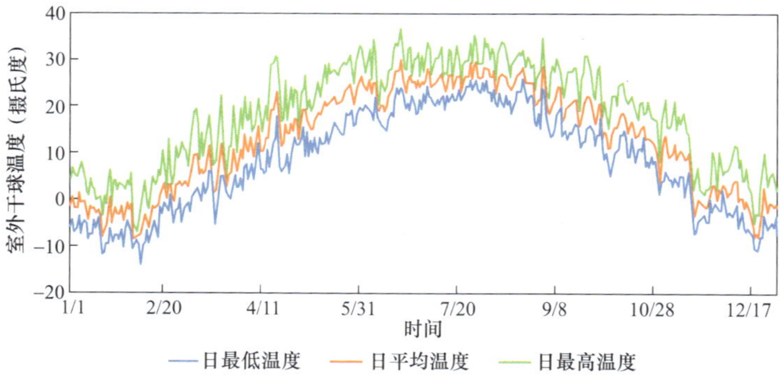

图6-2 天津市典型年室外干球温度逐时变化

按照清数科技园建筑暖通设计数据计算，科技园冷、热负荷指标分别为100.8瓦/米^{2}和63.6瓦/米^2。全年单位面积供冷、供热量指标为127.1千瓦时/米^{2}和74.4千瓦时/米^2。根据建筑的建筑面积，通过负荷模拟确定综合最大冷负荷即设计日峰值供冷负荷为10 426千瓦，设计日峰值供热负荷为6577千瓦。全年总供冷、供热量分别为107 421兆瓦时和83 162兆瓦时。能源站全年冷、热负荷逐时分布如图6-3所示。

本项目为办公及酒店（共89 500米^2）提供生活热水。经测算，每日生活热水消耗量为182吨，供热负荷为1229千瓦。

通过技术研究分析对比（见表6-1），选定水源热泵提取冷冻水回水中热量方案。

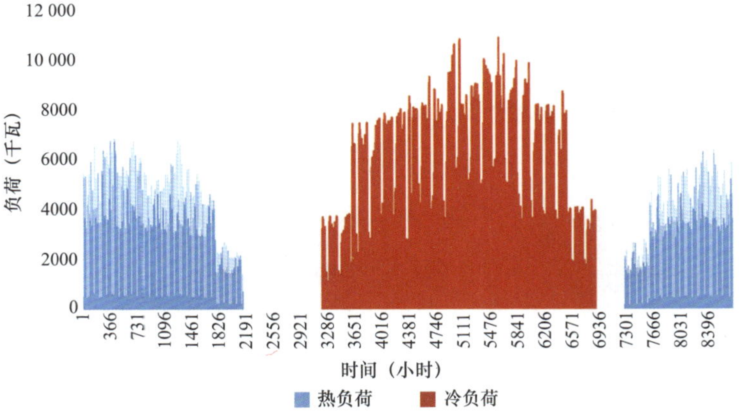

图6-3 能源站全年冷、热负荷逐时分布

表6-1 技术方案对比

余热利用方案	优势	劣势
直接利用方案	系统简单，造价低廉	输送空气所需要的送回风管和风机等尺寸巨大； 仅适合于一些输送距离短、规模小的项目； 夏季无法实现供冷
空气源热泵方案	由于环境温度较高，热泵机组在产热过程中不会结霜； 空气源热泵制热COP相比传统空气源热泵要高	相比水源热泵，空气源热泵制热COP较低； 需要在数据中心机房附近设置热交换间以及送排风路由； 夏季无法实现供冷
水源热泵方案1：提取冷却水回水中热量	相比于冷冻水，冷却水温度较高，热泵制热COP高，节省能源站制热费用。 热泵可实现供冷供热，节省设备初投资	可降低冷却塔排热负荷，但数据中心冬季仍然需要使用相同数量的冷机制冷，无法有效降低数据中心制冷电费； 需要对数据中心冷却水系统做改造
水源热泵方案2：提取冷冻水回水中热量	数据中心冬季可停开部分冷机，节省数据中心能源消耗。 热泵可实现供冷供热，节省设备初投资	相比于冷却水，冷冻水温度较低，热泵制热COP相比提取冷却水热量方案低，能源站制热费用上升； 需要对数据中心冷冻水系统做改造

采用从冷冻水系统取热的方式进行余热利用。余热利用方案简要流程图如图6-4所示。利用设置在清数科技园能源站的水泵从数据中心冷冻水回水系统取水，经设置在能源站内的换热器换热后回到数据中心冷冻水供水系统。清数科技园能源站中的取热水泵用于克服取热管道及换热器阻力。仅需从冷冻水回

水系统引出一对DN400水管，数据中心内不增加用电设备，可避免数据中心的电增容问题以及日后电费结算问题。

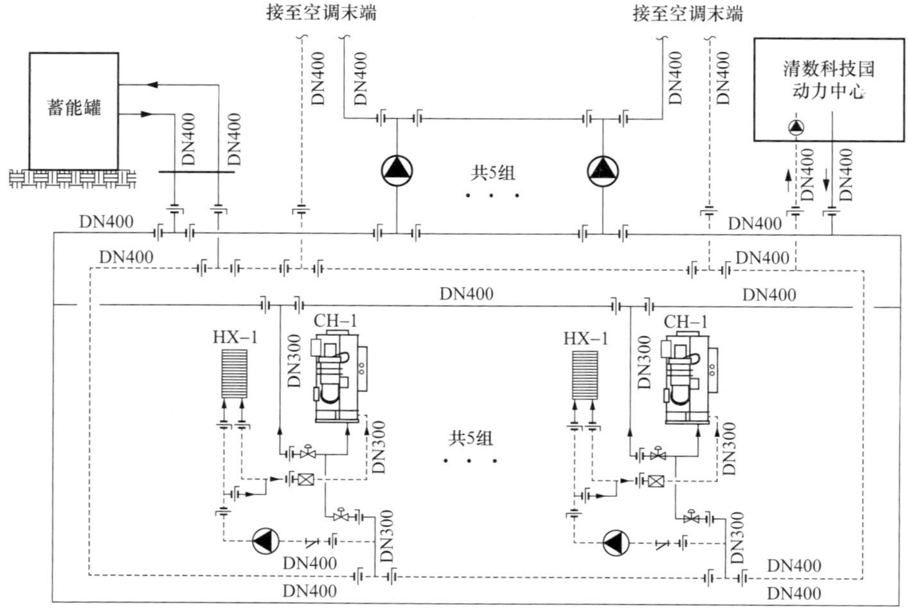

图6-4　余热利用方案简要流程图

（3）效果分析。

国网（天津）综合能源服务公司与高村科技创新园成立合资项目公司，搭建多方合作共赢的园区能源服务桥梁。在科技创新园新建核心建筑清数科技园内建设能源站，占地面积约800米²。从数据中心供冷系统接入余热资源，运用磁悬浮热泵技术提取热量，辅以空气源热泵、电制冷机组作为调峰冷、热源，向清数科技园10万米²建筑提供供冷、供热、供热水服务。一是在余热资源利用的基础上，通过人工智能、大数据等先进技术理念，挖掘数据中心能效服务潜力，提高数据中心PUE值，开发新的综合能源服务市场。二是服务园区整体能源系统规划，超前谋划，优化园区“供、用、储”能源体系，实现资源优化配置，服务入驻企业，打造低碳园区。数据中心余热规模化应用模式，将有效提升园区的综合用能效率，大幅降低用能成本。在京津高村科技创新园内持续推广数据中心成功经验，实现整个园区的集中供冷、供热，加快打造国内领先的园区级综合能源服务示范项目。

该项目通过数据中心余热资源的回收利用，数据中心供冷系统能耗每年节约110万千瓦时，PUE指标下降；清数科技园的供冷、供热成本每年节约100万元；降低了项目公司投资和运营成本，获取了收益，实现了多方共赢。本项目降低了资源消耗，每年减排二氧化碳1659吨。

三、建设成效

国网天津市电力公司聚焦园区、工业企业、公共建筑等重点客户，积极推广多能互补综合能源服务。在全社会形成清洁用能、节约用能的共识，推动天津经济社会发展，降低能源基础设施投资10%，降低用户用能成本8%。能源供给多元化、清洁化、低碳化；能源消费高效化、减量化，强力支撑天津节能目标实现，助力碳达峰碳中和。

（1）促进园区单位GDP能耗降低15%。促进园区转型升级，支撑北辰产城融合区大张庄智慧能源小镇、中新天津生态城惠风溪智慧能源小镇、京津高村科技创新园、国网客服中心北方园区实现综合能源项目落地。

（2）促进工业领域能耗降低5%。余热余压资源综合利用方面，国内规模最大异步发电机余热发电项目——天津渤海石化余热发电项目实现并网发电，年发电1300万千瓦时，每年为客户节省用能成本780万元，节省标煤5200吨，减排二氧化碳13 000吨。以集团战略合作为契机，投资实施渤化永利公司22兆瓦余压资源利用项目。清洁能源发电方面，投资天津最大的分布式光伏发电项目——长城汽车23兆瓦分布式光伏发电项目，并推动大众汽车、旗滨玻璃等大型分布式光伏发电项目实施。

（3）促进公建能耗降低10%。公共建筑综合能源服务项目落地，加快公建领域碳达峰碳中和。推动250余家学校实施清洁能源供冷、供暖改造，累计供暖面积120余万米^2。推动天津市政府、滨海文化中心、天津市人民检察院、国家知识产权局、南开医院、大悦城等30余家政府办公、医院、商业等实施能源托管服务。完成天津市首个零能耗建筑生态城科技园“0+小屋”建设，并推广至天津生态城不动产交易中心、天津港智慧“零碳”码头。

第二节 推进电网设备减排降损增效

一、建设目标

随着“双碳”目标的提出，社会各界节能降损增效观念深入凝聚，电网企业实现绿色低碳发展已是必然选择。在打造绿色低碳的电网基础设施方面，国网天津市电力公司持续加快电网数字化智能化进程，继续深挖电网节能降碳潜力，以降低电网线损、降低变压器损耗为目标降低电力资源浪费，推动低碳绿色经济的发展，以减少设备温室气体排放为目标，实现电网设备节能减排，以不断推进电网运维智能化为目标，降低运维成本，提质增效，不断提高电力运行安全水平。

1. 降低电网线损

线损率作为衡量供电企业的一个综合性核心经济技术指标，反映了电力综合管理水平，也反映了公司经济管理水平。考虑线损管理基础需不断夯实、线损治理和反防窃电协同的长效机制需加快构建、线损精益化管理水平需持续提升的实际需要，国家电网公司组织建设同期线损系统。2013～2015年，组织调研与同期线损方法论证，充分吸收建设成果和创新经验；2015年年底，启动同期线损系统推广实施工作，结合智能电能表和营配调贯通工作进度，以“分区”“分压”“分元件”“分台区”为四分同期线损计算模型并实现自动配置；2016～2018年，同期线损系统进入推广建设期，基于同期线损建设应用成果，同期线损管理模式由指标管控过渡到降损管理；2019～2022年，为同期线损系统进入深化应用期，加强关键指标监测分析，不断夯实基础，拓展高级应用，打造同期线损治理生态圈，逐步实现建同期系统、推线损应用、抓异常监测，要降损效益，助“双碳”目标实现良性循环。

2. 降低变压器损耗

工业和信息化部、市场监管总局、国家能源局联合印发了《变压器能效提升计划（2021—2023年）》，要求加快电网企业变压器能效提升，实施新一轮变压器能效提升计划。国网天津市电力公司落实国家电网公司《配电变压器能效提升行动实施方案》，对运行变压器开展状态评估，做细做实项目储备，严把设备入网质量关，高质量开展变压器改造，积极稳妥推进变压器能效提升，计划“十四五”期间完成运行年限18年及以上S9型和24年及以上S11型油浸式配电变压器能效提升改造。

3. 减少设备温室气体排放

为落实国家电网公司碳达峰碳中和重点工作安排，推进能源技术革命，加大关键技术装备攻关力度，全面推动电网设备节能减排，减少SF_6气体使用，深入推动电网绿色低碳发展，国网天津市电力公司组织开展SF_6/N_2混合气体GIS设备推广应用工作。

4. 推进电网运维智能化

以建成国际领先型城市配电网为目标，高质量建设适应新型电力系统发展方向、具有“清洁低碳、安全可靠、柔性互动、透明高效”特征的城市配电网，推动配电网向能源互联网全面升级，开展远程智能巡视替代现场人工例行巡视、一键顺控操作替代常规倒闸操作技术应用，实现智能运维和智能操作，推动电网高质量安全发展。

5. 构建“无人值守+集中监控”运维监控新模式

完成新一代集控系统建设，实现主辅设备一体化全面监控，提升设备监控强度和管理细度，支撑“无人值守+集中监控”和“设备主人+全科医生”变电运维管理新模式，强化集控站设备主人的状态感知能力、缺陷发现能力、设备管控能力、主动预警能力和应急处置能力。

二、工程实践

1. 开展同期线损治理

（1）“一种管理”推动降损目标持续优化。

同期线损管理覆盖发展、营销、设备、调控及互联网等五大专业，涉及点多、面广。通过广大线损工作者近十年来深耕细作，致力于监控数据、挖掘问题、解决问题全过程管控，按照“源头集成、自动计算、零输入”模式设计，打破信息壁垒，实现信息融合。同期线损管理采取“四分”管理模式，如图6-5所示。同期线损管理系统建设及深化应用稳步推进，“站-线-变-户-表”的台账全量数据接入，“四分”同期线损率实现自动计算、实时监测和统计分析，同期线损监测、分析及管理能力大幅提升，解决了长期困扰供售不同期的“老大难”问题，线损管理更加智能化和精益化，实现了同期线损管理工作新模式。

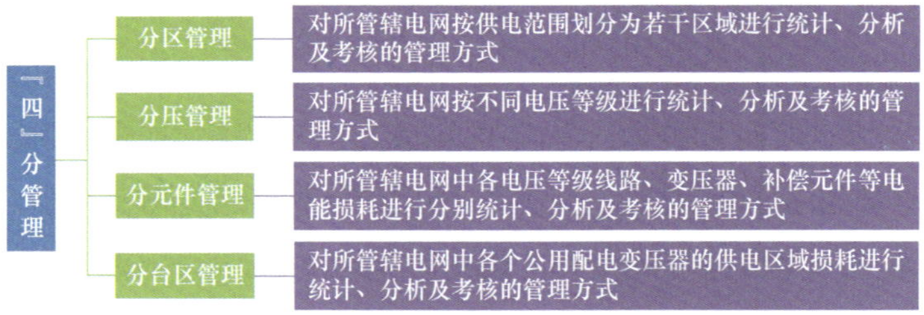

图6–5 “四分”管理模式

同期线损系统采用1.5级部署方式，其数据集成总体架构如图6–6所示，总部集中部署应用系统，省公司实现电量计算。充分应用公司大数据平台建设成果，实现源头数据接入、电量与线损两级计算。应用系统一级部署，总部、省、地（市）、县多级使用。进一步打通专业壁垒，全面强化专业管理及专业协同，助推供电企业整体管理水平进一步提升。应用同期线损系统，能够针对地制定降损措施，杜绝跑冒滴漏，确保电量、电费颗粒归仓，提升公司经营效益。

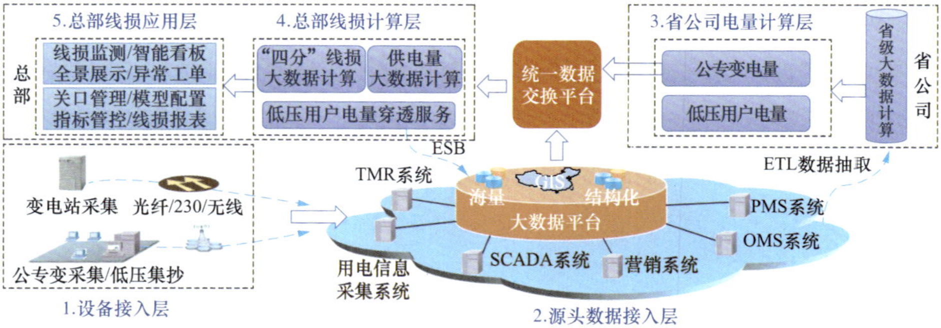

图6–6 同期线损系统数据集成总体架构

（2）“两项举措”打造降损增效全新模式。

1）构建科学管理机制，为降损增效强基赋能。

通过组织开展同期线损数据治理工作，丰富线损异常监测方法，创新异常治理任务驱动模式，统一降损效益核算方法，提升线损诊断算法效率，建立同期线损异常处理闭环机制。协调推进降损措施，落实并组织开展同期线损管理工作培训与经验交流，协调解决同期线损管理中的问题。针对专业协同分工、交叉管理等问题，重塑线损治理作业流程，推进“异常发布–核实确认–整改治理–消缺归档–治理评价”业务线上操作，实现线损治理过程化跟踪和数字化评价。通过工作日报、常态化月报、周报等在线发布各单位降损成效，调动各级同期线损治理人员积极性，提高员工同期线损治理工作参与度。坚持“指标专业管控、问题源头治理”的原则，明确指标责任分工，逐级压实同期线损管理职责，高效推进数据治理工作完成。

2）数据赋能高效治损，助力电网企业提质增效。

借助同期线损系统数据集成和平台集成的线损分析功能，开展在线稽查、专项稽查和现场稽查的稽查模式；应用线损智能诊断平台K侦探反窃电分析，辅助快速定位用户改动计量的窃电行为，精准定位异常设备和用户；依托监测治理闭环平台，重点分析关口变更、模型变化、大用户变更、购售同期新模式等因素引起的线损波动以及同期售电量推送质量；网架结构变化、售电量结构变化影响；高负损线路和台区、电源关系及采集情况，通过层层分析查漏补缺，实现线损合格率的有序提升。深度挖掘分析电量异常用户（见图6–7），提升线损治理精准度，将技术分析和现场排查相结合，进一步加强

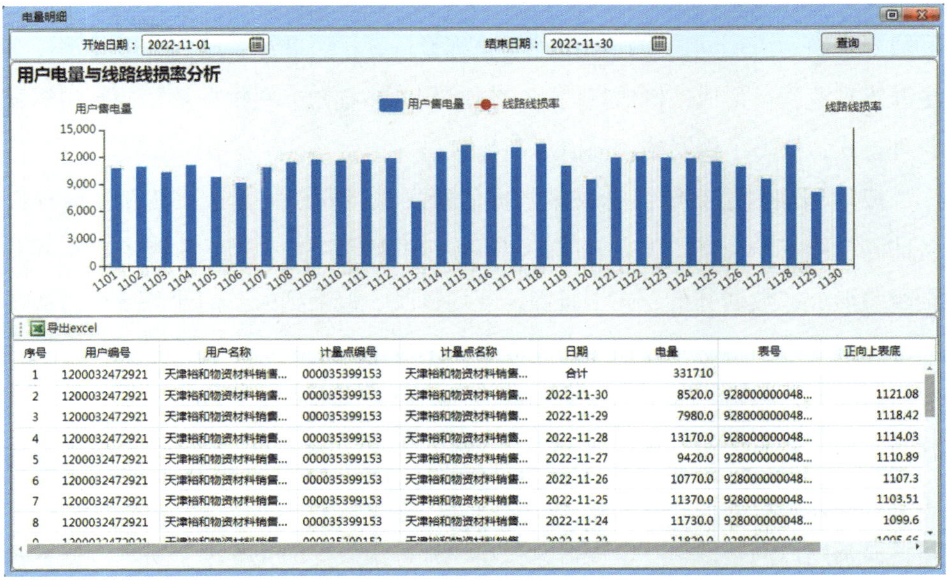

图6–7 在线分析协助高效治损

线损管理，提高线损合格率，积极推动高损线路治理，助力配电网设备经济运行提升。

（3）“三个应用”助推降损成效全面提升。

1）应用同期线损助力电网基础数据质量提升。

应用同期线损常态监控档案模型数据。通过组织相关基层单位及专业系统管理部门健全设备档案、用户档案、计量点档案等基础数据；高质量完成供电关口、高低压用户表底接入。及时开展低压用户电量省级计算与上传，提升数据传输效率，实现日计算 $T-1$ 集成及更新机制；组织各基层单位固化模型，当前分区、分压关口已相对稳定。常态化开展新增、退运动态维护工作，对于新增、退运关口实行“分区分压关口变更审批流程”及时同步更新关口变化情况，确保模型准确。按日核对供售损数据准确性，有问题及时追本溯源，从根本上找到问题存在的原因。

应用同期线损校验完善营配基础数据。营配贯通基础数据是线损计算的基础，是支撑电网高质量发展的重要数据，同期线损各项指标能准确反映营配数据异常，倒逼数据质量提升。通过加强同期线损、统计线损、理论线损对比分析，根据计算结果为配电网运行管理“号脉”，发现PMS、GIS、SG186等系统数据真伪，诊断关口、计量、设备、用户的异常状态，进一步开展排查治理和故障消缺。应用同期线损系统推动完善设备新投、变更、增容、退役等档案更新管理流程，形成“PMS建档、GIS画图、186挂户、线损校核”的新型档案管理模式，保障了档案的“前清后不乱”。

应用同期线损系统提升采集数据质量。应用同期线损关口监测及高损设备监测功能，精准定位无表底或采集不稳定的计量关口，持续跟踪治理，并总结经验形成“数据分析、人工研判、现场整改、追责到人”的业务流程，加强采集运维管理，常态化监控无表底或采集不稳定的供电关口及用户关口，细致分析原因，持续跟踪治理，不断提高表计采集成功率和正确率。明确采集运维责任，规范换表流程及故障消缺流程，优化补采召测机制，持续提升电量数据质量，确保满足线损计算准确性、及时性的要求。在此基础上，持续推进中低压关口及用户的全采集、全覆盖，稳步提升采集数据的完整率，实现数据零录入、专业全统筹、问题全透视。

2）应用同期线损助力电网降损增效。

巧用线损闭环，助力降损增效。自线损闭环功能（见图6-8）上线以来，通过“降损闭环+现场治理”双拳出击的方式，实现了将传统巡视工作演变为以系统分析为主、现场巡视为辅，长期异常设备现场攻关为核心的智能化线损管控模式，大大缩短排查和治理时间，完成高损设备大幅度压降，低损设备大比例提升的目标。组织基层单位开展同期系统模型回头看活动，全面排查系统模型配置正确性，结合用电信息采集系统、营销系统和实际电网运行情况，针对监测的异常线损数据进行分析，对线损指标不合格设备进行集中治理。实现同期线损治理“异常自动分类，任务主动推送，诊断精准聚焦，治理过程可溯，数据透明可视，收益有据可查”的管控目的。

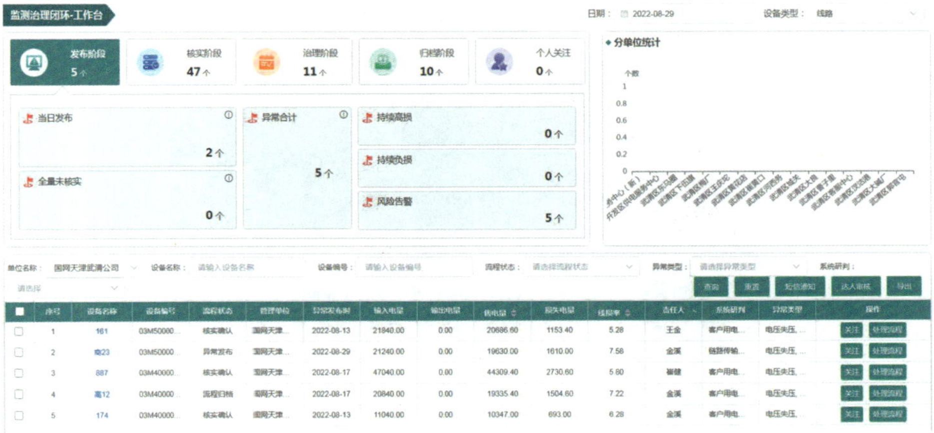

图6-8 同期线损系统监测治理闭环－工作台

截至2022年年底，在降损闭环线路方面，已核实确认异常设备1283条，治理完成异常设备1169条，流程归档异常设备1161条；台区方面，已核实确认异常设备3294个，治理完成异常设备1854个，流程归档异常设备1842个。高损治理线路方面剩余6条，较2021年同期压降85%；高损台区剩余1017个，较2021年同期压降72.81%，降损效果显著。

精准反窃查违，减少跑冒滴漏。应用同期线损系统加强计量、采集、营配贯通、反窃查违等专业日常工作协同的深度和广度，深入开展并实现精准反窃查违，通过系统定位和现场核实，配合“瓦秒法”“K值法”等反窃电方法，对比分析线损变化及用户用电行为，开展分时监测，判别用户计量装置的中性线、相线电流异常，精准反窃查违，形成“科学反窃、精准打击、颗粒归仓”的效果，有效减少“跑－冒－滴－漏”的现象，保障了公司合法权益，依法维护正常的供用电秩序，实现社会效益、管理效益、经济效益“三提升”。截至2022年年底，国网天津市电力公司依托同期线损系统，对线损异常进行监测和定位，开展现场校验及接线检查（见图6-9），发用电、计量管理等问题。2022年，累计分析监测窃电和违规用电620起，追补电量534.53万千瓦时，追补电费和违约金1168.47万元，确保电量颗粒归仓，保障公司经济效益。

图6-9　依托系统数据精准开展现场检查

妙用数据监测，强化技术降损。同期线损系统是一个发现问题的平台，充分应用同期线损系统监测功能，结合配电变压器三相负荷、铜损、铁损、线路供电半径等数据评估配电网经济运行情况，全面梳理供电半径过长、线路过载、线路电压偏低、功率因数等不合理问题，定位有待优化的薄弱点，进一步优化电网运行方式，均衡电网潮流，及时停备轻空载设备，合理配置电压无功调节装置，推动老旧设备、线路改造等项目储备，不断优化电网网架结构，辅助支撑“网格化”配电网规划管理。应用同期线损系统做技术支撑，开展“雪花网网架结构”配电网规划，推动城市电网更加智慧坚强。强化技术降损，挖掘线损数据价值，定位有待优化薄弱点，智能化辅助决策，推动老旧设备、线路改造等项目储备，提高同期线损对生产工作的指导作用，不断降低输电损耗。

3）应用同期线损开展数据价值挖掘。

开展同期线损全达标样板工程，助力经营效益提升。为解决同期线损源端数据质量差、数据更新不及时、问题排查效率低等问题，提高线损管理智能化水平，保持指标领先优势，2020年在国网天津市电力公司宝坻供电分公司试点开展同期线损全达标样板工程。率先实现“四分”同期月线损监测率100%，通过同期线损智能分析，实现高损环节和异常问题精准定位，为优化电网运行方式和制定投资改造计划提供借鉴依据，实现投资收益可评估、可量化。该项成果荣获国网天津市电力公司职工技术创新一等奖。

全达标样板工程创新边缘计算、拓扑自动识别等新技术，实现异常智能诊断、配电网辅助降损、成果综合展示，同时完善现场作业协同机制。基于智能感知的同期线损监测治理系统实现了线损监控台、线损图表、线损看板及明细穿透等多种方式，提高系统友好性及用户体验。对分析出的同期异常数据进行精准定位，通过工单形式进行分析、解决，形成闭环管理。实现企业经营效益提升，增强了数据应用价值，基于同期线损监测治理基础，深度挖掘数据价值，研究用电异常诊断、电量预测与经营管控等应用，支撑电网建设由能力型向效益型转变。

开展同期电量 *T*–1 日监测，助力行业用电分析。用电量是经济的晴雨表，从电力看经济是普遍共识，用电数据一直是经济形势研判的重要指标，通过认真落实国家电网公司部署，建立横向协同、纵向联动两级工作模式，依托同期线损用于供电计量点、高压用户、台区、分布式电源、低压用户日、月、区间电量的缺失及跳变修复的同期电量修复规则，开展分行业日、月电量统计，协调优化采集策略，做好基础平台运行支撑，保障日计算服务，支撑电量月统计及日监测等常态化业务需求。通过同期电量 *T*–1 日监测，编制同期电量监测分析报告，分析成果应用于月度经营分析，客观把握经济用电情况，洞察各地区、各行业、各产业生产动态；开展基于日电量的分产业、分行业用电分析及企业复工复产监测工作，同步开展典型用户用电分析，完成《国网天津电力基于电力大数的企业复工复产监测分析报告》《国网天津市电力公司典型用户电量监测分析报告》等。发挥电量数据在拓展行业用电专题分析及产业政策热点分析等方面的作用，为研判经济电量联动趋势提供精确依据。

开展理论线损监测，辅助降损方案决策。国网天津市电力公司现已完全具备主、配电网理论线损计算功能，辅助基层员工开展同期线损率与理论线损率的“两率偏差”比较；高压用户功率超容、线路总长度小于20米、配电线路公变功率超容等异常设备参数定位分析，制定适应的解决方案。基于获得的理论线损数据，按照线损率分段汇总确定线损等级，进而锁定出重损区域，按照划分结果建立重损区域历史线损数据库。为降损规划提供科学合理的辅助决策，精准制定降损方案，最大限度地降低网络损耗。从网架布局、运行水平、老旧设备等方面开展降损工作，深挖降损潜力，提升降损意识。通过开展技术降损新技术探索，形成技术降损日管控、重载治、无功调整、配电变压器轻载治理等典型做法，实现降损目的。

2. 加快高耗能变压器改造

排查配电变压器现状，做细做实项目储备。精心组织排查在运配电变压器，完成高耗能配电变压器的需求分析、可研编制、可研评审和项目储备，将高耗能配电变压器进入生产技改项目储备库。争取专项改造资金4.16亿元，技改项目106项，计划改造配电变压器1500台。新采购高效节能变压器，以二级能效变压器为主、一级能效变压器为辅。改造过程中，高低压设备同步改造，确保改造一步到位、高低压设备匹配。

实施变压器能效全检，确保产品质量。多部门单位协同推进开展变压器能效全检工作（见图6-10），确保产品质量，重点做好设备技术符合性评估和变压器能效检测全覆盖。专门建设变压器能效检测点，对全部配电变压器开展空载损耗、负载损耗检测，确保产品合格后再投运。

编制高效节能变压器改造作业指导书，确保施工安全质量。高效节能变压器改造时间紧、任务重、安全和质量要求高。加强施工安全和质量管理，组织编制规范化作业指导书，《10千伏柱上变压器更换现场作业指导书（停电）》《10千伏柱上变压器更换现场作业指导书（不停电）》《10千伏配电室更换变压器工作指导书（停电）》《10千伏配电室更换变压器工作指导书（不停电）》《10千伏箱式变电站更换工作指导书（停电）》《10千伏箱式变电站更换工作指导书（不停电）》共6项作业指导书，分别指导柱上变压器、配电室变压器、箱式变电站的改造工作。组织专项宣贯培训会，从工作任务、作业准

图6-10 实施变压器能效全检

备、作业实施、危险点分析及安全控制措施、关键工序工艺质量管控等方面指导项目单位高耗能配电变压器改造。

不停电施工，提升供电可靠性。以服务客户需求为中心，以供电可靠性提升为主线，全面推进变压器不停电改造、不停电检修施工，综合运用低压方式调整、10千伏带电作业、旁路作业、应急发电车临时供电等多种方式，实现变压器改造用户不停电（见图6-11）。其中国网天津市电力公司城西供电分公司积极采用0.4千伏发电车给箱站低压侧供电后再更换变压器，国网天津市电力公司城南供电分公司敷设低压柔性电缆实现低压侧负荷临时转供，国网天津市电力公司滨海供电分公司采用带电拆装架空变台引线，确保改造工作安全有序高效地进行，国网天津市电力公司城东供电分公司采用低压方式调试，确保用户不停电。截至2022年年底，1500台高耗能配电变压器改造任务高质量完成，实现了能效检测全合格、变压器投运零缺陷、检修施工零计划停电。

图6-11 变压器不停电改造现场

3. 推广应用混合气体GIS设备，减少温室气体排放

组织开展混合气体GIS设备关键技术应用，确定了SF_6和N_2以体积比3∶7进行混合、压力提高33%的替代方案；联合主流设备厂家，制定了不同设备的改造路线，并开展了试验验证及产品鉴定，完成了SF_6/N_2混合气体GIS设备的研制。按照试点先行原则，选取部分供电单位，110千伏GIS设备的隔离开关（接地开关）、母线气室进行混合气体应用，相关GIS设备厂家产品需通过型式试验。2022年选取了滨海工农村、城东喜逢台、城南官港站作为SF_6/N_2混合气体GIS设备改造试点；2023年选取城东龙门道、城西年丰路、宝坻双王寺、静海物流园站作为改造试点。同时加快混合比检测仪、混合气体密度继电器校验仪、充气装置、回收装置等工器具配置。

4. 推进电网运维智能化

（1）构建输电“立体巡检+集中监控”运维模式。

强化协同巡检，推进无人机巡检规模化应用。国网天津市电力公司近年来不断强化无人机协同巡检，加大装置配置力度和自主巡检规模。无人机配置率达到3.7架/百千米，完成34套固定、移动机巢配置（见图6–12），班组取证率达95.1%，班组使用率达100%；实现了220千伏及以上线路、“三跨”区段线路自主巡检全覆盖，110千伏线路达68.5%；完成了省级机巡作业中心建设（见图6–13），打造系统内首家基于“集中监控+网格化布点”的密集通道无人机作业示范区。实现无人机管理规范化，作业智能化，业务数字化，输电运检质效持续提升。

图6–12　无人机从固定机巢起飞开展隐患勘查

图6–13　无人机机巡作业中心

持续发力，夯实集中监控运维模式。不断强化监测装置配置，完成配置可视化、分布式故障、电缆环流等监测装置15 210套，实现220千伏及以上线路逐塔可视，城市“生命线”和重点隐患区全覆盖，重要电缆通道、户外终端实现远程监控；深化输电管理微应用群建设应用。完成基于PMS3.0架构的输电全景智慧平台建设（见图6-14），实现可视化、无人机、在线监测等设备集中管理；完成高压电缆专业精益化管理综合平台微应用改造（见图6-15），完成电缆工程、检修计划等10个模块建设。制定《国网天津市电

图6-14 输电全景智慧平台

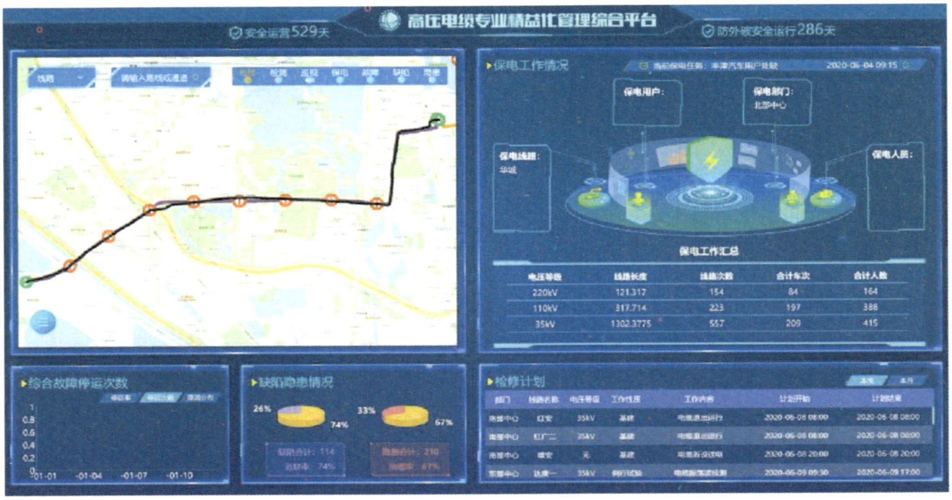

图6-15 高压电缆专业精益化管理综合平台

力公司输电专业集中监控管理办法》，完成省级管控中心和全部13家地市公司监控中心建设、评价验收，确保集中监控体系高效运转。省级管控中心累计发布工作周报42期，发挥监督核查职责，开展集通道督察性巡视292次，督导隐患闭环管控58次。地市监控中心共计发现处置各类预警信息19万条次，有效地防范各类隐患9528处，运检效率提升60%。

（2）全面推广一键顺控应用，建设远程智能巡视系统建设。

积极推广智能巡视，改变运维巡视模式。当前国网天津市电力公司已完成1000千伏海河站在内的19座变电站智能巡视系统建设，同时30座变电站具备智能巡检机器人巡检功能（见图6–16）。国网天津市电力公司兼顾安全、质量和效率，深化“两个替代”建设应用，以“无人机+高清摄像头+智能机器人”构建室外设备的地空一体化巡视模式，以“轨道机器人+在线监测+数字化表计”开展设备内部运行状态监测，构建设备“外部状态可观、内部状态可测”的全方位智能巡视体系，可实现变电站内万余个巡视点位智能替代。将所收集数据统一接入人工智能分析平台。一可以有效融合设备运行状态和外观巡视数据，精确分析当前设备运行状态，进而对设备运行趋势进行诊断分析，达到设备异常状态提前预警的目的，全面提升设备全寿

图6–16 智能巡检机器人

命周期管理的精度和细度。二可以不断完善智能巡视缺陷数据库，提高典型缺陷的识别率和算法精确度，当前1000千伏海河站智能巡视的缺陷识别率已由之前的50%~60%提升至80%以上。

大力开展一键顺控建设，减少人员操作时间。国网天津市电力公司目前已完成38座500千伏变电站的一键顺控系统建设工作，并成功在实际送电中应用顺控操作一百余次。在复杂操作中可节省操作时间75%以上。一键顺控操作通过隔离开关加装微动开关、磁感应传感器等方式，配合传统遥信位置的采集，对所操作设备工作位置状态实现“双确认”，并辅以一键顺控主机和智能防误主机的双重逻辑判断校核，从而可实现一键顺控主机智能识别当前设备状态并自动判断能否继续进行操作。一键顺控的投入使用，将人工所需要进行操作的设备及需要确认的信息全部转化为了机器自动进行操作及判别，规避了可能发生的误操作或漏操作，全面提升了日常运维操作的安全和效率。

稳步推进“两个替代”建设应用，减轻基层人员工作压力。国网天津市电力公司计划于“十四五”末期完成220千伏及以上变电站一键顺控改造97座，占比97%以上；110千伏变电站完成193座，占比62%，如图6–17所示。智能巡视系统建设方面，220千伏及以上变电站100%完成建设，位于中心城

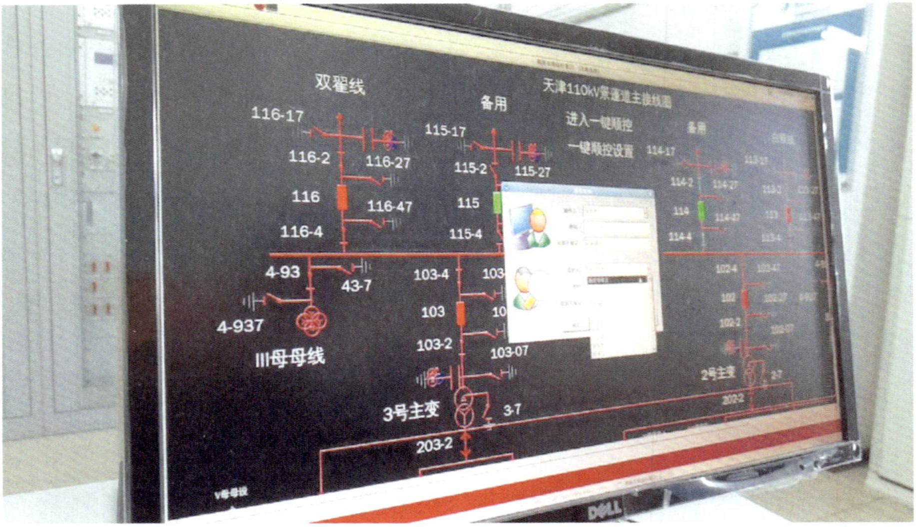

图6–17 一键顺控系统界面

区，涉及重要用户的110千伏及以下变电站实现智能巡视系统建设，110千伏及以下的变电站一键顺控系统则做到应改尽改，计划于“十四五”末完成74座110千伏及以下变电站建设。国网天津市电力公司在推动“两个替代”建设过程中不断优化智能巡视典型缺陷识别算法、加强网络通信建设，从而为区域性智能巡视系统搭建及云边协同组件的安装提供平台，同时持续开展一键顺控的集控站、运维班操作模式的探索与调试。随着智能巡视、一键顺控的建设完善，可以不断减轻一线班组人员的工作压力，从较为机械化的日常工作中解放出来，投入到更为关键的工作当中。

（3）建设新型配电系统，助力实现“双碳”目标。

1）建设低压柔性交直流互联配电网。

围绕提升电网清洁低碳、安全可靠、柔性互动、透明高效水平，在滨海、城南等单位建设3个示范区、14套低压柔性交直流互联装置，提升台区侧低压配电网的自平衡、自调节、自管理及“自愈”能力，满足新能源项目并网和电量消纳需求，推动国际领先型城市配电网建设。台区低压柔性交直流互联技术方案如图6–18所示。

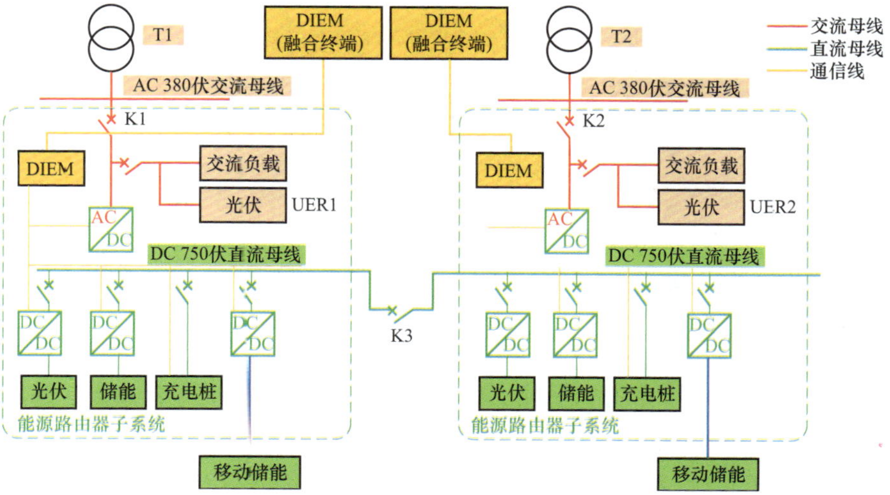

图6–18　台区低压柔性交直流互联技术方案

有的放矢，解决配电网发展难题。针对部分区域存在的负荷时空特性不同、充电桩负荷不确定性、增容空间不足等原因导致的相邻台区负载率差异大、不均衡等问题，试点建设台区柔性互联装置，实现台区柔性高效互动，同时支持光伏、风电等分布式能源的即插即用，减少转换环节，提升分布式能源就地消纳能力、降低能源传输损耗。目前已累计接入240千瓦直流充电桩、屋顶光伏25千瓦，实现绿电100%消纳，开展15次台区功率互济、区域供电能力提升45%。

灵活组网，提高台区供电可靠性。探索采用分散式供电（见图6-19）、多端环形供电（见图6-20）等多种结构实现多台区低压交直流灵活组网，支撑台区功率互济、故障快速转供，互联台区低压供电可靠率提升至99.999%，满足用户不断提高的供电可靠性要求。

多能联动，优化台区运行方式。围绕台区智能融合终端，搭建配电自动化四区主站与本地“云-边”协同控制架构，根据系统实时能量流信息，提供实时快速无功支撑，对分布式光伏、充电桩等可控资源进行协调优化，实现电能质量综合治理、变压器经济运行。

2）加快台区智能融合终端建设，提升低压配电网智能化水平。

开展智能融合终端建设，全面实现营配数据本地交互，优化四区主站和供电服务指挥系统功能匹配适应力，完成智能巡检机器人、在线局部放电监

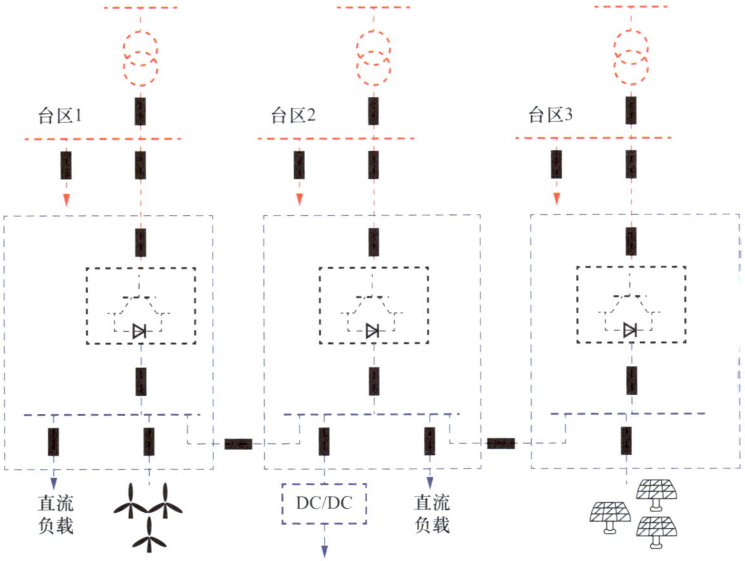

图6-19 分散式供电结构

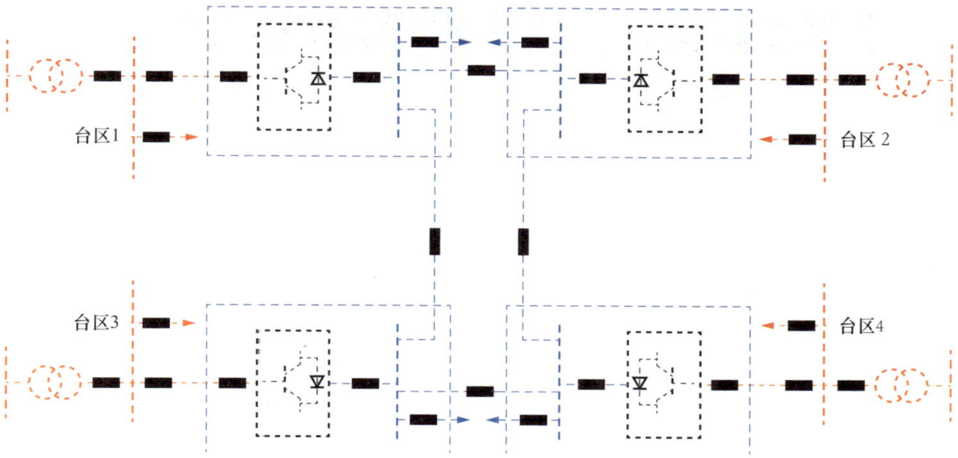

图 6-20　多端环形供电结构

测装置、物联网开关等各类低压智能设备与应用场景的数据接入，提升低压配电网全景感知水平。通过智能融合终端实现单微网内协调自治、多微网间能量互济、微网与配电网间协同优化等运行策略，优化电压和频率控制，提高配电设备利用效率。

建成“智慧台区”实验室，支撑配电物联网建设。国网天津市电力公司在2019年开展台区智能融合终端示范建设之初，率先搭建台区智能融合终端实验室，对台区智能融合终端的数据交互及高级应用进行测试。后续在台区智能融合终端建设过程中，不断完善、丰富实验室功能，得到系统内外各界高度认可，2021年被纳入公司首批实验室。

营配数据深化应用，提升供电服务水平。应用营配数据贯通成果，台区智能融合终端精准推送主动服务工单，推广应用移动作业、通知到户、轨迹可视化等功能，实现对内管理精益化、对外服务可视化、移动作业智能化（见图6-21），增强对用户诉求的主动服务能力，为用户提供精准的供电服务。

智能化建设助力，开展台区精益化管理。完成台区智能融合终端与智能电容无功补偿设备交互、优化控制等相关高级应用开发，制定智能电容技术规范，实时掌握配电台区的功率因数和补偿容量、分组情况、投切状态，实现示范区内低压无功全监测。

图6-21　通过移动终端开展服务工作

开展低压智能化改造，以智能开关、LTU等终端设备为基础，提高配电台区配电网物联网化水平，实现了智能开关监测、阻抗分析、低压拓扑动态识别、台区线损精益管理，台区精益化、智能化管理能力大幅提升。

整合配电站房低压自动化、局部放电监测、智能巡检机器人（见图6-22）等智能化设备，按照“云、管、边、端”技术路线，将站内各类智能设备全部接入台区智能融合终端，远程、实时感知站房环境信息、设备局部放电信息、站房低压设备运行数据，打造透明配电站房。

通过光伏并网断路器与台区智能融合终端交互，实现对光伏用户的监测与管控（见图6-23），目前已实现对光伏系统的“可观、可测、可调、可控”，实现分布式光伏与电网友好互动。

3）推广无人机应用，提升线路运维质效。

为进一步加快配电网数字化转型，推动配电网传统运维模式向智能运检模

图6-22 站房智能巡检机器人

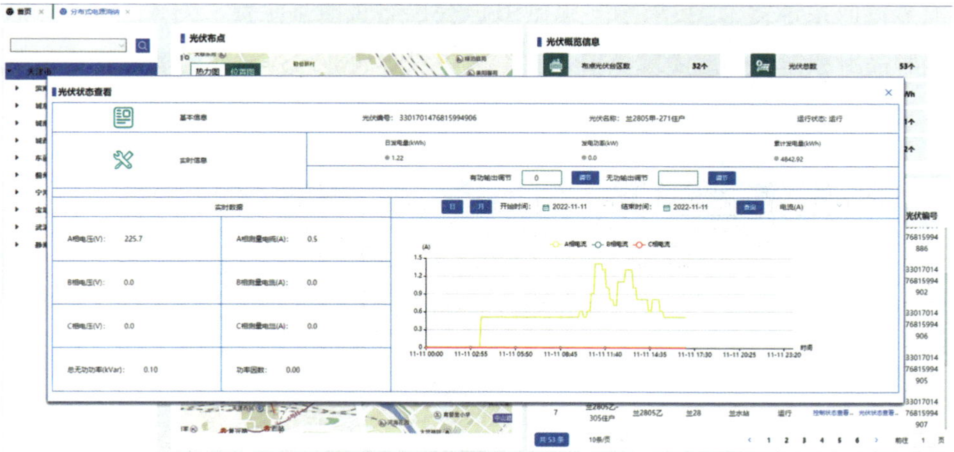

图6-23 配电网四区主站分布式光伏状态监测

式转变，将无人机等智能装备应用于配电网巡视、竣工验收等领域，实现人工智能技术与配电网运维有机融合，全面提升了配电网运维质效和精细化、智能化管理水平。

运用先进技术，解决运维难点。基于无人机自动巡检和信息自动采集技术，实现无人机自主飞行和精准拍摄，在杆塔、断路器、避雷器等设备上方4个不同角度分别进行可见光和红外摄录，及时发现并处理设备安全距离不足、施工工艺不良以及过热、老化、放电等缺陷，大幅提高了运维质效，防止设备“带病入网”。

深化场景应用，保障运维重点。穿越森林草原，跨越高速、铁路等配电线路，重要程度高、运维难度大。针对相关典型运维场景，国网天津市电力公司借助图像智能识别系统，建立杆塔倾斜、导线断股、设备连接点过热等缺陷识别模型库，累计建模387个，配电网无人机巡检和缺陷识别效率大幅提升，有效支撑了森林草原防火和配电网“三跨”运维工作开展。采用激光点云建模技术对10千伏线路进行运维如图6–24所示。

图6–24　10千伏线路激光点云建模

打造核心班组，实现数字转型。在2021年蓟州北部山区试点开展无人机巡检后，2022年将典型经验推广至天津全市，目前已实现全部10家地市供电单位无人机全覆盖，配电网无人机配置总数达46台套，基层班组智能化装备配置水平进一步提高。国网天津市电力公司建立健全无人机运维管理制度，完成3批次135人次技能培训，有力支撑了全业务核心班组建设，加快配电网运维数字化转型。

5. 完成集控系统建设，开展系统互备试点工作

（1）完成集控系统主站建设。

完成10家供电单位及国网天津电力公司高压分公司共12套新一代集控系统主站建设工作，组织开展集控系统主站系统的安装、调试；完成集控系统机房综合布线、设备、精密空调、防火系统等安装调试；完成电源室蓄电池、UPS电源、防爆空调等安装调试；完成调度数据网及通信数据网改造及网络配置工作；

国网天津市电力公司高压分公司、滨海供电分公司、城东供电分公司、城南供电分公司、武清供电分公司5家单位完成远程智能巡视主站系统安装和调试工作。国网天津市电力公司武清供电分公司集控站设备监控系统如图6-25所示。

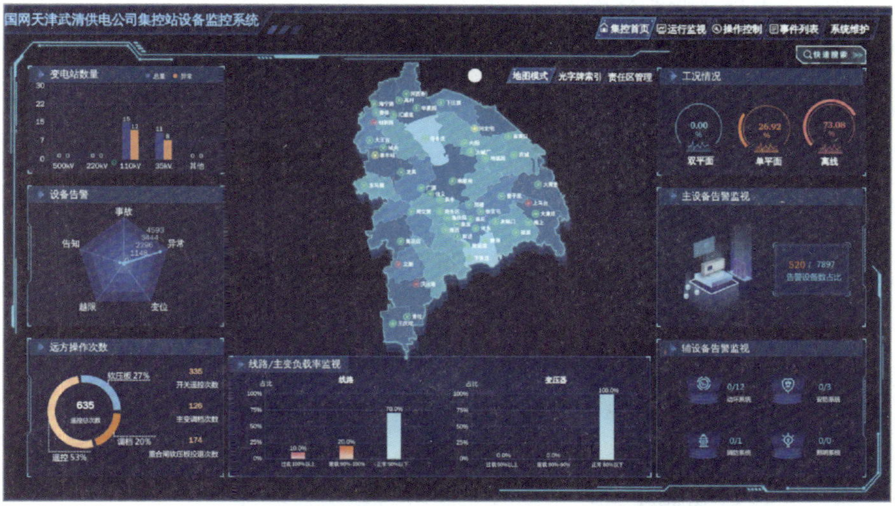

图6-25 国网天津市电力公司武清供电分公司集控站设备监控系统

（2）开展系统互备试点建设工作。

依托现有集控系统建设项目，开展独立同构、区域同构及区域异构三种互备模式试点建设工作。

国网天津市电力公司高压分公司依托南口路和勤俭道两套集控系统完成互备模式建设，两套系统各自独立运行，采用相同的硬件环境，部署相同的平台及集控应用功能，厂站数据采集覆盖范围一致，通过通用人机实现与两套系统的连接，实现互备双活。

国网天津市电力公司城东供电分公司与国网天津静海供电有限公司完成区域同构互备模式建设，相邻区域各自建设本地的集控系统，采用相同的硬件环境，部署相同的平台及集控应用功能，采集本区域厂站数据的同时也采集相邻区域的厂站数据保证数据采集范围一致，系统间通过网络互联实现数据同步。

国网天津市电力公司东丽供电分公司与国网天津市电力公司武清供电分公司完成区域异构互备模式建设，相邻区域各自建设本区域的集控系统，系统硬件、软件环境存在较大差异，但各自采集本区域厂站数据的同时也采集相邻备用系统所在区域的厂站数据，并保证数据采集范围一致，通过开发模型映射中心，解决异构数据同步问题，最终实现系统间数据同步。

（3）稳步推进变电站主辅设备接入。

充分利用自动验收装置及对点技术，在不停电的情况下完成615座变电站（开关站）主辅设备的信息接入工作，包括500千伏变电站10座，220千伏变电站91座，110千伏变电站223座，35千伏变电站（开关站）291座。保证信息接入完整性和正确性，系统功能可用、好用，为集控系统实用化打好基础。

三、建设成效

1. 降低线损管理

在治损过程中，通过合理设置工作排期，坚持差异化处理异常，集中精力治理线损率高、损失电量高的“双高”设备；强化跑冒滴漏问题督办，深入分析问题的形成原因，制定整改措施，做好监督协同工作，明确各专业治理任务，实现督办事件及时清零，按期保质完成；强化技术降损，挖掘线损数据价值，定位有待优化薄弱点，智能化辅助决策，推动老旧设备、线路改造等项目储备，提高同期线损对生产工作的指导作用，不断降低输电损耗。截至当前，同期线损“四分”在线监测率得到稳步提升，分区线损达标率稳定在100%、分压线损达标率稳定在100%、35千伏及以上分线治理率提升至99%以上、10千伏分线达标率提升至97.4%、台区整体达标率提升至94.94%、分区分压关口异常率为0；营配台户关系与营销台区关系差异降至17 864条，同期线损数据质量得到全面提升。综合线损率由2019年6.3%下降至2021年4.29%，减少损失电量171 700万千瓦时，折合二氧化碳减排211 019.3万吨。

2. 降低变压器损耗

单台配电变压器负载损耗由4520瓦降至3615瓦，损耗降低20%，变压器能效得到大幅提升。按照20年运行寿命、变压器平均负载率50%测算，将减少损耗79 278千瓦时，能效提升幅度十分显著。1500台变压器共减少损耗11 891万千瓦时，节约电费5827万元。10千伏线路线损达标率预计将从90.48%提升至95.29%，线损显著降低，减少碳排放9.33万吨。2022年完成1500台高耗能配电变压器改造后，2023～2025年将分阶段完成剩余3135台高耗能配电变压器改造，届时将减少变压器损耗共36 743.19万千瓦时，节约标准煤14.7084万吨，减少碳排放28.83万吨。

3. 减少设备温室气体排放

按照“积极稳妥、有序推进”原则，完善设备技术标准、通用制度与管理规定，健全混气、分离、检测等专用装备配置，细化装备维护管理，加强备品备件储备，制定故障抢修预案，结合新建站建设和在运站改造两个方面，有序推进混合气体GIS设备扩大应用。2023年起，新建站110、220千伏GIS母线、隔离开关全面推广混合气体设备，力争2028年实现SF_6气体使用总量“零增长”。

4. 减少设备巡视环节碳排放

管控中心发挥监督核查职责，开展集通道督察性巡视，督导隐患闭环管控。地市监控中心共计发现处置各类预警信息19万条次，有效地防范各类隐患9528处，运检效率提升60%。输电线路通过“立体巡检+集中监控”运维模式转型，在通道运维和设备本体方面，实现“两个替代”，220千伏输电线路逐塔可视，220千伏杆塔无人机自主巡检全覆盖，建设特高压密集通道固定机巢，实现了“集中监控+网格化模式”，全面提升输电运维质效。全年人工巡视频次减少，运维质效提升，年度巡视节省车辆油耗2.86万升。

220千伏及以上变电站共建设远程智能巡视变电站3座，一键顺控变电站5座。变电站远程智能巡视应用中，设备的全天候巡视能力与传统人工巡视对比平均巡视时间缩短60%以上，巡视视野覆盖范围提升20%，单次巡视减少往返路途时间平均在1小时以上。变电站远程智能巡视系统在实现精益化运维的同时有效降低运维人员的巡视强度，同时有效破解电网快速发展带来的设备总量激增与运维人员数量无法同比例增长的矛盾。

“一键顺控”技术的实用化，进一步验证了该项技术的可靠性、实用性，将原来逐项发令、复诵、操作、检查等10余分钟的流程简化为1分钟的顺控主机自动操作。220千伏八里台等变电站一键顺控实用化操作的应用，为实现运行人员远程倒闸操作、重要设备快速投切提供了可靠实用的验证。

通过台区智能融合终端建设应用，可靠性进一步提升。2022年全年累计节约1382.76时户，累计增加售电量65万千瓦时；台区经济运行水平进一步提升，累计节约电量500万千瓦时，节约标准煤0.2万吨，减少碳排0.39万吨。采用无人机累计巡视配电线路817条次，巡视里程超过2700千米，发现并及时消除各类隐患、缺陷470余处，平均巡视时间缩短70%以上，年度巡视节省车辆油耗1.92万升，推动配电网传统运维模式向智能运检模式转变，保障了配电网安全可靠运行，全面提升了配电网运维质效和精细化、智能化管理水平。

5. 提升监控运行效率，减少运维人员出行碳排放

完成12套集控系统建设，实现系统实用化，完成主辅设备接入，新增接入保护全量信息、保护硬压板信息、交直流系统信息、安全防卫子系统信息、消防系统消防火灾报警、照明状态及控制、空调状态及控制、环境监测系统温湿度、水浸、水位、水泵控制等信息，信息点位横向对比原系统增加11.55%，远方操作范围得到有效提升，大幅降低运维人员现场操作车辆出行次数，有效减少现场操作引起的碳排放。以国网天津市电力公司高压分公司为例，每年单一开关遥控操作约600次，通过远程遥控可减少现场操作出行次数，节省车辆油耗约1.4万升。

通过集控系统信息过滤及事件化整体功能，将电压瞬时越限、开关合闸瞬时伴生信息、AVC调压变位信息等无须监控员处置的信息智能过滤，并将单一信息通过事件规则匹配完成综合展示，优化后日均监控告警信息量与原系统相比降低约55.9%，大幅减轻监控员工作量的同时，减少运维人员现场确认次数，有效降低车辆出行碳排放。

通过监控助手、智能巡视等高级应用，提升监控巡视及日常运行效率，如常规监控交接班巡视由监控员查看多个界面，梳理确认完成，平均需要约10～15分钟，通过新一代集控系统监控巡视功能，可实现一键自动巡视和巡视报告比对功能，1分钟内即可完成。以国网天津市电力公司高压分公司为例，现已将监控员每值4人降低至每值3人，用工效率有效提升33%。

第七章　能源便捷化服务

坚持以人民为中心的发展思想，践行“人民电业为人民”的企业宗旨，秉持“你用电、我用心”服务理念，立足发展新形势、新任务，聚焦客户新期待、新要求，构建现代电力服务体系，深入推进电力市场改革，不断优化能源服务水平。通过持续提升获得电力水平，不断优化电力营商环境；实施“供电服务”向“供电＋能效服务”延伸拓展，满足客户多元化用能需求；通过实施电价改革，开展电力中长期交易、绿电交易等举措落实电力市场改革的各项要求，不断提升服务水平，助推全社会能效水平提升，促进能源清洁低碳发展。

第一节　构建现代电力服务体系

一、建设目标

营商环境优无止境。“营商环境”一词，源于世界银行集团国际金融公司（the international finance corporation，IFC）的“Doing Business”项目调查。世界银行对营商环境的测量，从企业开办、选址、获得融资、日常运营以及退出的全过程共10个方面提供了量化指标和排名，在全球经济体范围内获得了日益广泛的重视。在世界银行营商环境评价指标体系中，“获得电力”记录的是企业为一个标准化仓库获得永久性电力连接而必须办理的所有程序，即主要衡量的是一个企业获得永久性电力连接的手续、时间、成本，以及供电可靠性和电费透明度指数。

面向绿色低碳发展是优化营商环境的重要内容。随着我国提出实现“双碳”目标，节能降耗、提高能效已成为推动广大企业实现高质量发展的重要着力点。这对营商环境来说，也等同于提出了更高的环保要求，面向绿色低碳发展无疑成为优化营商环境的题中应有之义，成为贯穿市场化、法治化与国际化营商环境建设中的一条不可逾越的基本原则。这落实到优化营商环境的目标上，就是要统筹好经济发展与生态安全，既要打造一个公开透明、公平公正、诚实守信、自由创新、开放合作、互惠共赢、法治严明、保护产权和知识产权的营商环境，同时也要营造出一个生态优美、宜居宜业、低碳节能、循环清洁的绿色环境。这应是一种与生态环保有机融合的营商环境，营商环境的市场化、法治化与国际化都必须与绿色化的要求紧密结合。

1. 获得电力水平提升

国网天津市电力公司将继续秉持“人民电业为人民”的服务宗旨，坚定不移地实施低压“三零”、高压“三省”服务。“三零”服务针对小微企业等低压用电客户，即实现用电“零上门、零审批、零投资”。而“三省”服务面向工业企业和10千伏及以上高压用电客户，即让用电客户更加“省心、省力、省钱”。“三省”办电服务模式，省下的是精力、时间和成本，增加的却是客户的体验感知和情感认同。“三零”办电服务模式，让上门、审批和投资归零，却实现了客户的用电价值最大化。

国网天津市电力公司将以更便捷、更优质的服务品质持续优化电力营商环境“软实力”，构筑天津高质量发展“硬支撑”，为市场主体提供更加优质的电力服务。

2. 能效公共服务

到2025年，全面建成“供电+能效服务”业务体系，实现数字技术在能效服务业务中深化应用，引领和推动能效服务产业的发展，为国家能源绿色转型发展作出贡献。

推动全社会能效提升。有效提高清洁能源在一次能源中的占比和电能占终端能源消费比重，降低单位GDP能耗，实现“两个提高、一个降低”。

建立“供电+能效服务”业务体系。建立“供电+能效服务”协同工作体系和联动机制，实现能效服务队伍专业化、服务规范化、手段信息化。

引领能效服务产业发展。推动数字技术和能源技术融合发展，带动全社会能效服务产业发展壮大，促进产业链延伸拓展。

推进能效服务数字化升级。建设省级智慧能源服务平台，并完成与“绿色国网”App的系统集成和数据贯通，2025年前实现全社会用能信息广泛接入，实现平台功能深化应用。

二、工程实践

1. 获得电力水平提升

（1）政府支持，电力工程“零审批”。

国网天津市电力公司连续推动政府部门出台《关于进一步简化优化电网工程建设审批流程的意见》《关于在工程建设项目审批中施行“以函代证”的通知》《简化中低压等级配套电力线性工程审批流程实施方案》等多项配套文件，推动电网工程项目以函代证、信用承诺、简化并行等联合审批机制落地，实现160千瓦及以下低压工商业所有外部电源工程“零审批”、35千伏及以下客户外电源接入距离200米以内的电力线性工程施工“零审批”。

（2）多措并举，持续压减办电时间。

国网天津市电力公司全面梳理内部工作流程，深入贯彻“放管服”部署和“一制三化”要求，优化报装接电内部工作流程，实现内部串行环节改为并行运转，加快业务节点传递效率；深化大数据应用，推广低压作业现场PDA，迭代升级技术应用，实行现场勘查、方案制定、现场施工“一体化”工作模式，提升现场接电速度；强化专业协同，出台业扩配套电网基建项目包管理规定，压缩立项时间；强化业务办理、项目管控、物资供应部门协同，建立业扩配套电网物资实物储备工作机制，提升物资供应及时性，为满足客户快速接电需求提供坚实的物资保障；实行限时管控，严格执行“先接入、后改造”原则，限时编制答复供电方案；推广线上业务受理，实现“线上化、节点化、可视化”，最大限度减少人为干预空间。

（3）政企协同，提升“获得电力”便利度。

在线上办电方面，持续提升“网上国网”App功能应用，实现各类业务全线上查询、全自助办理。拓宽电力业务办理渠道，积极融入天津市“政务一网通”改革，将电力公共服务事项纳入政务“一网通办”，实现16项简单业务“一次都不跑”，5项复杂业务“最多跑一次”；在压减办电环节方面，低压客户办电实现“受理签约”“装表接电”2个环节；整合内部流程，客户经理全程组织协调，实现高压客户办电“供电方案答复、工程实施、装表接电”3个环节；在政企协同方面，将电力公共服务事项纳入政务网“一网通办”，拓宽电力业务办理渠道，安排业务骨干力量进驻市、区两级行政许可服务中心，正常开展电力工程建设项目报装业务的综合服务。同时积极对接市政务办、市委网信办、市规资局、市公安局，通过建立系统平台互联互通渠道，实现身份证、营业执照等电子证照和项目立项、房屋产权变更信息联网获取，实现居民客户“刷脸办”，企业客户“一证办”，大力简化客户办电手续。

（4）扩大投资，降低客户办电成本。

国网天津市电力公司积极落实国务院办公厅转发国家发展改革委等部门《关于清理规范城镇供水供电供气供暖行业收费 促进行业高质量发展意见的通知》（国办函〔2020〕129号），主动向市政府汇报沟通，从加强电网输配环节监管、理顺燃气热电价格矛盾、推动电力市场化改革、优化电力服务等方面入手，在城镇规划建设用地范围内，电力公司投资界面延伸至用户建筑区划红线，并出台了《关于进一步明确电力接入工程收费有关问题的通知》，进一步降低了客户用电成本。为保障终端客户享受降价红利，促请天津市市场监管委和市发展改革委联合出台天津市《关于推广使用“转供电费码”进一步清理规范转供电环节不合理加价行为的通知》。

（5）全面提高供电可靠性。

主动与天津市工业和信息化局对接汇报，结合实际签订《关于供电可靠性管制计划的协议》，将政府部门纳入供电可靠性管理职责，为可靠供电提供政策保障。组织开展配电网供电可靠性三年提升行动，根据城市总体规划调整与经济发展定位，加快建设适应各类用电负荷接入与扩充的标准化城市配电网。进一步提升供电可靠性和配电网运检管理水平，应用供电服务指挥系统、配电自动化系统提升配电网设备运维质量和智能化管控水平，降低故障率，提升故障恢复效率，逐步达到年户均停电时间和次数均小于1的国际先进水平。

（6）加大信息公开力度。

在提升电费透明度方面，国网天津市电力公司通过“网上国网”App为客户提供日、月用电量电子账单，在展示客户本期电能消耗的基础上，新增与去年同期电能消耗对比、电能来源构成等内容，帮助客户了解电能消费情况；在提高办电公开透明度方面，全面推行办电“六公开”。通过国网天津市电力公司对外网站、95598网站及营业厅电子屏等线上线下方式，对外公开办电流程、办电进程、办电时限、接电方案、技术标准和造价标准，为客户办电提供知情和监督的渠道，制定供电企业服务标准和收费项目目录清单，在线上线下渠道主动公开；在服务监督方面，将12398能源监管热线和95598供电服务热线在营业厅和95598网站等渠道同步、同对象公布到位，保障用户知情权。

（7）提供温馨便捷服务。

在“互联网+”营销服务方面，国网天津市电力公司完善改进线上办电渠道，推出“网上国网”App，统一线上入口，拓展线上受理渠道，加强线上渠道宣传，创造客户掌上办电条件，低压客户实现线上签订电子合同，低压业扩项目可应用移动作业终端辅助编制供电方案。

2. 开展能效公共服务

（1）明确职能分工，落实主体责任。

一是完善管理主体职能。作为能效服务业务的管理主体，落实国家能源绿色转型发展战略规划，优化资源配置，推动业务高效开展。牵头制定能效服务业务实施方案，推动增加相应岗位职责，建立健全业务管理制度，指导客户经理做好能效公共服务，组织相关主体做好能效市场化服务。

二是明确服务主体责任。落实能效服务业务实施方案，依托省级平台开展能效公共服务，推进客户用能信息接入、平台功能优化、客户资源管理、能效市场化服务引导等工作。实施能效市场化服务的主体机构，编制各类客户能效市场化服务方案，积极拓展市场，为客户提供规划、设计、建设、运营等能效市场化服务。

（2）推进业务融合，构建协同机制。

一是加强前端融合与后台支撑。加快制订供电服务与能效服务业务融合方案，统筹客户服务资源，推进大客户经理、业扩报装、用电检查等岗位融合；将能效公共服务纳入供电服务业务流程，提供能效公共服务。开展省级智慧能源平台的深化运营，协助强化业务后台支撑。

二是强化主业产业协同。推进信息共享与业务协作，通过开展供电服务和能效公共服务，积极为客户提供用能咨询、能效诊断等服务，支持服务产品组合方案设计，挖掘客户深层次用能需求，锁定能效市场化服务潜在客户。

（3）开展能效公共服务，规范服务标准。

一是设计能效公共服务内容。根据能效公共服务的核心内涵，结合省级智慧能源服务平台建设应用情况，研究确定能效公共服务内容和方式；制定各类产品的服务标准，形成标准化业务流程；针对园区、工业企业及公共建筑等10千伏及以上高压客户，制定客户能源信息数据接入和用能信息普查方案；完善省级智慧能源服务平台功能，依托省级平台定期向中小客户推送电能分析报告，向10千伏及以上高压客户提供能效分析报告。

二是开展客户用能信息普查。对经营区内10千伏及以上所有高压用电客户，在业扩报装、用电检查、客户走访等现场业务环节，开展周期性普查。基于营销业务系统的客户档案信息，补充采录客户能效基础档案、用能设备资产、能源消费和能效服务需求等四类信息，同步到省级智慧能源服务平台，动态更新客户档案，为平台功能应用、能效服务组合方案设计、潜力项目储备等提供基础信息支持。

三是制订能效服务组合方案。根据用能特点细分客户类型，分析各类客户需求痛点；采用“供电服务+能效公共服务+能效市场化服务”组合方式，匹配服务策略和内容，制定面向各类客户的典型能效服务组合方案；通过日常走访、省级平台、“网上国网”App、“绿色国网”App等多种渠道，重点向10千伏及以上高压客户推送定制化能效服务组合方案，并根据客户反馈意见，及时优化更新方案。

（4）加强平台建设，创新服务模式。

一是加快省级智慧能源服务平台建设。按照省级智慧能源服务平台建设方案和相关规范的要求，加快业务需求梳理、构架设计、功能开发等工作，积极落实平台项目资金，开展功能测试、系统联调和运营推广，推进与营销业务应用系统的数据共享、融合联动，确保按时完成平台建设任务。持续做好平台深化应用，扩大客户用能数据接入范围，推进平台功能实用化，在平台应用中迭代优化平台功能，对内规范能效服务业务管理，对外开展能效公共服务，依托省级平台为客户提供用能服务“一站式”解决方案。

二是强化“绿色国网”窗口能力建设。基于“绿色国网”主入口，实现省级智慧能源服务平台、智慧车联网、分布式光伏云网、国网商城等平台的交叉引流，推进赋能功能设计开发；加快制定“绿色国网”和省级平台集成规范，科学有序推进系统集成和数据贯通工作。各省公司按照集成规范进行省级平台接口设计，配合完成集成需求梳理、联调测试等工作。

三是开展客户用能感知能力建设。通过政府能源监管平台建设、客户用能托管等方式，开展客户侧用能感知关键技术应用推广，安装用能感知设备，采集客户用能信息数据，汇入省级智慧能源服务平台；利用“大云物移智链”等技术手段，多维解析客户能效水平，快速、及时感知客户用能特征及变化，出具能效分析报告，反馈给客户。

（5）强化专业技术，构建核心能力。

一是提升从业人员技术能力。组织编制能效服务业务手册，规范服务内容，提升服务标准，以集中授课、现场教学、案例解读等多种形式，面向一线工作人员开展培训；制订专业技能认证方案，明确上岗资格，打造专业化能效服务队伍；通过劳动技能竞赛、市场业绩比对等方式激发从业人员热情。

二是研发关键装备核心技术。持续加大能效服务关键技术研发投入；密切跟踪光伏、风电等清洁能源技术和储电、储热、储冷等各类储能技术发展，甄选最优技术路线；构建综合能源规划仿真模型，开发相关软件及应用；研发客户用能信息采集、计量、分析、控制技术，以及能源控制器等装备产品，推动省级平台在线业务拓展。

三是构建能效评价体系。积极对标国际先进能效水平和政府能源管理要求，构建工业、建筑、交通等领域的能效评价体系，重点提出工业通用能源系统和建筑物暖通空调系统等的通用指标；明确数据采集要求，建立能效数据分析模型；加大能效评价体系推广应用，指导各省公司精准定位潜在客户。

四是开展能效服务技术标准体系建设。持续跟踪国内外能效服务相关管理和技术标准，制定能效服务有关设备技术参数、施工标准、数据采集及传输等方面的技术标准形成企业标准体系，适时提升为行业标准、国家标准；充分考虑天津地区资源禀赋和能效现状，制定可供一线人员使用的技术标准应用指南，推进能效服务高质量发展。

（6）加强示范引领，塑造卓越品牌。

一是开展示范项目建设。结合天津地区实际情况，编制能效服务示范项目建设计划；优先选择国家规划重点区域、国家级园区、区域重点企业、地标性建筑、公司所属办公楼宇等，应用先进技术装备，创新商业模式，开展能效服务示范项目建设；编制具有地区特色、行业特色的示范项目集，为全社会树立能效服务典型。

二是塑造能效服务品牌。通过产品发布、展览会、主题论坛、产业联盟活动等多种形式，广泛宣传典型项目成效，打造能效服务品牌；采取线上线下多种渠道传播节能减排理念，提倡清洁高效的用能方式，引导客户主动实施用能改造，树立卓越服务企业形象。

三、建设成效

1. 获得电力水平提升

持续深化“三零”“三省”办电服务，升级“网上国网”App，公开办电流程、环节、时限等服务标准，提供“线上办、线下办、现场办、预约办”多种办电渠道，保障客户办电公开、便捷、高效。深化政企平台贯通、办电信息共享应用，不断优化压缩占掘路等行政审批时限，打破公共服务行业壁垒，建立重大项目互联互通机制，积极融入建设项目联审平台，免费开展客户接入系统设计，超前制定供电方案，实施配套电网工程“契约制”，确保满足客户用电时间，做到“电等项目”，提升办电便利度。

2. 能效公共服务

多措并举推进“供电+能效服务”。为提升综合能源服务业务规模，加强内外沟通合作，扎实推进“供电+能效服务”提升。**在强化政企联动方面**，促请市政府出台能效服务系列政策，政企联动推广省级智慧能源服务平台，实现对各类用能数据的采集分析，为政府开展用能管理提供数据支撑。在完善服务体系方面，成立综合能源服务机构，广泛调研属地能效服务项目需求，动态跟踪合作厂商、用电客户潜力项目信息，主动为客户提供交易撮合、能效分析等服务，有效开拓市场。**在开展商业合作方面**，牵头成立智慧能源产业发展联盟，整合装备制造、高校院所等110余家单位优势资源，常态开展技术交流和商业合作，形成科技项目技术研发、成果转化等全链条协同模式，共同促进能源消费模式优化升级。

第二节 深入推进电力市场改革

一、建设目标

完整、准确、全面贯彻新发展理念，遵循电力运行规律和市场经济规律，适应“双碳”目标的新要求，坚持“安全可靠、市场主导、统筹有序、绿色低碳”总原则，优化市场总体设计，推进适应能源结构转型的市场机制建设，提升电力系统的综合运行效率，推动形成“统一开放、竞争有序、安全高效、治理完善”的天津电力市场体系。

二、工程实践

1. 电价改革

（1）电力体制改革。

2015年，中共中央、国务院的《关于进一步深化电力体制改革的若干意见》（〔2015〕9号文）（简称中发9号文件）及6个配套文件发布，标志着我国电力体制改革大幕正式开启。本次改革涉及输配电价改革、电力市场建设、组建交易机构、放开发电计划、推进售电侧改革、加强自备电厂监管等方面内容，包括批复云南、贵州两省开展电改综合试点，在北京、广州两地组建电力交易中心。此次电改的核心是“三放开、一独立、三加强”，主要包括：输配以外的竞争性电价逐步有序放开，放开配售电的业务让社会资本有序进入，公益性和调节性以外的发用电计划有序放开；建立相对独立、规范运行的交易机构；政府对电力行业的监管将进一步得到强化，电力行业的统筹规划将得到进一步强化，电力行业的可靠性供应和安全高效运行将进一步强化。

截至2021年10月，通过6年的艰苦努力，我国电力体制改革取得显著成效。中发9号文件及6个配套文件全面落实，在全社会营造了良好的电力市场化改革氛围，电力市场建设和改革思想更加统一，方向更加坚定明确，市场主体参与改革的意愿更加强烈。政府与企业从思想上逐步接受市场，政策制定和经营策略上更加贴近市场，电力体制改革真正开启了从计划模式向市场模式的过渡。

本轮电力体制改革在多个方向上取得突破，市场主体多元化特征更加明显，市场配置资源的决定性作用得到了初步发挥。随着民营资本规模化进入，民营售电公司规模不断壮大，成为推进电力市场化改革的中坚力量，多元化的市场主体将促进电力市场规范运营，实现市场价格发现功能具有重要意义。电力体制改革实施以来，电力用户与发电企业直接交易已经在全国范围内实质性启动，售电侧市场主体培育成效显著，市场化交易价格机制和资源配置方案有序推进。国家确定的8个电力现货市场试点，已全部实现常态化试运行，其他省市也在全力推进电力现货市场建设工作。输配电价核定工作全面完成，在全国售电侧市场中全面实施。电力交易中心实现了相对独立并基本完成了股份制改造。天津电力交易中心有限公司股权比例（见图7-1）辅助服务市场建设全面推进，多个地区进入了实质性运营并发挥了应有的作用。

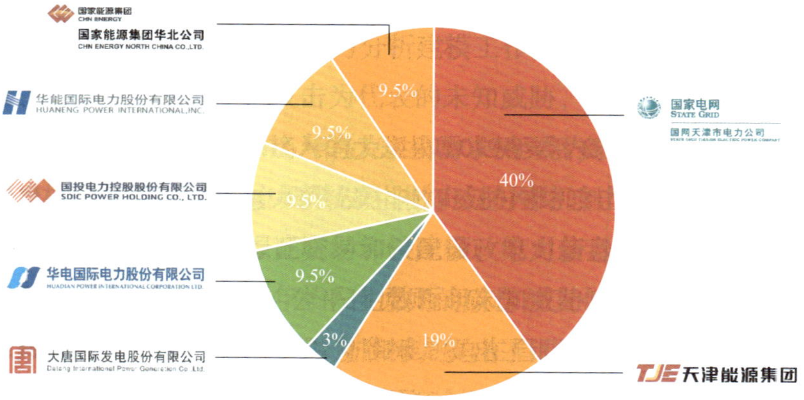

图7-1 天津电力交易中心有限公司股权比例

通过深化电力体制改革，国家和各省市都积累了更多的电力市场建设与运营管理经验，为未来电力市场建设和发展奠定了坚实的基础。经过几年来的市场实践，市场主体各方对电力市场的理解和认识更加深刻，电力市场机制研究和实践从“学习国外经验”转为“市场机制中国化”，逐渐从市场规则研究转向推动市场体系建设，从只考虑市场运营效果转向全面分析市场运营对上下游企业及电力行业发展的影响，这些改革经验和发展经验为目前平稳有序推进全国统一电力市场建设积累了宝贵的财富。

（2）燃煤发电上网电价市场化改革。

进入2021年，受国际形势、新冠疫情和能源市场行情因素影响，煤炭、燃气等一次能源材料价格持续上涨，发电企业生产经营压力明显增大，电力供应出现逐步短缺的迹象。2021年10月11日，为贯彻落实党中央、国务院决策部署，加快推进电价市场化改革，完善主要由市场决定电价的机制，保障电力安全稳定供应，国家发展改革委发布了《国家发展改革委关于进一步深化燃煤发电上网电价市场化改革的通知》（发改价格〔2021〕1439号）（简称1439号文件），全面推动新一轮电力市场改革。此次改革对保障电力安全稳定供应，完善主要由市场决定电价的机制，实现工商业用户全部进入电力市场、促进电力市场加快建设发展具有现实意义和长期价值。

通过燃煤发电上网电价市场化改革，进一步强化电力商品与上下游产业价格联动，发挥电力市场能源价值传导作用。一方面，市场交易电价上下浮动范围扩大，进一步强化电力商品价格和上游燃料成本、下游用户用电消费的市场联动，充分激发供需双方潜力，缓解电力供应阶段性紧张局面，保障电力安全稳定供应。另一方面，燃煤发电计划全部放开，开展电网企业代理购电，推动百万数量级工商业电力用户接受市场化价格，进一步增强电力市场活力，有助于还原电力商品真实价格，更好发挥市场机制作用，引导电力资源优化配置，也为继续放开发用电优先计划、推动售电侧改革提供了价格机制支撑。

新的市场化改革政策要求推动容量补偿机制和辅助服务市场建设，有助于提高燃煤发电企业灵活性改造积极性，加快燃煤发电企业从电量提供主体向容量和辅助服务提供主体转变，助力燃煤发电企业真正成为新型电力系统的“压舱石”和“稳定器”，并通过技术创新和政策机制创新形成合力，构建成本可接受、资源充沛的电力系统调节体系，全面支撑新型电力系统建设，确保如期实现“双碳”目标。

（3）电网企业代理购电机制。

为落实1439号文件精神，深化燃煤发电上网电价市场化改革，推动建立电网企业代理购电机制。国家发展改革委发布了《国家发展改革委办公厅关于组织开展电网企业代理购电工作有关事项的通知》（发改办价格〔2021〕809号），明确电网企业代理购电规范方式和流程，指导各地做好电网企业代理购电工作，保障代理购电机制平稳运行。通过实施电网企业代理购电，可以加快推动全体工商业用户有序进入电力市场，更好促进燃煤上网电价市场化机制形成，发挥电力市场能源价值传导作用，缓解煤电迫在眉睫的经营压力，确保电力系统安全稳定运行。

电网企业积极承担社会责任，通过建立代理购电机制，解决大量一般工商业用户不具备入市交易条件的问题。工商业用户全面放开，规模大、时间短，新入市用户从原先目录电价接受者转变为市场交易参与者需要一个过程，在此期间，对暂未直接从电力市场购电的用户，建立电网企业代理购电机制，如图7-2所示。无论是从批发市场和零售市场的价格传导机制，还是从电网代理用户范围来看，新政策的发布既是一种在当前价格机制和市场框架下的过渡方案，也是一种可能长期存在的保底供电方案。

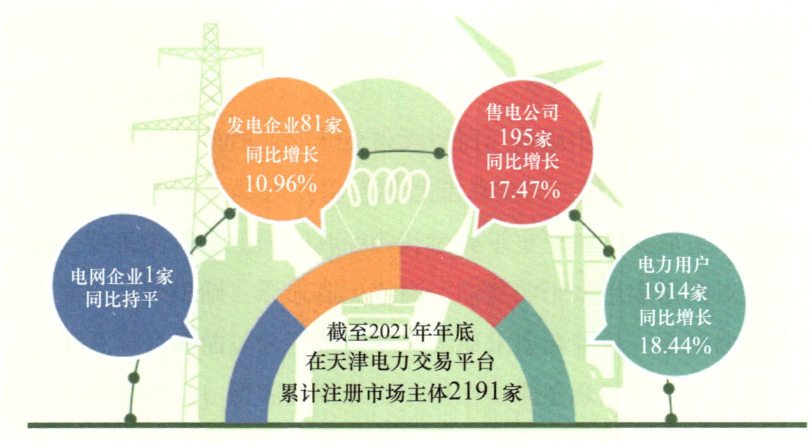

图7-2 市场主体注册情况

2. 电力中长期交易

电力中长期交易是指发电企业、电力用户、售电公司等市场主体，通过电力交易平台以双边协商、集中交易、挂牌交易等市场化方式开展的多年、年、多月、月、多日等电力交易。按照参与市场主体类型，电力中长期交易可分为电力批发交易和电力零售交易。电力批发交易是指电力用户或售电公司通过电力交易平台，向发电企业直接购买电能的交易。电力零售交易是指电力用户向售电公司购买电能的交易。

目前，天津地区燃煤发电电量已经全部进入电力市场，电力批发交易主要有年度交易、月度交易、月内交易和用户侧合同电量转让交易等交易品种，电力零售交易主要通过售电公司与零售用户自主签订购售电合同进行，双方在交易平台填报结算关键要素作为交易结算的依据，批发、零售市场相对独立运行，零售市场实现从“代理制”向“购售制”的转型升级。

通过优化“年度+月度+月内增量+合同转让”运营模式，严格落实“六签”工作要求，深入推进中长期市场连续运营，不断提高中长期合同签约履约水平。在电力中长期合同签订工作中鼓励购售双方在中长期合同中设立交易电价随燃料成本变化合理浮动的条款，落实燃煤发电“基准价+上下浮动”的市场化价格机制。明确对市场交易电价在规定范围内的合理浮动不得进行干预，让价格合理反映电力供需和成本变化。

持续完善“三全四化”结算体系，建立覆盖“全品种、全主体、全周期”的交易电量清分方式，推动零售合同结算管理模式升级，将批发市场与零售市场合同解耦，规范零售用户结算关键要素内容，实现批发零售、发用电合同“照付不议、偏差结算”。推动实现购售侧电量同期计量统计，加强市场主体结算单标准化管理，优化零售合同结算流程，推动交易平台与营销系统数据同步共享，实现零售结算规范化、标准化、自动化、智能化管理。

3. 绿电交易

绿色电力交易（简称绿电交易）是指以绿色电力产品为标的物的电力中长期交易，用以满足发电企业、售电公司、电力用户等市场主体出售、购买绿色电力产品的需求，并为购买绿色电力产品的电力用户提供相应的绿色电力证书。绿色电力产品是指符合国家有关政策要求的风电、光伏等可再生能源发电企业的上网电量。市场初期，主要是指风电、光伏发电企业上网电量，根据国家有关要求可逐步扩大至符合条件的其他电源上网电量。绿色电力证书（简称绿证）是国家对发电企业每兆瓦时非水可再生能源上网电量颁发的具有唯一代码标识的电子凭证，作为绿色环境权益的唯一凭证。

构建新型电力系统是电力行业推动实现“双碳”目标的关键路径，由于新能源发电出力不稳定等技术特点，新型电力系统建设将面临电力消纳和运行成本上升等问题。要同时实现电力低碳转型、安全可靠、经济可承受等多重目标，必须电力市场体制机制建设上做出探索创新。通过开展绿电交易，将有意愿承担更多社会责任的一部分用户区分出来，与风电、光伏发电项目直接交易，以市场化方式引导绿色电力消费，体现出绿色电力的环境价值，产生的绿电收益将用于支持绿色电力发展和消纳，可以更好促进新型电力系统建设，支撑“双碳”目标实现。

目前，我国清洁能源行业进入快速发展期，清洁能源市场化交易规模持续扩大，但受规划开发不合理、配套建设不协调等因素影响，清洁能源市场化供需矛盾仍较为明显。从全国范围来看，我国清洁能源供需两侧资源呈地理逆向分布特点，“三北”和西南区域供给资源较为丰富，中东部需求资源较为集中，受输电通道容量限制，实现全国范围内清洁能源优化配置仍面临较大压力。从天津区域来看，电力用户绿色低碳消费意识逐步增强，清洁用能需求旺盛。区域外清洁能源电力受资源规模和输电通道等因素制约，交易电量规模存在不确定性；区域内平价新能源发电机组陆续投运，且参与市场化交易积极性都很高，对缓解天津地区清洁能源市场化供需矛盾有积极作用。未来，随着更多本地平价新能源机组注册入市，预计绿电交易规模和省内绿电占比将会稳步提高。

结合清洁能源市场发展现状，为加快推进绿电市场化交易工作，天津电力交易中心加强向政府主管部门的汇报和沟通，初步建立天津绿电市场化交易机制，明确了天津区域内绿电交易方式、组织流程、交易结算和绿证划转等内容，解决了零售市场开展绿电交易缺乏政策支撑的问题，推动天津区域内平价及带补贴清洁能源发电项目参与绿电交易。

通过升级“e交易”App绿电交易功能，为市场主体提供绿电交易申报、交易结果查看和结算结果查看确认等服务，并与国家可再生能源信息管理中心技术支持系统集成，共同支撑绿证核发及划转等业务开展。依据区块链技术可靠记录绿电交易、合同、结算等全业务环节信息，按照市场主体需要提供参与绿电交易证明，如图7-3所示。大幅提升新一代电力交易平台运行性能，强化市场成员注册及相关服务的技术保障，构建完善适用的CA身份认证体系，完善高频连续开市和结算业务功能，确保电力交易平台可靠高效运行。着力优化用户体验，提高电力交易平台智能化及人机互动水平，加强对市场主体的业务培训，提供绿电交易专人对接服务，加快“e交易”App运营推广，满足用户便捷参与绿电交易的需求。

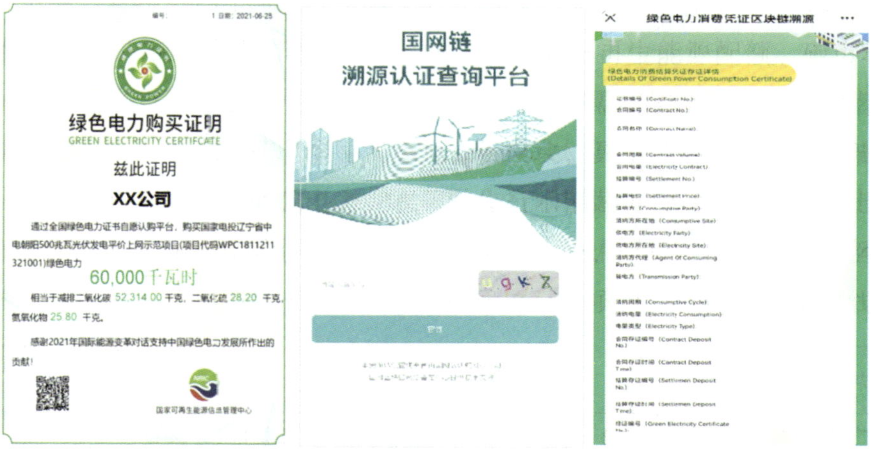

图7-3 绿电证书及区块链溯源认证

在电力中长期市场机制框架内，通过绿电资源统计、用户需求调研、价格机制研究，系统设计相对独立、自成体系的绿色电力交易品种，凝聚体制创新、制度创新和技术创新的合力，充分发挥市场在资源配置中的决定性作用，全面反映绿色电力的电能价值和环境价值，充分体现绿色电力在交易组织、电网调度、价格形成机制等方面的优先地位，为市场主体提供功能健全、友好易用的绿色电力交易服务。通过实施电力供给侧结构性改革，引导电力用户形成主动消费绿色电力的共识，充分激发供需双方潜力，加快绿色能源发展，加快推进电力“双碳”先行示范区建设，打造能源革命先锋城市，助力实现“双碳”目标。

三、建设成效

1. 市场化交易规模稳步扩大

2021年10月29日，国网天津市电力公司组织完成市场化改革以来首次月度电力直接交易，出清0.28亿千瓦时，燃煤电量出清价格48.6元/兆瓦时，较燃煤基准价上浮20%。2021年11月25日，配合北京电力交易中心组织完成市场化改革以来首次电网企业代理购电交易，标志着国家燃煤发电上网电价市场化改革政策在天津电力市场顺利实施。同时，为更好落实市场化改革政策要求，组织相关市场主体按照自主协商的方式开展2021年度中长期合同换签工作，共收取合同换签申请531份，完成换签电量11.14亿千瓦时，换签率30.75%。

2022年，配合天津市工业和信息化局发布天津电力市场化交易工作方案，全面落实市场化改革政策要求，固化"年度+月度+月内增量+合同转让"市场运营模式，建立月度批发侧合同调整机制，鼓励购售双方结合燃煤价格变化合理调整合同电价。年度市场化交易出清电量324.39亿千瓦时，同比增长19.58%，年度中长期合同签约计划完成率108.13%；年度代理购电完成130.66亿千瓦时。截至2022年年底，累计组织完成市场化交易51场次，完成市场化交易电量343.92亿千瓦时。2016~2022年市场化交易电量情况如图7-4所示。

图7-4 2016~2022年市场化交易电量情况

2."绿电交易"实现零的突破

2021年9月7日，我国绿电交易试点正式启动，首次绿电交易共有17个省份259家市场主体参与，达成绿电交易电量79.35亿千瓦时。本次绿色电力交易开启了国内绿电消费新模式，是以市场机制创新落实碳达峰碳中和的重要举措。数据显示，在首次绿色电力交易中，国家电网公司经营区域成交电量68.98亿千瓦时，南方电网公司经营区域内成交电量10.37亿千瓦时。本次交易预计将减少标煤燃烧243.60万吨，减排二氧化碳607.18万吨。

2021年9月，天津电力交易中心积极落实绿色电力交易试点工作要求，加强与北京电力交易中心及华北分部沟通，积极协调绿电资源和输电通道裕量，由国网天津市电力公司代理直接交易用户和零售用户，通过省间绿电市场与山西省的清洁能源发电企业开展绿电挂牌交易，组织完成天津地区首笔绿电交易600万千瓦时，开启天津绿电消费新模式。

2022年3月，首次组织天津地区平价新能源机组参与交易，交易绿电电量716万千瓦时，标志着天津地区市场化绿电交易资源进一步丰富，绿电交易机制更加成熟完善。自首笔绿电交易开市以来，天津电力交易中心通过省间和省内绿电市场，共组织绿电交易5次，交易电量8607万千瓦时，减少标煤燃烧2.75万吨，减排二氧化碳6.87万吨。图7-5所示为媒体对天津绿电交易的宣传报道。

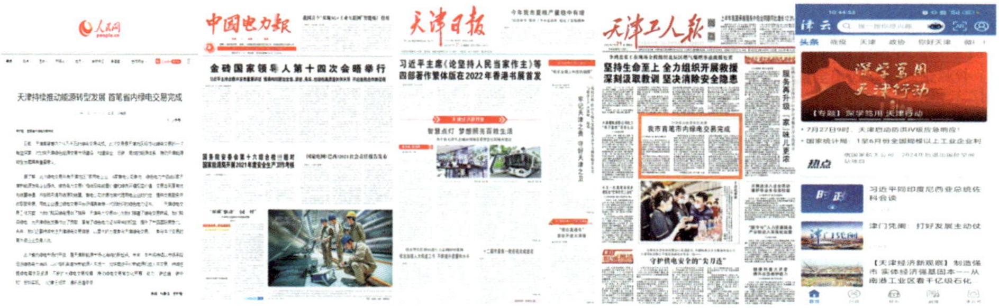

图7-5 媒体对天津绿电交易的宣传报道

第八章　能源社会化行动

实现能源绿色低碳转型需要社会广泛参与和行动，坚持“共建、共治、共享”的理念，加强生态文明普及教育，提升公众绿色低碳发展意识；强化媒体融合，广泛凝聚宣传合力，讲好“双碳”实践故事；搭建信息交流平台、公共技术服务平台和产业服务平台，创立智慧能源服务产业发展联盟、“碳达峰、碳中和”产业联盟，营造全社会共同关注、共同参与碳达峰碳中和工作的良好氛围。

第一节　加强生态文明普及教育

实现“双碳”目标不可能一蹴而就，到2030年前实现碳达峰，到2060年前实现碳中和，时间横跨近40年，涉及能源、建筑、化工、交通等诸多领域，同时也关系到社会生活中的每一个个体，而未来实现碳达峰碳中和的主力就是现在的青少年群体，为此国网天津市电力公司创新开展了“双碳”进校园活动，推广双碳理念。

一、“双碳”进校园的重要意义

（1）实施“双碳”进校园是普及“双碳”理念、实现“双碳”目标的必然要求。碳达峰碳中和是涉及国家高质量发展的长远战略，40年的远景目标，需要几代人接续奋斗，付出不懈的努力。从孩子开始普及“双碳”理念，为未来培养“双碳”的信仰者、实践者，才会有更多人投身到推进双碳落地的事业中，这对于实现“双碳”目标至关重要。

（2）实施“双碳”进校园是发挥国有企业“顶梁柱”作用的重要举措。央企是当下推动“双碳”目标的先行者。然而，不仅要着力办好当下的事，更有责任、有义务为未来播种下“双碳”的种子。在这方面，央企有其独特的技术和资源优势。切实推进“双碳”进校园，才能让作为国家未来的孩子们——接过“双碳”的接力棒，把前人擘画的蓝图付诸实现。

（3）实施“双碳”进校园是构建绿色校园、美丽校园的迫切需要。在“双减”政策的背景下，提升学生的综合素质变得越来越重要。构建绿色、美丽的校园，教给学生们更加科学健康的生活方式，也成为学校教书育人的重要使命。让“双碳”进校园，有助于让孩子们从小培养绿色低碳的理念，养成环保节约的生活习惯，减少浪费攀比、盲目跟风等陋习，引领绿色生活新风尚。

二、“双碳”进校园的主要做法

放眼未来，将“双碳”理念带入校园，运用共产党员服务队、青年志愿服务、“双碳”思政课宣讲团、新时代文明实践基地等多样化手段，将丰富的理论知识和生动的课外实践相结合，让党的理论“飞入寻常百姓家”，将“双碳”理念根植到学生的心底，把真理伟力转化为助力高质量发展的磅礴力量，着力培养一批堪当大任的时代新人。

1. 思政育人，研发“双碳”课程

习近平总书记在中国人民大学考察调研时强调，“思政课的本质是讲道理，要注重方式方法，把道理讲深、讲透、讲活，老师要用心教，学生要用心悟，达到沟通心灵、启智润心、激扬斗志。”国网天津市电力公司坚持守正创新，将“双碳”理念与校园思政课相结合，聚焦思想育人，研发了一堂别具特色的“双碳”思政课。课程面向小学、中学、大学不同阶段，结合各阶段学生年龄特点和知识结构，精心设计课程内容，输出“双碳”思政课教案和教材，制作了分众化系列课件。课程将思想政治教育贯穿始终，旨在引导当代学生增强责任担当，培养践行绿色理念、“双碳”目标的使命感。课

程将传统的课堂讲解与动画模拟、互动实验、云上参观等方式相结合，用童言童语、青言青语讲述红色电力发展史、“双碳”目标和节能减排知识，引导学生树立正确的世界观、人生观、价值观，增强学生文化自信，启发、引导和教育学生，当好“双碳”目标落地的践行者（见图8-1）。

图8-1 在天津理工大学讲授“双碳”思政课

2. 榜样引领，发挥示范效应

榜样是最好的教科书。组建高水平的校园讲师团队，由时代楷模、改革先锋张黎明，全国劳动模范、中国青年优秀志愿者黄旭等模范人物领衔，让模范先进人物走入课堂，与学生近距离沟通、面对面交流，带动广大学生向先进看齐，提升自身的思想自觉和行动自觉。选派青马学员、共产党员服务队队员、青年志愿者担任讲师、校内辅导员。经过“实地调研、授课培训、模拟试课”反复演练，将丰富的理论知识和实践经验充分结合，将红色理论和电力知识、“双碳”理念融会贯通，力求呈现最佳课堂效果。充分发挥先进典型在“双碳”进校园过程中的传帮带作用，在宣传群众、教育群众、关心群众、服务群众中展现“群体先进”风貌（见图8-2）。

图 8–2 全国劳模黄旭与天津市第七中学学生面对面交流

3. 绿色行动，引领文明实践

习近平总书记指出“思政课不仅应该在课堂上讲，也应该在社会生活中来讲，‘大思政课’我们要善用之”。发挥新时代文明实践基地优势，邀请广大师生前往综合能源示范区、智慧能源小镇等基地参观学习，亲身体验“双碳”理念在电力行业落地实践，感受科技创新为节能减排带来的突破性改变，培养青年养成主动创新的意识和能力，为“双碳”目标落地贡献自己的力量。联合学校组织开展节约用电、垃圾分类、绿色出行、植树造林等主题活动，让广大师生将学到的知识应用到学习生活中，从点滴做起，从小事做起，养成绿色低碳的生活习惯，达到知行合一。开展青年志愿者联合专项行动，组织大学生团体参与到社会实践中，面向社区民众宣传科学理念，普及双碳常识，组织相关活动，在实践中增强大学生的理论水平。

4. 校企联动，探索长效机制

国网天津市电力公司与市教育局和学校深入对接，深入调研“双减”政策落地后校园实际需求，将“双减”与“双碳”目标充分结合，积极整合学校和电力企业优势资源，丰富培养机制，在减轻学生负担的同时，提高学生的综合能力，为国家培养高素质人才。与相关院校党组织深入开展联创共建，充分发挥党建引领作用，通过共建组织、共抓队伍、共享资源、共谋发展，让“双碳”理念更好地在校园内生根发芽，将党建优势切实转化为发展优势。与属地中小学建立校企服务长效机制，与区教育局、学校签订合作协议，搭建发挥政企合作的互补优势和校企合作的创新实践优势的良好平台，为加快节能降碳、绿色转型凝聚合力，以实际行动为美好生活充电、为美丽中国赋能。

三、特色实践案例

1. 普及电力发展史

“140年前电刚进入中国，煤油灯、松明灯、蜡烛才是普通家庭的‘标配’……”在华辰学校，国网天津市电力公司的电力“双碳”思政课宣讲团向学生讲授电力发展史。电力志愿者学习、收集、整理天津电力科技博物馆和相关史实资料，宣讲新中国史和改革开放史，带领学生们共同领略中国电力工业的蹒跚起步，了解中华人民共和国成立后电力工业在党中央的坚强领导下取得的辉煌成就。每一堂思政课上志愿者们的娓娓道来都能够带领学生们穿越古今，每一次电力博物馆的云上参观也都让学生们身临其境地触摸鲜活历史，感受社会的发展进步和国家的富强历程。

这堂别开生面的思政课已在华辰学校、第七中学、第七十八中学、天津理工大学等6000余名师生中引起了热烈反响，录制的线上课程在央广网直播平台上线，并通过视频连线的方式将课程送到广西贫困乡村，得到区政府、文明办、教育局、团委等多方高度评价，用实际行动将绿色低碳发展理念落实到青少年行动中。

2. 感悟“双碳”新科技

“同学们，大家都知道《查理的巧克力工厂》吧？在咱们天津市的北辰大张庄产城集约智慧能源小镇里，也有一座‘特殊工厂’，他就是一汽富维本特勒汽车零部件（天津）有限公司内的智慧能源工厂，他能降低碳的排放……”作为能源行业落实“双碳”目标的引领企业，电力宣讲团设计推出一个“碳”卡通形象——小C，带领同学们感悟“双碳”科技给社会生活带来的革命性变化。除了讲授科技知识之外，还让学生们对特高压、智慧能源小镇、人工智能配网带电作业机器人等能源电力自主创新的国际领先成果有了更深刻的认识，帮助学生们在讲学互动过程中，树立参与“双碳”目标落地实践、为中华民族伟大复兴贡献力量的远大志向。

在“双减”政策出台后，这堂生动的“双碳”思政课，把节能降碳的知识和背后的科学原理讲得深入浅出、惟妙惟肖，增强了学生们的知识储备，在缓解学校课后服务压力的同时，让师生都受益匪浅。

3. 让学生走进社区

随着“双碳”进校园课程的不断开发，电力“双碳”思政课不仅将“双碳”知识送进了校园，还相继开设“电力实景课堂”“小小志愿者课堂”等一系列实践课程。宣讲团带领高年级学生走进大张庄智慧能源小镇，实地感受“双碳”成果，带领低年级学生志愿者们走进社区、走进企业开展志愿服务，培育“双碳”小讲解员队伍，把学到的知识讲给更多人，宣讲团与学生志愿者携手以讲促学、共同提升。

“在2030年‘碳达峰’的时候，我已经走上了工作岗位，十分期待能够作为新时代的中国青年，为我们国家的美好明天作出自己的贡献，共同见证2060年‘碳中和’目标实现！”天津市第七十八中学学生在志愿服务后有感而发。

4.“双碳”践行者计划

“双碳”目标不止于宣传，更要落实到行为习惯中，让学生从小涵养“天生我材必有用”的厚重底气。国网天津市电力公司在中小学实施“双碳”践行者计划（见图8-3），以月度、季度、年度为周期制作了卡通风格的《“双

图8-3　电力志愿者指导学生开展碳足迹打卡

碳”足迹》，设计了低碳环保实践行动、许下“双碳”心愿等丰富的载体活动，通过“双碳”任务打卡、“我心中的碳达峰”征文、演讲比赛等多种方式，引导学生养成绿色出行、节约用能、降低能耗等生活习惯，激发努力当好“双碳”目标践行者、宣传员的自主性，以青少年带动整个家庭，以家庭辐射到社会，增强全民节约意识。

第二节 扩大“双碳”战略宣传影响

以国际化视野，深挖“双碳”战略的现实意义、深远影响，将精品意识融入新闻生产与传播全过程，进行多元传播、多维交流，展现服务“双碳”战略落地的实践行动、成果成就，用主题宣传引导行动、用成就宣传鼓舞干劲，唱响“双碳”主旋律。

一、创新宣传机制

通过机制创新、技术创新、内容创新、形式创新，从需求侧出发，提升供给侧质量，统筹宣传资源，精准宣传内容供给，拓展宣传载体，形成多元传播格局，展现“双碳”战略成效。

1. 内外贯通、协同联动，打通信息交互“纵贯线”

聚焦“双碳”多元宣传定位，组建跨专业、跨单位宣传工作柔性团队，融入“策、采、编、发”全业务链条，为主题报道“全面开花”奠定坚实队伍基础。聚焦发布全国首个政企合作“双碳”先行示范区实施方案，成立全国首个“碳达峰、碳中和”产业联盟，深度挖掘落实“双碳”行动方案硬核举措和创新实践，做实优质内容供给，为央媒定调宣传、地方行业媒体迭代传播提供“源头活水”。深化政企媒联动机制，深化战略合作，建立常态化沟通联络机制，强化内外媒体融合互动，拓宽对外传播渠道，实现重大主题同频共振，主要策划协同推进，重点内容相加相融，形成舆论强势。

2. 技术赋能、精准传播，唱响新闻宣传“协奏曲”

坚持“线下+线上”同发力、“大屏+小屏”相结合，“虚拟+现实”共推进，强化两级融媒体中心协同运行，聚焦“双碳”战略落地实践成果立体丰富、多样性强、受众面广的特点，根据不同主题选取最适合的切入点和侧重形式，灵活应用图文、直播、视频、H5、VR、AR等全媒体手段，将主题宣传进行可视化、立体化、互动化加工，努力打造有思想、有温度、有品质的传播精品。广泛聚合融媒资源，利用“报、网、微、屏、端”全媒体传播矩阵进行多元化推送，利用人工智能分析和大数据算法推荐，开展分众化、专门化、精准化宣传，以爆款产品增强用户黏性，以深度思考赢得受众认可，以主流宣传引导舆论声势，实现技术应用更广泛、表现形式更丰富、宣传特色更突出、公众记忆更深刻。

二、讲好实践故事

借势世界智能大会平台，围绕能源更清洁、能源更智能、能源更高效多维度展示打造能源电力“双碳”先行示范区的实践探索，传播节能降碳理念，让“双碳”实践故事传播更远、更广、更生动。

1. 紧抓智能大会契机，传播“双碳”战略理念

在智能大会期间，把握举办城市能源高峰论坛、参展智能科技展等发声时机，传播绿色低碳发展理念，大力倡导节能减排生活方式。中央电视台《新闻联播》《新闻直播间》《晚间新闻》、新华社、人民日报等重点央媒齐发声（见图8-4和图8-5），推介以智慧能源助力智慧城市建设的国网方案、天津经验。经济日报头版、科技日报、工人日报、中国青年报等中央媒体，天津日报整版、津云等地方媒体，中国电力报头版、国家电网报头版等行业媒体相继刊发《打造能源电力“双碳”先行示范区 共享新能源“绿色”发展成果》《与世界共享新能源“绿色”成果》《海河之畔绿意浓》等相关报道，总浏览量近3000万次。

充分发挥外宣主体作用，着力提升国际传播能力，首次实现同时与人民日报海外版、新华社外文网站、CHINA DAILY（中国日报网）等外宣媒体通力合作，以国际化外宣话语体系，向世界展示以智慧能源助力碳达峰碳中和的实践探索。新华社客户端推出中英文视频通稿《来，看看“智慧”的一天怎么过》《GLOBALink | A glimpse into the smart life of the future》（见图8-6），

图 8-4　中央电视台《新闻联播》报道天津碳达峰碳中和运营服务中心揭牌成立

生态 16　人民日报

加大清洁能源供应，探索发展新路径，天津市宝坻区——

小村风光好　产业添活力

美丽中国

核心阅读

改建"全电厨房"，升级充电桩和光伏车棚，推广使用绿电；探索田园文旅绿色发展新模式，做强绿色经济……近年来，天津市宝坻区持续优化能源结构，探索绿色发展新路径，随着清洁能源持续注入，绿色发展深入人心，这里的环境也越来越美

提升全民节能意识，低碳生活越来越近

文旅经济富了百姓，生态产品销售火热

风能发电供应乡村，降低成本，保护环境

农业银行绿色信贷余额超两万三千亿元

金融服务助力绿色发展

图 8-5　人民日报刊发国网天津市电力公司加大清洁能源供应实践

图 8-6　新华社客户端英文视频通稿《GLOBALink | A glimpse into the smart life of the future》

向国际社会展现公司推广零能耗智慧建筑应用，服务绿色低碳生产生活，推动能源清洁低碳转型的新作为、新成效。

2. 聚焦创新创效亮点，展现“双碳”实践成果

在能源电力碳达峰碳中和先行示范区的实践探索过程中，应运而生了大批实践成果，其技术创新强，实用化程度高，传播意义深远。公司找准传播切入点，与天津市委网信办合作举办“网络大V天津电力‘双碳’行”采访活动（见图8-7），邀请科技、文化、旅游等不同领域自媒体走进国网天津市电力公司，用鲜活的影像视频、生动的网络语言，形成颇具特色的Vlog视频及图文报道，在网络空间掀起宣传热潮。人民视频播发《VLOG|近·未来》（见图8-8），以轻松、愉快的方式由电力“小姐姐”带领观众领略参观智慧能源科技。首次创新对城市能源革命高峰论坛开展全平台融媒直播，浏览量超过165万人次，特别是通过推出公司IP形象“电津灵”，发布系列新媒体推送，将品牌IP元素融入业务场景中，建立以IP形象为核心的情感化品牌印象，提升品牌辨识度、深化品牌记忆。

图8-7 “网络大V天津电力‘双碳’行”采访活动

图8-8 人民视频播发《VLOG| 近·未来》带领观众领略参观智慧能源科技

三、丰富体验阵地

以互动体验为载体，坚持线上线下同步打造多维度、互动化、场景化体验接触点，不断丰富“双碳”与社会公众关切接触点，全方位、立体化、多层次传播“双碳”理念和内涵，提升公众的感知认同。

1. 打造“云上”体验阵地

立足“语态活、设计巧、互动强”定位，制作智慧能源助力碳达峰碳中和云智能科技展厅（见图8-9）、综合能源体验VR云厅等一系列“云上”系统，采取虚拟现实技术，构建人机互动体验环境，运用虚拟漫游、陀螺仪视角等多视角切换模式提升观展体验，全方位展示能源电力服务“双碳”目标落地成效成果，网上“云展厅”、网络同步“云直播”（见图8-10）总浏览量近4亿人次。

图8-9 国家电网智慧能源助力碳达峰碳中和云智能科技展厅

图 8-10 网络“云直播”探访科技展厅

2. 构建“沉浸”体验阵地

探索一站式、接触式、互动式感知体验新途径，依托天津电力科技博物馆（见图8-11）、综合能源服务中心、智慧能源小镇（见图8-12）、零能耗智慧建筑、津门湖新能源车综合服务中心等实体体验阵地，积极开展各类展览活动，政府机关、企事业单位、科研院校、专家学者、国内外公众等参观调研采访，让参观者身临其境体验，提升互动感受，展现推动能源清洁高效利用的生动实践，为绿色建筑建设、绿色城市发展提供新思路。

图 8-11 “中国有约·你好天津”国际媒体主题采访团走进天津电力科技博物馆

图 8-12　智慧能源小镇成果《智慧电网点亮智慧生活》

第三节　构建“双碳”融通融合生态

坚持“共建、共治、共享”理念，着力搭建信息交流平台、公共技术服务平台和产业服务平台，打造能源电力产业集群，依托新能源协会，创立智慧能源服务产业发展联盟、“碳达峰、碳中和”产业联盟，凝聚广大行业合力，助力加快实现“双碳”目标。

一、创立智慧能源服务产业发展联盟

1. 智慧能源服务产业发展联盟基本情况

坚持发展智慧能源服务，建成国内首个省级综合能源服务中心、城市能源大数据中心和智慧能源小镇示范工程，智慧能源业务新业态逐步成形，为联盟成立奠定了坚实基础。

2019 年 11 月 8 日，中国（天津）智慧能源服务产业发展联盟正式成立（见图 8-13）。联盟是由智慧能源服务产业相关行业的能源、技术、装备、服务供应商和科研院校（所）等组成的非营利性联合体。联盟由国网天津市电力公司发起，接受天津市工业和信息化局的业务指导和监督，秘书处设在国网（天津）综合能源服务有限公司。

图8-13　中国（天津）智慧能源服务产业发展联盟成立

联盟的成员包括大型用能客户、能源相关行业协会、电网公司、能源行业相关国有企业、具备世界影响力的“大云物移智”企业、优质设备生产企业、金融机构、综合能源服务公司和国内外智慧能源服务相关行业知名科研院校（所）、设计院等115家。

联盟旨在以技术创新、高端制造、智慧服务为支撑，整合优势资源，搭建具有专业性、全面性、科学性、开放性的信息交流共享平台。推动人工智能和能源行业有机融合，加快智慧能源服务新技术、新产品推广应用和商业模式创新。进一步促进智慧能源服务市场规模化、产业化发展，服务国家能源体系结构优化、高质量发展和生态文明建设。

2. 联盟发展方向

（1）“产学研用”联动，持续创新引领。搭建以市场为主体、用户为中心、需求为导向的智慧能源发展“产学研用”一体化创新平台。跟踪国内外智慧能源相关先进技术理念，开展学术交流，引进行业先进技术和高端人才，推进技术、商业模式创新，培育智慧能源服务产业的创新活力，实现联盟在智慧能源行业的创新引领。

（2）强化行业监管，维护市场秩序。建立智慧能源服务的知识服务网络，组织专业论坛。加强运营体系的优化和监管，充分发挥联盟的行业引领力量，制定符合智慧能源发展的管理规范，建立智慧能源评估评价体系。

（3）整合能源数据，服务产业转型。整合各方资源，逐步打造智慧能源领域的高端智库。结合本市能源供需和经济发展状况，向政府部门提报智慧能源领域统计数据分析和相关建议，为政府出台有关智慧能源服务产业发展政策提供决策支撑。

（4）打造示范项目，引领行业发展。探索智慧能源服务系统架构，形成涵盖规划、设计、建设、运营全生命周期管理的标准体系。聚合联盟产业链上下游力量，打造可复制的创新领先、经济高效的智慧能源典型示范项目。

（5）加强资源交互，推动共享共赢。推进联盟成员之间的资源整合与共享，积极参与世界智能大会等高级别行业论坛，实现智慧能源领域技术及人才的交互与促进。形成世界领先的“互联网+”智慧能源产业链，推动形成共建、共治、共赢的产业生态圈，助力我国高端产业发展，打造经济发展新动能。

3. 联盟发展成效

（1）成功举办天津储能发展论坛。

2021年7月，举办“2021天津储能发展论坛”，签署《天津市“新能源+储能”融合发展合作备忘录》，共同推进“新能源+储能”融合发展，建立共享储能发展模式，国网（天津）综合能源服务有限公司按照“总体规划、分期实施”的原则，建设40万千瓦新型储能项目，提升天津地区新能源消纳能力。

（2）建成一批示范性项目。

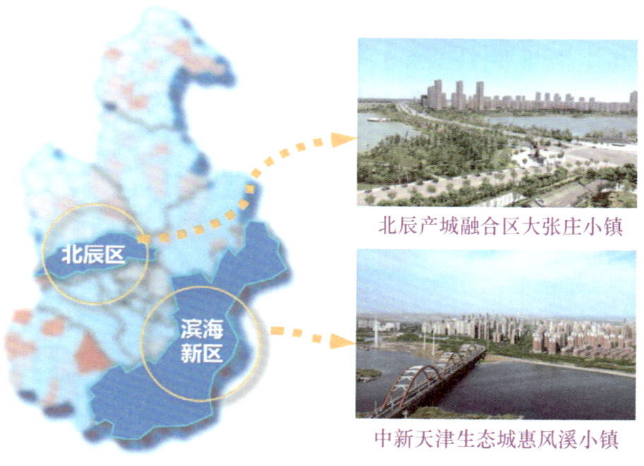

图8-14 天津智慧能源小镇

建成中新天津生态城惠风溪智慧能源小镇和北辰区大张庄智慧能源小镇（见图8-14），形成了“10+10”创新成果，涵盖能源转型、电网升级、产业升级、智慧服务、智慧共享等10项技术创新成果和政企合作、生态构建、品牌影响、管理创新等10项模式创新成果。

二、构建“碳达峰、碳中和”产业联盟

1.“碳达峰、碳中和”产业联盟基本情况

2021年5月18日，国网天津市电力公司、天津市新能源协会联合发起筹建了天津市“碳达峰、碳中和”产业联盟，如图8-15所示。

图8-15 天津市“碳达峰、碳中和”产业联盟揭牌仪式

联盟理事长单位为国网天津市电力公司，秘书处设在天津市新能源协会，联盟接受天津发展和改革委员会、天津市科学技术局、天津市工业和信息化局和天津市生态环境局的业务指导和监督。联盟第一批有83个成员单位，包括发电企业、电网企业、行业协会、能源设备生产企业、大型用能企业、高等院校、设计院所及支撑单位等。

联盟作为全国首个成立的“碳达峰、碳中和”产业联盟，对天津市能源电力产业上中下游企业在项目开发、技术研发、生产制造、示范应用、市场开拓等方面谋求合作，突出产学研用市场导向，整合产业集群多元市场主体优势资源，搭建具有专业性、全面性、科学性、开放性的信息交流平台、公共技术服务平台和产业服务平台，为能源转型凝聚最大合力。

2. 联盟发展方向

（1）发挥支撑作用，积极服务政府决策。坚定不移贯彻新发展理念，立足服务“双碳”目标，系统深入推进“双碳”路径、体制机制、政策法规等

重大问题研究，积极建言献策、辅助决策，为能源转型升级和可持续发展营造良好的政策、法律、制度和营商环境。

（2）发挥纽带作用，推动核心技术攻关。充分发挥成员单位科技资源优势，共同建立联合攻关机制，建设“双碳”研究中心等研究机构，开展关键共性技术集中攻关，抢占能源清洁低碳转型的技术制高点。共同搭建成果推广应用平台，加大研究成果转化应用力度，加快产品产业化，推动科技创新与产业发展深度融合。

（3）发挥示范作用，打造落地模式高地。聚焦“市、区、园、村”四域，围绕智慧能源服务、“碳中和”港口、多产业综合用能等重点领域，开展“新能源+储能”一体化开发、零能耗智慧建筑、智慧绿色交通、绿色低碳循环用能等试点示范工程建设，打造一批可复制、可推广的技术、商业模式，形成“双碳”战略落地的天津范式。

（4）发挥平台作用，构建融通生态体系。强化沟通交流平台的功能，加强信息沟通、经验分享，促进政企、企企合作，定期组织技术研讨等活动，促进能源电力领域技术和人才交流，推动形成共建共享、互利共赢产业生态圈。依托世界智能大会、夏季“达沃斯”论坛等，积极宣传展示联盟最新科研技术成果，加强国际交流合作，进一步扩大“朋友圈”。

3. 联盟发展成效

（1）在第五届世界智能大会宣传展示。

2021年5月20～23日，第五届世界智能大会在天津召开，“城市能源革命”高峰论坛期间举行天津市“碳达峰、碳中和”产业联盟揭牌仪式，进一步提高了天津能源电力碳达峰碳中和工作的影响力和话语权。

联盟坚持共建、共治、共享的理念，进一步完善合作机制、搭建专业平台、开放资源空间，同心共向、通力合作，努力推动能源电力产业实现高质量发展，助力天津市加快建成能源革命先锋城市建设。

（2）参加“智慧新能源”助推绿色建筑创新发展论坛。

2021年6月24日，首届“智慧新能源”助推绿色建筑创新发展论坛，在国家会展中心开馆首展之日隆重举行，由天津市“碳达峰、碳中和”产业联盟主办。天津市工业和信息化局、市科技局、市人民政府合作交流办等各委局办相关部门的领导，来自全国新能源产业界的同仁、商会负责人、高校学者，以及协会/联盟代表、共计350余人出席了论坛，如图8-16所示。

图8-16 绿色建筑创新发展论坛

三、领航新能源协会

1. 新能源协会基本情况

天津市新能源协会的前身是天津市风能协会，于2008年2月成立，是全国首家成立的地方性行业协会。2013年10月，为更好地服务新能源产业发展，将天津市风能协会更名为“天津市新能源协会”，并被评为拥有承接政府委托项目资质的4A级协会。

天津市新能源协会第四届会长单位是国网天津市电力公司，秘书处为协会常设机构，负责日常工作。协会拥有会员150余家，涵盖电网运行、风电、光伏、光热、储能、氢能、分布式发电与微电网及新能源供暖等领域。协会成员来自高校、设计院所、新能源设备制造、新能源项目运营商、投资商及行业服务机构等。

协会将全市风光电储、设计、研发、制造、安装、运维等龙头企业、科研院所组织起来，实现强强联合，打造“长板木桶”效应，构建共享平台，形成了能源电力协同创新发展“3+3+3”战略架构：搭建了三个工作平台，互联互动信息交流平台、学习交流合作平台、产教融合技术创新人才培养平台；组建了三支队伍，顶层规划决策队伍、推广展示宣传队伍、技术协同创新合作共赢专家队伍；成立了三个专业组织，天津市分布式发电与微电网产业技术创新战略联盟、天津市“碳达峰、碳中和”产业联盟、京津冀新能源现代职业教育集团。

2. 协会发展方向

（1）宣传、落实国家和天津市新能源、碳达峰碳中和产业发展政策，做好政府有关部门的智库工作，反映行业发展问题和会员共性诉求、提出建设性意见和建议。

（2）在各级政府的指导下，富有成效地开展会员服务工作，通过网站、微信公众号及会刊，常态化开展信息交流和国内外新能源发展动态通报，组织会员定期开展专题性论坛报告会及展会，开展京津冀及域外新能源产业界交流互动，寻求天津新能源产业更大发展空间。

（3）在新型电力系统建设和实现“双碳”目标背景下，充分发挥协会“3+3+3”战略架构各职能，推动天津市新能源产业在技术创新、示范工程建设、设备智能制造、电站智能运维、人才产教融合培养、成果转化等方面发挥协会“政、产、学、研、用”的全方位协同创新优势。

3. 协会发展成效

（1）成功举办京津冀碳达峰碳中和与能源转型高级研修班。

2021年12月13～17日，京津冀碳达峰碳中和与能源转型高级研修班在中共国网天津市电力公司委员会党校举办。由天津市人社局、天津市新能源协会主办，天津市“碳达峰、碳中和”产业联盟承办，国网天津市电力公司协办，来自协会、联盟、集团单位从事能源、环保、装备制造及相关领域产业工作的高层次专业技术人员、管理人员和政府、学校等有关机构共计77人参加了本次高研班学习，并全部获得由国家级高研项目颁发的《国家专业技术人才知识更新工程高级研修项目结业证书》。

（2）成功举办新能源协会2022年“走出去”系列活动。

成功举办天津市新能源协会2022年“走出去”系列活动第一站——津门湖新能源车综合服务中心调研暨“双碳”背景下天津市能源清洁低碳转型示

范建设专题交流会。

会议重点探讨了天津市新能源发展现状、面临形势及有关倡议；介绍国网天津市电力公司“双碳”先行示范区建设情况，介绍宝坻“一园一村”“双碳”先行示范区建设成果；介绍天津碳达峰碳中和运营服务中心建设情况；介绍利用电力大数据开展多维度碳排放监测分析工作情况，介绍“电－碳”管理分析模型、监测分析成果及减排服务产品等内容；介绍滨海能源互联网综合示范区建设情况，介绍综合示范区建设的背景意义、总体建设方案、阶段建设成果及重点项目情况；介绍“双碳”背景下综合能源业务布局、面向工业企业、公共建筑、农业农村领域的综合能源实体化项目典型案例及围绕能源数字化、市场交易提供的能源增值服务。

第九章 科技创新引领

科技创新是构建新型电力系统、推进碳达峰碳中和的重要引领。立足地域优势和电网特点，承接新型电力系统科技攻关行动计划项目，围绕先进配电、智能用电等领域开展创新布局与技术储备，实施“大规模电动汽车安全充放电与车-网智能互动关键技术”等国家重点研发计划项目，“柔性交直流混合配电网保护与自愈控制关键技术”等科技成果获评省部级一（特）等奖，为能源电力“双碳”先行示范区建设提供科技支撑。

第一节 新型电力系统科技攻关行动计划

一、提出背景

构建新型电力系统，对电力科技创新工作提出了新要求。作为我国能源电力行业龙头企业和国家科技创新领军企业，国家电网公司坚决贯彻党中央决策部署，于2021年8月印发新型电力系统科技攻关行动计划，围绕构建新型电力系统重大技术需求，统筹加强科技支撑顶层设计，系统开展基础理论、核心技术和关键装备等研究，统筹加快技术标准布局和新技术新产品推广应用，充分发挥能源电力行业龙头企业和国家科技创新领军企业作用，全力支撑新型电力系统构建。

二、总体思路与攻关方向

深入贯彻“四个革命、一个合作”能源安全新战略，全面落实国家电网公司碳达峰碳中和行动方案和构建新型电力系统行动方案，以构建新型电力系统重大技术需求为牵引，以**“加强源网荷储协同发展、绿色低碳市场体系构建及系统可观可测可控能力建设，提升新能源发电主动支撑能力、电力系统安全稳定运行水平和终端互动调节能力”**（三个加强、三个提升）为重大攻关方向，以“集中攻关一批、示范建设一批、布局研制一批、推广应用一批”（四个一批）为抓手，兼顾当前和长远、统筹发展和安全，系统布局、分年实施，集中攻关一批创新性强、亟待攻关的技术，示范建设一批技术先进、推广性强的工程，布局研制一批导向性强、引领产业的标准，推广应用一批前景广阔、成熟度高的技术产品，为构建新型电力系统提供坚强的科技保障和有力的技术支撑，见图9-1。

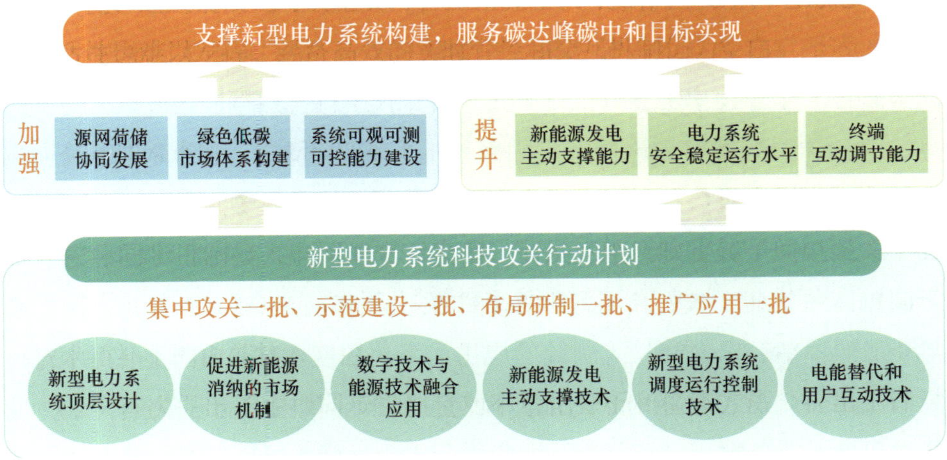

图9-1 “新型电力系统科技攻关行动计划”总体思路

加强构建新型电力系统顶层设计与技术研究，促进源网荷储各环节协同发展。“双碳”目标下，高比例新能源接入将对电力可靠供应、系统安全稳定运行产生深刻的影响，电力系统源网荷储各环节将深度调整。现有技术、政策、市场机制无法满足新型电力系统构建需求，亟须统筹考虑电网发展与安全、电力供应与清洁转型、电力资产存量与增量的关系，研究新型电力系统实施路径和网架形态，明确源网荷储各环节演进趋势，制定远近接续、布局合理的技术路线图，为新型电力系统建设提供路径指引；加快新型电力系统源网荷储统一规划、协调开发和科学配置研究，促进源网荷储各环节协同、有序发展；加强柔性输电、直流组网、低频输电、超导输电等先进输电技术攻关，推动储能、新型器件、新型绝缘材料等技术创新，加强新型电力系统战略性技术储备。

加强促进新能源消纳的市场机制研究，推动绿色低碳市场体系构建。当前，我国促进新能源消纳、多能互补和灵活互动的市场机制尚不健全，无法保障新能源高效消纳和灵活调节资源潜力充分挖掘。亟须加快适应高比例新能源发展的价格体系、交易机制和结算体系研究，加快促进灵活调节资源参与系统调节的各类辅助服务模型和关键技术研究，开展碳-电力市场协调发展机制、碳价与电价传导机制研究，构建开放、高效、智能的电力市场运营支撑平台，实现对多类型主体、多时间尺度、多交易模式的友好支撑。

加强数字技术与能源技术融合应用研究，支撑系统可观、可测、可控能力建设。新型电力系统中，发电设备、用能设施数量将呈爆发式增长趋势，大量异构终端接入电网，电力系统的可观、可测、可控和网络安全防御能力面临巨大挑战。亟须持续深化大云物移智链、智能量测、先进通信、数字孪生等数字技术与能源电力技术的融合应用，开展电力系统全场景安全防护体系构建、核心装备研制及数据安全技术研究，推动区块链等技术与新能源消纳、电力交易等领域的应用，强化源网荷储各环节的灵敏感知、智能决策、精准控制能力，为源网荷储全环节、多主体高效安全交互提供技术支撑。

提升新能源发电主动支撑能力，助推新能源由辅助电源转变为主体电源。在新型电力系统构建过程中，太阳能、风能等新能源发电将逐步成为主体电源，在建立和维持电力系统电压/频率过程中发挥主导作用。亟须开展不同时间、空间尺度下新能源发电功率精准预测技术研究，加快新能源发电主动支撑、大规模组网运行、海量分布式电源并网运行等技术研究，开展新能源发电集群协调运行控制、大规模新能源基地灵活交直流外送等技术攻关，布局深远海风电并网及运行控制技术研究，积极推动更高效率、更低成本清洁能源发电技术研究，加快推动新能源发电向电力、电量供应主体转变。

提升电力系统安全稳定运行水平，助力新能源可持续快速发展。我国电力调度运行控制技术已处于国际领先水平，但在感知、计算、分析、控制等方面，仍不能完全适应新型电力系统发展需求。亟须攻克新型电力系统供需平衡理论、稳定理论和控制理论等基础理论，建设以多时间尺度、高精度、智能化为特征的系统仿真分析平台，开展一、二次融合的全景态势感知和安全防御韧性提升技术研究，加强适应集中式和分布式高比例电力电子装备接入的继电保护原理、算法、装备研发及测试技术研究，建设源网荷储灵活可调、多层级调度协同控制的新一代智能调度技术支持系统，为新型电力系统安全稳定运行提供坚强保障和有力支撑。

提升终端电气化水平和互动调节能力，助推清洁低碳、互动高效能源消费体系构建。目前我国电能替代已进入深水区，存量潜力挖掘难度加大，电能与其他能源系统之间尚未实现协同运行，转换利用环节的能效水平仍需持续提升，需求侧灵活调节资源时空分布散、单体容量小，与电网大规模互动能力严重不足。亟须开展多能转换与互补利用、终端低碳高效用能、需求侧资源集群优化控制等技术研究，加强绿氢高效制取及综合利用技术布局，促进工业、交通、建筑等领域深度电能替代关键技术与装备研究，加快构建以电为中心，清洁低碳、互动高效的能源消费体系。

三、重点任务

2021年，国家电网公司依据推进新型电力系统科技攻关工作的总体安排和重点攻关方向，设置“新型电力系统科技攻关行动计划”2021专项，启动“新型电力系统实施路径研究”等8项重大科技项目攻关，布局“省级低碳能源互联网综合示范工程”等4类重点示范工程建设。国网天津市电力公司结合地域优势、电网特点与自身基础，参与其中4项重大科技攻关项目。

一是新型电力系统源网荷储协同规划技术研究。开展典型园区（居民区）

级配电系统电气冷热多能互补利用与协同规划技术研究，分析典型园区（居民区）级配电系统数据，提出了电网随机故障的微能网电/热混合储能优化配置方法，在兼顾经济性的同时提升微能源网在电网随机故障下的供电可靠性。目前正在结合园区（居民区）级配电系统多能源的发展趋势，开展规划方案综合评价方法的研究。

二是服务新型电力系统构建的电力市场设计关键技术研究。开展面向海量分布式资源的配电网侧市场架构、可信交易机制与关键技术研究、面向新型电力系统的全国统一电力市场交易支撑技术及功能设计等相关工作，推动政府出台新能源入市、本地绿电交易、燃气电价和交易机制等适应新型电力系统电力市场建设的政策文件6项，在电力交易出清方法、发电企业电价折算值方法、辅助服务激励机制等方面获得多项研究成果。目前正在开展面向新型电力系统的全国统一电力市场原型软件的研究及功能设计。

三是面向"双碳"目标的一、二次能源综合平衡分析决策技术研究。研究一、二次能源耦合特性的常规电源可用调节容量动态预测方法，提出了全网电煤库存模拟模型及求解方法，并通过算例进行了验证，开展了煤炭供应/价格影响的实证研究，对今冬明春煤炭供需形势进行了研判，模拟分析了考虑供热约束的燃气机组发电能力。在负荷侧资源潜力分析方面，开展了居民空调负荷和分布式储能的平衡能力分析建模工作，提出了互补特性的多类型负荷资源聚合潜力分析方法。

四是应对高比例新能源接入的大规模需求侧灵活资源互动响应技术研究。开展碳目标背景下的新型电力系统碳排放责任分摊机制与需求策略改进研究，分析了可再生能源配额、绿证交易和碳配额政策对新型电力系统碳排放量的作用机理，设计了基于FCI-公平性原则的碳排放责任分摊方法；以用户收益、碳减排、灵活资源高效利用为目标，提出了计及碳减排的需求响应改进策略。在工程方面，在滨海能源互联网综合示范区开展了虚拟电厂工程建设，通过对灵活资源调配，支撑电网调峰、调频、碳减排等多维度需求响应工作的开展。

2022年，国家电网公司继续开展新型电力系统科技攻关行动计划专项重大科技项目，整体布局10项重点项目。国网天津市电力公司参与其中1项重点项目。

支撑新型电力系统的负荷精准评估、调控技术研究及应用。开展统一精准高效的新型电力负荷管理系统关键技术研究，分析了需求侧广域负荷互动协同机制，设计了纵向多层级的部署结构并进行横向集成。通过调研负荷管理等系统功能和主要业务，研究供需双侧高频多维负荷信息的动态感知与解析处理方法。目前正在推动新型电力负荷管理系统（二期）建设与课题成果相结合。

第二节 “双碳”技术布局与储备

为进一步聚焦创新方向、培育创新成果，更好发挥科技创新的支撑作用，国网天津市电力公司编制发布《2022年～2024年支撑能源电力“双碳”先行示范区建设专项研究框架》，按照支撑战略、聚焦重点、持续投入、继承发展的原则，通过聚焦能源电力“双碳”先行示范区重点任务，统筹策划形成目标明确、重点突出、远近结合、梯次接续的科技创新研究方向，在主动适应“双碳”目标与新型电力系统构建新要求的前提下，持续做强企业优势技术领域。

一、电力系统自动化技术

有源配电网智能调度技术。在配电网侧，从负荷资源接入、调度控制、管理、分析评估方面取得突破，实现负荷可观、可测、可调、可控，促进配电网源网荷储一体化，一方面，保障配电网安全、可靠、经济运行，另一方面为新型电力系统多元负荷调度控制提供技术支撑，针对城市电网及地市调系统，形成可推广、可复制的源网荷储调控能力提升建设方案与工程经验。项目总体研究技术路线示意图见图9–2。

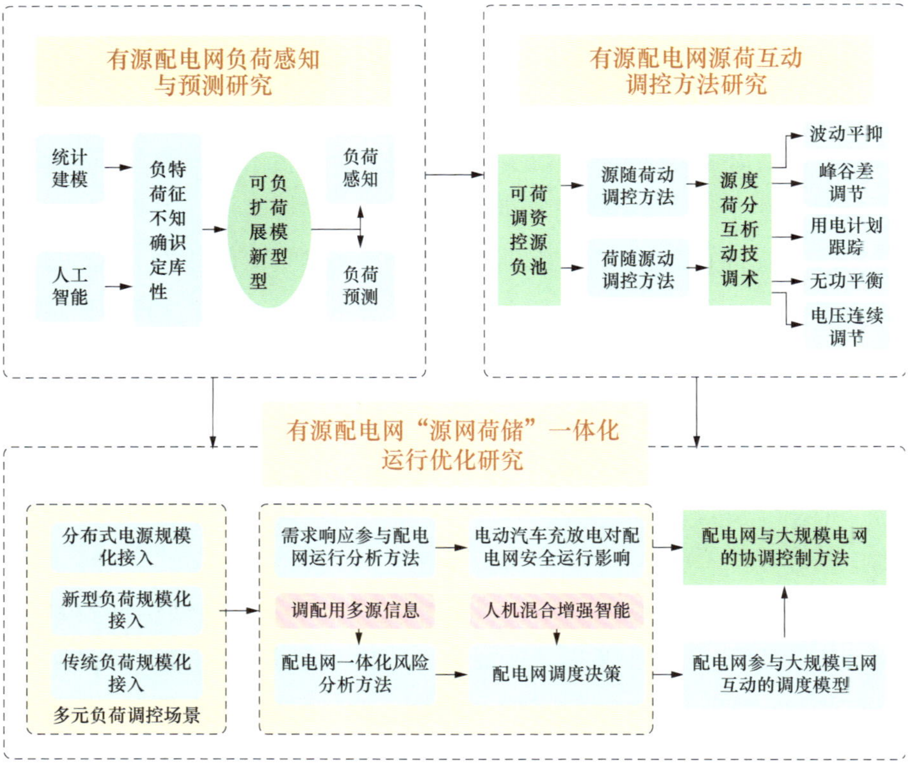

图9-2　项目总体研究技术路线示意图

二、输变电设备及运行

高压电气绝缘材料性能提升及检测评估。研究电气绝缘材料多性能调控与改性机理，从根本上实现设备绝缘性能及电气、机械等性能的大幅提升，为高端电工装备的自主化研制和装备升级提供重要技术支撑；探明典型干式设备绝缘缺陷演变机制，形成高灵敏高适应性的干式绝缘检测技术，实现设备状态诊断及寿命评估；研制干式绝缘无损化检测装备，系统性提出干式设备绝缘失效预判策略；研究介观尺度下电力电缆绝缘服役特性，提出电缆工程化评估技术。突破环氧树脂、交联聚乙烯电气绝缘材料性能提升及检测评估关键技术，从绝缘材料特性、绝缘材料检测及评估等方面支撑设备安全运行，保障能源的可靠供给，助力“双碳”目标实现。项目总体研究技术路线示意图见图9-3。

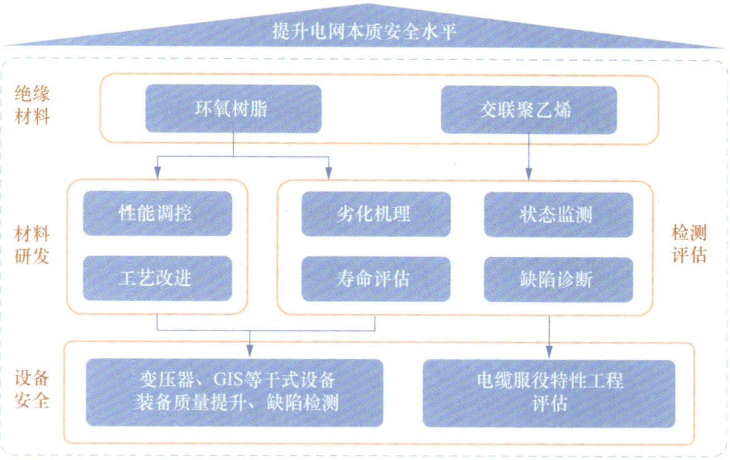

图9-3 项目总体研究技术路线示意图

高压电力新型传感和设备状态感知技术。研究传感机理和系统化集成技术，构建电力设备传感体系，实现电力设备中微型低功耗传感装置的全面应用，提升电网设备可观可测能力。推动大数据分析、云边协同计算、多源信息融合、人工智能等先进技术与电力系统的深度融合，实现海量设备多源信息的网络化获取、可靠传输、设备健康状态监测与故障诊断，提升供电可靠性水平 为新型电力系统建设、“双碳”先行示范区建设提供强力保障。项目总体研究技术路线示意图见图9-4。

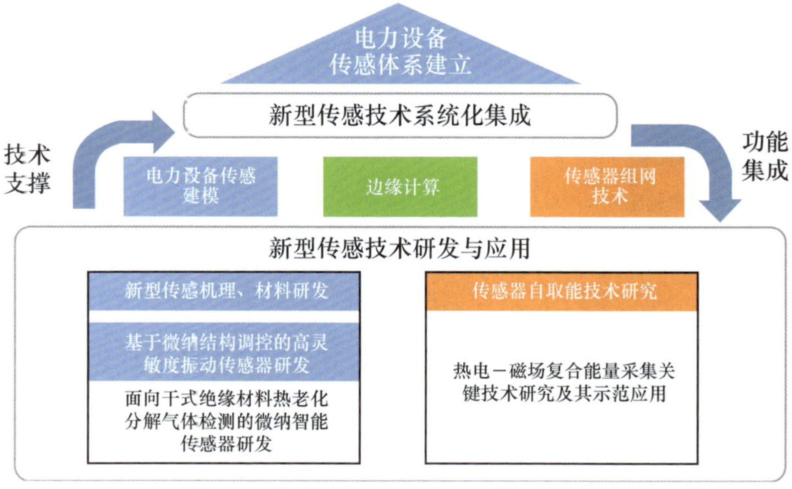

图9-4 项目总体研究技术路线示意图

三、先进配电技术

面向“双碳”示范园区的多能源耦合柔性配电网安全低碳运行技术研究。突破基于量子密钥的配电自动化工控安全技术，研发覆盖园区配电网和用户侧的量子加密服务引擎，为园区配电网和多元化负荷安全运行构建5G量子保密通信支撑体系。揭示“双碳”示范园区多能源耦合柔性配电网运行扰动机理，系统性提出复杂工况下多能源耦合柔性配电网扰动平抑策略。突破内外部供电高比例清洁化的园区配电网碳流追踪技术，构建多能源耦合配电网碳流最优运行机制，搭建园区级碳中和综合运营管理平台。揭示含高比例清洁能源和多能负荷的园区配电网在多时空尺度下的运行特性，研制具有广义无功补偿灵活调节能力的三相电流不平衡调节装置。提出园区配电网“电－氢”双向转换节点技术指标体系和优化布局方法，研制“电－氢”双向转换快速响应装置，实现复杂扰动工况下对园区配电网安全稳定运行的快速支撑保障。项目总体研究技术路线示意图见图9–5。

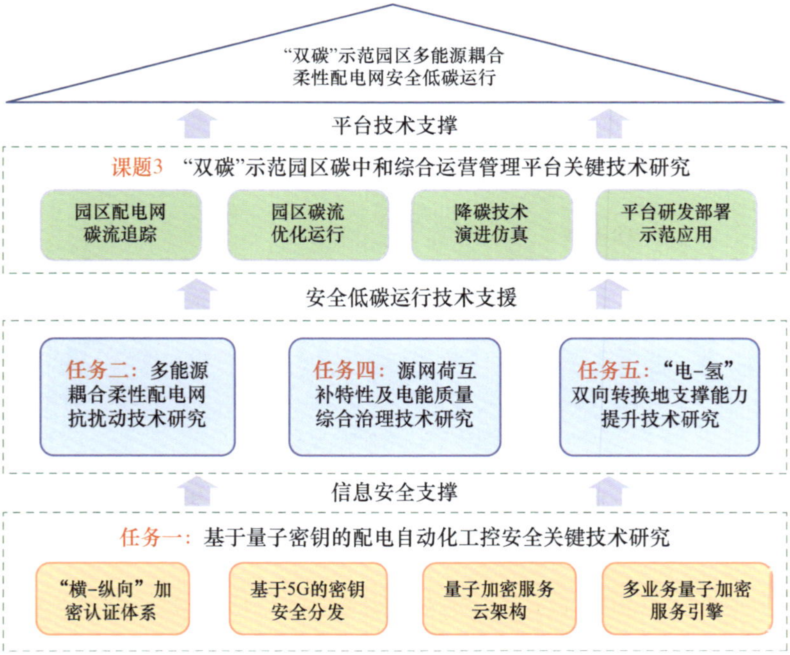

图9–5 项目总体研究技术路线示意图

四、智能用电技术

考虑“双碳”约束的需求侧资源灵活调控及重点行业电能替代关键技术。掌握碳流分析的能源电力行业碳减排实施路径与效益评价技术，提出碳约束环境下电力系统供需互动调控技术，提出电能替代项目的节能和碳减排量化分析方法。研发“能源电力行业碳减排效益评价模块”，覆盖经济、社会、能源、环境等四个维度，关键量化指标不少于6种；研发“考虑碳约束的电力系统供需互动调控辅助决策模块”，考虑可再生能源配额、碳市场、绿证交易等多重政策和市场环境，具备不少于5种需求侧灵活资源互动潜力分析功能；研发重点行业电能替代潜力分析模块，具备环保效益向经济效益转化量化分析功能。在能源电力“双碳”先行示范区进行应用验证，提出不少于2种碳流分析的能源电力行业碳减排实施路径，所提方案碳减排比例大于或等于30%，实现不少于3处的电能替代项目。项目总体研究技术路线示意图见图9-6。

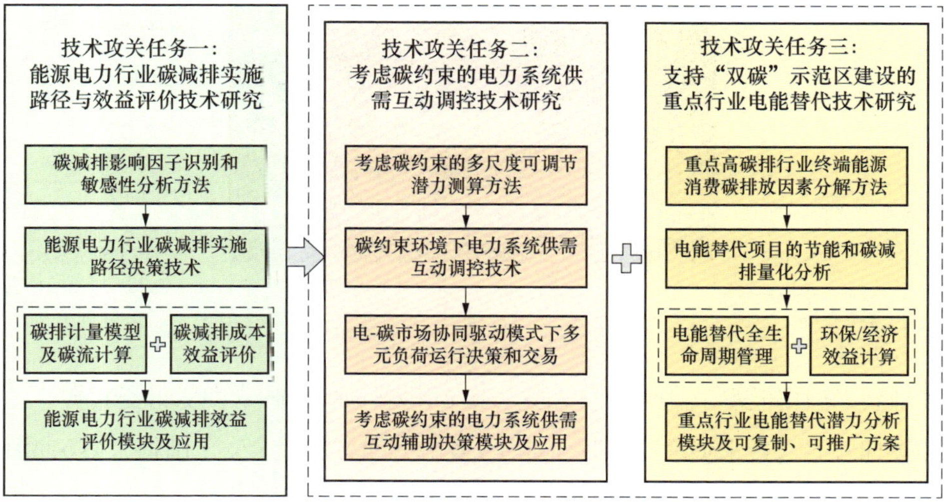

图9-6 项目总体研究技术路线示意图

五、信息安全与大数据

面向新型电力系统的电力物联网技术研究及示范应用。在天津滨海新区全面打造国际领先的电力物联网技术及应用示范工程，形成可复制、可推广的示范样板，大幅提升电网数字化和智能化水平，推动电网加速向能源互联网演进升级，构建清洁低碳安全高效的能源体系，助力碳达峰碳中和目标的实现。深入开展电力物联网关键技术研究，通过云边协同实现边缘侧设备模型适配部署并提供落地解决方案，实现1000节点以上的微功率无线自组网和50兆以上宽带多杀自组网；打造电力物联网全场景智能安全防护体系，实现多类异构终端接入、数据实时共享交互、大规模业务实时互联互通。项目总体研究技术路线示意图见图9-7。

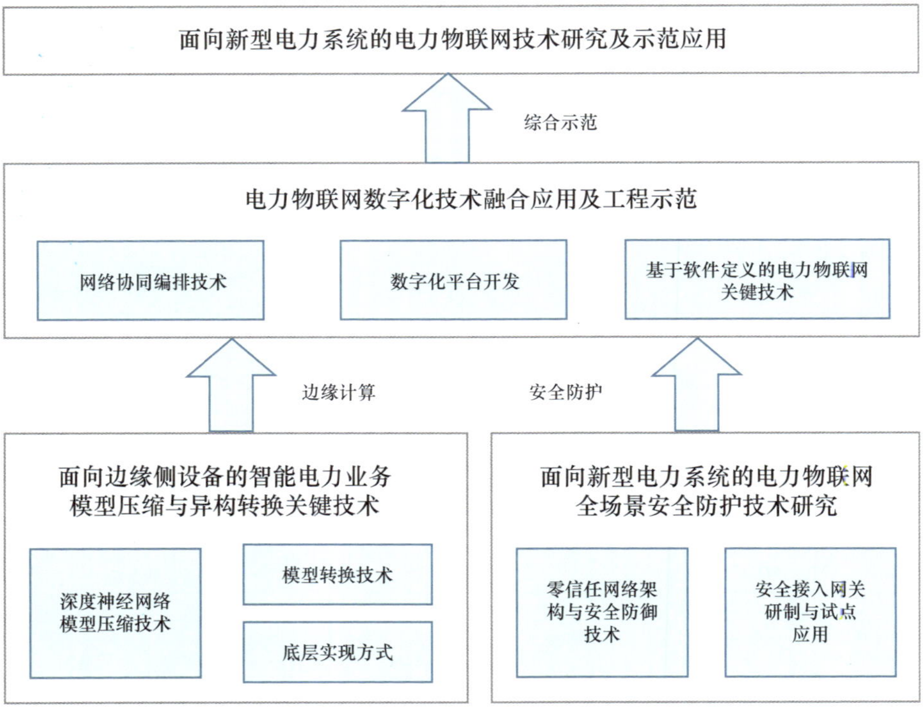

图9-7　项目总体研究技术路线示意图

六、智慧能源系统规划建设

新型电力系统运行机理及协同规划关键技术研究框架。研究双高特征新型电力系统多时间尺度电压稳定性建模和评估方法，提出提升电压稳定的无功配置方案，研究多维度多时间尺度电源动态调节能力需求分析与定量评估方法，提出双高特征新型电力系统电源动态调节能力配置策略；提出“双碳”目标下多维度、多因素电力需求预测方法和电力电量平衡分析方法，建立“双高”特征城市电网综合扩展规划与评价方法；构建能源互联网未来应用场景，探索能源互联网商业模式及市场机制。为新型电力系统规划及运营提供技术支撑。项目总体研究技术路线示意图见图9–8。

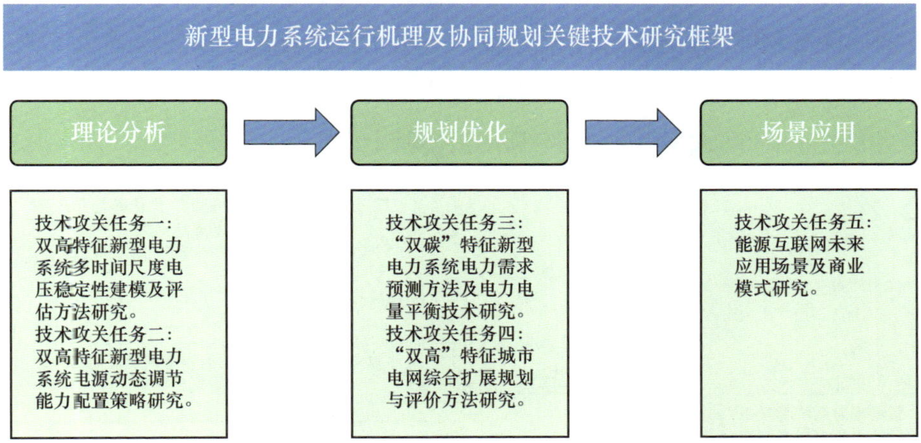

图9–8　项目总体研究技术路线示意图

面向绿色电网建设的设计、施工及装备关键技术研究框架。坚持系统观念，对绿色建造涉及的绿色设计、绿色施工、绿色移交等方面开展专项研究，对安全、品质、生态、效率、成本、人文等要素进行总体平衡，形成电网建设全要素的绿色建造发展模式。研究自升（自立）式跨越技术，提出承力索参数化建模方法与设计载荷，从安全、占地、施工操作、循环利用等多方面统筹考虑，设计一种自升（自立）式跨越装备。研究线路的循环再利用技术，研制可重复利用临时过渡杆塔以及过渡电缆构筑物，能够根据现场实际需求而进行装配式自由组装；研究破损电缆排管非开挖修复技术，实现电缆通道的可持续再利用；研究线路工程废弃泥浆集约处理装备关键技术，满足通用性、便捷施工、绿色环保及循环利用等要求；研究基于三维模型的输变电工程数据监测技术和智能造价编制技术，构建输变电工程全周期数字化整理新模式。

七、其他领域

新型电力系统下储能系统全景多维协同关键技术。立足新型电力系统发展模式，提出储能系统接入规划、优化运行、安全运维以及商业模式研究方案，提出“新能源+储能”优化配置方案及接入系统方案规划方法；研究储能电站消防安全关键技术，储能电池健康状态评价、风险预警以及寿命预测技术；探索储能参与辅助服务市场获取价值增值的方式及商业模式，实现电力系统负荷削峰填谷，增加电网调峰能力，提升电网对高比例可再生能源的接纳能力。项目总体研究技术路线示意图见图9–9。

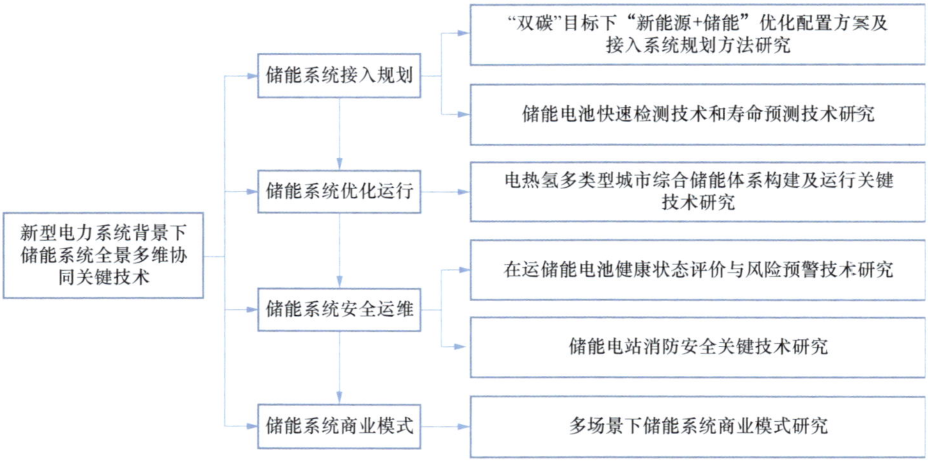

图9–9 项目总体研究技术路线示意图

第三节 “双碳”领域重大科技项目与科技成果

一、国家重点研发计划项目

1. 智能配电柔性多状态开关技术、装备及示范应用

项目技术研究路线示意图见图9–10。

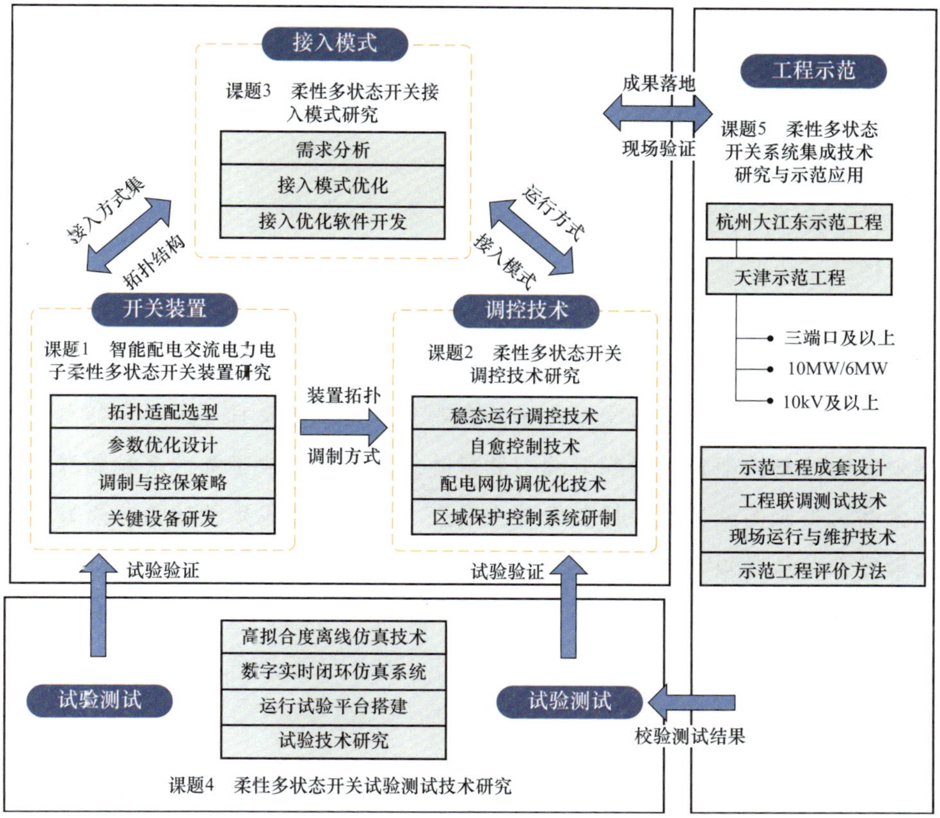

图 9-10 项目技术研究路线示意图

（1）研究智能配电交流电力电子柔性多状态开关装置。

拓扑适配选型方面：以最小规格满足最大应用需求为准则，提出适配多种接线方式与应用场景的主电路系列及其拓扑集；从“交－交”与“交－直－交”功率变换角度开展拓扑构造规律与推演方法研究，设计柔性多状态开关拓扑辅助选型软件；围绕新型功率器件与磁性元件开展装置潜在拓扑研究。

参数优化设计方面：围绕额定耐受电流和过电压等关键指标，从多物理场耦合角度评估开关装置运行安全裕度；进一步综合经济性、运行效率、可维护性等因素，开展多约束条件下的装置参数优化设计研究；完成换流器过电压计算与绝缘配合设计。

调制与控制保护策略方面：分析能量脉冲序列谐波与损耗特性，提出高性能阀级调制策略；研究各控制模式下的响应逻辑与切换控制策略，实现状态间平滑过渡；研究开关装置的故障暂态响应特性并提出保护配置原则。

关键设备研发方面：针对高可靠、紧凑化与少维护要求，研究可单端带电隔离的预制舱式开关换流器设备；研制高集成度、可平行扩展的阀控设备；提出控制保护设备的分布式控制与分区保护架构。

（2）研究柔性多状态开关调控技术。

稳态运行调控方面：基于柔性多状态开关的电压波动平抑控制和多端功率互给调节，研究面向分布式电源最大化消纳的柔性多状态开关调控技术；针对配电网中的电压闪变、谐波畸变和三相不平衡等电能质量问题，研究基于柔性多状态开关的电能质量治理技术。

自愈控制方面：针对配电网中的复杂扰动，研究基于柔性多状态开关的主动防御控制策略，防止故障发生；对配电网中已经发生的故障，研究柔性多状态开关的故障穿越技术以及柔性多状态开关与常规开关的协同控制技术，实现配电网故障的快速定位与隔离，以及非故障区段的快速转供。

配电网协调优化控制方面：提出基于多智能体系统鲁棒一致性的柔性多状态开关集群调控方法；综合考虑馈线均衡、电压安全、降低网损等因素，构建多目标优化控制模型，研究配电网的运行优化调控技术。

配电网区域保护控制系统研制方面：提出含柔性多状态开关的智能配电网协调优化控制系统架构；研究智能分布式配电网自动化组网方案；研制智能配电网区域保护控制装置。

（3）研究柔性多状态开关接入模式。

接入需求分析方面：主要研究基于场景划分与削减技术的配电网传统调控手段局限性分析方法，研究典型配电网接线拓扑矩阵生成技术及传统调控手段约束表达方法；研究柔性多状态开关连接的拓扑表达及其可行域分析方法；研究不同场景需求下柔性多状态开关状态边界分析方法，以及基于拓扑可行域和状态边界的接入方式集建立方法，指导工程设计准则制定。

接入优化方面：主要研究柔性多状态开关的综合效益分析模型、考虑运行方式的柔性多状态开关接入优化配置方法；研究柔性多状态开关接入方案可靠性评估方法。

在柔性多状态开关的接入优化设计软件方面：开发需求评估分析、优化配置、可靠性评估等功能模块，并建立柔性多状态开关接入优化设计软件可视化平台；以示范工程的配电网为目标对象，运用本课题开发的接入模式优化设计软件，实现软件功能测试和接入优化算法验证。

（4）柔性多状态开关试验测试技术研究。

离线仿真技术研究方面，建立柔性多状态开关不同控制模式下的稳态数学模型和电磁暂态模型；仿真分析各端暂态响应输出特性和过电压特性，为控制和保护策略设计和过电压绝缘配合设计提供依据。

全工况运行试验平台方面：研究柔性多状态开关的运行试验方法；构建柔性多状态开关试验系统，开展柔性开关、阀控和控制保护的真型试验；研究柔性多状态开关装置试验系统电路拓扑与控制方法。

数字实时闭环仿真系统方面：建立不同时间尺度的柔性多状态开关、负荷等元件的实时仿真模型；构建微秒级实时数字仿真系统，实现柔性多状态开关控制保护系统与实时仿真模型的闭环仿真，验证控制保护系统功能完备性和性能精确性。

柔性多状态开关试验技术方面，研究柔性多状态开关多种运行工况和故障水平工况下的物理试验、可靠性试验方法；研究柔性多状态开关试验测试等效机理及评价方法；研究柔性多状态开关全工况测试方法及其实现技术。

（5）柔性多状态开关系统集成技术研究与示范应用。

为确保杭州大江东和天津柔性多状态开关的顺利安装与运行，同时发挥柔性多状态开关对配电网在馈线潮流均衡、电能质量治理、分布式电源消纳等方面的突出优势，需要开展柔性多状态开关集成技术研究并示范应用。

在成套设计方面：针对选址定容、辅助系统、土建部分、设备选型等问题开展示范工程设计前期研究；研究柔性多状态开关与运行设备控制保护装置配合技术，制定柔性多状态开关二次系统配置方案。

在现场调试方面：研究分系统试验联调技术；研究站系统调试技术，验证多状态开关等设备、分系统的性能是否达到电气安装工程和设备技术规范的要求；研究系统调试技术，检查、优化和验证设备总体功能。

在运行维护方面：针对配电网不同运行工况研究柔性多状态开关现场运行

技术；在智能在线监控技术的基础上，研究柔性多状态开关状态检修维护技术。

在综合评价方面：通过采集、统计和分析示范工程运行数据，研究示范工程运行效果评估；考虑经济性、可靠性、环境和社会效益等指标，研究示范工程综合效益评估方法；在分析杭州大江东和天津示范工程建设方案和运行特性等基础上，研究柔性多状态开关技术发展趋势。

2. 面向新型城镇的能源互联网关键技术及应用

围绕新型城镇能源互联网的技术需求，本项目分别在多能系统规划、多能系统运行、能源交易与信息支撑、技术经济评价和示范应用5个方面展开研究，见图9-11。

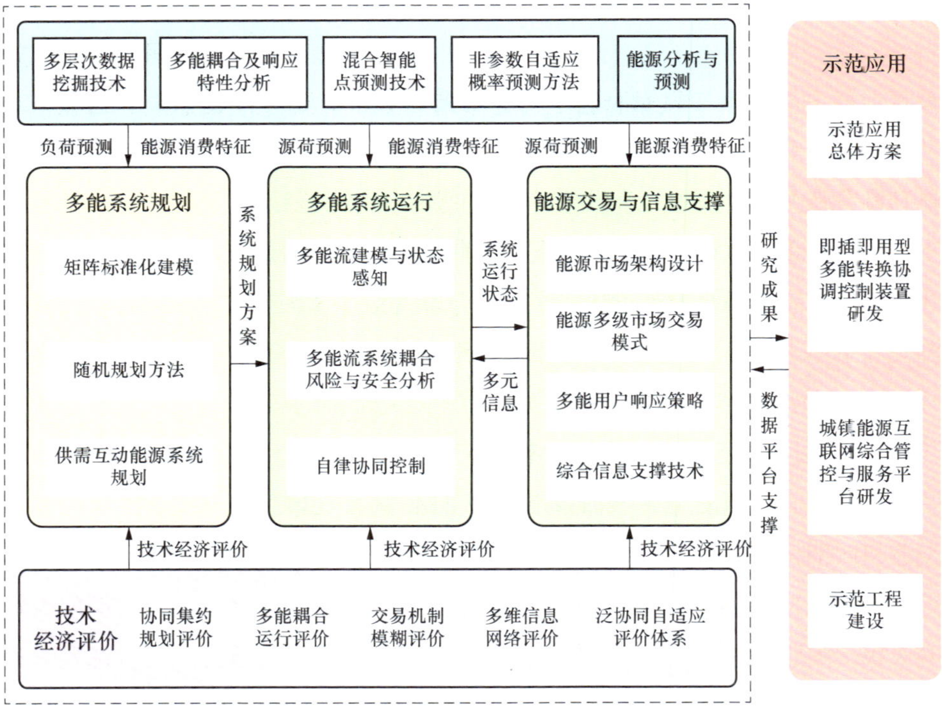

图9-11 项目技术研究路线示意图

（1）面向新型城镇的能源互联网能源系统规划设计理论与方法。

分析新型城镇能源系统基本构成要素，基于城镇发展的能源需求及演变规律，研究具有分布式参与性及多样性的新型城镇能源系统形态布局，构建集中式/分布式、端对端相结合的新型城镇能源互联网能源系统架构。

建立区域能源站多能流时序分析与能量平衡模型，研究新型城镇能源站优化选址方法；基于中长期多能负荷预测结果，建立考虑多能互补的能源站供用能拓扑结构优化与关键组件优化配置模型，形成新型城镇能源站多目标协同规划方法。

研究考虑多能耦合的新型城镇能源网络多能流计算方法；以减少环境污染、提高能源综合利用效率等为目标，建立面向新型城镇的配电网架与冷/热/气管网综合规划模型；考虑多能负荷与可再生能源的不确定性，提出新型城镇能源网络随机规划方法。

考虑电动汽车/储能/柔性负荷的可调节性，研究能源价格及需求侧资源调控策略对典型用能曲线的影响；构建考虑多能负荷分级与互动的能源站规划模型，形成考虑“源荷”协同管理的能源网络规划方法；为新建区提供能源系统规划方案，为建成区提供能源系统优化提升方案。

（2）能源系统运行优化方法与能量优化管理技术。

研究电、冷、热、气等多能流不确定性系统运行机理，分析不同类型能源之间的转换机制，建立多能流系统多时间尺度耦合模型，提出多能流数据预处理技术和模型的自适应辨识方法。

研究多能流异构耦合系统的连锁故障发生机制，根据示范区的能源规划结果搭建电、冷、热、气耦合系统仿真算例，提出基于灵敏度矩阵的多能流系统风险评估方法；通过能源互联网综合管控与服务平台给出多能流系统设备异常状态下的安全预警报告和控制策略。

分析城镇能源系统中能量交换场景，提出聚合“源荷”特性的各主体互补可调度潜力量化方法；根据电、冷、热、气等多种能源的不同时间常数和互补特性，及各参与主体能源供需的不确定性互动需求，研究涵盖日前、日内和实时的动态优化控制策略，提出城镇级/局域级/用户级能源互联网自律协同运行优化技术。

研究示范区内不同季节、不同行业能源主体长时间尺度的用能特性，制定年度、季度和月度等长时间尺度的能量优化调度计划；基于示范区内用户的供需关系及能源价格机制，构建“互联网+”综合能源管理服务架构，引导用户改变用能行为，优化各类能源的基荷曲线。

（3）城镇能源互联网多能预测、交易模式及信息支撑技术。

研究用户个体及群体的能源消费特征，提出基于深度数据挖掘的多能用户用能特性分析方法，建立用户标签化用能画像和能源消费模型。

研究分布式多能“源荷”预测方法，建立基于混合人工智能的多时间尺度点预测模型，分析预测误差的统计特性，提出基于人工智能的非参数自适应概率预测方法，实现对电、冷、热、气等“源荷”预测不确定性的有效量化。

研究城镇/局域/用户多层能源市场架构，提出面向电、冷、热、气等多种能源竞争的集中/分布协调的多级交易模式，以及不确定性的多利益主体竞价策略，实现分布式能源市场化交易。

研究能源互联网综合信息支撑技术，提出异构能源数据的采集、处理、传输、共享及分析方法，构建基于区块链的多能信息融合和分布式交易技术，实现多源数据感知、融合和交互。

研究工商业用户、居民用户、综合能源运营商等市场主体供用能决策方法；建立分布式储能、电动汽车等用户多目标优化响应策略；建立市场激励和用户用能行为交互下的多能用户响应策略。在示范区内开展热交易研究，构建面向不同用户群体差异化需求的热交易模式；开展分布式绿电交易研究，构建满足高比例分布式绿电消纳的集中式与分布式交易模式。

（4）能源互联网技术经济评价理论与方法。

针对新型城镇多能协同、绿色低碳、安全高效等特征，分析能源系统规划运行、信息支撑与交易运营的耦合特性，构建能源互联网泛协同技术经济评价指标体系并提出自适应评价方法。

考虑能源系统多能耦合特性与“源荷”不确定性，研究考虑集约度的能源系统规划评价指标体系，构建多阶段评价标准，提出能源系统规划的多阶段评价方法；研究能源系统运行风险、运行灵活性、综合能效与供能质量评价方法。

研究计及终端层可靠性量度、网络传输层鲁棒性分析、数据业务层信息准确度的能源互联网信息支撑评价方法；针对多级能源交易用户频繁互动与能源复杂交互的特点，研究能源互联网交易机制评价与市场运营风险量化方法。

针对能源互联网示范工程，从技术、经济、社会、实用等方面评价示范工程的建设运营水平，具体包括：综合能效、供能可靠性、清洁能源占比等技术性评价；建设投资、运维管理费用、运营效益等经济性评价；环保效益等社会性评价，组织管理、用户满意度等实用性评价，为示范工程的建设运营与推广应用提供支撑。

（5）示范工程建设。

选择天津北辰大张庄镇与江苏扬中新坝镇2个典型新型城镇作为示范区，分别打造“清洁供热型”与“分布式绿电消纳型”新型城镇能源互联网样板工程，具体包括：

1）新型城镇能源互联网示范工程总体架构设计。基于示范区域资源禀赋和负荷特点，结合其他课题研究成果，提出新型城镇能源互联网示范工程总体设计架构、信息支撑架构、互动架构。

2）即插即用型多能转换协调控制装置研制。针对新型城镇能源互联网源–荷的即插即用接入需求，研制多能信息交互装置、多端口电能变换装置、即插即用型储能变流器、交直流双向变换器4种即插即用型多能转换协调控制装置。

3）能源互联网综合管控与服务平台研发。提出平台软件及硬件架构；构建多层级、多业务、多用户的数据模型，提出内外部系统数据集成框架和接口方式；研发能源互联网综合管控与服务平台。

4）面向新型城镇的能源互联网示范工程建设。

针对北辰示范区清洁能源利用不足、负荷用能错配低效、清洁供暖需求迫切、供热方式不经济、综合能效偏低等问题，构建城镇级/局域级/用户级能源系统并开展综合评价，部署能源互联网综合管控与服务平台，建设北方城镇清洁供热能源互联网示范工程。

针对扬中示范区内工业以分散燃煤供热、分布式光伏分布区域广、单体容量小、多能网络互联性弱、分布式绿电消纳不充分、综合能效偏低等问题，对供给侧/用户侧能源系统进行优化改造，构建城镇级综合能源系统并开展综合评价，部署能源互联网综合管控与服务平台，建设南方城镇分布式绿电消纳能源互联网示范工程。

3. 电力物联网关键技术

电力物联网是数字技术与电网技术融合发展的基础，是推进传统电网数字化转型的保障。本项目面向电网呈现的电力资产种类多、源网荷储资源分布广、业务场景多样等特征，以提升电力物联网精准感知、泛在互联、数据融合与智能应用水平为研究目标，支撑电力物联网的建设。本项目解决一个核心科学问题和四项关键技术。

拟解决如下科学问题：研究电力物理数字融合与协同互动机理。面向能源互联网对电力物联网的“精准感知与可靠传输、高效处理与融合共享、数据增值与智能应用”等新要求，研究如何布局精准可靠的感知终端，构建在线互联的异构网络与海量数据融合共享的支撑平台，在保证信息安全的前提下，实现电力物理数字融合；研究如何有效利用数据的双向流动与价值挖掘，通过数据与知识融合方法，赋智电力业务场景应用，实现电力数字与物理资源的协同互动。项目技术研究路线示意图见图9–12。

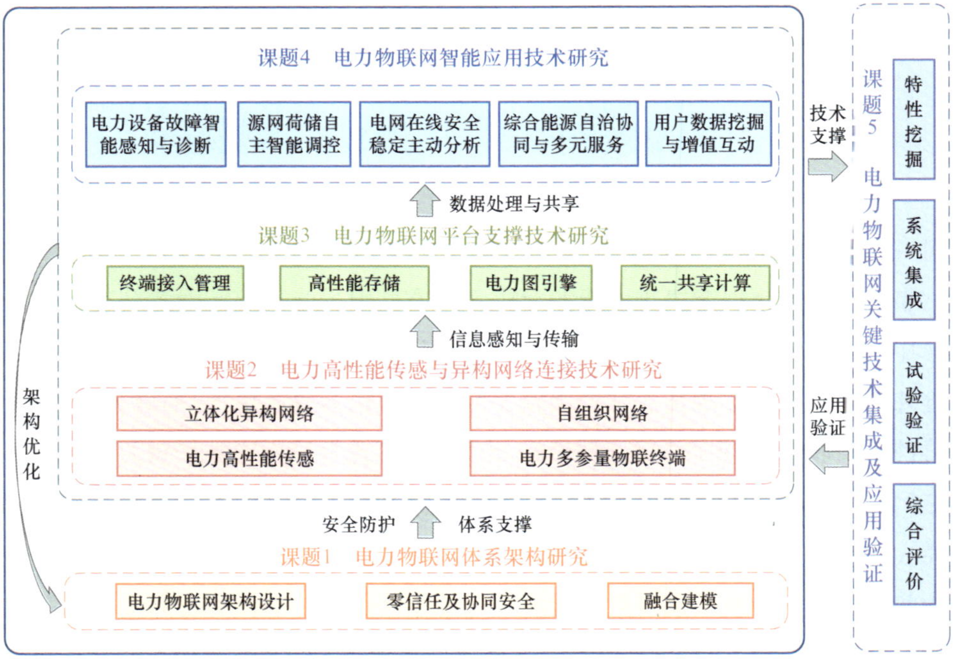

图9–12 项目技术研究路线示意图

拟解决的如下关键技术：

（1）电力物联网安全防护及电网物理数字融合建模技术。

电力物联网包含数据采集、传输、处理及应用等环节，面临架构优化与效率提升问题，需开展体系架构顶层设计；电力物联网包含大量的数字化业务应用，存在设备运行、系统控制、行为决策等各层面的数字化描述难题，需掌握基于物理机理与数据驱动的融合建模技术；电力物联网边界延伸及网络攻击日益复杂化，传统的基于边界的安全防护架构难以适应，需融合零信任机制和协同防御策略研究涵盖电力物联网各层级的安全防护技术。

（2）电力物联网数字化精准传感及立体化通信网络技术。

高性能电力传感器及数据可靠传输是实现电力设备状态评估与诊断的基础。目前，局放、振动、气体等参量的监测手段仍未实现自主可控，因此亟须攻克电力高性能新型传感器的制备、优化和应用技术。为解决输电、配电、用电多场景海量数据的边缘计算及传输问题，需掌握多参量物联终端设计技术、高可靠超多条安全自组网和多层次大规模自组网技术，结合5G广域接入及北斗时频同步技术，实现各类电力传感器及终端基于异构网络的灵活接入，保障电力物联网数据的可靠传输。

（3）高并发异构物联终端接入管控及海量数据存储共享技术。

电力物联网建设对能源感知的深度广度需求不断提升，需研究基于软件定义的电力物联网终端管理及接入技术，提高平台层终端接入能力以及多元设备管理能力。为应对电力物联网时空多尺度数据采集频次的大幅提升，同时适应能源多业务共性数据共享需求，需研究立方体构建及预计算技术、图并行计算技术、数据脱敏共享技术，提升平台层并行连接处理和数据存储、融合共享能力。

（4）基于电力物联网的电力业务场景智能应用技术。

电力设备存在信息多源、状态评价困难、故障诊断率低等技术瓶颈，亟待突破电力设备故障智能感知与诊断技术；地区电网源网荷储利益主体多样、源荷双侧不确定性突出，导致新能源消纳能力不足，需研发源网荷储自主智能调控技术；综合能源存在多能互补潜力挖掘不充分，能源利用效率不高等问题，亟待突破综合能源自治协同与多元服务技术；电网传统在线安全存在状态难以实时辨识、被动防御与时效性低等问题，电网在线安全稳定主动分析技术亟待突破；电网存在数据价值挖掘不充分与用户互动能力不足等问题，亟待开展用户数据挖掘与增值互动技术研究。

4. 大规模电动汽车安全充放电与车–网智能互动关键技术

针对大规模电动汽车充放电对电网安全、车–桩（站）安全、信息安全带来的巨大挑战和新型电力系统对灵活性资源的迫切需求，项目主要解决“大规模电动汽车融入新型电力系统的协同安全与动态精准聚合机理”的关键科学问题，针对如图9–13所示的四个关键技术问题开展相关研究工作，开发系统平台并开展示范应用。项目技术研究路线示意图见图9–14。

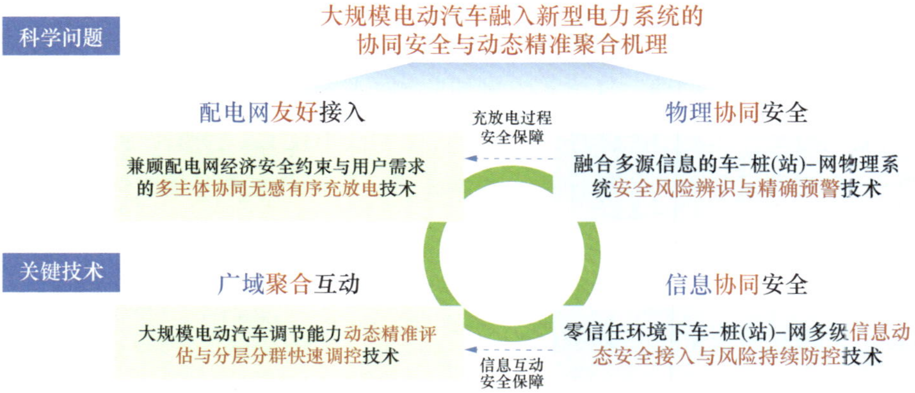

图9–13　项目拟解决的关键科学问题与技术问题

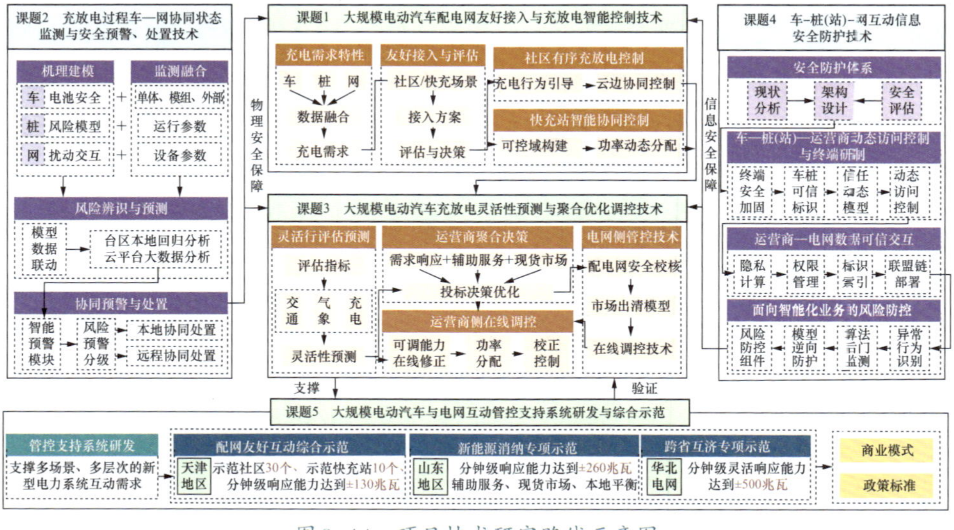

图9–14　项目技术研究路线示意图

（1）兼顾配电网经济安全约束与用户需求的多主体协同无感有序充放电技术。

1）针对电动汽车差异化接入场景与用户随机充电行为造成的充电需求预测难问题：建立基于车－桩（站）－网跨平台多源数据融合驱动的用户个体充电需求多时间尺度动态预测模型；研究用户个体有序充放电多时间尺度灵活可调边界量化技术。

2）针对电动汽车友好接入配电网难题：研究社区/快充站友好接入场景生成方法；研究考虑充放电灵活性的电动汽车友好接入方案优化方法；建立电动汽车配电网友好接入方案综合评价指标体系；研究电动汽车友好接入能力的综合评估与决策方法。

3）针对配电台区容量不足问题：研究长时间尺度下多主体协同的用户充电行为有序引导策略；研究云端多运营商协同的多时间尺度无感有序充放电智能控制技术；研究边端考虑台区电网安全的充放电智能控制方法。

4）针对快充站聚合响应能力不足的问题：研究快充站分布式灵活性资源特性分析与可控域构建方法；兼顾车－桩（站）－网需求，研究快充站分布式灵活性资源时序协同的优化调控技术；研究灵活性资源协同的快充站削峰与一次调频主动支撑技术。

（2）融合多源信息的车－桩（站）－网物理系统安全风险辨识与精确预警技术。

1）研究实车工况下动力电池安全演化路径描述方法；研究动力电池单体、模组、整车多层级安全要素表征与提取方法；研究场景自适应的多车型、全生命周期动力电池预警体系。

2）研究桩（站）及与车网双向互动安全风险机理模型；研究桩（站）充放电过程安全风险特征量挖掘及表征方法；研究桩（站）安全风险边界动态修正技术与异常状态保护运作机制。

3）研究配电网充放电交互扰动与故障过程混杂系统模型；研究车网双向互动过程中配电网数字化台区拓扑自动识别和物理安全风险提取技术；研究车网互动过程中配电网台区物理安全风险精准预警模型、分级综合评价与处置技术。

4）研究含多车企、运营商与电网的跨平台车－桩（站）状态协同监测技术；研究基于平台联通、数据融合的桩网充放电全过程安全精确预警技术；研发多层级智能云边端预警软件模块，研究充放电过程中车－桩（站）－网风险协同处置方法。

（3）大规模电动汽车调节能力动态精准评估与分层分群快速调控技术。

1）建立反映大规模电动汽车充放电可调节能力的灵活性指标，研究基于模型与数据驱动相结合的充放电灵活性指标评估方法；考虑充电桩、站级功率约束，研究基于人工智能技术的大规模电动汽车充放电灵活性预测方法。

2）从充放电设施运营商的角度，研究基于多源数据驱动的车网互动市场需求和价格预测方法；针对运营商参与需求响应、辅助服务和电力现货市场等场景，研究其参与车网互动的分层分群聚合优化决策方法。

3）针对在线运行阶段的调控需求，基于大规模电动汽车充放电可调节能力的滚动预测，研究大规模多类型充放电设施的功率指令分配策略，并研究减小实时调控偏差的校正控制策略。

4）从电网管控与运行优化的角度，研究车网互动参与需求响应和提供辅助服务的基线功率计算方法；研究大规模电动汽车参与车网互动的配电网安全校核技术、多运营商参与车网互动的市场出清与调控策略；研发所提出的算法组件。

（4）零信任环境下的车－桩（站）－网多层级信息动态安全接入与风险持续防控技术。

1）研究大规模车网互动条件下的业务需求与信息流向，设计具有高兼容性的多层级车－桩（站）－网信息安全防护架构；基于零信任理念，提出基于动态攻防组合的信息安全分析与评估方法，实现架构迭代优化。

2）研究终端安全加固技术，设计面向车网互动的边缘计算安全框架，研制内核100%国产化桩（站）用安全智能交互终端；研究车、桩多因子身份认证技术，实现车－桩跨域在线认证；研究终端信任度动态评估技术，构建车－桩交互安全行为基线，实现车－桩（站）－运营商交互中动态访问控制。

3）研究基于状态通道的区块链扩展技术，构建敏感数据可信计算环境；研究跨平台数据共享权限管理技术，构建数据共享信任监督机制；研究链上链下协同存证与溯源技术，保障运营商－电网之间数据可信交互。

4）研究异常节点识别技术，避免异常数据污染模型训练；研究算法安全监测技术，提升智能决策模型的鲁棒性；研究AI模型逆向攻击防护技术，实现数据、算法、模型的风险防控。

（5）大规模电动汽车与电网互动管控支持系统研发及综合示范。

1）基于电网与运营商两级协同互动逻辑，提出“网–运两级”车网互动管控支持系统架构；研发部署支撑多系统价值共享及协同决策的电网级互动管控支持系统；研发部署支撑多周期多品种市场交易协同的运营商级互动管控支持系统。

2）开展“天津配网友好互动综合示范”“山东新能源消纳专项示范”“华北电网跨省互济专项示范”三大示范工程；研究规模化多场景车网互动示范成效综合评估方法。

3）构建“电网–运营商–用户”的激励相容商业模式，研究基于公共安全责任分担与外部性理论的车网互动配套政策措施，研究支撑车网互动配套基础设施与产业技术体系升级的标准体系。

二、重要获奖成果

1. 柔性交直流混合配电网保护与自愈控制关键技术

柔性交直流混合配电网基于全控型电力电子装备实现新能源并网消纳、系统柔性互联和灵活主动控制，是电网变革性发展方向。但是，柔性交直流混合配电网抵御故障能力弱，直流故障在数毫秒内即会严重波及整个系统，极易造成设备损毁甚至全系统停电。作为其安全运行的第一道防线，保护控制技术是国内外电气巨头竞相研究的重点。

柔性交直流混合配电网保护与自愈控制关键技术面临以下重大挑战：①混合配电网多端互联，故障演化速度快，国内外尚未实现毫秒级的精准故障辨识；②故障电流冲击大，设备耐受能力差，故障限流与开断性能同时最优难以逾越；③交直流耦合复杂，系统抗扰能力弱，难以实现故障后快速平稳的协同响应控制。

在国家863计划和自然科学基金支持下，项目历时十年，取得了柔性交直流混合配电网保护与自愈控制关键技术及核心装备的重大突破，主要发明如下：

（1）故障初精准辨识。首创了单端暂态量超高速线路保护原理，发明了免疫线路参数频变分布特性的纵联保护方法，攻克了低阻尼、弱边界交直流配电网故障快速精准辨识难题，率先研发的直流配电线路保护装置动作时间小于2毫秒，缩短1个数量级，高阻故障辨识能力提升5倍，填补了国内外空白。单端暂态量超高速线路保护原理技术优势示意图见图9–15。

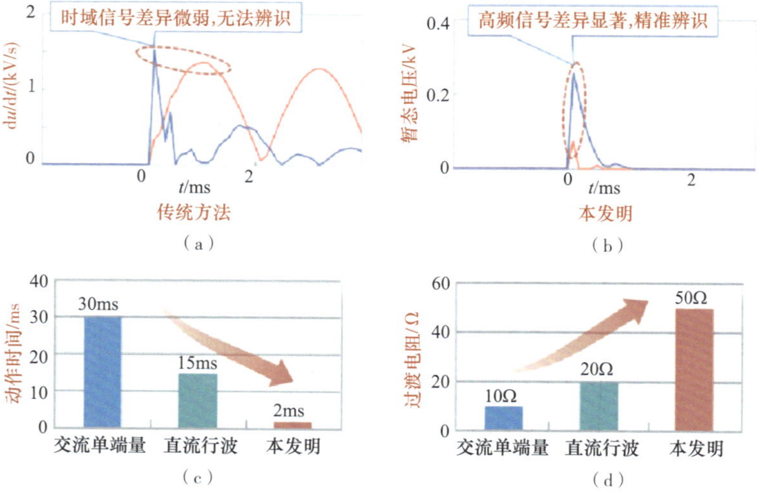

图9–15 单端暂态量超高速线路保护原理技术优势示意图

（2）故障中限流开断。发明了电流转移型故障限流方法，首创了自适应限流的直流故障开断技术，提出了适用于多端配电网的优化拓扑，首次研制的±10千伏限流型直流断路器故障电流抑制率提升1倍以上，故障电流开断时间小于3毫秒，突破了限流制约下直流故障毫秒级快速隔离的世界性难题。电流转移型故障限流方法技术优势示意图如图9–16所示。

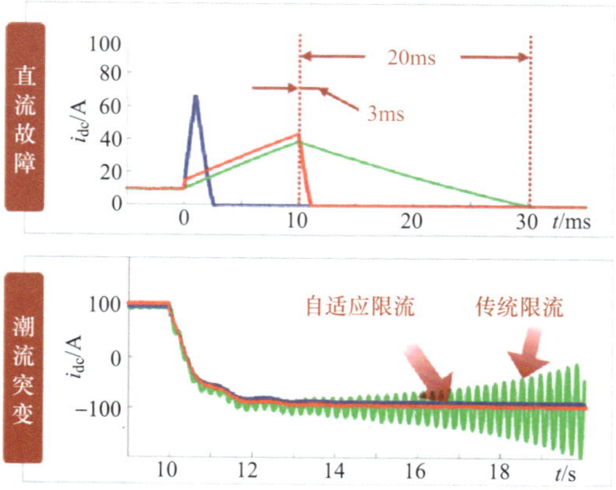

图9–16 电流转移型故障限流方法技术优势示意图

（3）故障后平稳自愈。发明了交直流配电网系统级多站多目标协同优化控制方法（见图9–17），提出了换流站级变减速趋近的滑模控制方法，首次研发的柔性交直流混合配电网自愈控制系统动态响应时间小于20毫秒，速度提升5倍，实现了故障后系统功率和电压的零闪动快速平稳恢复。

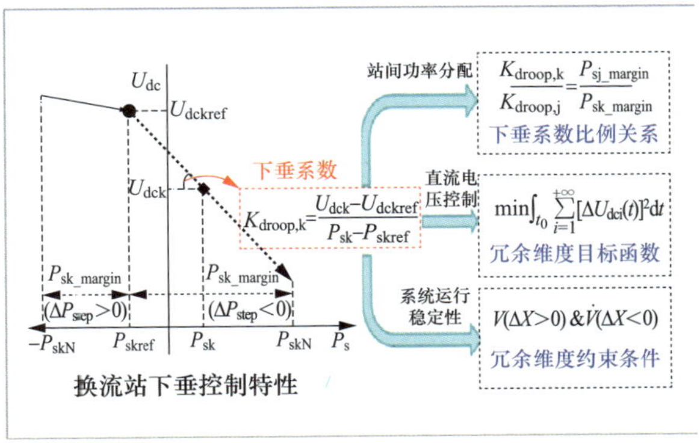

图9–17　交直流配电网系统级多站多目标协同优化控制方法

项目获授权国家发明专利41项、国际专利3项、软著4项；发布国标4项、行标1项；发表论文54篇，其中SCI论文17篇；出版中英文专著4部。研制了首台套核心装备及平台，整体应用于天津北辰国际首个八端口柔性交直流混合配电网，推广到北京、江苏、浙江等地交直流配电网和北京大兴机场等城轨交直流牵引供电系统，出口至巴西、菲律宾等国家，保护正确动作率100%。近5年累计销售21 890套，收入23亿元，利润2.45亿元。创新技术与高端装备水平步入世界前列，为构建新型电力系统提供创新引领和坚实保障。程时杰院士为主任的鉴定专家组一致认为“整体技术达到国际领先水平”。

2. 配网带电作业机器人关键技术、成套装备及工程应用

带电作业可以不停电实现增容、消缺等工作，是提高配电网供电可靠性的重要手段。带电作业处于户外高空、高压环境，传统人工方式安全风险高、工作强度大，且工作质量不统一。配网带电作业机器人可以从根本上解决上述问题，但相比一般室内作业机器人，面临诸多技术挑战：①受户外光照、斗臂车振动等影响，难以对目标进行准确识别定位；②受架空导线、横担等邻近物体影响，作业空间狭小、环境多变，路径规划面临极大挑战；③受室外低温、抖动、导线规格差异等不确定性影响，难以对作业精准控制；④相

比静态绝缘，机械臂运动关节可靠绝缘难以保证；⑤电磁干扰机理复杂，电磁防护难度大。

项目团队历时五年，成功研制出配网带电作业机器人及成套装备，主要创新如下：

（1）精准定位。发明了基于结构单元软编码的激光点云三维建模技术，设计了特征层跳转融合网络架构的目标检测方法，提出了权值修正的点云连通域搜索目标定位算法，攻克了强光、振动等干扰下配电网目标定位难题，定位误差小于1厘米，见图9–18。

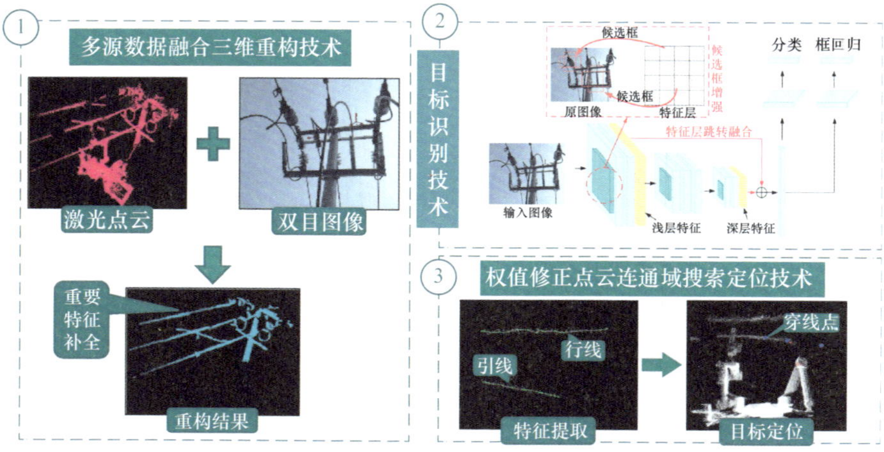

图9–18 配网带电作业机器人精准定位技术示意图

（2）自主规划。发明了多几何体混合表征的机械臂避障检测技术，提出了多分辨率空间划分的规划学习算法，构建了数字孪生作业校验与安全态势评估系统，解决了配电网狭小空间下机械臂路径自主规划难题，避障检测效率最大提升23倍，见图9–19。

（3）智能控制。发明了光电、电位联合感知的多线径自适应控制方法，提出了加速度实时补偿的平台微位移修正和关节主动调温控制技术，攻克了外部风扰、振动和低温下可靠作业难题，实现了50～240平方毫米线径无损剥线等精细操作，见图9–20。

（4）安全防护。提出了“体–臂–腕”三重绝缘防护技术，发明了双层绝缘和槽式叠接结构，揭示了电位转移电流对机器人作业的电磁干扰机理，发

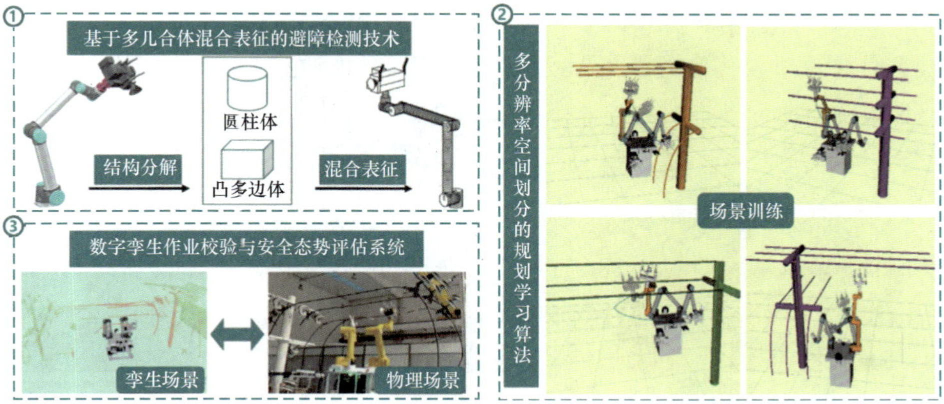

图9-19 配网带电作业机器人自主规划技术示意图

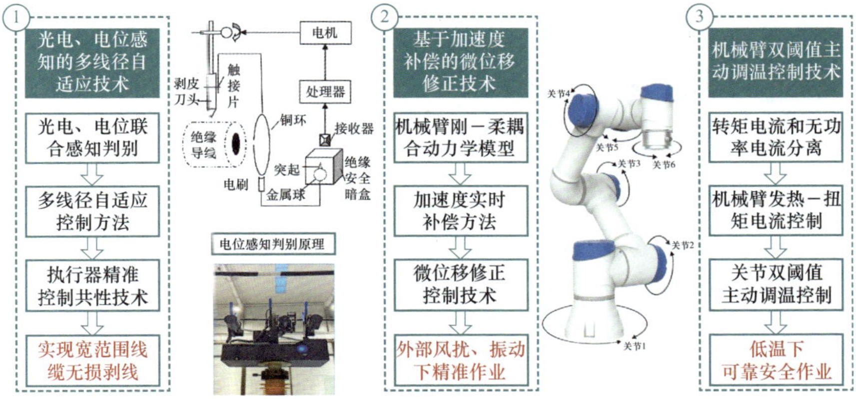

图9-20 配网带电作业机器人智能控制技术示意图

明了改性石墨烯轻薄屏蔽材料，攻克了运动关节可靠绝缘和控制系统电磁兼容难题。配网带电作业机器人安全防护技术示意图见图9-21。

项目成功研制全球首台全自主配网带电作业机器人及自动剥线器等13种末端工具，形成了系列化成套装备，并在滨海成立机器人公司，建立了研发和生产基地，全面实现产业化。授权专利39项（发明25项）、软著4项，国标1项，发表SCI/EI/核心论文15篇，牵头立项该领域首个IEEE国际标准。在天津、浙江等17个省市推广，直接经济效益6.74亿元。陈维江院士等专家鉴定，整体技术达到国际领先水平。《天津市科技创新“十四五”规划》指出，该项目是“十三五”以来具有代表性的原创标志性成果。该成果有力推动了人工智能与能源电力深度融合，有效促进了天津市智能制造产业发展。

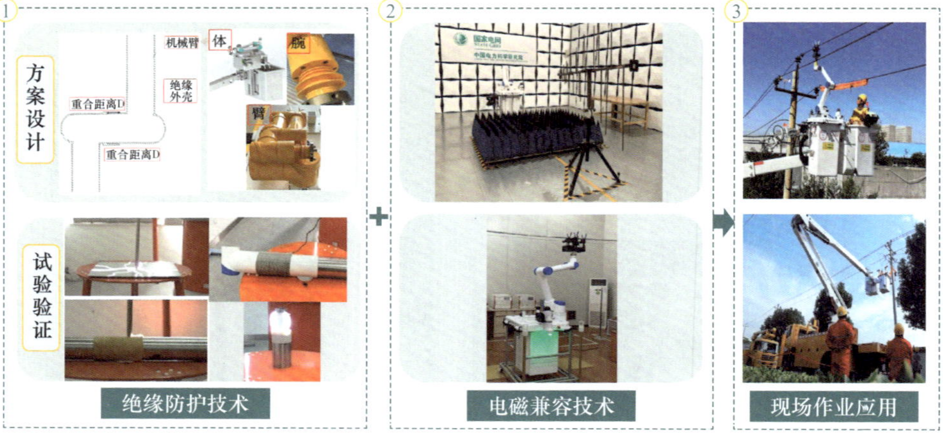

图9-21　配网带电作业机器人安全防护技术示意图

3. 静止同步串联补偿器关键技术、核心装备及工程应用

新型电力系统中新能源大规模并网，引起潮流大范围波动，局部潮流重载和阻塞严重制约了电网输送能力，影响电网安全运行；新能源与电力电子设备产生的时变宽频谐波注入各级电网，系统振荡风险加剧；且常规电源被大规模替代导致电网潮流调控更加困难、调节手段更加匮乏，亟须经济高效的潮流控制和宽频振荡抑制技术手段。

静止同步串联补偿器（Static Synchron ous Series Compensator，SSSC）可动态调整线路阻抗，是控制潮流的有效手段之一。相较于串并联双换流器的统一潮流控制器，基于单换流器的SSSC占地小，经济性优，但其换流器需在无外部电源支撑下独立运行，是尚未攻克的潮流控制技术，且串联型宽频阻抗控制技术尚属空白。

依托系列科技项目，团队攻克了自励型换流阀、动态强耦合系统控制、高倍过电流耐受与防护、复杂工况接入与运行等难题，取得如下创新：

（1）首创混合自励型SSSC主电路结构。提出无源阻抗与有源换流器串联的混合拓扑，显著降低换流阀容量，兼具故障限流功能；提出电压触发自旁路及调节型CT高电位取能技术，创新换流模块电路结构，研制自励链式换流阀，实现自励启动、独立运行，较MMC换流阀模块数和电抗器数减少50%，见图9-22。

（2）提出电流同步的潮流动态控制和宽频抑制技术。建立基于广义诺顿

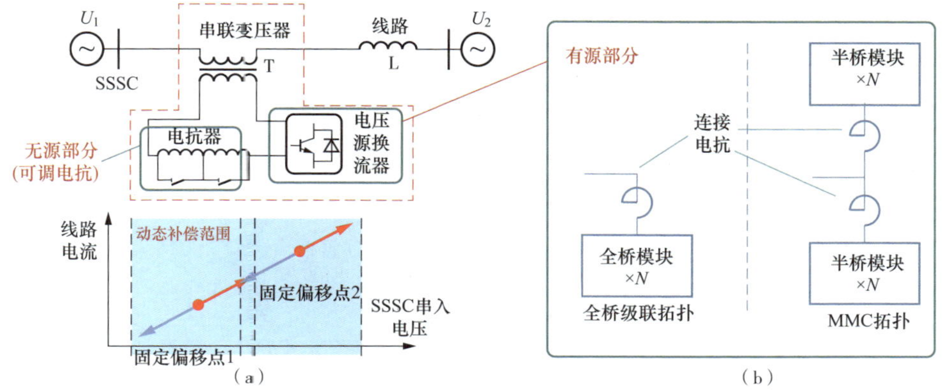

图 9-22　混合型SSSC主电路拓扑

（a）混合型SSSC主电路及动态补偿范围；（b）全桥级联与MMC拓扑对比

循环嵌套的SSSC换流阀加速仿真模型；发明实时归一化电流锁相与注入电压前馈加速的电流同步坐标下潮流解耦控制技术，攻克工频与宽频能量转换的串联型振荡抑制技术，研制成套控制系统，大幅提升潮流动态控制性能，百兆瓦潮流阶跃超调量小于1%，见图9-23。

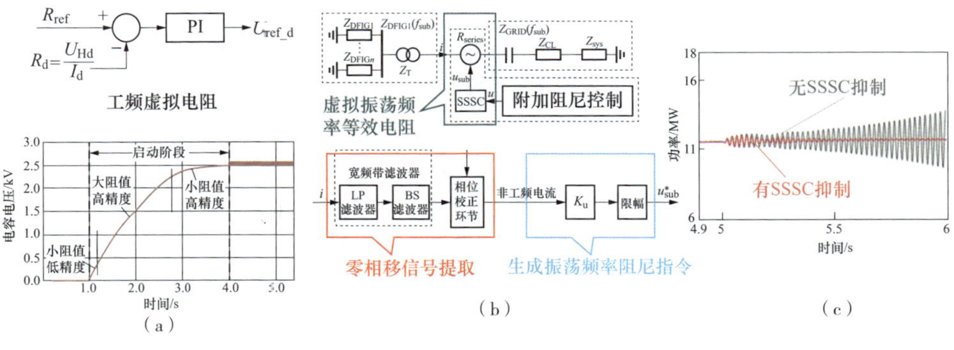

图 9-23　基于虚拟电阻的平滑充电与暂态阻尼控制策略

（a）平滑启动过程及原理；（b）暂态阻尼控制原理；（c）SSSC抑制功率振荡波形

（3）提出换流阀过电流耐受与防护技术。提出IGBT过电流软关断、换流模块防开路、换流阀电流快速转移的过电流三重防护技术；器件、换流模块、换流阀耐受能力逐级提升，达27千安/100毫秒，较同类技术提升近10倍，见图9-24。

（4）攻克SSSC接入与应用技术。提出SSSC的电网运行安全裕度提升与潮流互济的区域电网多目标潮流优化调控方法，降低N-1线路过载和新能源大

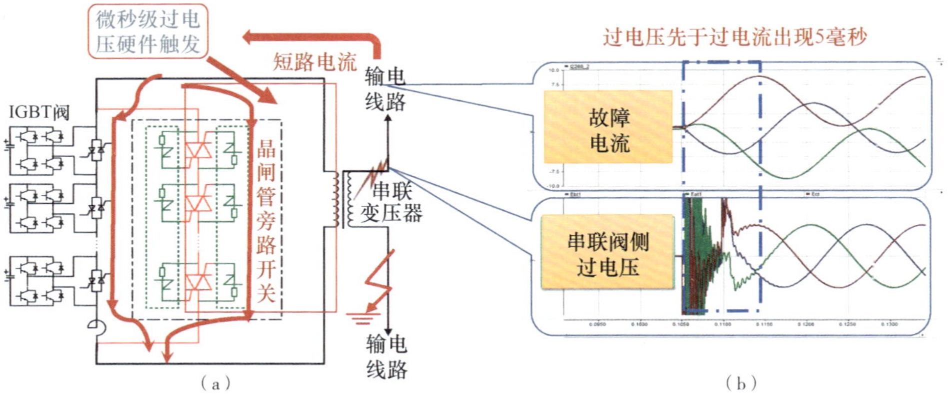

（a）　　（b）

图 9–24　换流阀级过电压自触发的高倍过电流快速转移技术示意图

（a）短路电流在IGBT阀与晶闸管旁路开关转移过程；（b）串变网侧出口短路过电压与过电流

发时潮流跨级返送风险，分区供电能力提升10%。提出SSSC等电位无冲击接入系统和梯级绝缘配合方法，保障装置无扰接入及在4倍过电压冲击下的安全防护，见图9–25。

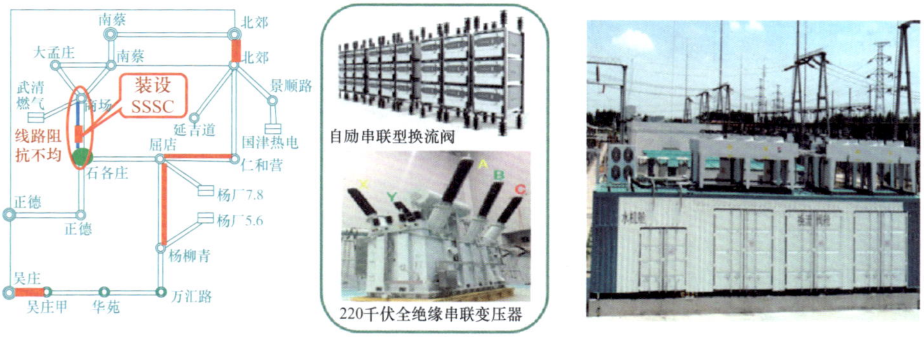

（a）　　（b）　　（c）

图 9–25　核心装备研制及成套工程应用

（a）SSSC接入天津石各庄站示意图；（b）换流阀及串变等核心装备；

（c）石各庄220千伏/30兆乏自励型SSSC工程

项目获授权专利50项，PCT国际专利3件，发表SCI/EI等论文25篇，2篇SCI论文入选全球前1%高被引。在IEEE成立首个国际标准工作组并担任主席，编制国际/行业标准4项。周孝信、陈维江等院士专家鉴定认为“整体技术国际领先”。项目建成世界首个自励型220千伏/30兆乏 SSSC示范工程，提升电网输送能力300兆瓦，解决了天津西部电网局部过载问题，降低宽频振荡风险，保障156兆瓦新能源就地消纳，节省电网投资2.36亿元，累计经济效益7.67亿元。项目成果在河北等电网推广应用，推动了灵活交流输电技术进步与产业发展，提升了我国在该领域的国际影响力，为新型电力系统建设提供有力支撑。

4.虚拟同步机系列成套装备

近年来，以光伏逆变器、电动汽车充电桩为代表的源侧和负荷侧电力电子装置大规模接入配电网，导致系统的等效惯量大幅度减小、稳定性下降，提升电力电子装置对配电网的支撑能力成为亟须解决的问题。在单机接入层面，针对解决接入点电压和阻抗问题的并网技术取得了较大突破，通过下垂控制解决末端电压问题、通过阻抗重塑解决谐振问题等，但这些接入技术无法从根本上解决高速、高频的电力电子化装置与同步电网交互的系统性、结构性难题，电网承担的投资和风险都不断增大。在多机接入调控方面，海量电力电子装置给配电网带来巨大管控压力，通过聚合商、虚拟电厂等手段接入调度，只能做到秒级响应，通过铺设光纤实施实时管控经济性和可操作性较差，电力电子技术的灵活性也难以发挥，经济高效的实时管控和交互机制仍为空白。

在国家和公司重点科技项目支持下，项目组攻克了电力电子化装置与配电网交互技术难题，三要创新如下：

（1）全面建立了源侧和负荷侧虚拟同步机技术体系，提出了电力电子化装置按照同步机制接入电网的交互模型，研发完整反映定转子间电磁关系的虚拟同步机系列装备，响应时间从数百毫秒缩短至20毫秒，负荷侧虚拟同步机技术填补了国内外技术空白。

（2）首次提出了虚拟同步机惯量功率量化分析和检测方法，提出了针对配电网特性的惯量阻尼参数设计方法，发明了多种运行工况下惯性和阻尼系数适时控制技术，提升了电力电子化装置支撑配电网故障恢复的能力，电压跌落深度平均降低10%。

（3）发明了虚拟同步机群全自治控制及与电网交互技术，机群参与电网调控时间由秒级缩短至300毫秒，实现了异构虚拟同步机群并联稳定运行，提出了多惯量要素同时作用时振荡抑制方法，提高了配电网对电力电子化装置调控的精细化水平，见图9-26。

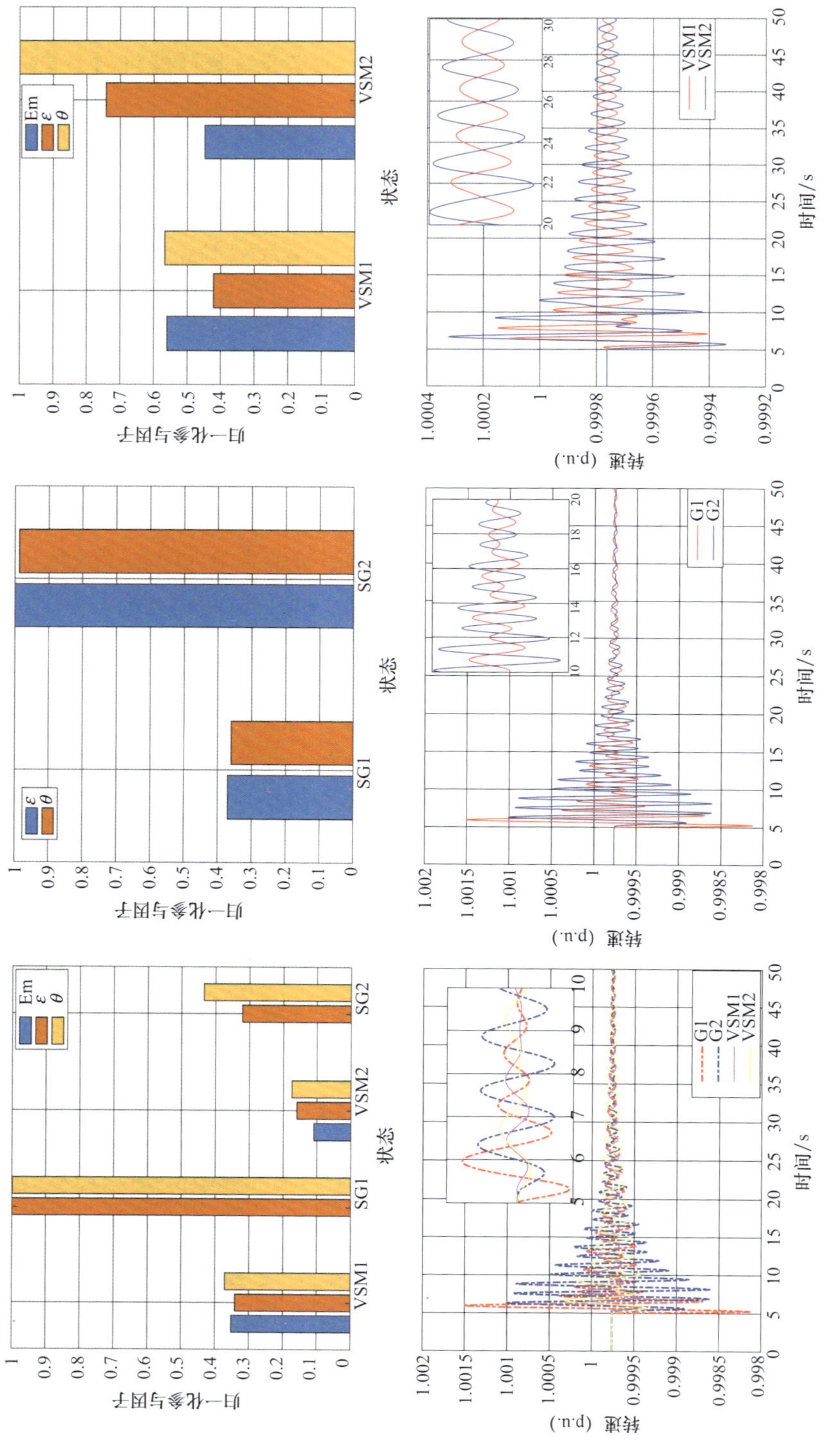

图9-26 虚拟同步机群模态分析及振荡抑制技术

（4）首次自主研发了应用于配电网多种场景的数十千瓦至兆瓦级光伏、储能和风机虚拟同步机、负荷侧虚拟同步机充电桩、虚拟同步机空调以及虚拟同步能量路由器系列成套装备，突破了虚拟同步机实用化难题。天津生态城光储充虚拟同步机现场见图9-27。

图9-27 天津生态城光储充虚拟同步机现场

本项目共获得授权发明专利23项，发表论文61篇［《虚拟同步机技术在电力系统中的应用与挑战》等3篇入选中国精品科技期刊顶尖学术论文（F5000）］，出版专著2部，制订虚拟同步机领域首个国家标准《虚拟同步机技术：总则》并发布企业标准3项，“智能型虚拟同步机并网装置”（见图9-28）获得第46届日内瓦国际发明金奖。经以罗安院士为主任委员的专家组鉴定，该项目整体已经达到国际领先水平。

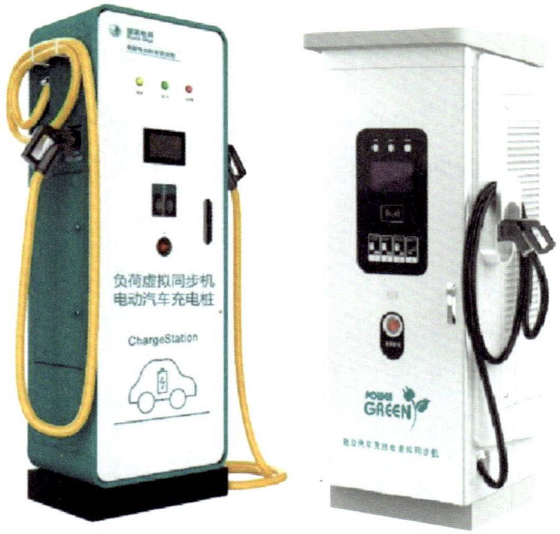

图9-28 虚拟同步机系列装置

项目成果在天津和泰州实现源侧和负荷侧虚拟同步机在配电网工程中的首次应用，并在天津生态城实现整体应用。虚拟同步机系列装置在国内外百余个分布式发电和电动汽车充电站工程中应用，装机容量超230万千瓦，创造直接经济效益约7亿元，减少电网投资约20亿元。项目建立的虚拟同步机技术体系，实现了我国新能源并网和多元化负荷接入的技术产业升级和国际引领，填补了电力电子化装置（群）与配电网友好互动机制的空白。

5. 电力网络安全未知威胁感知与精准防御关键技术

以“零日”漏洞、APT攻击为代表的未知威胁，已成为影响电力网络安全的世界性难题。2015、2016年乌克兰和2019年委内瑞拉先后因未知威胁导致大停电，近期俄乌战争也频繁发生未知威胁网络攻击，造成严重的政治、经济、社会影响。随着能源互联网加快建设，电力信息网络从封闭静止转变为开放互动，国家电网公司年均发生数百起未知威胁攻击事件，传统边界隔离技术难以应对，突破未知威胁防御难题迫在眉睫，但面临以下技术挑战：①电力终端海量异构，漏洞点多分散且攻击特征不明，威胁感知与处置难；②电力信息网络公专混联，攻击路径复杂隐蔽，攻击行为精准识别与实时阻断难；③电力主站业务耦合度高，攻击手段深度定制，受攻击情况下连续运行难。电网网络安全面临形势示意图见图9-29。

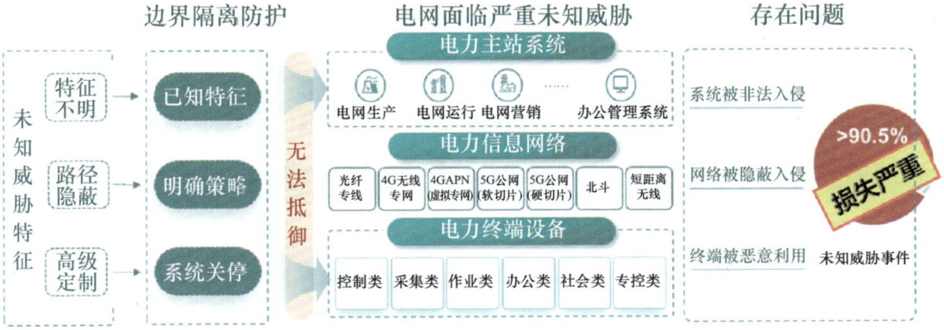

图9-29 电网网络安全面临形势示意图

依托国家重点研发计划等重大项目，构建了未知威胁感知与精准防御技术体系，主要创新突破如下：

（1）电力终端未知威胁自主感知和在线修复。提出了编译中间语言靶向变换的电力终端零E漏洞主动隐藏技术，发明了轻量级安全状态螺旋度量的攻击行为自主感知方法（见图9-30），提出了缺陷程序动态探测和重定向替换的“热补丁”技术，研制了电力终端威胁感知防御组件，近5年向CVE、CNVD等国际权威漏洞库提交28项终端零日漏洞，攻击自主感知率由85%提升至95.2%，在线修复边缘物联、配电自动化等终端漏洞2000余万次。

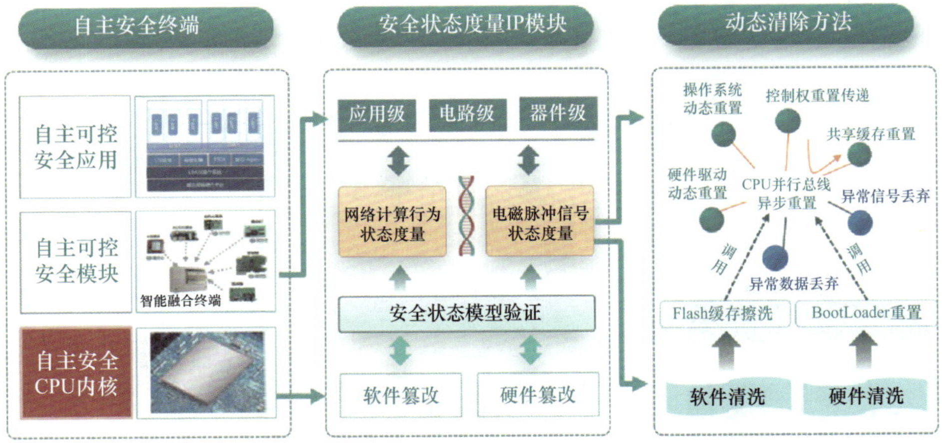

图9-30 轻量级安全状态螺旋度量的攻击行为自主感知方法

（2）电力信息网络未知威胁精准识别和实时阻断。提出了电力网络漏洞组合推理的攻击路径全景监测技术，发明了网络正常行为自驱建模与时序偏差攻击精准识别方法（见图9-31），提出了全网未知攻击软件定义实时阻断技术，建成首个行业级安全态势感知平台，攻击监测准确率达98.1%，在2021年护网行动中成功监测并实时处置33起APT未知攻击事件，央企排名第一。

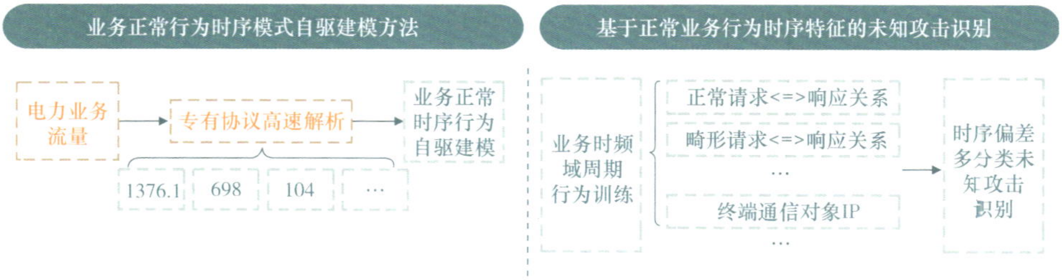

图9-31 网络正常行为自驱建模与时序偏差攻击精准识别方法

（3）电力主站系统未知威胁预警和动态防御。提出了业务暴露面动态跳变和异构执行的电力主站系统攻击主动规避技术，发明了电力业务请求动态分发与响应多余度表决的危害预警方法，攻克了业务会话无缝映射切换的电力主站系统故障隔离技术（见图9-32），研制了系列化主站动态防御网关，填补了电力主站系统“零关停”技术空白，成为第四届“强网杯”国际黑客挑战中唯一未被攻破的设备。

项目授权专利39项、软著12项，发表SCI等论文61篇，发布专著2部、标准2项，牵头成立IEEE电力系统网络安全技术分委会。管晓宏院士等专家

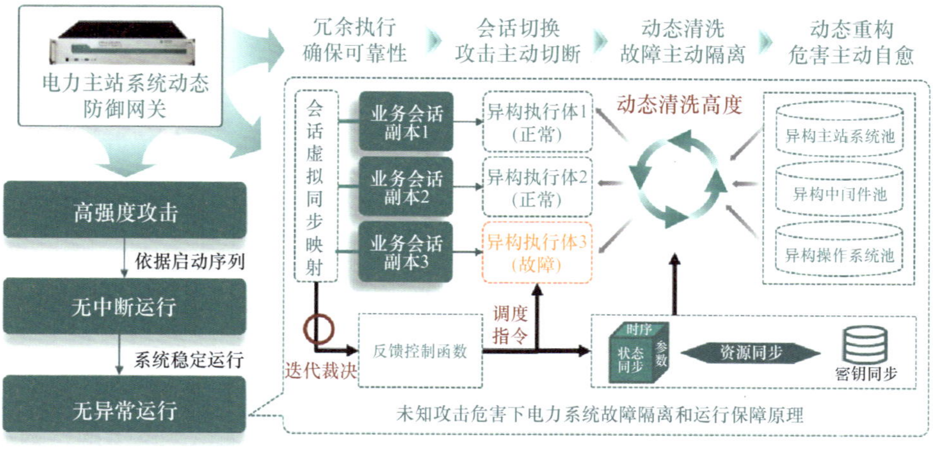

图9-32 业务会话无缝映射切换的电力主站系统故障隔离技术示意图

鉴定“整体达到国际领先”，IEEE Fellow Shahidehpour评价“对中国电力网络安全防护做出了重要贡献”。研制的系列装备在天津电网率先整体应用，推广至26个省级电网及公安、电信等行业，近三年直接经济效益超16亿元。助力国网公司连续6年“护网”全国第一，圆满完成冬奥会等重大安全保障任务，受到公安部高度评价。精准识别抵御全球最大黑客组织“匿名者”等电力网络攻击2000余万次。实现了电力安全从隔离封闭向开放精准防御的跨越升级，支撑新型电力系统建设。

6. 光储充检一体化城市大型充电站关键技术

“十三五”以来，天津电动汽车年均增长125%，保有量已达30万辆，亟须加快充电站建设，满足日益增长的充电需求。集成光伏、储能、大功率快充及安全检测的光储充检一体化城市大型充电站（见图9–33），辐射能力强、服务功能多，具有便捷、绿色、安全、智能等优点，是重要的城市充电基础设施，但立项之初面临诸多技术挑战：①受充电随机、配电网安全、城市发展等多重约束，精准选址及定容配置难；②大功率充电冲击大，光储充电力电子系统容量大，惯性弱，电压稳定与谐波治理难；③站内车桩密集且类型多样，故障耦合关联复杂，主动安全防护难；④车桩站网海量数据融合度低、质量差，价值提升难。

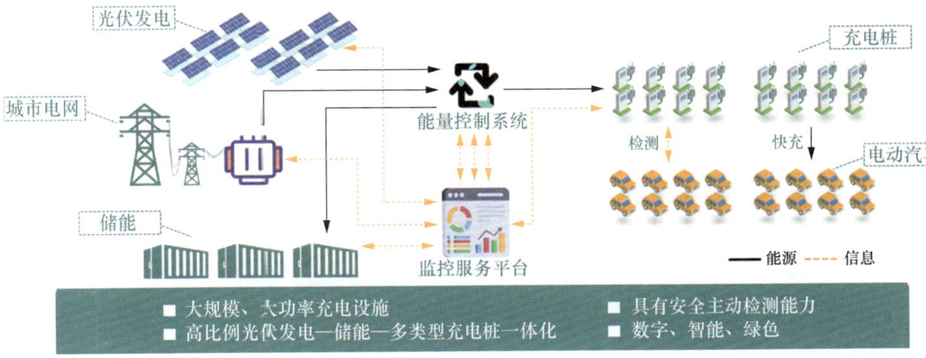

图9–33 光储充检一体化城市大型充电站示意图

在国家重点研发计划和自然基金支持下，项目取得创新突破如下：

（1）精益规划。提出了用户行为与交通流仿真的充电需求时空预测技术，发明了配电网安全、用户便捷与城市规划约束下的启发式选址方法，攻克了光储桩网二阶段随机优化配置技术，研发了国际首套车路网融合充电站规划系统，充电站全寿命周期成本降低10%，见图9–34。

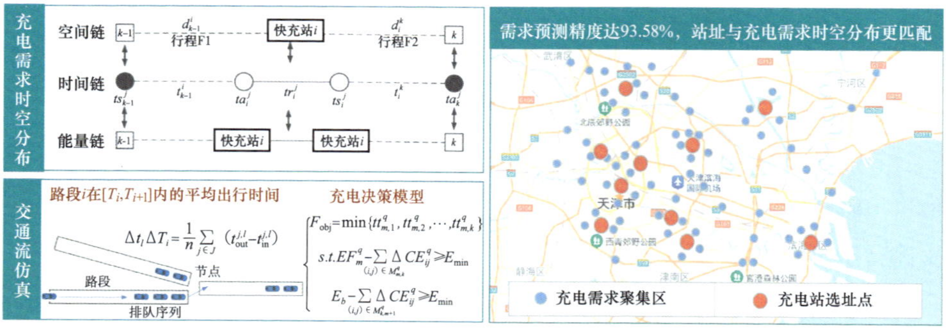

图9–34 基于交通流仿真的充电需求时空预测方法

（2）友好运行：提出了大型充电站自适应虚拟惯量反下垂电压稳定控制技术（见图9–35），突破了光储充多类谐波分频解耦治理技术，攻克了可控域滚动量化的光储充时序优化技术，研发了多重移相软开关脉冲调制的低压柔性互联装置，暂态直流母线电压小于或等于3%，谐波总含量小于或等于2%。

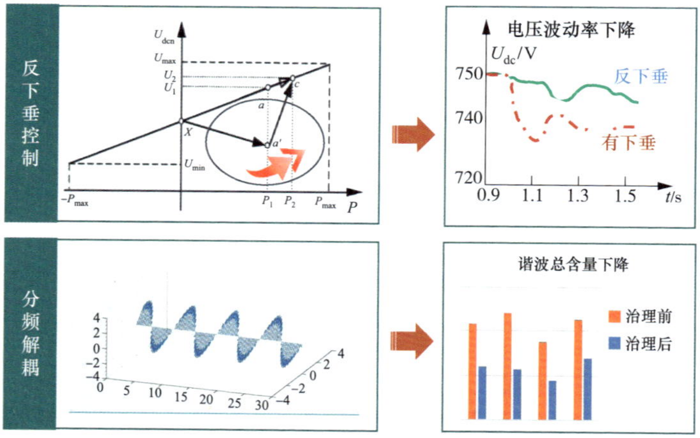

图9–35 自适应虚拟惯量反下垂电压控制技术示意图

（3）安全防护：提出了充电数据流特征异常判断的动力电池安全防护技术（见图9–36），发明了时空数据深度学习的电池健康状态评价方法，突破了改进RNN神经网络的充电桩故障诊断技术，制定了《电动汽车供电设备安全要求及试验规范》国家标准，动力电池预警准确率大于或等于90%，充电桩故障诊断准确率大于或等于97%。

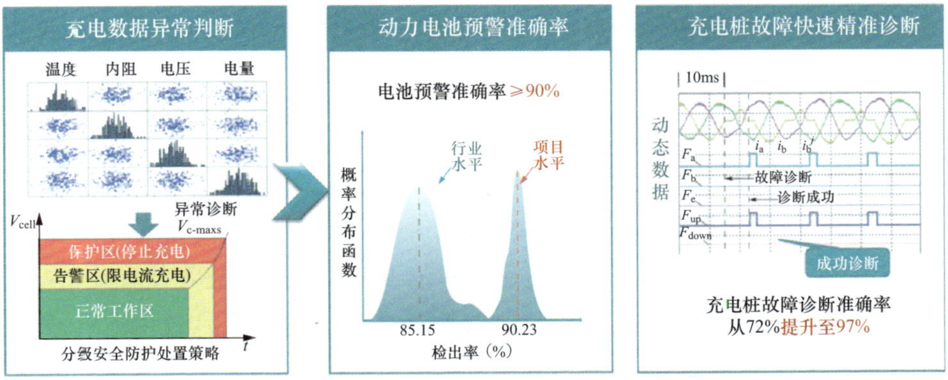

图9-36　充电数据离群点检测的动力电池在线安全防护技术示意图

（4）智慧运营：提出了基于多范数低秩矩阵的大型充电站数据填充与多噪声统一治理技术，研发了海量异构数据跨域融合的充电设施与电动汽车公共服务平台（见图9–37），创新了动态引流、智能运维、产业分析等5大类128项充电运营增值服务模式。

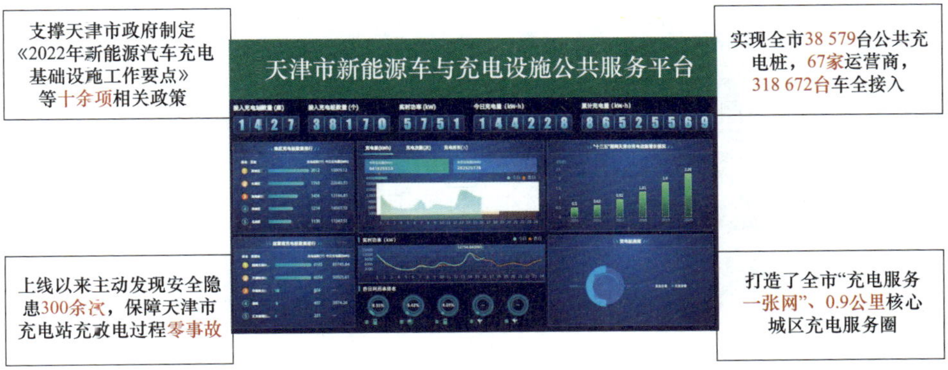

图9-37　车–桩–站–网一体化服务平台

项目授权发明专利50项、软著5项，发表论文45篇，发布国家/行业等标准6项，研制了安全预警智能终端等7套核心装备与系统平台，经程时杰院士等专家鉴定“整体国际领先”。成果率先在天津津门湖新能源车综合服务中心整体应用，年服务约20万车次，综合利用率达70%，推广至天津全市及山东等21个省的168座大型充电站，并出口新加坡等国，核心装备国内市场占有率超35%，直接经济效益24.4亿元，为电动汽车产业发展和“双碳”目标落地提供了坚强保障。

7. 电采暖与电网供需互动关键技术及应用

随着清洁供暖政策推进，电采暖已成为重要供暖方式和用电负荷。以天津武清为例，电采暖占总供热面积比例高达60.5%，冬季电采暖电量占总用电量的32%。电采暖刚性接入和运行增加了电网峰谷差，影响了供暖可靠性，加剧了电热矛盾。提升电采暖蓄热能力，作为冬季重要的可调负荷资源与电网互动，可以缓解电热矛盾、促进新能源消纳，对构建新型电力系统意义重大，但面临以下技术难题：①供热能力受电网承载力制约，规划运行相互影响，蓄热设备经济合理配置难；②蓄热资源响应特性各异，响应意愿和电网安全约束动态变化，削峰填谷精准响应难；③新能源出力随机性强、波动快，蓄热资源主动匹配消纳难度大；④高密度、快响应的蓄热体存在技术壁垒，互联互动装置和系统缺失，大规模应用受到制约。

依托国家重点研发计划等项目，取得了四方面创新成果。整体研究技术思路示意图见图9-38。

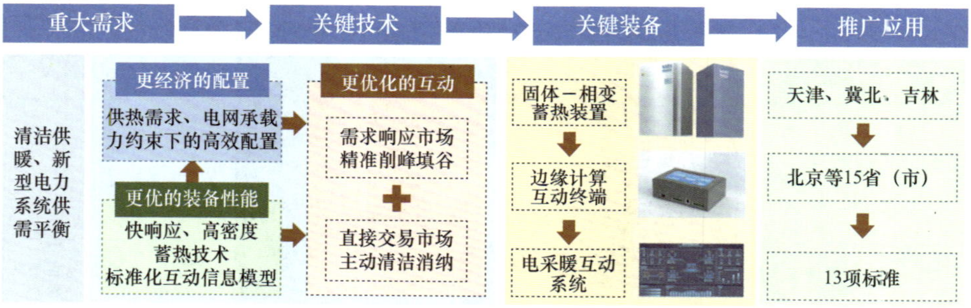

图9-38 整体研究技术思路示意图

（1）高效蓄热配置。提出了建筑热环境动态模拟与新陈代谢灰色预测的用热需求量化方法，发明了电采暖运行工况与电网峰谷特性的皮尔逊关联分析方法，突破了规划－运行双层迭代的蓄热设备多目标优化配置技术，综合配置成本降低41.8%，典型区域平均互动容量达到高峰负荷30%以上。电采暖蓄热设备高效配置技术示意图见图9-39。

（2）精准削峰填谷。建立了成本效益弹性分析的电采暖互动潜力量化方法，提出了蓄热组群序列模拟的调节目标分解技术，攻克了分层分区安全校核的电采暖互动技术，解决了需求响应市场中电采暖精准邀约难题，响应偏

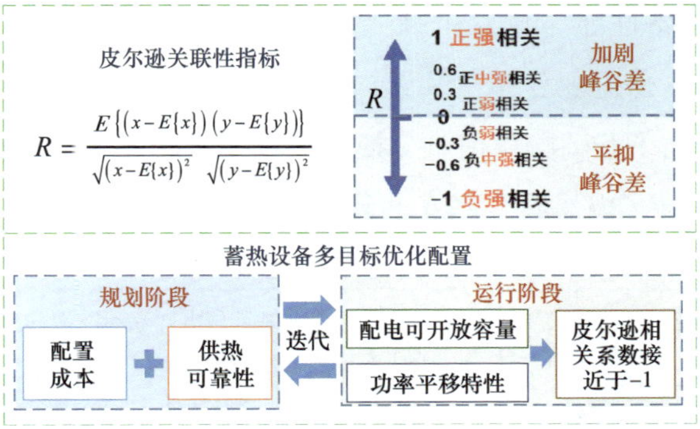

图9–39 电采暖蓄热设备高效配置技术示意图

差率低于5%，典型区域峰谷差降低35.2%。需求响应市场电采暖互动运行技术研究路线示意图见图9–40。

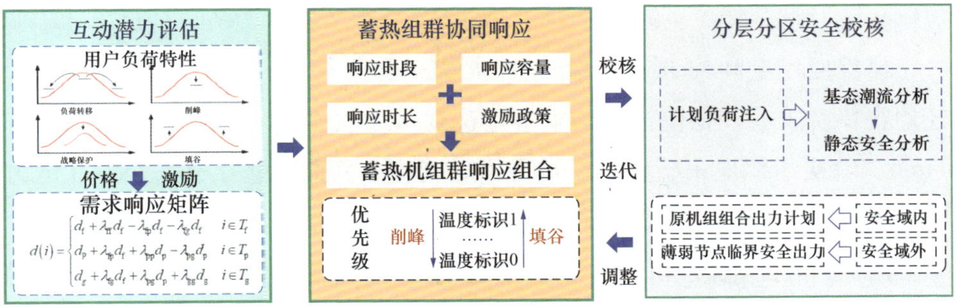

图9–40 需求响应市场电采暖互动运行技术研究路线示意图

（3）主动清洁消纳。提出了新能源、电采暖等多主体博弈演化收益分析和交易策略优化方法，发明了快响应相变蓄热与慢动态蓄热资源分频鲁棒新能源消纳技术，攻克了模型预测控制的电采暖主动匹配新能源优化调控技术，直接交易试点区域弃风率降低4.59%。电采暖主动消纳新能源技术示意图见图9–41。

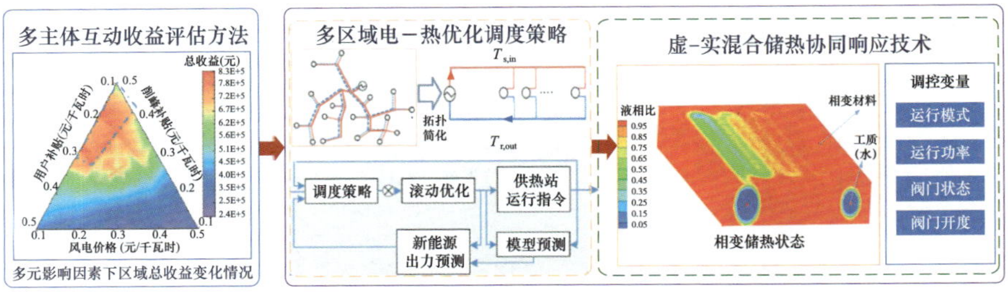

图9–41 电采暖主动消纳新能源技术示意图

（4）革新装备性能。攻克了高比例固态封装与快速导热骨架构建技术，研制了高温固体－低温相变蓄热装置，同等体积蓄热能力提升15.6%、响应功率提升4倍；提出了互动响应信息交换统一模型，开发了电采暖互动响应系统与监控终端，填补了电采暖互联互动装置的空白，见图9–42。

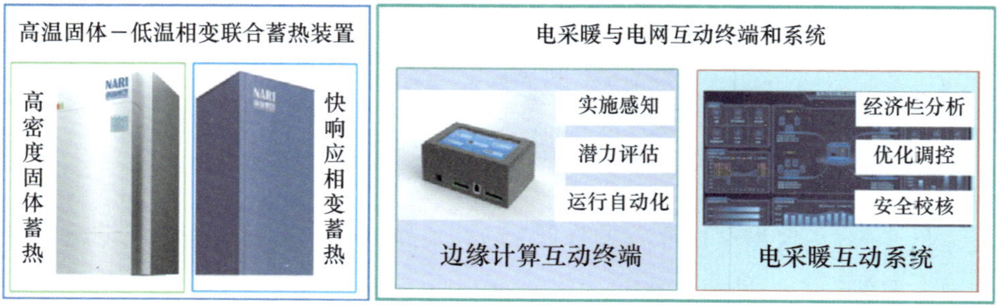

图9–42　电采暖与电网供需互动系列装备图

项目授权专利31项，发表论文48篇，出版专著5部，发布标准13项，经刘吉臻院士、江亿院士等专家鉴定达到国际领先水平。成果应用于15省（市），首次组织电采暖参与了填谷需求响应、新能源直接交易、华北电力辅助服务，累计互动容量12.6亿千瓦时，直接交易试点区域消纳新能源6492万千瓦时。项目直接经济效益8.14亿元，节约电网投资近百亿元。成果推动了电采暖规模化应用与产业发展，缓解了热电矛盾，促进了新能源消纳，对新型电力系统建设、能源保供具有重要意义。

第十章 体制机制保障

推动“双碳”目标落地实践，需要加快实施管理变革升级，努力构建与新型能源体系、新型电力系统建设相适应、相促进的运行体制机制，积极配合和促成政府相关政策发布执行，充分发挥党建引领作用和高水平、高素质人才带动作用，持续提升资源配置效率，强化管理创新，以卓越的管控模式助力“双碳”目标实现。

第一节 政策保障

天津市委市政府对“双碳”工作高度重视，成立碳达峰碳中和工作领导小组以来，天津市连续发布多项规划计划和政策措施，对天津绿色转型、节能降碳、能源发展与管理措施作出部署安排，特别是全国首部以促进实现碳达峰碳中和目标为立法主旨的省级地方性法规的颁布，在全国“双碳”工作中走在了前列，积极推进能源电力领域“双碳”目标落地实施。

一、相关规划

2022年1月6日，天津市人民政府办公厅关于印发《天津市生态环境保护“十四五”规划的通知》。为切实做好“十四五”时期生态环境保护工作，根据《中华人民共和国环境保护法》和国家有关规划计划，以及《天津市国民经济和社会发展第十四个五年规划和二〇三五年远景目标纲要》，制定规划。

2022年1月18日，天津市发展和改革委员会发布了《天津市节能“十四五”规划》。立足新发展阶段，完整、准确、全面贯彻新发展理念，构建新发展格局，推动高质量发展，把节能贯穿于经济社会发展全过程和各领域，积极推动产业、能源、交通运输等结构优化调整，坚决遏制“两高”项目盲目发展，着力推进重点领域节能工作，实施节能重点工程，强化创新驱动，完善体制机制，持续提高能源利用效率，严格能耗强度控制，合理控制能源消费总量并适当增加管理弹性。

2022年3月11日，天津市发展改革委下发《关于印发天津市能源发展“十四五”规划的通知》。天津市能源实行总量控制，全社会用电量达到1100亿千瓦时。能源安全保障进一步加强，能源综合生产能力达到6350万吨标准煤；电力装机容量达到2600万千瓦左右；天然气应急储备能力达到国家要求。能源结构不断优化。完成国家下达的减煤10%任务目标，煤炭占能源消费总量比重降至28%左右。新增用能主要由清洁能源满足，天然气占能源消费总量比重提高至21%左右；非化石能源比重力争比2020年提高4个百分点以上；电能占终端用能比重提高至38%；在保障电力系统安全稳定的前提下，力争外受电比重超过1/3。能源利用效率得到提升，万元地区生产总值能耗比2020年下降14.5%。电力系统效率提升，煤电机组单位供电煤耗力争降至292克标准煤/千瓦时。能源消费排放强度持续下降。

2022年4月28日，天津市交通运输委印发了《天津市绿色交通运输“十四五”发展规划》。2025年港口大宗货物采用铁路、水运、封闭式皮带管廊、新能源汽车运输的比例将达到80%，港口集装箱海铁联运量平均年增长率达到15%，绿色港口建设取得实效；新开工的高速公路将全面落实绿色公路建设要求，高速公路、普通国道和省道沥青旧路面材料循环利用率均达到100%，基础设施绿色发展水平显著提升；中心城区绿色出行比例达到75%，绿色出行体系更加完善；新增或更新公交和物流配送车辆中新能源车辆比例达到80%，新增新能源、清洁能源动力的交通工具比例达到20%。

2022年7月11日，天津市工信局印发《天津市工业布局规划（2022—2035年）》。提出构建开放协同的市域产业空间格局，坚持生态优先、产业集聚、资源节约、产城融合、区域协同的原则，形成“两带集聚、双城优化、智谷升级、组团联动”的产业空间结构。智谷升级即依托双城中间绿色生态屏障区，推进产业升级，重点发展人工智能、新能源、新材料、生物医药、高端装备等主导产业以及相关生产性服务业，建设“天津智谷”。

二、实施方案

2022年4月6日，天津市人民政府发布《天津市加快建立健全绿色低碳循环发展经济体系的实施方案》。从生产、流通、消费、基础设施、技术创新、政策制度六个方面提出了23项重点工作。在能源电力领域提出以下工作要求：一是推行产业园区综合能源管理模式，建设电、热、冷、气等多种能源协同互济的综合能源项目；二是推动使用新能源或清洁能源汽车等绿色低碳运输工具，推进绿色船舶示范应用，新改扩建码头工程（油气化工码头除外）同步设计、建设岸电设施，港作船舶岸电使用率达到100%；三是坚持集中式和分布式并重，大力发展风能、太阳能，扩大非化石能源电力装机规模，推动储能技术应用，提升电网消纳、调峰能力；四是推动城乡电网一体化发展，提高电网信息化、自动化、智能化水平；五是推进生活垃圾焚烧发电、新能源汽车充换电、加氢等基础设施建设；六是推动储能、氢能关键材料和核心装备等领域绿色技术创新攻关；七是落实节能环保电价政策和居民阶梯电价制度。

2022年5月7日，天津市发展改革委、工业和信息化局、市场监管委、生态环境局共同制定的《天津市严格能效约束推动重点领域节能降碳工作实施方案》印发。方案确定八项重点任务，包括建立企业能效清单目录、制订技术改造实施方案、稳妥组织实施技术改造、引导低效产能有序退出、严格落实项目准入要求、加强绿色低碳技术创新攻关和推广应用、推进产业结构优化调整、推动数据中心绿色发展等。根据方案，到2025年，通过实施节能降碳行动，全市冶金、建材、石化化工重点领域能效达到标杆水平，产能比例超过30%，碳排放强度明显下降，绿色低碳发展能力显著增强。到2030年，全市重点领域能效基准水平和标杆水平进一步提高，达到标杆水平企业比例大幅提高，行业整体能效水平和碳排放强度达到国际先进水平。

2022年5月10日，天津市人民政府公开发布《天津市“十四五”节能减排工作实施方案》。实施方案按照国家要求，坚持系统观念，突出问题导向，聚焦重点领域和关键环节，部署开展重点行业绿色升级、园区节能环保提升、城镇绿色节能改造。交通物流节能减排、农业农村节能减排、公共机构能效提升、重点区域污染物减排、煤炭减量清洁替代、挥发性有机物综合整治、环境基础设施水平提升等重点任务，清晰描绘出“十四五”全市节能工作的施工图。

2022年7月7日，天津市工业和信息化局印发《天津绿电交易工作方案》。天津地区绿色电力交易主要包括省内绿色电力交易、省间绿色电力交易，省内绿色电力交易由天津电力交易中心组织，省间绿色电力交易由北京电力交易中心组织，在绿色电力交易平台上统一开展。绿色电力交易在中长期交易的其他品种之前优先组织开展。电力用户在当月绿色电力交易结算完成后，可通过绿色电力交易平台获得绿证。方案还明确了交易的市场主体、结算方式、组织流程和信息披露等内容。

2022年7月21日，天津市发展改革委、生态环境局、水务局、城市管理委、卫生健康委联合印发《天津市加快推进城镇环境基础设施建设实施方案》。到2030年，基本建立系统完备、高效实用、智能绿色、安全可靠的现代化环境基础设施体系。提升绿色底色，推广使用国家发布的工业节水、重大环保、工业资源综合利用等先进工艺、设备和装备，采用先进节能低碳环保技术设备和工艺，推动城镇环境基础设施绿色升级。综合运用工艺优化、技术改造、强化监管等措施，确保环境基础设施稳定达标排放、提升二次污染防治能力。

2022年8月22日，天津市滨海新区政府公布《滨海新区落实支持“滨城”建设若干政策措施的工作方案》，细化落实市政府《关于支持“滨城”建设的若干政策措施》。提出推动新区能源结构优化。争取出台在相对封闭的产业区域内对重点产业隔墙售电的政策，支持天保临港、经开区西区、南港等燃气分布式项目如期供电。争取对新区新能源装机总量上给予倾斜，确保2025年达到7吉瓦。推动出台绿电交易实施细则，核定发布绿电交易过网费价格，降低绿电市场化交易成本。以中新生态城、经开区为试点，建设绿电交易展示服务中心，逐步将试点经验推广至全区，扩大绿电市场化交易规模。鼓励新区大工业用户、园区售电企业与新能源发电企业开展“双边协商交易”，实现新区绿电直供重点项目和重点园区。探索建设绿电、氢、地热等可再生能源与天然气等清洁能源、海水淡化综合利用试点，打造源网荷储一体化、水电热气冷联产、成本最优低碳示范园区；规划建设保税区氢能产业园、高新区新能源产业园和南北“两翼”共享储能站。

三、行动计划

2022年5月28日，天津市发展改革委、工业和信息化局等12部门联合印发《天津市促进工业经济平稳增长行动方案》。该方案在强化项目和工程投资、加速低碳数字化转型方面提出，推动电力建设改造，加强风能、太阳能开发利用，推进可再生能源项目建设，提高太阳能电池、风电装备产业链投资，推动落实煤电机组改造升级方案，实施北疆电厂等现役机组节能升级和灵活性改造，推动新增“外电入津”特高压通道前期工作；启动重点领域节能降碳技术改造，制订冶金、建材、石化化工等重点领域节能降碳实施方案，开展企业能效水平调查，分类制订能效先进和落后清单，向社会公开发布并接受监督。指导相关区、企业稳妥开展节能降碳技术改造，提高绿色化发展水平。

四、政策措施

2021年9月27日，天津市第十七届人大常委会第二十九次会议审议通过了《天津市碳达峰碳中和促进条例》，自2021年11月1日起施行。这是全国首部以促进实现碳达峰碳中和目标为立法主旨的省级地方性法规。该条例共八章82条，包括总则、基本管理制度、绿色转型、降碳增汇、科技创新、激励措施、法律责任等，将为实现天津市“双碳”目标提供坚强法治保障。

2022年4月15日，天津发展改革委发布《关于印发2022年节能监察工作的通知》(简称《通知》)。《通知》旨在贯彻落实《节约能源法》《天津市节约能源条例》《天津市碳达峰碳中和促进条例》等法律法规。《通知》要求，按照属地管理和分级管理相结合的原则，组织各区节能主管部门和市节能环保中心开展节能监察，主要任务是监察固定资产投资项目节能审查制度、单位产品能耗限额标准、用能设备和生产工艺淘汰制度和重点用能单位节能管理制度执行情况以及节能服务机构开展服务情况。

2022年5月17日，天津市人民政府印发《关于支持“滨城”建设的若干政策措施》，支持滨海新区在各领域开展先行先试，充分激发创新创业活力，举全市之力支持美丽“滨城”发展。措施提出推动能源结构优化。落实碳达峰碳中和目标任务，支持优化滨海新区能源结构，推动分布式能源和风电、光伏、氢能等可再生能源及储能产业发展，天津港保税区临港工业区、天津经济技术开发区南港工业区等重点园区及重点企业可按照市场化交易规则通过绿电交易实现新能源电力供应。支持综合利用盐田、油田等土地开发风电、光伏发电项目；在符合海洋功能区划的海域，研究推进利用已建围堤形成的海域建设海上光伏发电，探索海上风电发展路径。

2022年6月13日，天津市发展改革委工业发展处发布《关于印发2022年新能源汽车充电基础设施工作要点的通知》。提出按照适度超前原则，遵循“快慢结合”的技术导向，分类有序建设充电设施。2022年，重点在居民小区、高速公路服务区、国省干线和农村公路沿线以及物流园、产业园、大型商业购物中心、农贸批发市场等物流集散地和人员密集区配建充电基础设施，计划全年新增各类充电设施超过3000台。通知还提出，加快天津市新能源汽车充电设施综合服务平台建设，结合“双碳”发展战略，启动平台二期设计开发，引导充电运营企业参与市场化电力需求响应，开展绿电交易，组织新能源汽车参与车网互动。

2022年6月24日，天津碳达峰碳中和运营服务中心云揭牌仪式举行，标志着全国首个政企协作的省级“双碳”运营服务中心正式投用。天津碳达峰碳中和运营服务中心由国网天津市电力公司牵头发起，天津市低碳发展研究中心、天津排放权交易所等机构参与建设，聚焦天津能源电力低碳转型要求和“双碳”全产业链服务需求，为政府、市场、社会公众等三大类主体提供全方位、全地域、全过程的“双碳”综合服务。

第二节 党建引领

一、发挥党组织政治优势

国网天津市电力公司坚持党建引领，充分发挥党组织战斗堡垒和党员先锋模范作用，将党建工作深度融入推动“双碳”目标落地的具体实践中，将党建优势切实转化为发展优势。

1. 提高政治站位，加强“双碳”工作组织领导

国网天津市电力公司党委坚持以习近平新时代中国特色社会主义思想为指导，以抓铁有痕、踏石留印的劲头，明确时间表、路线图、施工图，积极构建新型电力系统，争当能源清洁低碳转型的引领者、推动者、先行者，为全面建设社会主义现代化大都市提供清洁低碳、安全高效的电力保障。**专题学习凝聚合力。**通过持续深入学习习近平总书记系列重要讲话精神，对“双碳”工作的认识不断深化，坚决扛牢电网责任，进一步强化系统观念，完整准确全面贯彻新发展理念，确保党中央“双碳”部署在国网天津市电力公司不折不扣落地落实。多次邀请院士、专家齐聚一堂，开门纳谏。举办世界智能大会城市能源革命高峰论坛，发起成立国内首个“双碳”产业联盟，推动出台全国首部“双碳”地方性法规，凝聚更广泛的共识。**专项部署密集落地。**坚持“一盘棋”，迅速形成战斗力，成立碳达峰碳中和工作领导小组，多次召开会议，群策群力、联合攻坚，就推动碳达峰碳中和目标落实列出任务书。**专门举措重磅出台。**自觉在“双碳”中找准定位，按照国家电网公司“双碳”行动方案部署，迅速启动津碳“3060”电力行动，高标准推进电力“双碳”先行示范区建设。

2. 构筑坚强堡垒，助力“双碳”目标落地

国网天津市电力公司紧紧围绕能源领域“双碳”重点任务，优化组织设置，理顺隶属关系，织密建强党的组织体系，形成上下贯通，整体联动的党建工作格局，固根基、扬优势、补短板，强弱项，着力增强基层党组织的政治功能，为“双碳”目标落地提供有力的组织保障。印发11个专业“党建+”实施方案，发布“党建+”工作指引，不断将党建优势转化为发展优势，以新理念引领创新发展，多环发力逐“绿”前行。强化党建引领，与地方政府、属地单位、相关协作方等党组织联建联创，切实增进理解认同，深化协同合作，协调解决难题。与天津市全部16个区、重点园区、用能企业、发电企业签署战略合作协议，政企携手打造能源革命先锋城市。与天津港签署战略合作协议，携手打造“零碳码头、零碳港区、零碳港口”（见图10-1），目前已建成全球首个零碳码头，标志着中国“双碳”示范性港口建设达到了新高度。与各政府部

门建立沟通联络机制，共同打造滨海能源互联网综合示范区，激发“红色引擎”。优化支部党员“点对点”常态化联系模式，推进电网高质量建设，推动解决“双碳”项目前期手续办理23余项，前期手续办理时间缩短10%，有效保障了“双碳”项目土地规划、生态等各项前期手续办理质效为工程有序开工夯实基础。聚焦新能源并网任务，协同构建“互动式、服务型”新能源网源保障工作机制，携手探索党建引领新能源并网、运维、检修全过程工作模式。

图 10-1　共产党员服务队现场服务天津港“零碳码头”建设

3. 发挥党员先锋模范作用，攻坚“双碳”重难点任务

坚持“一个党员一面旗帜”，激励广大党员立足一线履职尽责，创造一流业绩，充分发挥示范带动作用，在重大项目建设中当先锋作表率。**党员带头亮身份，**紧密结合“双碳”重点任务，广泛创建党员责任区、示范岗，引导党员亮身份、亮职责、亮承诺，做到“关键岗位有党员领着、关键环节有党员把着、关键时刻有党员顶着”。针对市、区政府关注的重点减碳降碳项目，将党员责任区包干包保嵌入服务流程，清单化责任承诺、闭环化过程管控，引导党员立足岗位履责践诺，竭力满足用户在用能、创新和时间节点等方面的需求，为联想（天津）智慧创新服务产业园量身打造未来中心建筑，助力联想天津产业园打造ICT行业首家“零碳工厂”。**党员带头担重任，**引导广大党员走在前、干在先，挑最重的担子、啃最硬的骨头，充分彰显先锋本色。

围绕重要区域和节点，组建党员突击队、专业攻坚党小组等，集中攻克急难险重任务，确保工程高质高效完成。党员突击队在思想上“担当奉献、敢于创新、心系责任”，在行动上“重计划、重落实、重总结”，在作风上“能吃苦、有技能、会拼搏”，打造国内首座“数字化、网联化、生态化”的津门湖新能源车综合服务中心，以服务地方新能源车产业发展为主的综合服务中心。打造国网天津电力供应链服务智慧园区，构建低碳和谐的绿色供应链，助力“双碳”目标实现（见图10–2）。

图10–2　国网天津市电力公司党员突击队队员对智慧园区仓储设备进行系统调试

二、深化志愿服务实践

国网天津市电力公司聚焦碳达峰碳中和目标，通过黎明共产党员服务队、“旭日东升　点亮心灯”等志愿服务品牌，主动开展一系列志愿服务活动，让“双碳”落地更主动、更贴心、更温情。

1. 服务企业绿色发展

工业企业是能源消耗的主要用户，其能效提升是实现碳达峰碳中和目标的关键，企业降低用能成本也能带来切实的收益。国网天津市电力公司共产党员服务队、青年志愿者发挥电力专业优势，深入企业用户，推广绿色能源服务，助力企业客户节能降耗、创效增收，打造电力服务“双碳”先锋（见图10–3）。

针对碳排放大户进行能效诊断，深入调研企业环境、生产条件等信息；了解企业用能消耗、耗能占比等基础用能数据；与用户面对面沟通，倾听企业诉求，掌握企业的需求和目的；基于企业能效账单，通过数据分析、计算，整合现有资源，精准制定能效提升的“一企一策”。同时，志愿服务团队积极推广电能替代，主动开展服务新能源发展攻坚行动，编制新能源装机使用手册，深入天津市重点建设项目，积极倡导绿色能源消费理念，为国家会展中心、天津机场等重点项目的光伏、风电等提供义务勘察设计服务；海河上，多艘电动游船投运，打造海河景观绿色名片，有力推动天津能源革命先锋城市建设。

图 10-3　共产党员服务队走访企业推广绿色用能

2. 推广智慧用能

国网天津市电力公司共产党员服务队致力于让能源利用更高效、更便捷、更智慧，通过深化“电保姆”“电管家”等服务模式，切实推进科学用能。深入推进智慧能源小镇建设，并将其作为锻炼党员意志、锤炼专业本领的“实训场”。聚焦“双碳”落地实践，开展党员攻坚行动，组织党员骨干力量，建立党员服务队跨专业联动机制，打造“一专多能”服务队伍。通过应用“大云物移智”及综合能源等领域先进技术，为用户提供能源托管、用能检测和能效分析等服务，建成智慧能源工厂，投入使用服务型智慧充电站，实现移动储能电源车多场景应用，切实支撑城市转型、服务产业升级。在志愿服务活动中，大力推广“网上国网”App，帮助用户实现用能分析、查找充电桩、一站式综合用电等服务，为践行“双碳”理念提供智慧方案。发布“碳足迹计算器”，借助大数据分析，从衣食住行用多角度展示个人碳排放行为及其占比，以及年碳足迹量、消除碳足迹需要植树棵数等信息，让用户更加直观地了解个人碳排放情况。针对独居老人、残障人士等特殊群体，开发电力关爱码，对用户家中常用电器运行情况实时监测分析，精准识别异常状态；通过党组织联创共建，与社区实现联动，对特殊群体规范化、精准化、智能化地监护。

3. 引领绿色生活方式

国网天津市电力公司坚持推进志愿服务进乡村、进社区，通过发放传单、现场讲解、参与体验等形式，开展绿色用能宣传，普及节能降碳知识，倡导绿色低碳的生活习惯和消费模式，引导全社会减排降碳。携手社区、水、气、热、物业等公共服务行业组建党员服务队联盟，构建政府主导、企业联动、社区支持、群众参与的绿色用能新格局。将供电服务“红网格”融入社区治理网格，以“台区经理+社区经理”模式充实社区服务队伍，联合开展社区走访，建立“线上+线下”全天候联络渠道，及时获取解决用户诉求，不断提升广大用户用电感受。主动延伸服务，为百姓充电桩接电提供便利，老旧小区建桩难、施工贵、隐患大等百姓关心的难题，让绿色电能更好服务千家万户（见图10-4）。开发“绿电溯源凭证”，为客户提供权威、可靠的绿色用电交易消费证明，让用户实施节能减排行动更加显性化，提升用户参与感、

图10-4　深入社区开展绿色用能宣传志愿服务

获得感，引导用户自愿践行节能低碳生活理念。结合电力设施保护等工作，开展“候鸟生命线”公益项目，实施珍稀鸟类保护行动，为保护生物多样性，促进绿色生态建设贡献力量。

三、激发典型带动作用

国网天津市电力公司坚持推进“个体先进”向“群体先进”的拓展升级，持续巩固蓬勃向上的发展态势，带动广大干部员工建功电力“双碳”先行示范区。

1. 发挥典型引领作用

“时代楷模”“改革先锋”“全国道德模范”“最美奋斗者”张黎明（见图10-5）是国网天津市电力公司培育的全国重大典型，他扎根一线近40年，获评享受国务院政府特殊津贴专家、天津市首届“海河工匠”、天津市技术能手、首届十大“国网工匠”，被誉为“创新型一线劳动者的优秀代表”，成为新时代产业工人的一面旗帜。国网天津市电力公司持续弘扬“时代楷模”精神、劳模精神，把典型示范引领作为激发潜能的关键一招，积极引导干部职工以先进典型为镜子，找参照、找差距，努力成为国家需要的高等级人才和大国工匠，为电力“双碳”先行示范区建设提供有力的队伍保障。面向广大党员群众，组织召开报告会、分享会，发挥“三会一课”党员教育载体作用，把张黎明身上“点亮万家”的优秀品质发扬光大到支部、班组，推动涌现更多“黎明式”员工，实现了“个体先进”向“群体先进”拓展升级，让“我为黎明身边人，人人争做张黎明”成为共同追求。

图10-5 “时代楷模”“改革先锋”“全国道德模范”“最美奋斗者”张黎明

2. 创新典型培育机制

首创“三维发现选树、三级组织联动、三级递进培育”重大典型培树路径，坚持以“头雁”带“群雁”，实施“1001”工程“黎明杯”劳动竞赛，举办班组微讲堂和职工大讲堂。开展“看旗争优、对标黎明”主题实践活动，建立领导干部、党员、全体员工及青年四个维度对标指标体系，制定对标手册、建立时光档案、颁发荣誉徽章、纳入员工行为规范，引导带动全体干部员工自觉对标对表，查摆自身存在的不足，做到“三省吾身”。坚持“肯干、能干、实干”选拔导向，综合技能实操、业绩评审、民主测评等方式，分层分级构建进阶体系，打造高素质专业化新时代人才梯队。在黎明精神的感召下，国网天津市电力公司先进典型的队伍不断壮大，深耕带电作业一线的黄旭，带领青年突击队搭建具有高可靠性柔性多状态开关装置，使智慧能源小镇供电可靠性大幅提高。近年来，在生产一线培养选拔了960名技能骨干、20名高级专家，97人次获评省部级及以上荣誉。

3. 搭建创新实践平台

国网天津市电力公司将先进典型培养选树与改革发展实际相结合，在现代智慧供应链领域，组建党员专家攻关团队创新采用具有势能回收技术的堆垛机，每日节电66千瓦时，全年减少碳排放21吨，填补了国内堆垛机势能回收领域空白。发挥“党建+科技创新”独特优势，组织多方协作联合攻坚，全国首条35千伏聚丙烯低碳环保电缆项目在津投运，推动党建与科技创新深度融合，将党建优势转化为创新优势。跨单位、跨专业组建“青年创客联盟”，打通青创领域“朋友圈”，实现青创“人才库”与“项目库”有效衔接。同时，以张黎明为代表组建的“劳模专家联盟”与“青年创客联盟”，形成了创新领域“以老带新、以新促老”的“双盟”格局，促进创新成果的更快地孵化、转化。不断完善创新体制，邀请企业内高级专家讲授“双碳”目标下的新能源并网技术、碳流分析、有源配电台区透明化监控关键技术和环保型聚丙烯绝缘电力电缆低温下运维等关键技术。启动“双碳”特训营青年人才培养行动，采用“理论学习+实践锻炼+日常培养”模式，全面加强知识技能、科技创新、团队协作等综合素质，提升“双碳”知识储备和专业技能水平。

配网带电作业机器人是国网天津市电力公司科技创新的一张金色名片，也是聚焦创新、支持创新的缩影（见图10-6）。通过做实科技创新中心，实施科技项目“揭榜挂帅制”“项目总师制”等，以个体创新带动群体创新，以“关键少数”示范引领带动“绝大多数”共同先进，各专业齐开创新之花，为“双碳”赋能。配网带电作业机器人至今已迭代升级至第四代，从根本上保证了作业人员安全，降低了工作强度、统一了工作标准、有效减少了停电次数，提升了供电可靠性和优质服务水平。目前，机器人已在天津、北京、湖北等20个省市试点应用，累计开展作业2.6万余次。

图10-6 “‘e’刻不停——人工智能不停电作业机器人”获得第九届“创青春”中国青年创新创业大赛（科技创新专项）金奖

第三节 人才队伍建设

“双碳”背景下，新型电力系统加快构建，新设备、新技术、新模式亟须高水平人才支撑。国网天津市电力公司聚焦时代所需、事业所需、发展所需，把人才工作作为重中之重，畅通成长通道，健全培养机制，整合培训资源，充分激发“人才引擎”驱动作用。

一、企业发展和人才战略

一流人才成就一流事业，一流事业锻造一流队伍。国网天津电力牢固树立“人才是第一资源”理念，顶层设计人才发展规划，在实践中历练培养人才。

（1）坚持战略引路，在发展全局中定位人才。围绕“一体四翼”发展布局和能源革命先锋城市定位，明确“两型两化”（创新型、技能型、数字化、市场化）人才培养目标，结合国资委管理标杆企业创建，顶层设计人才发展规划、培养体系、管理机制，探索能源互联网企业特色人才培养模式。

（2）坚持事业开路，在火热实践中淬炼人才。在“1001工程”、津碳“3060”电力行动等火热一线“赛马”“练兵”（见图10-7），在“1001工程”中做出突出贡献的3个单位、9名同志、9个集体被即时授予天津市五一劳动奖。近年来，国网天津市电力公司国家级人才数量增长1.5倍，2人当选国家电网公司首席专家，97人次获评省部级及以上人才称号，获评技能人才培养

图10-7 连续两年承办天津市“海河工匠杯”技能大赛

领域最高荣誉“国家技能人才培育突出贡献单位”，充分彰显了一流人才底蕴和“群体先进”风貌。

（3）坚持平台铺路，在高端舞台上塑造人才。成立院士领衔的专家咨询委员会，建立专家创新团队与院士团队共建机制，国家级技能大师工作室数量居系统前列，近年来获评省部级及以上创新奖项180余项，牵头首获中国电力科技进步一等奖、天津市技术发明特等奖，代表国家电网公司参展首届大国工匠创新交流大会。

二、战训一体和能力提升

创新驱动本质上是人才驱动，必须把人才资源开发放在最优先位置。国网天津市电力公司以优结构、提质量、强激励为重点，实施人才队伍三年培养计划，不断提升核心竞争力（见图10-8）。

（1）创新培训方式，学用相长提升履职能力。依托“一园一村”电力“双碳”示范工程，采用“理论学习+课题研究+实践活动+岗位锻炼”方式，

图10-8 常态开展青年人才比武

创新开展“双碳”特训营，获评第十八届中国企业培训最佳学习项目。基于岗位作业清单，聚焦实际业务需求，搭建进阶课程体系，并施以差异化、订单式培训，实现从培训到评价再到现场应用的全流程贯通，推动核心业务技能回归。

（2）搭建实践平台，多维赋能助力成长发展。搭建业务实践“练兵场”，37名高级专家牵头承担452项攻坚任务、带徒181人。首家建立“专家+青马”培养模式，由高级专家担任“青马学员”实践导师，聚焦生产实际问题开展联合攻关。搭建青年人才托举平台，实施“项目+人才”联合培养，首批40名青年托举人才深度参与128项重点任务和87项科研课题攻关。

（3）统筹培训资源，打造华北标杆实训基地。实施党校（培训中心）优化提升工程，建成华北地区涵盖业务最全的电缆实训基地、规模最大功能最全的应急抢修实训基地（见图10–9）。2022年首次承办全国行业级技能竞赛，首次在省部级竞赛中获得团体一等奖，72人获省部级及以上竞赛表彰奖励，相比2018—2021年的4年中累计获奖人数，实现“翻番”。

图10–9　国网天津市电力公司党校获评天津市高技能人才培养基地

三、机制创新和动力激发

坚持深化人才发展体制机制改革是做好人才工作的重要保障，向一线倾斜、以实绩论英雄，对优秀人才实施多维激励，不断增强人才的归属感、获得感、幸福感。

（1）拓宽成长通道，搭建人才成长发展“立交桥”。从选拔、培养、使用、激励四个维度研究出台加快培养专家人才12项举措，畅通职务、职员、专家三通道并行互通机制，选拔培养37名高级专家、130名优秀专家、347名技能骨干。2022年，调度专业陆涛、建设专业郑歆2名同志光荣当选国网首席专家，当选人数位列直辖市公司第1、省公司第5，每万人获评首席专家人数在所有省公司中排名第1。

（2）升级赋能平台，做强人才能力进阶“助推器”。坚持革新不问出身、选拔不论资历、发展不设门槛，重点研究课题“揭榜挂帅制”比例达到30%。国网系统首创“学研用”培养模式，与天津大学、华北电力大学、中国电科院联合培养工程博士、博士后等工程技术领军人才，累计培养博士后9人、工程博士11人。2022年，青年托举人选魏菊芳以国家电网公司排名第一的成绩，入选中共中央组织部首批卓越工程师培养计划；国网天津市电力公司电力科学研究院青年科技工作者马世乾获评全国青年岗位能手标兵。

（3）创新激励方式，激发人才建功一线“动力芯”。建立以创新价值、能力、贡献为导向的专家履职评价机制，对专家履职成效、实绩贡献、后备梯队培养等情况进行月跟踪、季对标、年评价，根据考核结果兑现奖罚。创新设置成长性薪酬激励，作出突出成果贡献的高级专家可享受三级副职级待遇，一线优秀技能人员年收入可达到原水平的2.2倍，让一流人才获得一流待遇，激发成长动力和创新潜能。

第四节 价值引领与资源统筹

“凡事预则立，不预则废。”预算是针对未来某一时期，用财务数字或非财务数字来计量预期的结果。在碳达峰碳中和背景下，相对一般性企业来讲，作为连接电力生产和消费的电网，更需要发挥预算管理的价值引领作用，统筹配置各种资源，调控企业经营活动，加快构建新型电力系统，才能既保障新能源大规模开发和高效利用，又能满足经济社会发展的用电需求，同时提升企业发展绩效，实现企业和电网高质量可持续发展。

一、创新开展提质增效

1. 实施背景

近年来，受宏观经济下行、电量增速趋缓、国家持续性降价和疫情暴发等多重因素影响，电网企业经营形势异常严峻，盈利水平持续下降，投资能力受到抑制，经营风险持续增加。另外，电网企业下属单位多为分公司，各供电分公司虽然对外提供销售电力，但由于收入核算、购电结算、物资采购、资金支付等重要业务均实行集约管理，所属单位实质上已成为成本中心，企业投入产出和成本效益意识不断弱化，表现在重投入轻产出、重外部成本轻内部耗用和重指标完成轻效益贡献，制约电网企业资源配置效率的提高。

对于电网企业，构建新型电力系统需要在源网荷储各环节加大资源投入，同时还要合理调配资源，满足电网后续运营成本快速增长需要。作为负责任、有担当的央企，在当前企业投资能力下降、企业资源有限和员工质效意识不足的情况下，必须发挥预算的价值引领作用，创新预算管理机制，大力开展提质增效专项行动，通过提升发展绩效、统筹配置资源和调控经营活动等手段，保证新型电力系统建设投入和运营成本需求，更好地支撑碳达峰碳中和国家战略落地，促进我国经济结构、能源结构和产业结构优化升级。

2. 工作历程及成效

电网企业是典型的重资产企业，不仅投资规模大，而且具有超前性和投入产出见效慢等特点，虽然电网建设资金可以通过融资方式解决，但来自企业的经营积累不可或缺。近年来，电网企业落实国资委工作部署，将提质增效作为提升经营效益与运营效率，推动企业和电网高质量发展的重要举措，高标准严要求统筹推进，提高企业经营质效，努力做大企业经营积累规模，夯实投资能力基础，为新型电力系统构建提供坚强的资金保障。

2020年，面对外部疫情挑战和国家阶段性降价等复杂严峻形势和内部折旧、运维成本刚性增长的巨大压力，电网公司落实中央“一手抓疫情防控、一手抓经济发展”的决策部署和国家电网公司经营稳健、效益稳定的工作要求，以价值创造为目标，以依法合规为基础，聚焦电网、市场化等业务板块和投资、建设、生产、营销、运营各业务环节，开展提质增效专项行动，通过内部挖潜、外部攻坚等措施，全力抓好“量、价、费、损”，做好“降、稳、提、防”，打出开源创收、降本节支“组合拳”，全面消化疫情影响，着力对冲政策性减利因素，加快推动企业发展方式从规模扩张型向稳健经营型转变，确保稳健经营。

2021年，尽管宏观经济形势趋稳，企业经营将出现恢复增长，但上网电价与销售电价“双高”、成本刚性增长等问题依旧存在，同时中央又提出了碳达峰碳中和等战略要求。面对新压力与新挑战，电网公司立足新起点，将提质增效作为应对困难挑战、实现企业高质量发展的长远大计，打造提质增效“升级版”，通过建立提质增效工作长效机制，围绕“八个聚焦”，以“四强”提质增效、以“四新”促发展，打造“存量挖潜”和“机制激励”双轮驱动新模式，着力构建全价值链精益管理体系，期望在更深层次上实现企业高效率运营、高效益经营、高效能治理，推动企业高质量发展。

2022年，传统能源价格高企，高温、干旱的异常天气导致水电出力不足，面对电力安全保供异常压力，能源清洁低碳转型迫在眉睫和世界一流企业建设艰巨任务，电网公司紧扣“一体四翼”发展布局，以更高站位、更宽视野、更严要求深入推进提质增效专项行动，坚持“四个巩固”，实现“四个效益”，突出“四个深化”，着力“四个提升”，从效益增长进一步拓展至质量提升、效率提高、效能改善，实现企业经营质的稳步提升和量的合理增长，为深入推进“一体四翼”发展布局在津落地提供有力保障。

自2020年以来，通过持续推进提质增效（见图10-10），电网企业经营效益稳步提升，财务状况持续改善，经营活动净现金流更加充沛，企业投资能力不断增强，有力地支撑了新型电力系统建设，满足了新能源并网的资本性投资需求，促进了新能源快速发展。

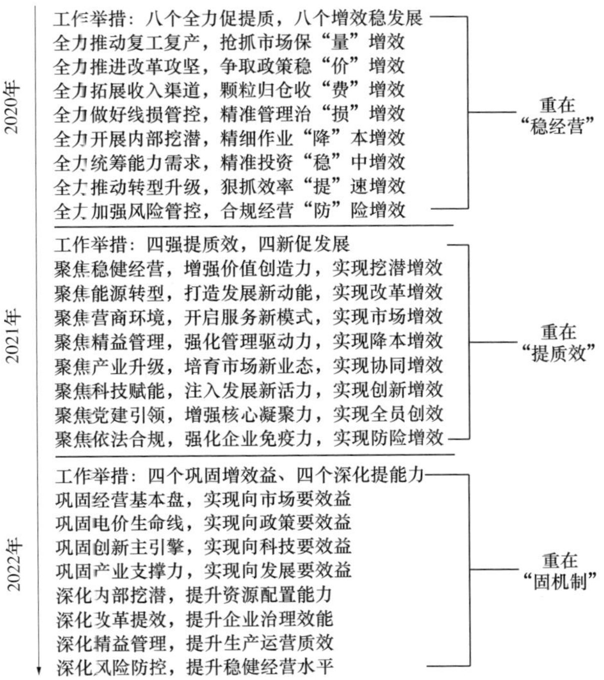

图10-10 2020～2022年提质增效工作历程

二、加强成本精益管控

近年来，电网企业遵循“精细作业、统一标准、分类核定、分类应用”原则，建立标准成本管理机制，大力推进成本精益化管理。在成本管理中，以作业标准成本为成本管理标杆，将作业标准成本应用从预算编制延伸至成本使用、分析、评价等多个层面，推进检修运维成本全过程精益管理，提高成本配置效率，更好地服务新型电力系统建设。

1. 构建作业标准成本体系

在作业标准成本体系构建过程中，主要以电网企业的业务活动规律、规程、规定为依托，按照“典型资产、典型设备、典型项目、典型作业”逐步逐层进行分解，进而确定单项资产所涉及的作业类型、数量，然后根据测算的单项作业成本定额，反向汇聚形成单项资产的标准成本。在作业标准成本体系构建过程中，主要遵循选典型、测作业、汇资产、比差异和引参数的实施步骤，计算形成作业标准成本。

2. 推行成本零基预算

在编制成本预算时，首先建立各级电网变电站数量、设备容量、输电线路长度、人员数量、人员结构、客户数量等信息业务参数库，然后根据从各业务部门、基层单位收集的相关参数信息，基于作业标准成本，测算变电检修、输电线路检修、配电网检修运维等11类检修运维成本规模，考虑特殊事项影响，确定生产成本支出总规模，并纳入年度预算安排，作为成本安排和执行控制的依据，消除年度间不合理因素和波动的影响，提高成本分配科学性和合理性。

3. 强化成本执行过程管控

在成本执行过程中，主要基于设备和作业，通过PMS系统集成外包人工、机械费、材料费。对于人工费，先按照班组设立成本中心，根据成本中心的设备归集人工成本；同时根据工作任务单、工作票等业务单据获取设备明细、工作时长、人数等作为分摊因子，辅助分摊人工成本。对于材料费，包括自营材料和外包材料，自营材料消耗按照工作任务单直接归集到设备，外包材料消耗信息则在外包结算单的物资结算信息中进行录入。对于机械使用费，通过工作票、操作票等业务单据起止时间计算台班数量，再结合作业、材料和机械台班价格核定表完成机械台班成本测算。

4. 构建成本分析模型

从经营效益、运营效率、市场服务、创新发展等方面出发，基于数据中台构建面向管理决策的作业标准成本分析模型，通过整合跨专业、跨系统基础数据，以“资产、设备、项目、作业”视角，对各类经营要素与检修运维业务活动进行分析，将价值管理延伸到业务末端，实现全价值链经营管理精益和以“数据驱动管理”的企业管理精益。**资产层：**主要基于设备资产所属站线联系，将生产检修运维成本按照整站或整线归集，获取资产层整体成本，支撑投入产出快速决策。**项目层：**根据检修运维项目涉及设备作业，结合项目结算单、设备材料清册，归集检修运维成本，支撑项目立项、预算发布、项目执行全生命周期管理。**设备层：**按照运维设备数量、线路长度、检修工单频次等动因，将班组的公共成本分摊到设备；同时汇总单个设备全寿命周期作业成本，获得设备全寿命周期运维检修成本，考虑设备折旧、财产保险、退役处置等费用，统计设备全寿命周期成本，作为评价设备运维成本效率的基础。**作业层：**通过ERP系统从工单采集成本信息，归集至数据中台，基于“设备+作业”，区分作业频次、工时、耗材、机械台班，开展实际成本与标准成本差异分析，结合检修方式、供电可靠性要求和市场波动，辨别主观、客观因素，夯实作业标准成本迭代更新的基础。

5. 强化成本投入产出评价

在成本评价环节，依托数据中台，在深度分析接入的设备资产数据、大修与日常检修运维数据基础上，通过对资产层的成本结构分析、设备层的寿命周期分析、项目层的投入产出分析、作业层的有效工序分析，构建“资产-设备-项目-作业”四维可视化投入产出评价体系，揭示每一项资产、设备、项目和作业的投入产出情况，指导业务减少低效、无效环节，将资源用于高效增值作业，促进企业资源精益分配。

三、推进资金集约高效管理

近年来，电网公司紧扣“一体四翼”发展大局，秉持“安全、集约、精益、高效”核心理念，创新构建“1233”新型司库管理体系，为打造电力“双碳”先行示范区提供了坚实的资金保障。

1. 构建公司级集团账户体系

优化内外部银行账户配置，撤销分公司银行账户，严控子公司账户数量，实行电费账户一行一户、本部一个账户集中收付，最大限度精简银行账户数量，提高银行账户使用效率；构建集团账户体系，优化资金归集路径，畅通银企数据通道，确保各类账户资金快速、全面、及时归集，形成更扁平、更集约、更高效、更安全的公司级集团账户体系，有效推动了银行账户管控、资金运行机制和结算备付模式转型升级，助力存量资金高效运作。

2. 深化现金流“按日排程”

依托收付款两个结算池，严格执行收支订单化管控，滚动预测资金流量，以收定支推行“月预算、周平衡、日调度”，有效推动了“月度预算”向“按日排程”转型升级，实现资金供需的科学匹配与现金流量的精益管控；全面推广收付款“省级集中”，成立资金集约中心集中处理收付业务，实现企业

“钱袋子”出入口统一和智能管控，业务处理能力和效率显著提升。

3. 统筹安排资金融通与运作

与内外部金融机构合作，提高授信额度，拓宽融资渠道，推行融资与现金流“按日排程”一体化闭环管理，密切跟踪、精准研判资金缺口，合理安排资金备付，在保障企业生产经营资金需求的前提下，最大限度实现“少融资、晚融资、融得准”。深化票据收支运作，强化银行汇票入口管理，提升存量票据质量和流动性，降低汇票收取风险；积极拓宽汇票支付渠道，不断提升汇票运作效益，最大限度延缓外部融资，降低资金成本，保证资金支付需求。

4. 智慧竣工决算管理体系

统一业务和财务语言管理标准和业财信息标准，规范业财线上流程，强化数据源头管控和信息共享，推动业务、价值、数据“三流合一”，实现工程估算、概算、预算、结算、决算数字化管理，提升竣工决算管理效率。系统层通过将规划计划、基建、PMS、ERP、经法、财务管控等系统广泛集成，构建WBS、物料、设备、资产“四码”对应标准，搭建投资-工程-资产连接的桥梁。数据层通过建立业财信息数据关联，实现业财数据横向对比分析。应用层通过统一项目立项、工程建设、投产预转资、工程结决算等管理标准流程，创新WBS架构及标志位属性，区分资产层、分摊层，实现各类费用的智能分摊。分析层通过贯通工程估算、概算、预算、结算、决算“五算”数据路径，自动出具管理分析报表，支撑工程全过程精益管理。

5. 筑牢三维立体安全防线

优化资金实时监控系统功能，建立上下信息沟通反馈机制，严格落实疑似风险督办职责和流程，在线处理风险事项，实现对资金管理核心业务“全方位、全流程、全天候”监控；应用生物识别密钥签批、资金大屏实时监控、银企凭据套打等新技术手段，在线处理风险预警事项，全方位提升资金业务“事前”“事中”“事后”风险防控水平，筑牢资金安全防线。

四、加快财务无纸化进程

自2017年以来，国家陆续出台一系列政策，推动会计电子档案加快发展。在推进财务无纸化进程中，主要开展电子会计档案全周期智能管理和元数据分析应用（见图10-11），通过贯通6大业财系统链路，在线源头采集发票、合同、报销单、电子回单等高频单据影像，打造发票信息池、版式文件池、影像池“三池联动”高效管控机制，实现“业、票、税、账”智能匹配、智慧稽核、广泛互联，推动数据资产在线虚拟共享。用电子档案代替传统纸质档案，预计年节约打印纸墨等办公费500万元、凭证装订费150万元，节约A4纸张330万张，减少碳排放334.92吨。

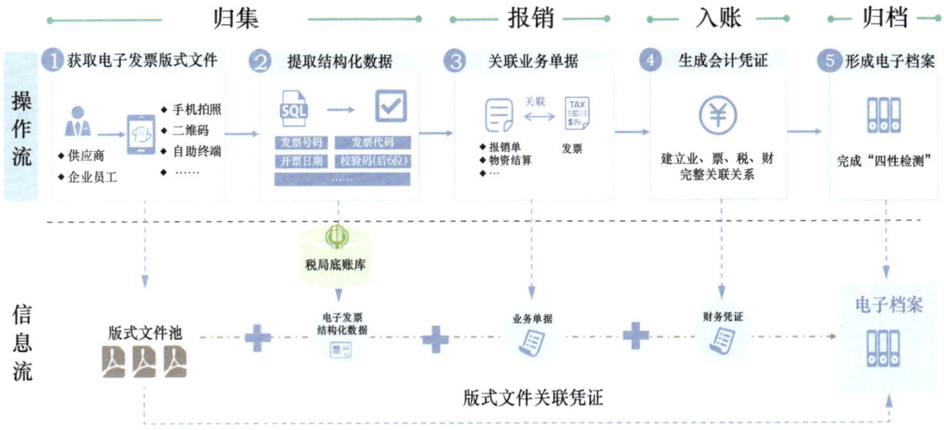

图10-11 电子会计档案全生命周期管理流程

1. 打通电子档案采集障碍

针对增值税发票，建立发票池、电子发票版式文件池、纸质发票影像池的“三池联动”管理模式，发票池用于接收税务局底账库信息，版式文件池用于归集电子发票版式文件，纸票影像池用于汇聚纸质发票扫描影像，通过“发票代码+发票号码”，将发票电子信息或OCR识别信息与发票池信息进行匹配，自动填制报销单据，提升“业票账”数据融合性（见图10-12）。**针对经法合同**，采取将经济法律系统的合同影像和合同关键信息表等存储地址推送到SAP系统，业务人员填写报销单时通过模糊搜索合同编号、合同金额、合同日期等关键信息，选定具体合同后，该合同影像即绑定到报销单上，财务在审批、支付过程中可以全程调阅。**针对商旅业务，**由员工在商旅App中进行操作，提出出差申请、报销申请，当报销事项及金额通过审批后，商旅App自动将出差人所上传的会议通知/培训通知、火车票、机票、住宿发票、出差申请单、报销审批单等文件打包在线发送到SAP系统，财务人员审核无误后进行过账支付。**针对银行回单，**通过打通银企直联通道，在线接收银行等金融机构电子银行回单，以金额、日期、收款方等关键信息为识别逻辑，将支付类财务凭证和银行回单进行一一匹配，实现资金支付类凭证按月自动归档。**针对其他原始凭据，**主要通过高拍仪、高扫仪等外接设备进行扫描上传，支撑事项报销的必要性、合规性。

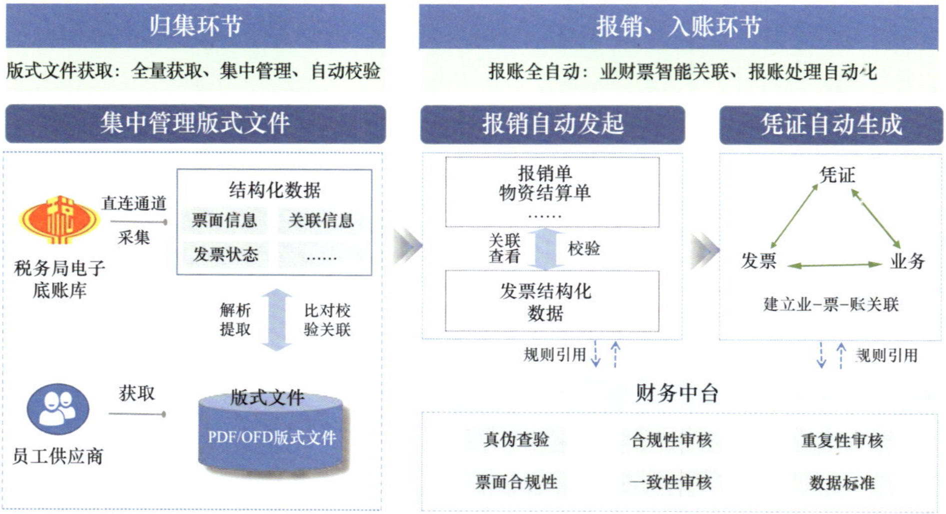

图 10-12 业票关联示意图

2. 优化电子影像归集流程

依托影像管理系统，对电子影像等非结构化数据进行采集、加工、存储、检索、智能识别，通过建设单据、影像共享界面，支撑业务在线审批，促进业财深度融合，实现电子影像标准化、自动化、智能化；通过稽核原始凭证的有效性、完整性、合规性，确保凭证影像规范完整、有效合规。**在报销单保存提交环节，**主要是验证报销事项的凭据完整性（电子附件必输）、票据真实性（发票验真查重）、凭据一致性（报销单与发票一致）等事项，实现附件源头管控、合规合理；**在单据审批环节，**审批人可随意调取影像进行复核确认；**在资金支付环节，**报销单的电子影像将自动链接到付款订单中，资金管理人员审核付款信息和支付金额时可比对合同条款、项目验收意见等信息，推动资金安全高效支付。

3. 统一电子档案归档方式

建立电子会计栏案全生命周期管理模式，涵盖全域会计资料，收集、归档具有查考和保存价值的电子文件及其元数据，实现档案“应采尽采，全面电子化”。**对于电子凭证**，以会计凭证正式生成为标志，归档时需要关联业务数据（含业务单据、附件、审批记录等）和对应电子发票版式文件，形成待归档“结构化数据+版式文件”，在智慧档案馆系统中通过四性检测（真实性、完整性、可用性、安全性）后进行档案组卷编号。在归档的过程中，智慧档案馆系统结合凭证所显示附件总张数、凭证装订厚度，自动进行分册分卷归档，并以数字签名等形成不可篡改的电子文件，确保电子档案安全可靠。**对于会计账簿、财务报表**，需要定期进行整理，经审批人员电子签名审批后，实现一键自动归档。

4. 强化会计档案后续管理

会计档案的后续管理主要包括电子档案移交和借阅。按照数字档案管理要求，企业通常将会计档案（含元数据）按年移交档案管理机构，智慧档案馆通过地址转换等途径实现电子会计档案快速安全移交，移交完成之后自动编制移交清册，供移交人、接收人、监交人三方签字。电子会计档案资料移交后可办理借阅，业务人员借阅财务电子档案需提出申请，审批通过后由财务人员进行浏览、下载等系统操作，电子档案内置动态水印以防止篡改、截屏等；借阅到期后，智慧档案馆系统自动提醒借阅人及时归还档案。会计档案借阅要严格按照相关保密规定，控制查阅和下载权限。

第五节 管理创新

遵循电网企业自身特点，因地制宜将管理创新融入企业“双碳”建设全过程，持之以恒以创新推动管理提升，重点围绕新型电力系统建设相关课题，加强管理创新成果培育、总结提炼，形成优秀管理实践，在更高层次、更大范围开展推广应用，进一步提升新型电力系统建设效能。

一、强化管理创新成果培育

1. 强化创新工作体系

以战略统领推进企业管理创新。强化管理创新过程管控，从项目立项、审批、推进、培训、指导、总结提炼、评审等全过程统一要求、统一部署，纳入对标考核，实现常态管控。

2. 聚焦重大项目管理创新

围绕“双碳”目标、企业发展战略、“一体四翼”发展布局、企业年度重点工作主脉络，做如下管理创新：一是加强创新项目储备，超前谋划，实行“双十工程”，近三年累计承担国家电网公司级项目17项，完成国网天津市电力公司级项目253项；二是推行“管理创新项目指导制”，充分发挥专业部室主体作用，通过专业指派、基层推荐的双向选择方式，确定专业部室人员，全过程帮扶基层单位项目实施，进一步增强专业部室与基层上下联动、互动；三是搭建基层单位协同创新平台，鼓励基层单位跨专业、跨单位共同创新，组建柔性团队，积极打造优秀创新成果。

二、加强管理成果推广

1. 国家电网公司首家完成创新成果知识图谱建设

国网天津市电力公司在国家电网公司系统内首家开展创新成果知识图谱研究，充分借鉴国家级、行业级、国家电网公司级等优秀成果，搭建创新知识图谱系统平台，完善专业管理创新知识树，开展获取存储、传播共享，推进转化推广，实现管理增效。

2. 多维度推广管理创新成果

开展创新成果转化，循序渐进推进成果向制度、标准、流程等转化，有效融入生产经营实践。多平台发布成果主报告，推动优秀成果向制度、标准、流程等转化；提升成果推广专业参与力度，将获国家电网公司级及以上级别表彰的成果制成标准课件，在年度专业培训时进行推广。深化管理发展与研究，深度剖析国际管理创新优秀案例研究，借鉴学习先进管理理念和方法，内化吸收为企业创新经验，形成优秀管理创新实践。工作做法刊登至《国家电网报》《国家电网工作动态》。

三、管理创新成果丰硕

聚焦“双碳”目标，重点培育管理创新成果，在电力行业级、国家电网公司级、天津市级均取得优异成绩。

1. 电力行业级管理创新获奖成果

《以用户为中心的能源互联网企业能源供需互助管理与实践》获2020年中电联电力创新奖二等奖。该成果构建基于枢纽型、平台型、共享型的能源互联网供需互动服务管理模式，围绕以下几点进行分析探讨：①用户信息互动、营销互动等典型业务场景分析；②用能管理、分布式电源接入、电动汽车充放电等互动技术；③能源供需互动技术的业务框架、数据构架、技术构架和集成构架开发；④能源供需互动业务模式及相应的商业模式和风险规避机制。挖掘供需互动服务场景，明确供需互动需求；深入分析用户用电特征，满足多元用电需求；协调优化多种能源资源，提高企业运营水平。

2. 国家电网公司级管理创新获奖成果

《基于电力物联网的综合能源服务体系构建与实施》获国家电网公司2019年管理创新成果特等奖。该成果以电力物联网技术为“引擎”，以“智慧能源服务平台”为“支撑”，以国家电网公司电网基础设施、用电客户、服务资源、数据资产、品牌形象五大独特优势资源为“油箱”，以综合能源服务业务与传统用电业务融合为“龙头”，构建以电为核心、覆盖客户全生命用能周期、业务融通、服务增值、管理精益的“361”电力物联网综合能源服务体系，瞄准3个服务定位（能源综合服务运营商、能源产业资源整合商、能源生态系统服务商），全面构建综合能源服务6大业务营运体系（综合能源服务组织体系、业务体系、营销体系、生产体系、支撑体系、保障体系），打造一条综合能源服务全产业生态圈价值链，提升综合能源服务水平，提高能源生产转化效率、电网设备利用效率和能源综合利用效率，助力能源绿色转型发展，开创综合能源服务业务新局面。

《基于碳达峰碳中和目标的电网企业绿色发展创新实践》获国家电网公司2021年管理创新成果一等奖。本成果以天津市实现“双碳”为目标导向，构建特大型城市电网规划管理机制，具体在转变管理理念、完善管理制度、改进管理方式、优化管理流程、提升管理绩效五方面提出创新模式，有效保障电网高质量发展。通过开展特大型城市电网规划管理与实践，有力支撑了天津市“十四五”能源、电力发展规划编制工作，大幅提升了新能源接入规模和消纳能力。有效提高电网规划编制水平，确保高质量完成国网天津市电力公司“十四五”电网规划编制工作，天津电网外受电能力显著提高，电网供电可靠性得到加强，电网智能化水平进一步提升。优化管理流程，缩短规划编制链条，显著提升电网规划编制效率，创新优化规划工作管理制度。

3. 天津市级管理创新获奖成果

近2年来，国网天津电力公司获评天津市级管理创新获奖成果一等奖，其获得奖项总数居全市企业首位。其中“双碳”相关成果获天津市一等奖4项，具体如下：

《电网企业基于政企合作的城市能源建设与实施》获天津市第27届企业管理现代化创新成果一等奖。该成果以习近平新时代中国特色社会主义思想为指引，服务京津冀协同发展等国家战略，紧密围绕天津市“一基地三区”定位，推进国家电网有限公司发展战略与“五个现代化天津”建设有效对接，以“1001工程”、变革强企工程典型工作经验为基础，结合新时代政企合作新要求，以精益管理相关理论为基础，以“紧盯进度、狠抓质量、培育成果、务求实效”为理念，坚持“全面统筹策划、具体推广实施、突出协调配合、强化监督管控”的原则，对工程建设、管理提升、服务优化、科技创新、产业升级等各类任务进行分级管控，科学实施任务管理，全力加速“9100行动计划”建设，构建了基于政企合作的“9100行动计划”建设实施路径模型，为打造天津能源革命先锋城市奠定基础。

《电网企业基于新能源汽车充电设施综合管理平台建设与产业生态拓展》获天津市第28届企业管理现代化创新成果一等奖。该成果与小区物业协商利用备用配电变压器调峰，依靠先进的云边协同通信网络，实行居民用户电动汽车有序充电服务管理。通过引导调控电动汽车在某些特定时段进行充电，充分利用台区存量闲置负荷资源，挖掘潜力、盘活存量、提高效率，促进电网资源的优化配置，从而有效提高电网设备利用效率，减少配电建设投资，增强电网整体经营水平，保证电动汽车与电网的协调互动发展，最终促使电网公司良性快速可持续发展。

《电网企业以“双碳”目标为导向的城市能源互联网规划管理》获天津市第28届企业管理现代化创新成果一等奖。该成果通过构建基于战略生态管理的超大型城市电力空间布局规划管理生态系统，实现电力空间规划管理的三个横向协调和两个纵向衔接。**构建三个横向协调：**实现电力空间布局规划与天津市国土空间总体规划横向协调、与天津能源电力发展规划横向协调、与天津市经济社会发展规划横向协调。**构建两个纵向衔接：**在电网侧实现国家电网公司、国网天津市电力公司和基层供电单位的上下衔接，在空间侧与天津市和各区政府规划管理的上下衔接。

《电网企业基于新能源汽车充电设施综合管理平台建设与产业生态拓展》获天津市第28届企业管理现代化创新成果一等奖。该成果在充分调研新能源汽车与能源、交通、信息通信等多领域相互赋能的情况，聚合客户资源和数据资源，利用“大云物移”等互联网技术，聚焦服务政府、服务产业、服务客户、服务电网。一是服务政府，依托“车、桩、网”融合的数据平台，助力天津市新能源汽车产业政策研究、标准制定、政府监管。二是服务产业，通过大数据分析充电站服务充电量趋势、时段，新能源车区域活动时长等各种维度信息，指导充电桩运营商建站选址规划，实现建设、运维管理提质增效，推进充电基础设施建设科学、合理、可持续发展。三是服务客户，创新充电服务模式，提供充电、选车、维修、金融等“一站式”服务，增强用户购买和使用新能源车信心。四是服务行业，实现上下游各类企业整合，构建全方位、多维度产业联盟，促进产业和谐有序进步。在服务中实现社会贡献、产业贡献等综合效益，有力推动国家电网公司电动汽车业务蓬勃发展，带动天津市新能源汽车产业链核心竞争力提升。

第十一章　工程案例与综合示范

立足区位特点和实际应用场景，建成一批清洁低碳示范项目，为实现“双碳”目标进行了工程实践和有益探索，包括国内首座“数字化、网联化、生态化”，集“政府监管、品牌运营、产品体验、技术开发、多站融合”等功能场景于一体的津门湖新能源车综合服务中心；集“低碳柔性互动、坚强安全融合、绿色主动支撑、灵活智能协同”于一体的滨海能源互联网综合示范区；宝坻九园工业园和小辛码头村“一园一村”“双碳”示范先行区；天津港智慧“零碳”码头等。

第一节　津门湖新能源车综合服务中心

一、基本情况

津门湖新能源车综合服务中心坐落于天津市南部梅江生态居住区板块，地处河西区、西青区、津南区交汇处。占地面积7932米^2，共设立71个充电车位、63个多类型充电桩，具有机器人自动充电、无线充电、即插即充、自助换电、人工充电五种充电方式，具有超级充电桩、有序充电桩、储能充电桩等9种充电品类，是国内首座“数字化、网联化、智能化”、集“政府监管、品牌运营、产品体验、技术研发、多站融合”等多功能场景为一体的城市新能源汽车综合充电服务中心。2021年7月29日，津门湖新能源车综合服务中心启用。

津门湖新能源车综合服务中心是国网天津市电力公司贯彻落实“四个革命、一个合作”能源安全新战略，聚焦“一体四翼”发展布局，坚决贯彻国家电网公司与天津市高层会谈精神，奋力推进国家电网公司“双碳”行动方案在津落地，发布全国首个政企合作的电力“双碳”先行示范区实施方案，建设津门湖新能源车综合服务中心，打造充电服务、低碳能源发展、生态运营、新基建典范等“四个示范”，以及运营中心、研发中心、体验中心、数据中心等“四个中心”，高标准建成“充电设施种类与充电方式最全、电动汽车与能源互联网互动交易品种最多、充电服务生态圈活跃度最高”的示范站。

津门湖新能源车综合服务中心秉承绿色低碳理念，构建“光、储、充、换”系统，光伏发电总装机容量达到379千瓦，储能装机容量达0.5兆瓦/兆瓦时，实现了清洁能源自给自足。助力打造绿色低碳交通运输体系，2022年充电量达到504万千瓦时，每年可实现碳减排约6371吨。借鉴智慧能源小镇、零能耗智慧建筑技术创新成果，楼宇综合能耗降低40%，4645米^{2}主体建筑区域达到近零能耗及绿色建筑二星水平认证，为工业建筑节能改造提供了示范样板。

在津门湖新能源车综合服务中心建成了全国首个车联网体系化运营平台，集合充电设施智能监控、充电服务、主动抢修、能源服务、行业服务等功能，为新能源车主提供驾驶行为分析、车辆运行情况分析、智慧选址等服务，助力构建良好的新能源车产业发展生态。平台累计接入站点4063个，充电桩35 177个，其中国家电网公司建设的充电桩8809个，率先在国内实现新能源公交车全覆盖、过境高速充电网络全覆盖，服务电动汽车超过21万辆。整合充电设施、数据中心、5G基站、电力物联网、人工智能等多种元素，融合车联网、能源互联网、信息网“大数据”，提供多元融合的推广模板，打造新基建典型示范（见图11–1）。

津门湖新能源车综合服务中心聚焦电动汽车产业链、生态圈构建，创新开展技术模式、商业模式研究，与天津大学、中国汽车工程研究院等科研院所深化合作，在津门湖新能源车综合服务中心建立“一带一路”电动汽车与能源互联网实验室，邀请新能源车制造上下游企业，打造产学研用协同发展的研究基地，实现电动汽车充电设施检测、电动汽车与电网互动仿真功能，建立智能有序充电、新能源消纳、需求响应、绿电交易等技术分析评价体系。聚焦市场分析、标准制定、试验检测等重大课题协同攻关，构建“政企协”联合运营、共建共享新模式，精准对接市场需求，孵化科技创新成果，推动创新成果转化。

通过津门湖新能源车综合服务中心持续推动天津市新能源汽车与能源、交通、信息通信等领域相互赋能，协同发展互融共生，助力天津能源革命先锋城市建设，服务天津市率先实现“双碳”目标。

图 11-1 津门湖新能源车综合服务中心全景

二、建设实施

1. 建设目标

预计到2030年，我国新能源汽车保有量将达6420万辆，根据车桩比1∶1的建设目标，充电桩建设存在6300万个的缺口。面对新形势新挑战，国网天津市电力公司通过市场调研与分析，科学选址，决定在津门湖建设一个集充电桩、分布式光伏发电系统、储能系统、新能源微网系统、综合能源管理系统等为一体的城市综合示范站，打造标准最新、类型最全、技术领先的充电设施集中地和电动汽车与能源互联网融合互动最丰富的场景基地。

2. 项目规模和建设方案

（1）项目总体规模。

在津门湖示范站建立“光、储、充、换”交直流微电网系统，主要包括电动汽车多样化充电系统、光伏发电系统和梯次利用电池储能系统。具体来说包含以下几个部分：建设基于多样化充电系统的大功率柔性直流充电堆3台，交流充电桩13台，带自动泊车无人值守无线充电桩1台，直流V2G技术充电桩3台，电池换电系统1台；建设充电机器人1套，全自动充电桩巡检系统3套。建设光伏发电系统；建设锂电池储能系统；基于大数据、服务化架构、智能优化控制、云计算等关键技术，构建微电网调控系统1套。

（2）充电系统的建设。

为适应未来充电技术的发展，打造多场景多应用的集成型融合充电示范站，充电系统的建设以设备类型丰富、智能化水平高、应用场景丰富、人机互动方便为出发点，进行了以下部分的建设。

1）建设360千瓦的大功率柔性直流充电堆14台，每台携带6台直流充电桩，可同时满足84台电动汽车的充电需求，充电堆负载结构如图11-2所示。充电模块集中布置，通过功率分配单元按电动汽车实际需要充电功率对充电模块进行动态分配，根据车位数量灵活调整输出。

2）建设7千瓦交流充电桩和40千瓦交流充电桩13台，可自动调节电压范围输出，自动匹配不同电压等级车辆，智能切换保持车辆恒定高速充电，以

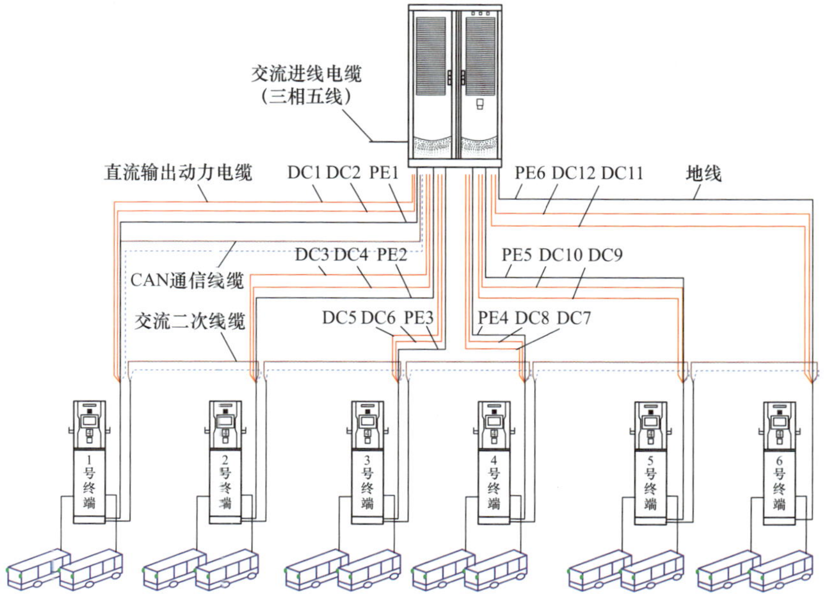

图11-2 充电堆负载结构示意图

适应不同类型车辆需求。

3）建设无线充电桩1台，通过埋于地面下的供电导轨以高频交变磁场的形式将电能传输给运行在地面上一定范围内的车辆接收端电能拾取机构，进而给车载储能设备供电，可使电动汽车搭载少量电池组，延长其续航里程，同时电能补给更加安全、便捷，具有良好的示范效应。

4）建设V2G充电桩3台，可以实现电动车和电网之间的互动。电网负荷低时，插上充电枪，便可自动储能；电网负荷高时，可把动力电池的电能释放到电网中。在并网模式下，实现电网与电动汽车之间最高功率60千瓦的电能双向流动；在离网模式下，与电动汽车、家用负载形成微电网系统，为家用负荷提供5千瓦的紧急供电能力，示范作用显著。V2G系统架构如图11-3所示。

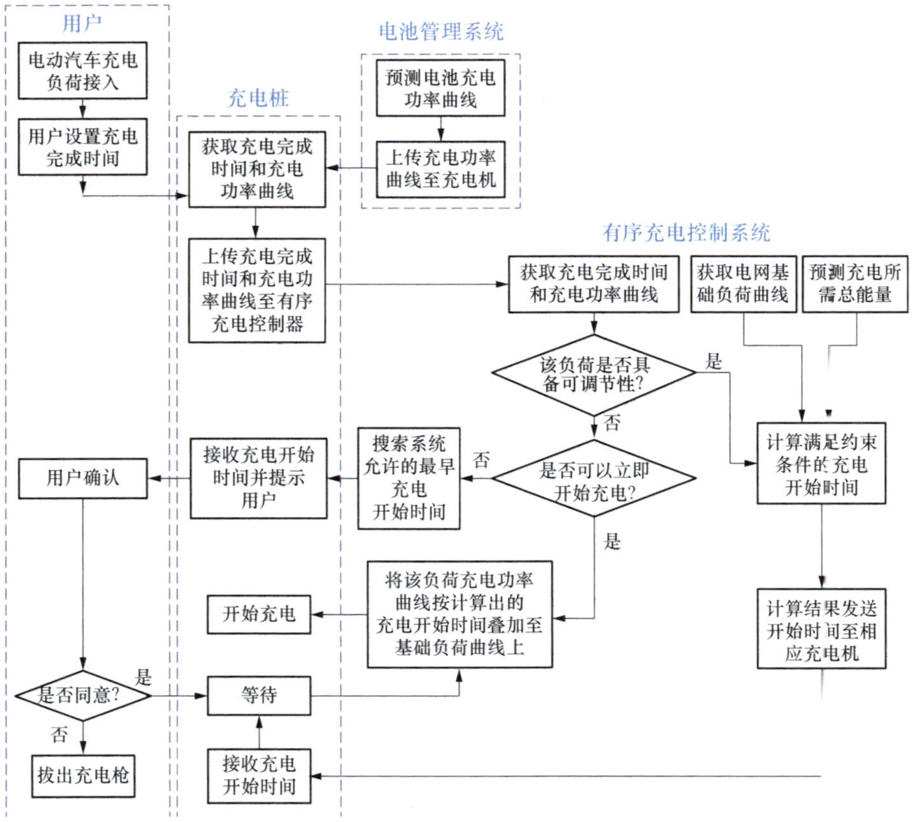

图11-3 V2G系统架构图

5）建设超级充电桩1台，可实现同时充电和快速补电两种工作模式。在同时充电模式下，可满足六辆车同时以60千瓦/120千瓦/180千瓦功率充电，大大减少倒车频次，节省人工；在快速补电模式下，根据车辆需求，可动态调整输出功率，最大功率达到360千瓦，最大电流500安，其他功率分配到常规枪使用，集多场景的充电控制和能量输出于一体，迎合未来发展趋势。

6）建设充电机器人系统1台，用机器人代替充电服务人员进行充电操作，提高服务效率，降低充电站值守劳动强度。同时，充电机器人能够提高充电安全性，避免人员触电。系统由充电机器人、机器人移动平台等部分组成，充电机器人结构如图11-4所示。充电机器人安装在移动平台上，可在移动平台轨道上滑行，实现对站内多辆电动车辆的充电服务。

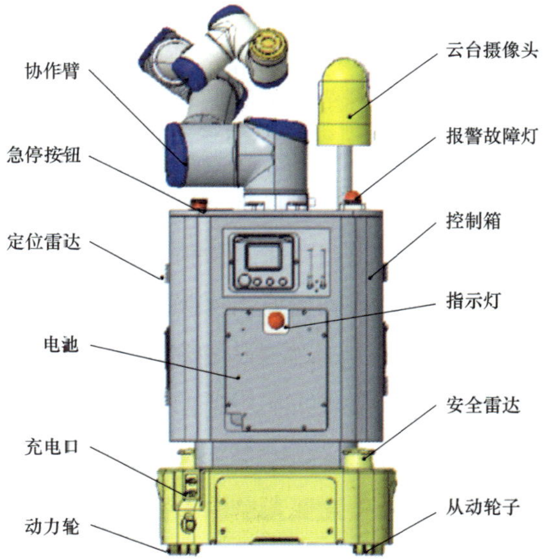

图11-4　充电机器人结构图

机器人通过调度系统进行路径规划，可以自动到达指定的车辆充电位置，实现一机多用，真正实现全自主充电运行。

7）建设自动巡检机器人3台，机器人机身主要由行走系统、升降系统、传感系统、控制系统等多个部分组成，其结构如图11-5所示。

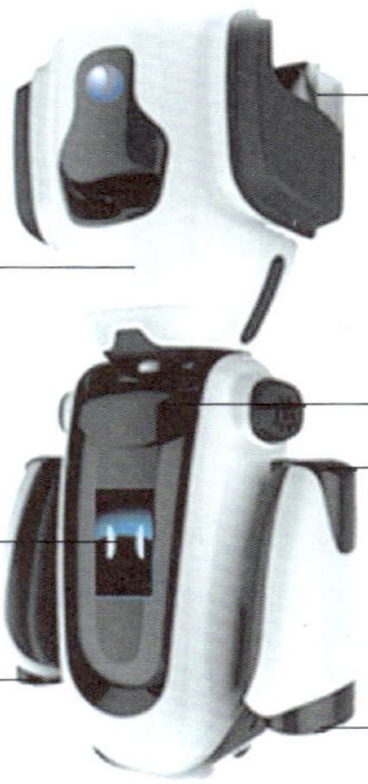

图11-5 自动巡检机器人结构图

巡检人员可通过安装在机器人上的LCD屏与控制系统进行交互，查看机器人状态信息并下发巡检任务。通过软件系统，可以控制机器人的开关机、急停和充电等操作。系统还能下发不同类型的巡检任务，在任务执行过程中，控制任务的暂停、恢复和停止。巡检任务在执行中时，可实时查看检测数据和巡检图片，可查看所有未处理或者已处理的告警信息，大幅提升巡检效率和智能化水平。

8）建设充电站远程运维管理系统1套。充电站远程运维管理系统的站内设备包括综合控制柜机交互终端、远程通信控制器等；云端设备包括远程运维管理计算服务器、远程运维管理存储服务器等。充电站远程运维管理系统架构如图11-6所示。通过充电桩、充电机器人、本地交互终端、远程交互终端等设备之间的信息交互，实现本地及远程的自动化运维管理。

远程运维管理系统由账户管理模块、设备状态监测告警模块、设备远程监控操作模块、设备远程巡视模块等功能模块组成。用户可通过手机终端界面或PC机端Web登录方式访问云端服务系统中的站控数据，实现站内充电桩、充电机器人、充电车辆等设施的状态监视，并可登录值班员权限，远程操控站内充电机器人、行走小车等设备。云端服务器对运行数据进行分类保存、统计和生成异常告警事件，用户可远程查看设备运行过程中的正常/异常历史事件，进一步提升运维的智能化水平和管理效率。

图 11-6 充电站远程运维管理系统架构

（3）光伏系统的建设。

津门湖新能源车综合服务中心搭建光伏发电系统，提升能源利用率和节能水平。光伏发电系统由太阳能电池板、逆变器、支架、直交流汇流箱及计量等相关附件构成。太阳能电池方阵在光照的条件下产生直流电，直流电通过逆变器转换为交流电后并入电网。

在设备选择上，津门湖新能源车综合服务中心选用多晶硅太阳能电池组件，规格为450瓦，逆变器选用组串型逆变器；在安装方式上，采用固定式支架设计，通过查阅气象资料和气象数据库数据拟合，决定采用安装倾角为30度。光伏发电系统建设结构上采用屋顶分布式光伏，共计使用光伏组件655片，预计年发电量15万千瓦时。光伏组件安装示意图如图11-7所示。

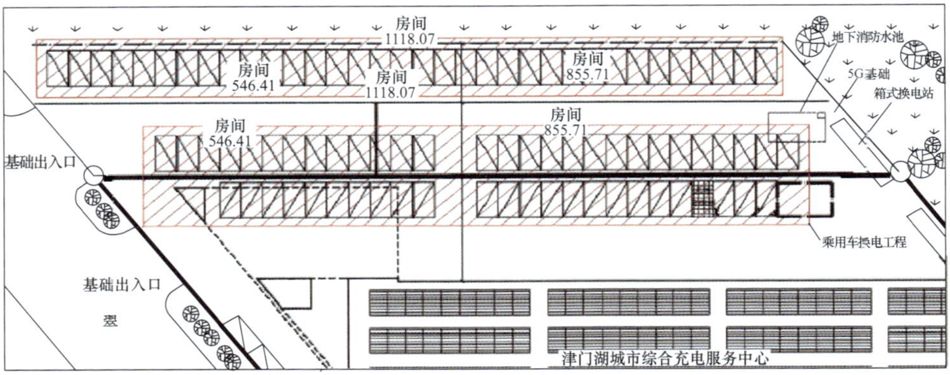

图 11-7　光伏组件安装示意图

（4）储能系统的建设。

作为能源微网的重要组成部分，储能系统的建设同样非常关键。储能电站由退役动力电池、储能变流器、电池管理系统、能源管理系统等组成，选用不同类型、结构、时期的退役动力电池进行储能，分为多个回路，提高电池总体供能效果。

为实现不同状态电池的异构兼容，储能系统通过数据控制层中的“异构兼容控制器”嵌入针对不同回路的独立控制策略，通过这些控制策略可以将完全不同的电池分开控制，但在储能系统的外特性上实现统一调度，以实现对电池控制的“异构兼容”。

储能系统用恒流方式对电池进行余能检测，通过充放电效率，折算容量保持率为测试放电电量与原标称电量的百分比，对退役动力电池的容量进行测定。

（5）微网调控系统建设。

微网调控系统包含交直流转换系统和智能调控装置。交直流转换器是电网与电能存储设备之间的纽带，它肩负着充电和电能回馈作用，是储能系统的关键设备之一。交直流转换器作为微网中一个可控的储能电源，解决了大电网与分布式电源间的矛盾，使微电网既可与大电网联网运行，也可在电网故障或需要时与主网断开单独运行，提高了电力系统的安全性、稳定性、经济性。智能调控装置采用串级控制结构完成信息交换、信息筛选、信息检查、信息过滤及信息提取等过程。

（6）综合用能服务系统建设。

考虑到充电服务中心建筑冷、热用能主要集中在白天，具有稳定用冷用热需求，因此优先选用冷热双供设备。其次，由于建筑冷热负荷较小，因此使用小型化、可灵活布置的冷热源设备。综合考量能效及环境效益选取2台150千瓦空气源热泵作为综合用能服务系统的主要供能设备。

综合用能服务系统由空气源热泵与太阳能光伏光热一体化系统耦合组成，冬季光热部分热水进入空气源热泵进口处，提升进水温度，从而提升空气源热泵能效；发电部分为系统提供电能，降低整体系统耗电量。综合用能服务系统结构图如图11-8所示。

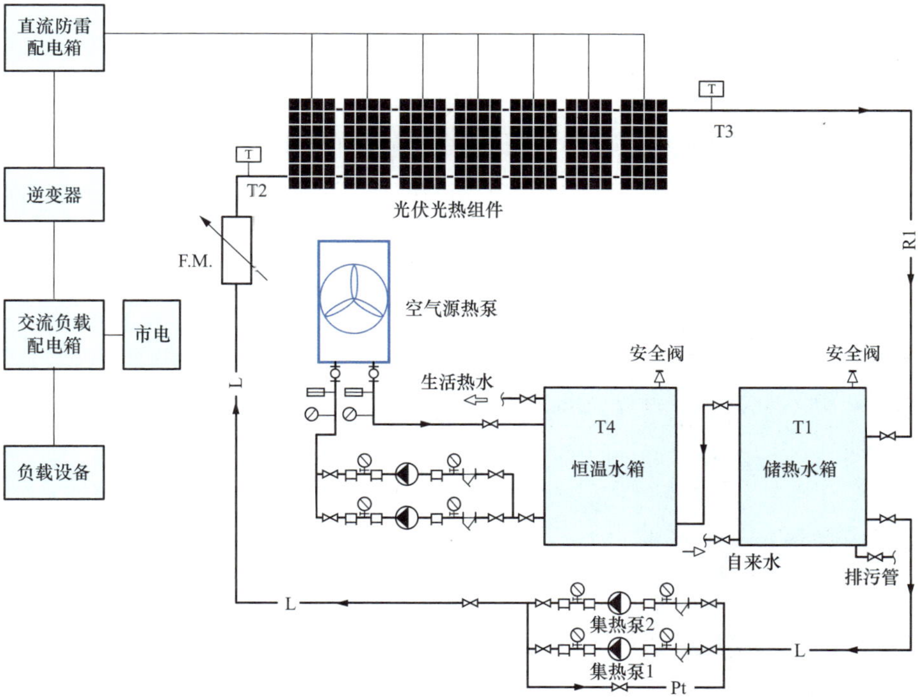

图11-8 综合用能服务系统结构图

（7）智慧能源管理系统建设。

在构筑模式上，利用非侵入式感知、传感器感知等技术在系统重要部位实现数据采集终端全覆盖。利用5G、LoRa、Wi-Fi等通信技术将能源数据统一接入省级智慧能源服务平台。通过在充电综合服务中心建设智慧能源体系，可实现经济、环保及社会多方面效益。

（8）新能源数据中心、5G、北斗卫星多站融合建设。

通过电力通信资源的复用，多站间的空间融合化建设，实现资源优化配置，并基于多站间的业务进行跨界业务融合应用。通过5G基站、边缘数据中心站的广泛布点，为高清视频数据的传输提供高速网络，并支持高速渲染、低时延工业控制等应用，实现数据处理的低延迟性及业务响应的高即时性。通过北斗地基增强站的建设，提供定位、精确授时和短报文通信等服务。

（9）天津市新能源汽车充电设施综合服务平台建设。

天津市新能源汽车充电设施综合服务平台将成为服务政府、服务社会的重要信息化支撑，建成功能完备、技术先进、安全可靠、开放有序的综合服务平台。此平台为政府提供充电设施规划、行业监管、政策发布等应用支撑；为电网公司提供充电负荷数据，促进电网削峰填谷和清洁能源消纳，并提升充电设施本地化管理水平；为运营商规范化建设、科学布局提供指导；为公众充电便捷应用、投诉反馈问题提供渠道，推动全市新能源汽车产业科学、有序、健康发展。充电基础设施及新能源汽车充电运营监管服务中心的建设，为天津市新能源汽车充电设施综合服务平台提供了有效的展示及监控手段（见图11-9）。

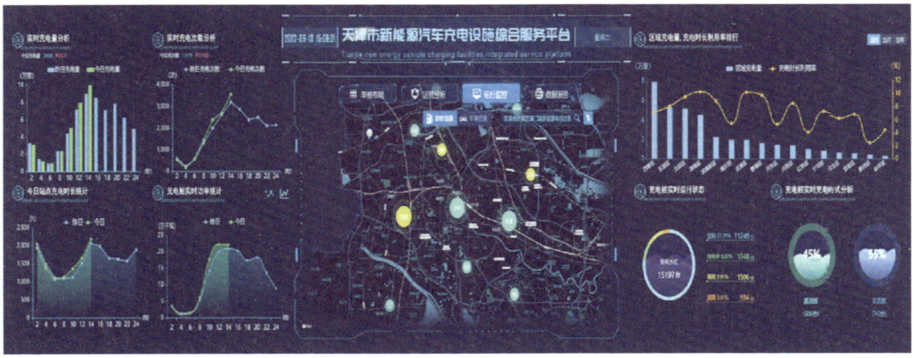

图11-9 新能源汽车充电设施综合服务平台

三、运营成效

绿色与智慧，蕴藏着一个城市的优势与潜力。近年来，新能源汽车的快速推广使得城市交通领域减污降碳成效显著，但充电问题一直是制约该行业发展的难点。为探索破解之道，国网天津市电力公司持续深化世界一流企业建设，立足行业优势开展创新实践，奋力推进国家电网公司“双碳”行动方案在天津落地，于2021年7月29日建成投运全国首座“近零碳”充电站，将“智”汇于津门湖，以绿为笔勾勒出百姓绿色出行、便捷出行、智慧出行的美丽新蓝图。

津门湖新能源车综合服务中心作为推动“双碳”目标与新基建战略落地的代表性工程，围绕新能源汽车产业，聚合车企、桩企，聚焦服务客户，以“四个中心”建设为目标，实现了安全运行、社会效益、经济效益、品牌效益、行业贡献共赢。投入运行一年来，津门湖新能源车综合服务中心获评国家能源科普教育基地、国家能源数字化示范工程和天津市首批新时代文明实践基地、中国建筑协会“近零能耗建筑”标识认证、国家电网公司青年创新创意大赛银奖等荣誉。国内首座“近零碳”充电站标杆示范作用凸显。

1. 多元融合助推“双碳”目标落地

自津门湖新能源车综合服务中心投运以来，实现了绿色低碳技术的多元融合，形成了绿色环保能源体系，车主能享受到优质的充电服务，整站累计减少二氧化碳排放1.398万吨。

津门湖充电站充分利用屋顶、车棚等空间资源，大面积敷设太阳能电池板（见图11-10），建成“光储充换”清洁系统和绿色能源管控平台，实现对能源的优化配置和精准控制，保持国网天津市电力公司在能源领域的创新引领。

在光储系统方面，光伏总装机容量379.3千瓦，在自发自用的基础上，通过余电上网获取收益，投运以来发电45万千瓦时，相当于减少碳排放约448.65吨。储能则采用磷酸铁锂电池，可根据光伏发电功率和负荷曲线的实时变化进行电量的存储、释放，合理提高能源的使用效率。在光储系统之上，还建设了绿色能源管理服务平台，发挥了节能增效“指挥部”作用。该平台接入了津门湖能源供给侧发电数据、能源消费侧用电数据和中心楼宇发用电实时数据进行实时监测。通过绿色能源管理服务平台对能源进行精细化管理，智能调控储能设备运行策略，用电谷段充电，峰段放电，有效推动了能源消费清洁化实践，引领绿色能源领域效率革命。该平台还可监测电力设施运营情况，为抢修服务提供指引，满足高质量运营需求。事实证明，津门湖新能源车服务中心开展的能源消费清洁化、数字化、网联化、智能化探索卓有成效。投入运营一年来，已实现电能替代约56万千瓦时，压降运营成本约45万元。

图11-10 津门湖新能源车综合服务中心光伏雨棚及屋顶光伏系统

2. 科技引擎赋能高质量发展

新能源车驶入车位后，就有充电机器人利用地面磁条快速移动到车辆旁，使用机械手臂将充电枪精准地插入车辆充电口（见图11-11），到2022年11月累计作业超1300次。在充电桩上方的架空轨道上，还安装了智能巡检机器人对潜在隐患进行24小时实时监控预警。津门湖还具备无线充电、自动换电等当下充电领域最前沿的充电方式，储能充电桩、超级充电技术快充、车网互动充电桩等9种充电方式。投入运营一年来，津门湖新能源车综合服务中心累计充换电量超500万千瓦时，日均服务521车次，仅自动充换电一项就为12 498车次提供了智能服务，日充电记录突破2.38万千瓦时，减少二氧化碳排放9400吨；充换电量、充换电次数在天津市公共充电站中均排名第一。同时，津门湖新能源车综合服务中心还建成118米^{2}的数据中心，1座北斗地基增强站，并利用现有5G基站，形成“多站融合”的边缘节点，有序推进国网云、5G通信、北斗通信等业务，全面支撑能源互联网建设。

电动汽车与能源互联网实验室是津门湖“产学研”双创中心的核心。国网天津市电力公司与天津大学、天津理工大学等高校携手，借助该实验室开展全面合作，共同构建产学研联盟的创新体系，开展电动汽车与电网互动领

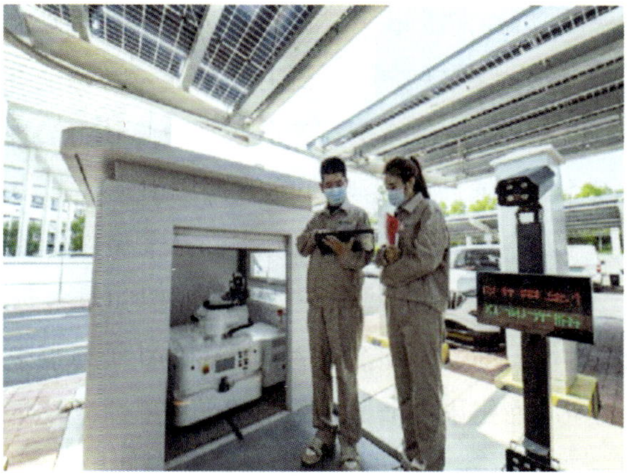

图 11-11 津门湖新能源车服务中心充电机器人工作

域的国家重点研发计划项目研究及申报，并将科研成果尽快地转化为生产力，促进专业、产业相互促进、共同发展，努力实现“校企合作、产学共赢”。实验室投入运行一年来，共计申请发明专利15项，其中8项已获得授权，电动汽车充放电智能控制关键技术及应用项目获国网天津市电力公司科技进步一等奖。2022年6月10日，以该实验室为依托，电动汽车充电安全关键技术研究成果高质量通过验收，在准确预警动力电池充电过程中可能发生的安全问题方面实现了新突破。研发的充电过程监测与安全预警智能化终端，搭建了充电设施运维故障智能分析与预警系统，将消防安全类故障应急响应时间缩短到10秒内，充电设施运维检测效率整体提高17%，有力保障了充电设施和充电车辆“双安全”。2022年9月2日，“光储充检一体化城市大型充电站关键技术及应用”创新成果通过天津市科学技术评价中心组织的成果鉴定，由中国科学院院士程时杰担任主任的鉴定委员会认定，项目整体技术达到国际领先水平。项目成果率先在津门湖新能源车综合服务中心实现整体应用，已应用于国内百余座大型充电站，并推广至新加坡等国家，经济效益和社会效益显著。该成果推动了充电站数字化、网络化、智慧化转型，提升了居民绿色出行和充电体验，为能源交通绿色转型和电动汽车产业发展提供了保障。

3. 多维服务保障战略落地

国网天津市电力公司统筹多方资源建成涵盖汽车展销、新零售E享家、金融保险等业务的综合体验中心，丰富客户感知体验，增强用户绿色消费信心。

2022年4月1日，津门湖新能源车综合服务中心与首家新能源车企签署合作协议，正式启用“购车办电–装桩接电–充电服务–增值服务”联网通办业务，实现选车、试驾、买车、上险、缴费、充电报装、充电桩预约安装等全流程贯通的“一站式”服务，打通新能源车主买车装桩办电的“最后一公里”。通过推行联网通办，一方面将充电桩“联网通办”嵌入车辆销售流程，发挥“网上国网”App主渠道优势，贯通车企平台、车联网平台、充电运营商平台等多渠道数据信息；另一方面，面向电动汽车用户提供协助报装、车企线上报装、车主自行报装三种渠道，在提供协助报装中，由台区经理提供专属服务，统一协调用户、建桩服务商等各方，电动车用户线上签名即可验收，同时用户还可在“网上国网”App的“电动车频道”中进行充电和账单查询。该服务实现了“上游聚合车企、桩企，下游聚焦新能源车客户”，有力带动天津市电动汽车产业蓬勃发展，为能源交通领域率先实现“双碳”目标提供强力支撑。

落户津门湖新能源车综合服务中心的天津市电动汽车及充电设施公共服务平台于2022年6月17日顺利通过天津市发展改革委等部门验收，标志着天津市向“充电服务一张网”模式迈出了坚实一步，如图11–12所示。天津市电动汽车及充电设施公共服务平台，具备同步采集全市充电设施和新能源汽车全口径数据功能，打造了“车、桩、网”一体化数据服务平台。通过运营商管理、辅助建站规划统计分析等功能模块，对电动汽车行为精准“画像”，通过数字化技术高效赋能公共服务平台，提升客户体验，实现全市充电设施的统一运行监管、运营分析，指导优化全市充电设施布局、开展充电设施建设运营监管，协助发放全市充电设施建设运营补贴。该平台上线后，通过配套公共服务App，能够帮助市民快速找桩充电、规划导航线路，为新能源车主切实解决充电这一难题。已累计接入68家主要运营商，4063座充电站、35 177个充电桩，其他运营商正在有序接入，有效支撑天津市电动汽车产业科学、高效发展。

国网天津市电力公司以津门湖新能源车综合服务中心为示范从节能降碳、科技助力、多维服务等方面入手，建成“0.9、3、5”千米充电服务圈，实现充电服务网络电动公交全覆盖、域内高速全覆盖，助力“京津冀1小时交通圈”形成，全面服务天津百姓绿色出行，立足区位优势，加快世界一流企业

图11-12 天津市电动车及充电设施公共服务平台

建设向纵深推进，支撑能源革命先锋城市建设，以“智”汇“碳”索，赋能绿色发展“电动力”。

未来，津门湖新能源车综合服务中心将继续积极探索推动能源转型的实践路径，加快推进能源电力“双碳”先行示范区建设，走出一条电网发展与生态文明相得益彰的和谐之路、创新之路，为美好生活充电，为美丽中国赋能。

第二节 滨海能源互联网综合示范区

一、基本情况

“双碳”目标下，以天津滨海新区为代表的能源与产业资源丰富区域绿色低碳转型要求迫切。天津滨海新区是全国综合配套改革试验区、国家自主创新示范区、北方首个自由贸易试验区，“十四五”期间将落实京津冀协同发展战略，全面建设生态、智慧、港产城融合的宜居宜业美丽滨海新城。与大多数东部沿海城市相同，滨海新区也面临着能源消费偏煤、产业结构偏重的问题，区域碳排放一直以来位居天津市碳排放总量第一位置，低碳转型要求尤其迫切。

滨海新区具有独特的资源优势和产业特点，具备开展能源互联网综合示范的基础和条件。一是新能源资源禀赋优良，风、光等清洁能源建设条件好、开发潜力大。石油、天然气资源丰富，渤海海域石油资源总量100多亿吨，天然气储量1937亿米^3，有着巨大的发展潜力。二是已建成以煤、油、气开发为基础，新能源、高端装备、石油化工为主导的能源工业体系和产业集群，为能源互联网技术示范提供了丰富场景。三是区域网架结构坚强，全面竣工电网“1001工程”，特高压电力疏散能力提升近70%，500千伏双环网基本建成，35千伏输电线路、变电容量分别增长120%、70%。四是先后建成惠风溪智慧能源小镇等一批示范工程，多项国家重点研发计划落地示范，并集聚了国家超级计算中心在内的众多科研机构、高校和能源企业，为示范区建设提供关键的科技支撑。

国网天津市电力公司紧扣“一体四翼”发展布局，统筹规划布局“双碳”示范，聚焦滨海新区能源安全可靠、港口绿色发展、居民生活便捷、产业低碳高效等区域特点，将“推动滨城零碳演进，服务四大业态发展”作为建设目标，提出了“低碳柔性互动、坚强安全融合、绿色主动支撑、灵活智能协同”的地市级能源互联网典型特征，不断迭代形成了“一个目标、六大方向、‘双10+工程’”的“1611”建设架构（见图11-13和图11-14），创新探索地市级“双碳”和新型电力系统目标的演进路径，全力服务美丽滨城建设。

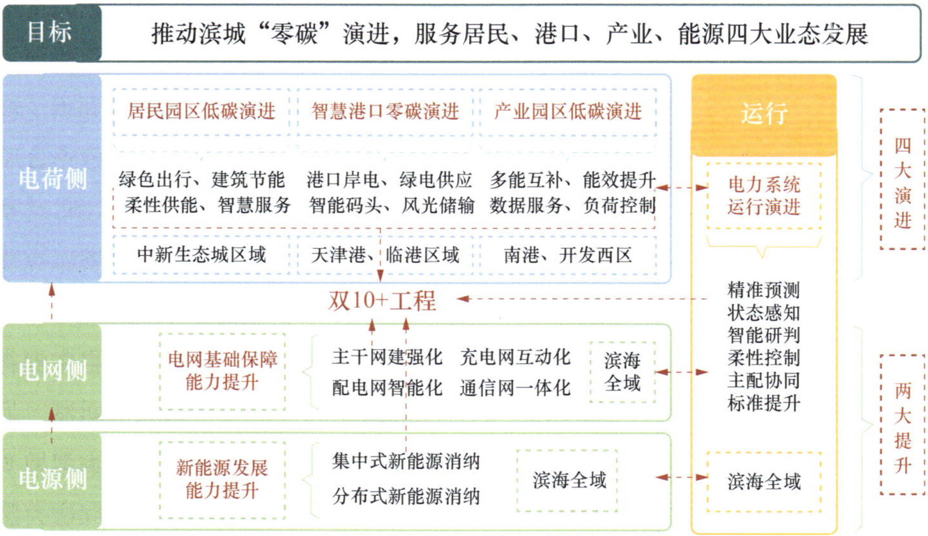

图11-13　滨海能源互联网综合示范区“1611”建设框架

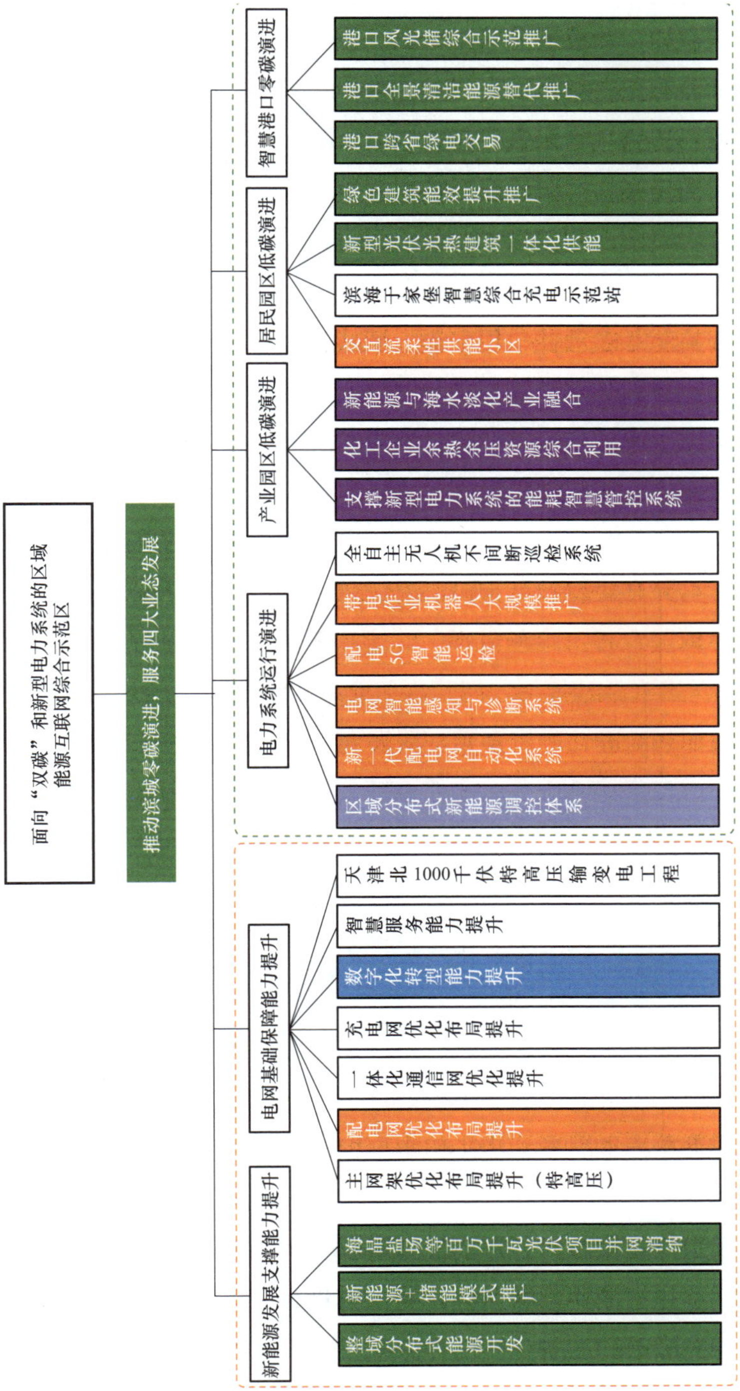

图11-14 滨海能源互联网综合示范区“双10+工程”分布

二、建设实施

国网天津市电力公司按照“政府主导、国网主力，双方搭台、各方唱戏”的建设模式，于2021年6月先后与天津市滨海新区人民政府、天津港（集团）有限公司、中新天津生态城管委会等签署战略合作协议，共同在津打造电力“双碳”先行示范区，助力天津率先实现“双碳”目标。按照“两大提升”和“四大演进”实施路径，加速推进示范区建设。

面向“双碳”目标和构建新型电力系统任务围绕“新能源发展支撑能力”和“电网基础保障能力”两大提升、“电力系统运行演进”“居民园区低碳演进”“智慧港口零碳演进”“产业园区低碳演进”四大演进，探索滨海地区新型电力系统建设的创新实践。

从新能源发展来看，开展整域分布式能源开发，配合政府开展滨海新区高新区、海滨街等5个屋顶分布式光伏试点区域并网工作。探索“盐光互补”新能源开发模式，推广“新能源+储能”模式，积极服务国世通汉沽辛庄、天润杨家泊等多项清洁能源并网工程，滨海能源供应体系逐步向“清洁主导、电为中心”不断演进，适应多元负荷大规模接入，新能源发展支撑能力显著提升。部署项目包括整域分布式能源开发、新能源+储能模式推广、海晶盐场等百万千瓦光伏项目并网消纳3项提升推广工程。

从基础网架来看，主网侧，全面竣工“1001”工程建设，精准补强临港等区域网架结构。配网侧，优化10千伏网架结构，加强新一代配电自动化系统建设，支撑清洁能源消纳，满足用户多样化需求。运行侧，利用多元手段可实现区域内分布式新能源全量可观可测，大容量、规模化分布式新能源可调可控，探索适应高比例分布式新能源规模并网的调控模式，全面提升滨海地区电网基础保障能力。部署项目包括主网架优化布局提升、配电网优化布局提升、一体化通信网优化提升、充电网优化布局提升、数字化转型能力提升、智慧服务能力提升、天津北1000千伏特高压输变电工程共7项提升推广工程。

2025年，预计滨海新区风电、光伏装机容量达到350万千瓦以上，地区最大渗透率将达到99.54%，全部推广后滨海新区分布式光伏总容量可超过90万千瓦，10千伏分层负荷渗透率将达到甚至超过2/3。面对“双高”严峻形势，立足滨海地区分布式新能源发展和坚强智能电网现状，开展分布式新能源调度体系、配电5G智能运检等工程，实现对新能源“可观、可测、可控、可防、安全、协同”，显著提高能源安全保障能力，逐步实现电力系统运行演进。部署项目包括区域分布式新能源调控体系、电网智能感知与诊断系统、配电5G智能运检、全自主无人机不间断巡检系统4项重点示范工程，新一代配电网自动化系统、带电作业机器人大规模推广2项提升推广工程。

中新生态城是全国生态智慧城市样板，位于天津滨海新区中北部，占地面积31.23千米^2，现代化小区81个，居住人口超10万人。结合中新天津生态城等区域商业发达、人口聚集特点，聚焦绿色出行、建筑节能、柔性供能、智慧服务四方面推动居民园区低碳演进，开展交直流柔性供能小区、于家堡低碳交通充电示范基地、绿色建筑能效提升等工程，服务居民低碳高效用能和绿色便捷出行，助力打造全国生态智慧城市样板。部署项目包括交直流柔性供能小区、新型光伏光热建筑一体化供能、滨海智慧综合充电示范站3项重点示范工程，绿色建筑能效提升1项提升推广工程。

南港工业区是国家新型工业化石化产业示范基地，位于天津东南部，规划面积200千米^2。聚集包含中石化、中石油等国内外一流企业共1912家，总投资超过2580亿元，到2022年，预计实现产值1000亿元。结合南港工业区、临港等区域石油化工等产业聚集特点，聚焦清洁能源和节能减排，推动产业园区低碳演进，开展化工企业余热余压资源利用、新能源海水淡化产业融合、智慧能源互动能力提升等工程，服务产业高效用能，助力天津建设先进制造研发基地。部署项目包括新型负荷管控系统、新能源与海水淡化产业融合2项重点示范工程。

三、运营成效

聚焦“居民便捷低碳生活、港口绿色智慧发展、园区可靠能源供给、产业清洁高效用能”四大典型业态，推进能源清洁低碳转型，全力争当“双碳”示范区先行者。

在中新生态城打造了生活宜居智慧能源服务业态，聚焦“生态+智慧”双轮驱动发展战略，创新实践低碳互动、绿色出行等模式，提升用户用电体验和满意度。率先建成了交直流柔性供能小区，创新部署9套交直流柔性互联装置及本地协控系统，构建了辐射式、直流母线式、末端互联式三种低压交直流混合配电网典型供电模式，实现4台60千瓦快速充电桩、15千瓦分布式光伏以及景观照明直流接入和台区功率互济，最大满足950千瓦容量直流接入需求，服务小区2000余户居民便捷低碳生活业态发展。建成电光热建筑一体化供能系统，在中新天津生态城智能供电营业厅部署多类型平板光伏光热集成组件、360千瓦空气源热泵、6吨蓄热水箱以及楼宇能效监控平台，构建了发电容量46千瓦、集热量100千瓦的电光热建筑一体化供能系统，有效满足营业厅用电、采暖、热水等多类型用能需求，打造了基于分布式太阳能高效利用的热电联供典型样板。

在南港工业区打造了园区能源安全保障业态，立足“工业企业聚集、危化品集中”的区域特点，实施电力设备故障综合感知和主动诊断，助力滨海新区传统支柱产业安全发展。在滨海多个台区部署多参量光纤、超声等十余类新型传感设备，在智能运检管控系统部署多元数据交叉融合诊断模块，保证安全可靠用电。“时代楷模”“改革先锋”张黎明带领“产学研用”联合攻关团队，攻克了机器人精准定位、自主规划、智能控制、安全防护等难题，研发了全球首套自主配网带电作业机器人及13种成套装备（见图11-15），并在南港区域开展配网带电作业机器人现场作业，实现了多个省市的规模化推广，并分获天津市和国家电网公司2021年科技进步一等奖，立项首个配网带电作业机器人

图11-15 配网带电作业机器人

领域IEEE国际标准。部署高精度定位双光无人机车载移动式机巢，首次开创“多巢多机多任务”协同自主巡检新模式，实现范围超视距、18千米往返长距离、7×24小时不间断巡检，巡检作业效率5倍以上。建设新能源与海水淡化产业融合示范，开展多源多荷协调控制与灵活互动的能源互联技术研究，在天津大港新泉海水淡化有限公司配置不少于1兆瓦海水淡化负荷，500千瓦光伏、风电等分布式可再生能源，实现可再生能源发电本地消纳率达到100%。

在滨海新区打造了多产业高效能源利用业态，借助区域新能源、新材料、新技术等产业集聚优势，开展新型智慧负荷管理系统等示范项目，服务战略新兴产业发展，助力天津建设先进制造研发基地。一是成立滨海负荷管理分中心，组建了新型电力负荷管理系统工作专班，促请滨海新区工业和信息化局出台《关于进一步推进新型电力负荷管理系统建设的通知》支持政策，为企业用户提供分轮次优化的负荷精准控制策略，完成新型电力负荷管理系统接入86户，共计可控负荷23.09万千瓦，负荷控制能力可达到滨海新区最大用电负荷10%以上。优化滨海新区充电网络布局和利用率，推动解决相关站点开放及服务费分成问题，提升现有设施利用率。完成6个高速服务区改造升级、充电标准协议升级以及交流充电桩加枪方案制定和实施计划，共涉及新增充电桩36台，改造充电桩39台。聚焦数据服务和节能减排，实现能源大数据产品多领域推广，开发应用碳流监测等30余项实用化数据产品，服务企业用能监测（见图11-16）。

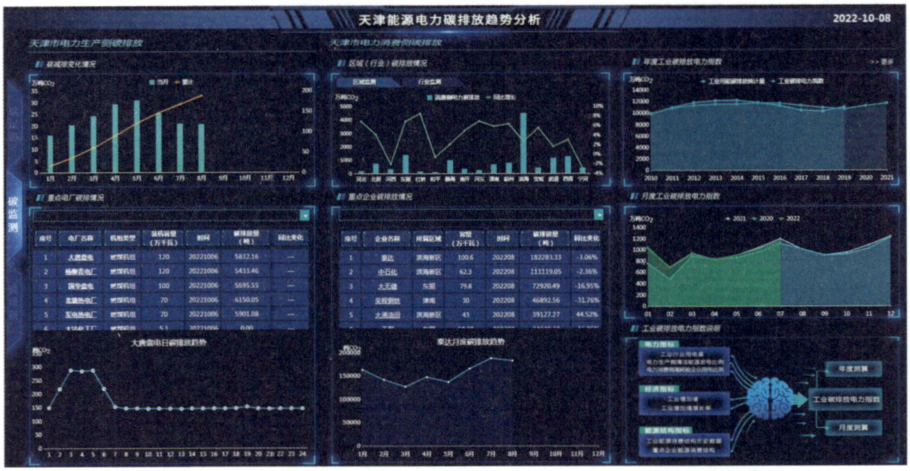

图11-16　企业碳排放趋势分析图

国网天津市电力公司积极探索“双碳”和新型电力系统演进路径，全面建设“双10+工程”，2022年基本建成国内领先的能源互联网综合示范区，推动国家电网公司“双碳”行动方案落地和天津能源革命先锋城市建设，通过打造能源、居民、港口、产业四大业态，助力天津市率先实现“双碳”目标。

第三节　宝坻“一园一村”“双碳”先行示范区

一、基本情况

宝坻“一园一村”是国网天津市电力公司“双碳”先行示范区在园区、村庄级别的典型示范工程。“一园”是九园工业园区，探索“可生长、可测量、可推广”的生态型“双碳”解决方案；“一村”是小辛码头村，探索乡村低碳可持续发展模式，打造乡村振兴“新引擎”，如图11-17所示。

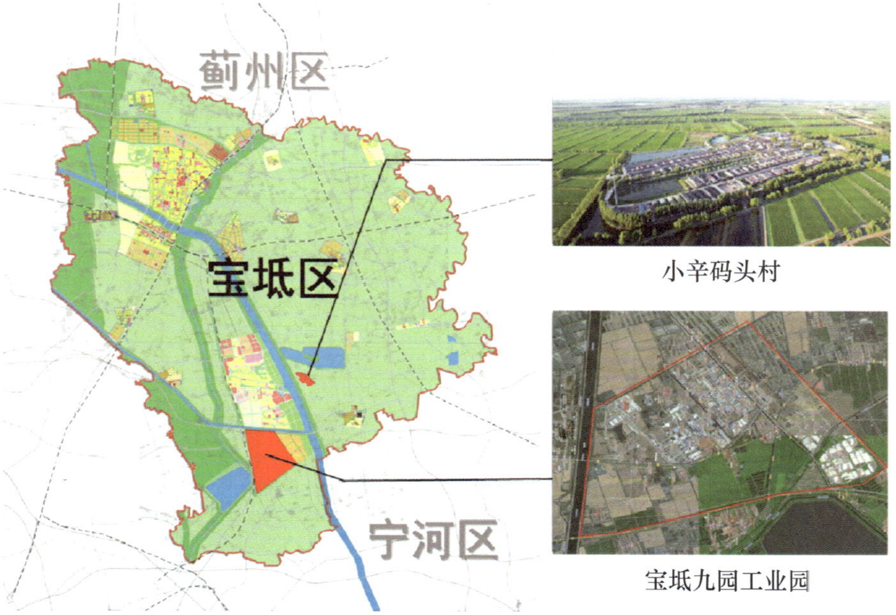

图11-17 “一园一村”“双碳”先行示范区区位图

宝坻九园工业园区位于北京、天津、唐山三大城市的中心地带，地处京津冀半小时交通圈、经济圈，园区毗邻京滨高铁、京唐高铁，园区规划面积18.8千米^2。2009年8月被天津市确定为示范工业园区，2015年被天津市政府纳入天津国家自主创新示范区“一区二十一园规划”。经过十余年发展，园区工业开发建设面积达到14千米^2，基础设施实现“九通一平”，并形成以新能源新材料、高端装备制造为主导产业的集聚区。同时，园区全力打造百亿级新一代动力电池产业主体园区，重点从事新能源车用、储能用锂离子电池及电池关键材料的研发生产。园区内年产值2000万元以上规模企业52家，整体耗能占园区总能耗的85%左右。

九园工业园区企业能源消耗主要为电、燃气、汽油和柴油，2021年园区二氧化碳排放量约29万吨，受产品出口碳税以及低碳产业发展碳约束影响，九园工业园区对清洁能源供应需求迫切。依托能源与产业融合发展、商业模式创新的发展思路，国网天津市电力公司在九园工业园区打造生态型低碳示范园区。

小辛码头村位于宝坻区黄庄镇西北部，共88户，总人口312人，现常住59户、207人。耕地面积2700亩，农业生产全部为水稻种植。小辛码头村有环村水系，自然环境优美，村内地势形如“龙头”。近年来，小辛码头村依托潮白河岸区位地理优势和“蟹稻共养”模式，大力发展乡村旅游业，当选“全国文明村镇”“全国生态文化村”“全国乡村旅游模范村”。每年5～11月是旅游的高峰期，年接待游客量超过40万人次，其能源消耗主要包括电力、液化石油气、醇油、木柴。

2018年起，小辛码头村在宝坻区率先采用“煤改电”清洁取暖方式，具备良好的低碳示范村建设基础。依托低碳能源供应、低碳终端消费、低碳智慧配置、低碳行动共创，国网天津市电力公司在小辛码头村创建生态型低碳旅游示范村。

二、建设实施

1. 工作目标

国网天津市电力公司“政府主导、国网主力，双方搭台、各方唱戏、多元化投资、市场化运作”的建设模式，以“双碳”先行示范区建设为契机，充分发挥宝坻绿色产业集聚、地热资源丰富、风光禀赋优良、生态环境宜居等优势，以探索“能源不可能三角”解决路径为总体追求，以新型电力系统建设为切入点，以能源供应清洁化、能源消费电气化、能源配置智慧化、能源利用高效化、能源服务便捷化、能源行动社会化为总体框架，以超多边协作机制为纽带，以技术应用创新、商业模式创新、体制机制创新为核心驱动，实施“双碳”六大行动计划，推动绿色发展与经济高效协同升级，形成电力－能源－生产生活－经济社会发展逐级带动的绿色转型体系，打造可生长、可测量、可推广的生态型“双碳”综合解决方案，形成“双碳”产业孵化高地、理念传播高地、人才培育高地、技术创新应用先导区、政策机制创新试验区、产业生态聚合示范区，为推动“双碳”目标在天津落地贡献力量。

2. 建设内容

（1）推进能源供应清洁化。

重点做好“一园一村”新能源资源接入、适应高比例新能源接入的配电网提升、储能示范工程及相关科技项目研究工作，实现“一园一村”清洁能源有序供应。

示范工程1：新能源资源开发工程。一是服务大唐中电天锐30兆瓦风电项目并网（见图11-18）。该项目于2021年12月投产，共建设10台3兆瓦的风力发电机组，年发电量可达0.75亿千瓦时，可为宝坻东南部区域，特别是小辛码头电力“双碳”示范村提供充足绿电供应。根据测算，小辛码头村每年使用风电55万千瓦时，可减少二氧化碳446吨。二是做好金风科技大唐庄40兆瓦等新能源发电项目接网服务，依托九园工业园区负荷水平，开展接入系统方案设计，促进清洁能源消纳，提升九园工业园区绿电占比。项目预计2023年投产，年发电量近1亿千瓦时，在九园工业园区实现清洁能源就地消纳后，可减少二氧化碳排放8.1万吨。三是做好九园工业园区内部荣盛盟固利、金立等企业屋顶光伏接网服务工作，提升园区内部绿电占比。

示范工程2：九园工业园区“雪花网”工程。为适应“双碳”目标发展要求，国网天津市电力公司创新性探索“两站式雪花网”，计划在九园工业园区新建2回线路、改造6回线路，组成1组2站8线雪花网结构。差异化应用光纤、5G通信技术，同步进行配电自动化升级改造。项目预计2024年投产，投

图11-18 大唐中电天锐30兆瓦风电现场图

产后将实现园区配电网结构水平、设备水平、运行水平全面升级，适应园区高比例光伏和储能等元素接入配电网需求，打造园区高可靠性区域电网，实现对“双碳”目标下配电网向“双高”特性发展的有力支撑。

示范工程3：金立用户储能示范工程。依托九园工业园区储能电池产业链优势，重点推动天津地区用户侧储能容量最大的金立20.86兆瓦时用户大容量储能工程建设，引导用户以共享储能模式建设，由电网进行统一协调调度，实现新能源通过集中性工业负荷和储能就地消纳，促进源网荷储协调发展和新能源、储能产业经济多方共赢。金立20.86兆瓦时用户储能工程已正式启动，投产后将对天津储能产业发展起到示范带头作用。

（2）推进能源消费电气化。

重点推动全电厨房项目、充电网络构建项目建设，提升园区能源消费电气化水平。

示范工程4：全电厨房改造工程。在九园工业园区积极倡导全电厨房“绿色+安全”的用能理念，大力推动企业开展全电厨房改造。2022年3月九园工业园区贝特瑞新材料集团股份公司已率先完成全电厨房改造，应用集成化、自动化、智能化电磁加热灶具及电器，实现烹饪过程无明火、无废气的健康环保、安全整洁的整体厨房。与传统燃气灶具相比，有效实现碳排降低30%～50%，能耗降低68%～77%。

围绕“多用电、用绿电”理念，将“一园一村”全电厨房改造先进经验拓展至其他全域，宝坻区教师发展中心、大唐庄政府、京津新城温德姆酒店、天津久雅创印刷公司均已完成全电改造。同时，计划在宝坻区大钟庄镇、新安镇、史各庄镇全部公共事业单位筹划开展全电厨房改造，实现全电厨房改造工程由“单点突破”到“多点开花”。

示范工程5：小辛码头村车网互动工程。在小辛码头村建设4台V2G（车网互动）充电桩（见图11-19）和1排发电功率为14.85千瓦的光伏车棚，并新建1套62.5千瓦的储能设备，形成了“光伏+储能+V2G”的联动模式，项目于2022年5月投产。

图11-19　小辛码头村车网互动工程现场图

“光伏+储能”联动模式利用了储能技术快速响应、双向调节、能量缓冲的特性，将充电之余的光伏电量或夜间谷段电量进行储存，极大提高了光伏系统的调节能力，实现光伏所发电量就地消纳。本工程为推动新能源汽车错峰充电、高峰放电、低谷充电、充新能源电打下基础，打造绿色清洁、高效灵活的充电服务体系。

“V2G”模式实现了电动汽车向电网反充电，电动汽车作为柔性可调节资源，统筹电网运行需求和用户车辆电能情况，将用户自主参与和智能调控相结合，实现需求响应和有序充电，提高负荷侧可调节能力，助力电网柔性化发展。

（3）推进能源配置智慧化。

重点推动负荷控制系统建设项目，开展相关科技项目研究，实现能源数据采集智慧配置。

示范工程6：九园工业园区新型电力负荷管理系统建设工程。国网天津市电力公司在九园工业园区完成全部工业企业新型负控管理装置改造，139家工业企业接入新型电力负荷管理系统，可控负荷规模达到宝坻电网最大负荷的11.35%，生产负荷在线监测率100%，调控率100%，实现对园区工业负荷资源的统一管理、统一调控。

2023年国网天津市电力公司计划在九园“双碳”示范园区建设基于5G智慧能源单元客户负荷精细化管理工程。项目依托新型电力负荷管理系统，在九园工业园区企业选取500个点位，对用户负荷回路进行改造，满足用户对不同生产线各类负荷回路进行采集监测、能源分析、能效诊断、用能优化等需求，助力企业节能增效。同时实施“源网荷”互动，进一步发挥需求侧管理在协调供需平衡中的作用。

示范工程7：小辛码头村非介入式负荷识别工程。以小辛码头村为试点，为村内用户安装非介入式负荷监测终端，实现基于电力负荷分解的碳排放溯源及用户碳足迹精准刻画，智能分析农村用户各类用电设备能耗情况（见图11–20），为用户出具节能降碳专项报告，从而为节能减排等系列举措提供实施依据。基于精细至电器级别的用电数据，实现中短期用电负荷碳排放预测，为国家电网公司以及家庭能量最优调度计划制订以及实时调控提供科学参考。2022年5月，已完成10户终端试点安装，实现用户平均节能10%以上。

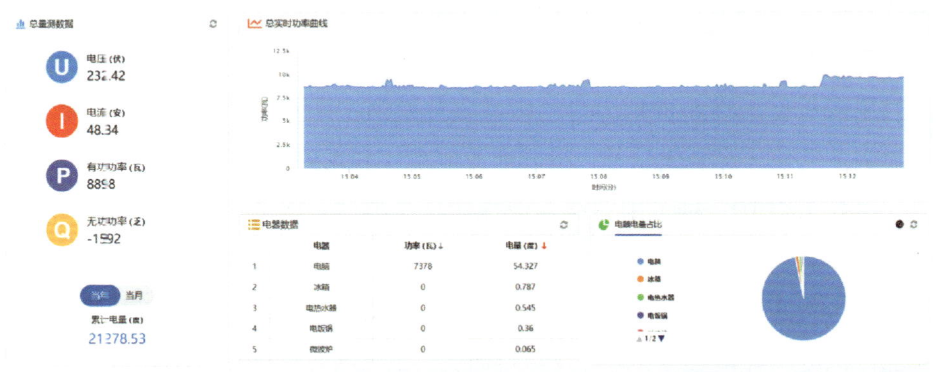

图11–20 小辛码头村非介入式负荷识别系统图

（4）推进能源利用高效化。

重点推动能源梯级利用项目建设，开展能源利用高效化领域科技项目研究，提升能源利用高效化水平。

示范工程8：九园工业园区电热协同工程。九园工业园区贝特瑞新材料集团股份有限公司生产线24小时作业，热源稳定。国网天津市电力公司主动服务，为企业量身制订余热利用方案，协助新装热转换器6台，通过吸收贝特瑞厂区内空气压缩机产生的70～80摄氏度高温余热，对暖气管道循环水进行加热，既可满足厂区3000余米^{2}的冬季供暖，还可满足员工洗浴热水需求。项目于2022年11月竣工，每年可减少燃气使用26.3万米^3，减排二氧化碳500余吨，节约成本70余万元。该项目作为园区级典型“双碳”示范项目，先后被新华网等媒体进行专题报道。

（5）推进能源服务便捷化。

重点推动“多表合一”建设项目，开展相关科技项目研究，推进能源服务便捷化水平。

示范工程9：九园工业园区“多表合一”建设项目。国网天津市电力公司计划对园区企业用户的用能采集方式实施改造，建立以实现燃气、用水实时采集为目的的九园工业园区综合能源采集系统。该系统以图像AI智能识别为基础技术路线，分为三层。底层采用高清摄像头模组，每日定时拍摄一张屏幕照片；中间层以5G网络为传输介质，将照片传输至图像识别平台；顶层采用云图像AI智能识别平台，对上传照片开展图像识别，对企业各品类能源数据进行深度监测与分析，实现跨行业用能信息的资源共享，提升园区企业综合能源采集率。同时将数据传输至碳管理平台，最终由碳管理平台推算出用户日用能数据，进而得到用户日碳排放量数据。针对不同能源供需情况为用户提供个性化、定制化服务，提高能源的整体利用效率。

示范工程10：推进能源服务便捷化科技项目。国网天津市电力公司探索开展基于碳流分析的能源电力行业碳减排实施路径与效益评价技术、“双碳”目标下电力市场—碳市场耦合交易技术、新型电力系统“碳－电”协同的低碳优化调度及评估技术3个科技项目研究。2023年，3项科技项目竣工后，将为“一园一村”能源服务便捷化关键领域提供技术支撑。

（6）推进能源行动社会化。

重点做好“双碳”综合能源服务、“双碳”特训营、“碳普惠”App试点工作，提升“双碳”服务社会化共享水平。

示范工程11：“双碳”综合能源服务工程。国网天津市电力公司完成国网新能源云碳中和支撑服务平台开发后，通过汇集九园工业园区151家企业“油气电热”多源异构数据，构建行业技术先进的“碳－能”监测分析体系，打造“监测－核算－预警－评估－规划”全流程碳管理应用（见图11–21），实现碳减排服务、碳资产运营、碳排放撮合交易、碳评估认证和碳技术研究功能。开发GDP–碳排放脱钩指数算法模型，评价能源结构转型和低碳发展状况。九园工业园区作为天津首家园区率先完成数据接入，并试点应用平台业务。

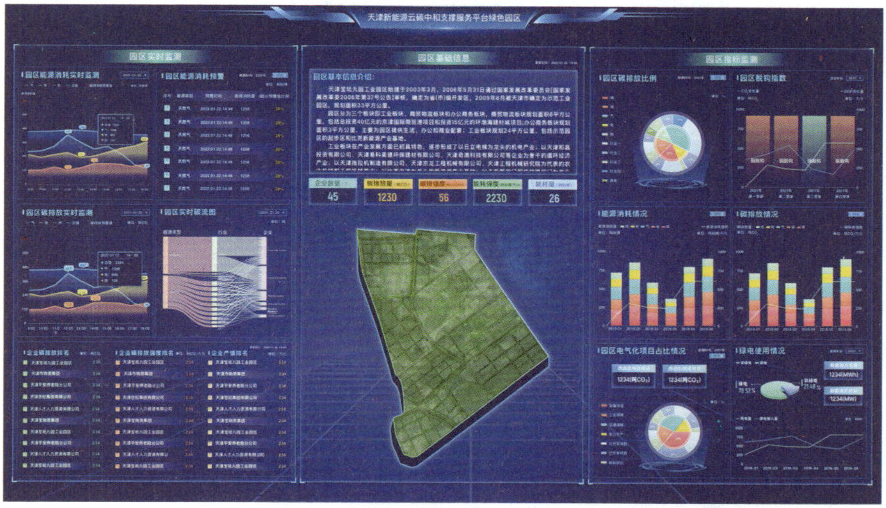

图11–21　九园工业园区“双碳”综合能源服务场景图

示范工程12：“双碳”特训营。在国家电网公司内，国网天津市电力公司率先启动“双碳”特训营，试点打造人才示范样板。首创建制化、规模化、学制化、专业化“双碳”人才培养模式，2022年3～10月开展了为期八个月的“双碳特训营”，按照“理论学习＋实践锻炼＋日常培养”模式，以“思碳、识碳、解碳、降碳”为专题，设置课程38期，邀请行业高级专家授课，锻造了一支由45名学员组成的“双碳”建设生力军，为加快推动“双碳”示范区建设贡献人才力量。

示范工程13：小辛码头村碳普惠试点工程。为鼓励公众自愿践行低碳理念，国网天津市电力公司以小辛码头村为试点，开发集用户注册、普惠科普、减碳行为管理、减碳行为核证、碳币管理、碳币兑换、减碳证书发放功能于一体的“碳普惠”App。其功能主要包括普惠科普、减碳行为管理、减碳行为核证、碳币管理、碳币兑换、减碳证书发放。围绕小辛码头村村民及游客，通过量化其绿色出行、低碳生活等方面的碳减排量（见图11-22），依据减碳行为兑换规则兑换成相应碳币，对内兑换小辛码头村特色农副产品优惠券、农家院餐饮优惠券等内容，对外兑换美团优惠券等，打造企业、家庭、个人减碳行为统计、换算、核证、碳币激励普惠体系。“碳普惠”App于2022年6月上线，截至2022年年底已推广游客注册100余人，完成产品核销80次，形成公众获益、商家增收、全社会减排的良性循环，助力区域节能降碳目标实现。

图11-22 小辛码头村“碳普惠”App页面图

三、预期成效

1. 总体成效

在“一园一村”初步构建新型电力系统，打造集核算、监测、运营等多功能为一体的碳管理平台，形成面向政府、企业、乡村等多主体的碳服务体系，能源电力领域碳排放强度显著放缓，能源安全、绿色、经济、生态等重点指标显著提升。园区供电可靠性达99.99%，新能源装机规模60兆瓦，清洁能源消纳率100%，新增储能调节能力8兆瓦，电能占终端能源消费比重82.99%，工业用户新型负控装置监测率100%，新能源云碳中和支撑服务平台企业入驻率100%。

2. 建设成果

（1）率先建成九园工业园区新型电力系统。

率先建成电热协同、负荷控制等一批示范项目，推动源网荷储协调发展、开放互动，各类能源互通互济、灵活转换，系统韧性、弹性和自愈能力大幅增强；新能源具备主动支撑能力，分布式、微电网可观可测，电力系统适应各类新技术、新设备以及多元负荷大规模接入，与电力市场紧密融合，各类市场主体广泛参与、充分竞争、主动响应、双向互动。

（2）率先建成智慧型、开放式“双碳”综合服务平台。

深度挖掘碳产业关键业务场景，打造碳战略规划、碳排放监测、碳中和评估认证、碳资产运营管理、碳资产开发研究等五大功能的服务平台，带动园区、村庄碳资产深度开发、信息融通共享、发展高效联动。

（3）构建“政产学研用”共建共享的低碳产业发展生态。

推动天津市“碳达峰、碳中和”产业联盟高效运转，构建技术研发与成果转化协同、产业孵化与政策配套协同、理念普及与市场开发协同、能源转型与产业升级协同、城市规划建设与精细治理协同、电力市场与碳交易协同等一系列聚合生态。

（4）率先建成国际先进、国内领先的园区电热协同跨网互济工程示范。

以减少碳排放为目标的热电供应，既完成了余热利用的清洁供热，又实现了余热排放企业清洁减碳，同时促进了分布式光伏能源消纳，并且通过数字化调度形成了大电网的灵活性资源，有效支撑新型电力系统建设。

3. 投入产出分析

（1）经济效益。项目建成后，预计有效带动园区低碳产业发展，孵化绿色能源与低碳高新技术企业，并为政府带来财政税收收入。通过在九园工业园区开展新型电力系统建设，提高供电能力和供电可靠性，服务企业扩大生产和园区招商引资。依托乡村旅游碳普惠工程，将小辛码头村打造为天津绿电第一村，实现年吸引游客量与人均消费水平同步提升，有效增加全村年均收入。同时，清洁电源供应将为“一园一村”在未来碳交易市场、绿电市场带来巨大的潜在收入。

（2）社会效益。项目建成后，九园工业园区将进一步提升低碳产业机构、低碳技术研发机构、低碳科技企业吸引力，形成低碳经济示范效应，推动园区产业升级、完善，有效增加园区工作岗位，形成政府与入园企业双赢的发展格局。

（3）生态效益。通过在能源供给、消费侧推动清洁化、电气化，实现碳排明显下降，能效显著上升。通过服务新能源并网，“一园一村”绿电占比进一步提升，有效助力碳排“双控”指标下降，减轻未来的碳排考核压力，形成绿色、节能、环保的低碳产业园区、零碳乡村示范区。同时通过新型电力系统建设，将进一步优化区域能源供应结构，减少对化石能源发电的依赖程度，供电安全可靠性同步提升。

第四节　天津港智慧“零碳”码头

一、基本情况

1. 建设背景

2019年1月17日，习近平总书记到天津港视察，要求天津港“努力打造世界一流的智慧港口、绿色港口”。天津港作为北方国际航运枢纽，面积467千米^2，每年进出港船舶6.7万艘，货物吞吐量突破5亿吨，产生二氧化碳排放量约40万吨，是名副其实的“碳排放大户”。在当前环境形势严峻的情况下，建设绿色低碳港口是发展的必由之路，天津港已被交通运输部列为“绿色低碳港口建设”试点港口，致力于打造智慧“零碳”码头。通过深入推进清洁能源在港口开发应用，可进一步优化港口能源结构、减少煤炭原油消耗、促进节能减排、提升环境质量，对保障能源和经济社会的可持续发展有着重要的战略和现实作用。

2. 智慧“零碳”码头的定义

智慧“零碳”码头是指在码头生产经营活动中，通过将5G、北斗、人工智能、物联网、云计算等全新信息技术与港口生产流程深度融合，采取调整能源结构、应用节能技术、改进装卸生产工艺等手段，在码头空间边界范围内，实现码头生产的智慧化和直接、间接零碳排放。

（1）空间边界范围：码头区域内装卸设备、非道路移动源、办公生活生产场所，包括岸桥、场桥、内部水平运输设备、生产办公建筑等耗能设备。

（2）直接零碳排放：指码头设备生产作业过程中碳排放量为零。主要指在能源消费端方面，码头全部使用电力等清洁能源，淘汰所有化石燃料，二氧化碳零排放。

（3）间接零碳排放：指码头设备所消耗能源的过程零碳排放。具体指在能源供给端方面，码头全年使用电力能源，所有电能来源清洁能源、可再生能源，并且实现能源自发自用、自给自足，从源头实现“零碳”排放。

二、建设实施

1. 地理位置

天津港地处渤海湾西端，是世界人工深水大港，码头等级为30万吨级，主航道水深22米，拥有各类泊位192个，同世界上200多个国家和地区的800多个港口保持航运贸易往来，货物吞吐量和集装箱吞吐量稳居世界港口前十。天津港一端连着“21世纪海上丝绸之路”，现有“海上丝绸之路”集装箱班轮航线40余条，年货物吞吐量60%以上来自沿线的港口；另一端连着“丝绸之路经济带”，是中蒙俄经济走廊东部起点，拥有三条陆桥通道，中欧班列年运量保持中国沿海主要港口首位。天津港电网供电规模200兆伏安，岸电覆盖率65%。

2. 规划方案及开发计划

项目现状：2021年，天津港建成C段码头分散式风电9兆瓦、北疆分布式光伏1.5兆瓦，共计10.5兆瓦；2022年，建成C段码头二期、太平洋码头分散式风电项目共计30兆瓦，滚装码头、北建通城分布式光伏项目合计1.57兆瓦，共计31.57兆瓦。

综合考虑项目的资源条件、接入并网条件、经济性等因素，遵循“整体规划、分步实施”的原则，制定了清洁能源发电开发计划，并推动天津港绿电交易，加速推动智慧“零碳”码头建设。

规划建设：2023～2025年，适时推动南疆港区、防波堤等风力发电项目及东疆港仓储分布式光伏等项目建设，预计新增清洁能源装机量将达到180兆瓦。

三、运营成效

智慧“零碳”码头的规划建设是一个全新的概念、全新的课题，在全球港口行业还没有相关研究及案例。基于天津港建设世界一流绿色智慧枢纽型港口战略目标，国网天津市电力公司与天津港（集团）有限公司携手推动智慧港口零碳演进。

一是在能源消费侧通过所有的设备能源均使用电能，实现直接碳排放为零。集装箱码头现有54台装卸设备、82台水平运输设备、15台生产辅助设备等全部采用电力驱动，泊位100%，具备向全球最大集装箱船舶提供岸基供电能力，实现生产过程零碳排放。

二是能源供给侧通过采用清洁能源（风能、太阳能）替代火电，实现间接碳排放为零。经测算，该码头运营初期年能耗为2129万千瓦时，吞吐量达峰时年能耗为4713万千瓦时。天津港（集团）有限公司与国家电网公司合作，联合中远海运（天津）有限公司、金风科技有限公司和营口金辰机械股份有限公司，建成两台4.5兆瓦风机和1.43兆瓦光伏等新能源设施，预计年发电量可达2329万千瓦时（风力2189万千瓦时，光伏140.9万千瓦时），可满足运营初期能耗。二期再建设2～3台4.8兆瓦风机、2兆瓦光伏等新能源设施，建成后年总发电量为4878万～6045万千瓦时，可确保码头吞吐量达到峰值时清洁能源需求。

在实现上述码头直接碳排放和间接碳排放均为零的基础上，天津港（集团）有限公司内部推动采用一系列节能减排技术，采用智能高效的装卸工艺及调度系统，首创“堆场水平布置边装卸+单小车地面集中解锁”工艺，能耗较传统码头降低17%；国网天津市电力公司积极推动港区内清洁能源发电项目及时并网，建设码头智慧绿色能源系统，建成风电、光电、市电多源融合的能源智能管控系统，从能源管理角度节能降耗。通过与市电电网有机结合，实现码头绿电供应和用电之间的动态平衡；积极推动绿电交易，加速中和步伐。

通过以上举措，天津港成功搭建了码头“风光储荷一体化”系统，实现了智慧“零碳”码头（见图11-23）建设目标。并获得了中国船级社给予的“零碳”码头认证，成为港口行业第一家。

图11-23 天津港智慧“零碳”码头

第十二章　电碳监测分析服务平台

建设天津碳达峰碳中和运营服务中心，标志着全国首个政企协作的省级“双碳”运营服务中心正式成立。中心聚焦能源电力低碳转型要求，聚合碳达峰碳中和相关行业力量，构建电碳监测分析服务平台，按照“平台化服务、市场化合作、专业化运营”的整体思路，全力打造“1+3+5”（一个平台、三类服务主体、五大功能）综合运营服务体系，打造园区碳监测、月度碳管理账单等特色功能，为政府把握碳排放运行情况及趋势变化、增强宏观调控和监管决策的科学性、有效性提供重要依据，为各类用能主体提供节能降碳增效系列服务。

第一节　平台定位与发展目标

2021年3月1日，国家电网公司正式发布央企首个碳达峰碳中和行动方案，明确深化应用新能源云等系统，全面接入煤、油、气、电等能源数据，汇聚能源全产业链信息，支持碳资产管理、碳交易、绿证交易、绿色金融等新业务，推动能源领域数字经济发展，服务国家智慧能源体系构建。2021年3月16日，天津市与国家电网公司举行会谈，双方就在津打造国内首个能源电力“双碳”先行示范区等工作达成共识，共同开启了能源革命先锋城市迈向“双碳”目标的新征程。

为落实国家电网公司和天津市高层会谈精神，打造能源革命先锋城市，国网天津市电力公司迅速行动，以服务“双碳”目标和构建新型电力系统需求为导向，在天津市委市政府的坚强领导下，制定了天津市电力“双碳”先行示范区实施方案。根据天津市碳达峰碳中和领导小组办公室《关于支持成立天津碳达峰碳中和运营服务中心的函》（见图12-1），制定中心实施方案，打造支撑天津市“双碳”工作开展的碳达峰碳中和运营服务平台，策划成立天津碳达峰碳中和运营服务中心（见图12-2），为政府把握碳排放运行情况

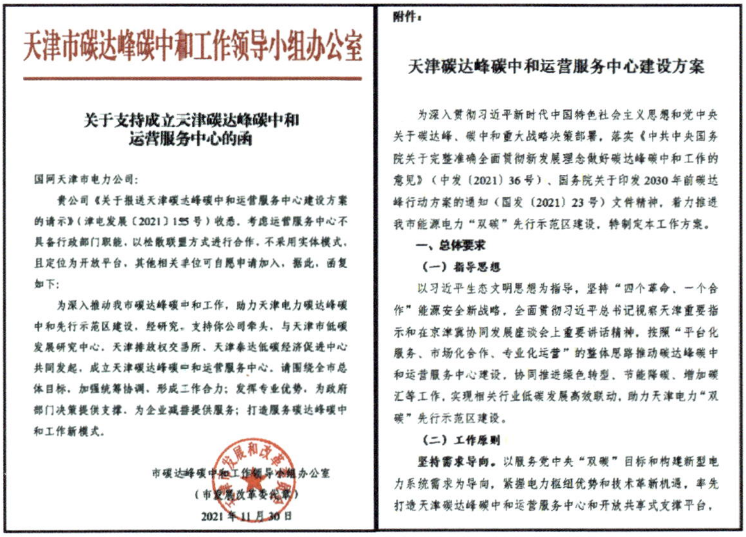

天津市碳达峰碳中和工作领导小组办公室

关于支持成立天津碳达峰碳中和运营服务中心的函

国网天津市电力公司：

贵公司《关于报送天津碳达峰碳中和运营服务中心建设方案的请示》（津电发展〔2021〕155号）收悉。考虑运营服务中心不具备行政部门职能，以松散联盟方式进行合作，不采用实体模式，且定位为开放平台，其他相关单位可自愿申请加入，据此，函复如下：

为深入推动我市碳达峰碳中和工作，助力天津电力碳达峰碳中和先行示范区建设，经研究，支持你公司牵头，与天津市低碳发展研究中心、天津排放权交易所、天津泰达低碳经济促进中心共同发起，成立天津碳达峰碳中和运营服务中心。请围绕全市总体目标，加强统筹协调，形成工作合力；发挥专业优势，为政府部门决策提供支撑，为企业减排提供服务；打造服务碳达峰碳中和工作新模式。

市碳达峰碳中和工作领导小组办公室

（市发展改革委代章）

2021年11月30日

附件：

天津碳达峰碳中和运营服务中心建设方案

为深入贯彻习近平新时代中国特色社会主义思想和党中央关于碳达峰、碳中和重大战略决策部署，落实《中共中央国务院关于完整准确全面贯彻新发展理念做好碳达峰碳中和工作的意见》（中发〔2021〕36号）、国务院关于印发2030年前碳达峰行动方案的通知（国发〔2021〕23号）文件精神，着力推进我市能源电力“双碳”先行示范区建设，特制定本工作方案。

一、总体要求

（一）指导思想

以习近平生态文明思想为指导，坚持“四个革命、一个合作”能源安全新战略，全面贯彻习近平总书记视察天津重要指示和在京津冀协同发展座谈会上重要讲话精神，按照“平台化服务、市场化合作、专业化运营”的整体思路推动碳达峰碳中和运营服务中心建设，协同推进绿色转型、节能降碳、增加碳汇等工作，实现相关行业低碳发展高效联动，助力天津电力“双碳”先行示范区建设。

（二）工作原则

坚持需求导向。以服务党中央“双碳”目标和构建新型电力系统需求为导向，紧握电力枢纽优势和技术革新机遇，率先打造天津碳达峰碳中和运营服务中心和开放共享式支撑平台，

图12-1　天津市支持成立天津碳达峰碳中和运营服务中心的函（节选）

图12-2　天津碳达峰碳中和运营服务中心效果图

及趋势变化、增强宏观调控和监管决策的科学性有效性提供重要依据。依托中心数据基础与平台优势，为各类用能主体提供节能降碳增效系列服务，推动能源消费清洁低碳转型。

2022年6月24日，在第六届世界智能大会上，全国首个政企协作的省级碳达峰碳中和运营服务中心揭牌成立，中央电视台《新闻联播》报道了揭牌情况，融媒直播浏览量超过165万人次，云智能科技展厅浏览量达105万人次，累计在中央电视台、人民日报、新华社等各大主流媒体发稿156篇，取得了社会各方面的高度评价。中心主要服务政府部门、公共机构、企业和社会大众，提供碳达峰碳中和规划、监测、交易、服务等全方位、全地域、全过程的“双碳”综合服务。

一、平台定位

为支撑天津碳达峰碳中和运营服务中心业务开展，在国家电网公司发展策划部的指导下，国网天津市电力公司与国网数字科技控股有限公司协同配合，依托新能源云系统打造新能源云天津碳中和支撑服务系统，于2022年9月30日正式上线运行。系统具备碳减排服务、碳资产运营、碳排放交易、碳评估认证、碳技术研究五大功能，为各类用户提供全方位、全地域、全过程碳达峰碳中和综合服务；同时实现1.7万余家企业用户入驻系统，涉及制造业、批发和零售业、房地产业等19个行业，为中心开展业务合作、拓展服务内容奠定坚实基础，如图12–3所示。

中心聚焦能源电力低碳转型要求，聚合碳达峰碳中和相关行业力量，按照“平台化服务、市场化合作、专业化运营”的整体思路，全力打造“1+3+5”（一个平台、三类服务主体、五大功能）碳达峰碳中和综合运营服务体系，即：构建开放、共享、创新的交流与合作平台，服务政府增强宏观调控和监管决策的科学性，服务企业把握碳排放运行情况及趋势变化，服务各类用能主体节能降碳增效工作，创新提供碳减排服务、碳资产运营、碳排放交易、碳评估认证、碳技术研究五大功能，将国际领先标准贯穿功能设计、项目管理、实体运营等环节，打造碳达峰碳中和运营服务新业态，系统五大功能如图12–4所示。

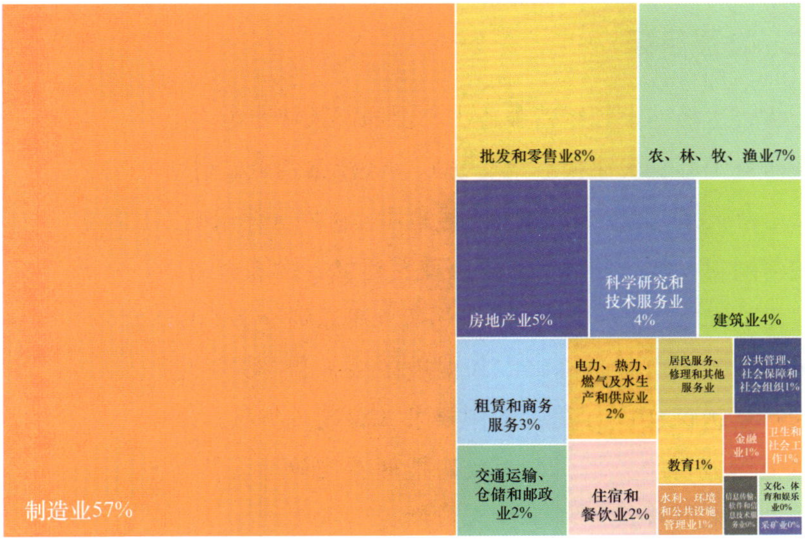

图 12-3 各行业企业入驻系统所占比例

图 12-4 系统五大功能

二、发展目标

天津碳达峰碳中和运营服务中心由国网天津市电力公司牵头，天津市低碳发展研究中心、天津排放权交易所、天津泰达低碳经济促进中心共同发起成立。运营服务中心设在意风区8号地块，国网天津市电力公司承担运营服务中心的前期建设和后期运维，落实项目建设、运维资金、办公场所及配套设施。发起单位均可按照开放共享、平等互惠原则分享中心建设成果。

贯彻《天津市碳达峰碳中和促进条例》和《天津电力“碳达峰、碳中和”先行示范区实施方案》工作要求，深度挖掘碳产业关键业务场景，构建电碳监测分析服务平台，为政府把握碳排放运行情况及趋势变化、增强宏观调控和监管决策的科学性有效性提供重要依据。依托中心数据基础与平台优势，为各类用能主体提供节能降碳增效系列服务，推动能源消费清洁低碳转型。

（1）促进能源信息融合。汇集煤、油、气、电等能源数据，融合各类能源产值、行业标签等外部数据，实现全类别能源信息融合。以工业园区、大型公共建筑等为重点，拓展用能诊断、能效提升、多能供应等综合能源服务，为企业、园区提供“一站式”用能解决方案，打造绿色低碳示范区，提升全社会终端用能效率。

（2）加强碳电市场协同。基于电力市场化改革成果，将电能价格与碳排放成本有机结合，发挥碳电两个市场相互促进、协同互补作用，提高新能源的市场竞争力，更好推动能源清洁低碳转型。

（3）促进低碳绿色发展。依托天津碳达峰碳中和运营服务中心，打造绿色低碳循环示范项目，还原能源商品属性，推动构建有效竞争市场结构和市场体系。转变传统用能方式，降低能耗强度，提高终端用能效率，助力实现能源消费总量、碳排放总量“双控”目标。

（4）推动碳金融市场建设。引导金融机构树立绿色发展理念，持续加大绿色信贷支持力度。促进金融机构围绕清洁能源、低碳环保、循环经济、绿色生态屏障建设、绿色建筑及绿色消费等重点领域创新绿色信贷产品、投融资业务和服务模式。推动符合条件的金融机构发行绿色金融债券，支持发展绿色保险。

（5）创新碳生态经营模式。以用户为中心，延伸服务界面，创新服务模式，围绕终端用户安全可靠、便捷绿色的多元化能源生产、消费需求，提供综合能源解决方案，推动全社会用能成本下降，打造有利于新能源大规模发展的互惠共赢生态圈。积极开展公共机构能源费用托管型合同能源管理项目。

第二节　平台运营服务

一、总体架构

聚焦“双碳”全产业链服务需求，深度挖掘碳产业关键业务场景，全面汇集接入重点领域生产、消费及流通数据，构建国际领先的电碳监测分析服务平台。面向政府、企业、社会公众等服务主体，深挖市场需求、展望发展前景，结合基本面、政策面、市场面深入剖析市场准入及风险隐患，深度聚焦政府部门及企业碳排放特征与碳管理需求，采用二级部署方式，建立基于新能源云天津碳中和支撑服务系统，其总体架构如图12–5所示。

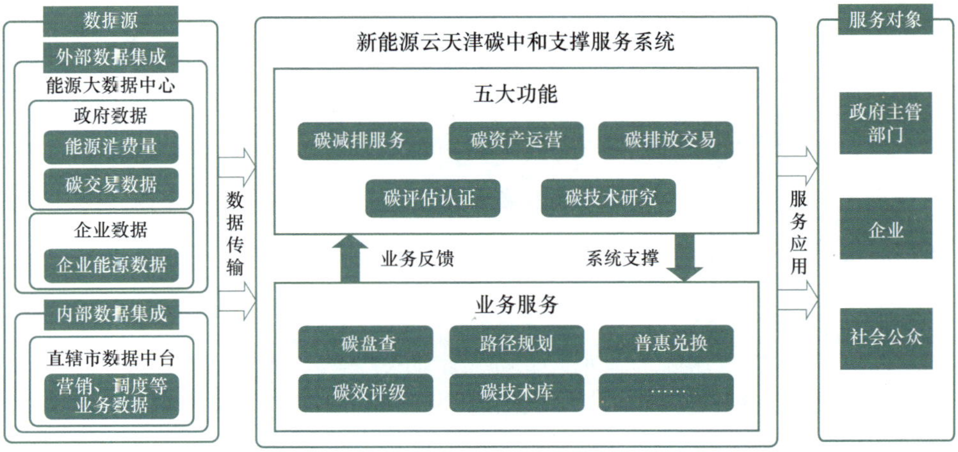

图12–5　系统总体架构

二、服务对象

系统为政府主管部门、企业、社会公众等各类主体提供全方位、全地域、全过程碳达峰碳中和综合服务。

（1）服务政府。为配合政府部门扎实推进碳达峰碳中和工作，掌握区域碳排放管理特征，制定合理碳排放管理政策，加快绿色低碳科技革命，深化能源和相关领域改革，形成有效激励约束机制，系统搭建碳排放监测、碳减排规划、碳供需分析等18项功能。汇集区域内煤、油、气、电等的能源消费数据，根据碳排放相关指标及碳数据核算办法，分析区域内能源结构、单位GDP能耗及碳排放水平等关键指标，为各级政府部门推动减污降碳、制定“双碳”目标提供决策依据。

（2）服务企业。为支持参与天津碳市场企业以及有意愿开展节能降碳企业等用户，提升企业碳资产管理能力与碳资产高效利用水平，发挥碳资产价值，系统搭建碳排放报告、碳资产管理、碳金融服务、碳交易咨询服务、企业ESG评级服务、“双碳”技术咨询等22项功能。基于企业（园区）用能减排分析及诊断，通过“碳达峰指数”和“碳效码”等指标，研究制定碳减排路径，为企业（园区）提供“一站式”用能解决方案，推动企业（园区）低碳转型绿色发展。

（3）服务社会。为响应《天津市碳达峰碳中和促进条例》要求，建立激励措施，发挥社会公众主观能动意识，引导居民参与到低碳生活中去，推进全社会层面绿色低碳生产、生活，系统搭建乡村碳监测、旅游碳监测、乡村旅游碳普惠3项功能。围绕终端用户安全可靠、便捷高效的多元化能源生产、消费需求，引导简约适度、绿色低碳的生产生活方式，倡导绿色出行，培育绿色、健康、安全消费习惯。

三、服务内容

在天津市发展改革委、天津市生态环境局、天津市工业和信息化局、天津市交通运输委等政府部门的指导下，新能源云天津碳中和支撑服务系统充分结合省市级区域及其下属的行政区等政策优势、先行示范、运营中心等基础，应用“大云物移智链”等先进信息通信技术，围绕服务碳达峰碳中和总体目标，打造系统数字化业务体系，全面汇集接入重点领域生产、消费及流通数据，构建具有国际领先地位的系统，深化提升碳减排服务、碳资产运营、碳排放交易、碳评估认证、碳技术研究五大功能（见图12–6）。

碳减排服务	碳资产运营	碳排放交易	碳评估认证	碳技术研究
• 碳排放监测	• 碳资产管理	• 碳交易咨询服务	• 企业碳排评估画像	• “双碳”技术咨询
• 碳排放报告	• 碳资产开发	• CCER协议交易服务	• 企业ESG评级服务	• “双碳”技术培训
• 碳排放核查	• 碳运营分析	• 绿电交易撮合服务	• 履约认证	• “双碳”技术资源库
• 碳减排规划	• 碳供需分析	• 碳交易记录	• 企业碳中和认证	• 成果案例
• 碳达峰趋势分析	• 碳金融服务		• 绿色产品认证	
	• 碳普惠活动			

图12–6　系统五大功能24项子功能

1. 碳减排服务

面向国家、政府、行业，全面接入煤、油、气、电等能源数据，从区域、行业、产业、企业各维度，打造电力纽带驱动的全行业碳排放测算监测体系及全时空覆盖碳关联指标监测体系，包括碳排放监测、碳排放报告、碳排放核查、碳减排规划服务、碳达峰趋势分析等5项主要服务内容。

（1）碳排放监测。

从企业、行业、园区三个维度，纵向趋势分析与横向对标分析，提供可靠、有效、真实的企业碳排放分析数据，为节能减排提供精准指导，实现“双碳”目标提供量化支撑，见图12–7。为天津市发展改革委、天津市工业和信息化局、天津市生态环境局等业务主管部门开展辖区内各行业碳排放监测提供相关支撑。

（2）碳排放报告。

基于碳排放监测数据，面向企业、区域、行业用户，利用核算报告编制等相关技术标准，研发碳排放报告、核算报告、月度碳管理账单功能（见图12–8），提供碳账户应用管理、核算数据库搭建等服务，降低用户碳排放管理与分析成本，提高碳排放管理智能化水平。

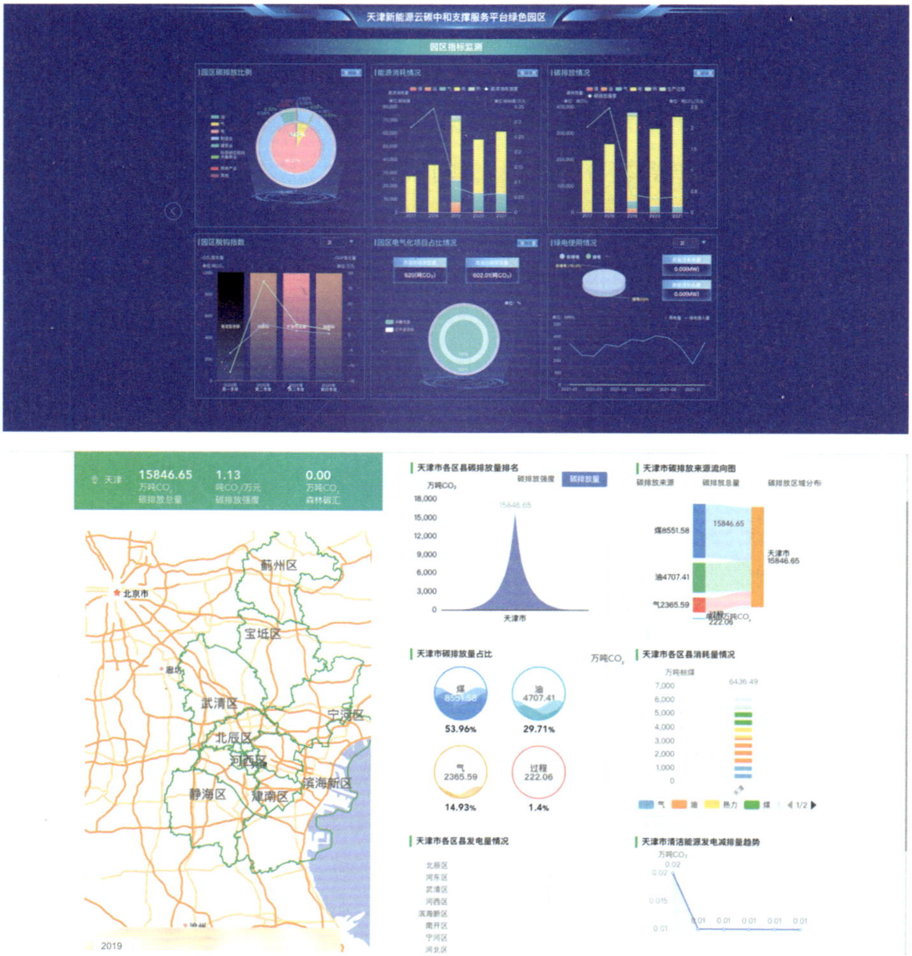

图 12-7 碳减排服务——园区碳监测、区域碳监测功能

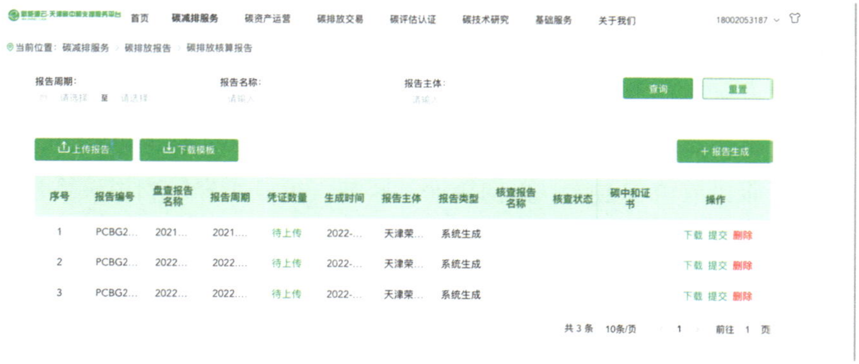

图 12-8 碳排放报告

（3）碳排放核查。

依据全国碳市场建设相关政策和各地方政府关于排放报告核查工作要求，基于碳排放监测数据和排放报告，面向企业、区域、行业用户，研发碳核查凭证管理和第三方核查功能，支撑第三方核查机构对企业的碳排放情况进行在线核查分析（见图12–9），有效减少核查业务时间、成本等投入。

图12–9 碳排放核查

（4）碳减排规划。

辅助政府部门对区域内节能降碳工程、新能源开发项目等减排项目进行管理，精准掌握减排项目运行与开发状态，支撑开展碳减排路径分析制定。为企业提供碳减排经济性分析、减碳方案规划、减排成效分析等一站式服务，结合自身资源禀赋，开展新能源加装、节能技术改造等减碳项目规划（见图12–10），持续优化“双碳”减排路径。

（5）碳达峰趋势分析。

面向高耗能企业、政府机构等用户，通过收集整理历史碳排放数据、碳减排数据、碳交易数据，利用综合建模技术，分析时间维度与企业、园区、行业、区域维度下的碳排放情况与进程，构建碳达峰碳中和指数与综合评价体系，为企业、咨询机构、政府机构开展碳达峰碳中和策略研究提供数据支撑与分析工具，服务政府部门做好碳达峰碳中和顶层设计（见图12–11），为优化地区、行业能源生产、消费结构提供决策支持。

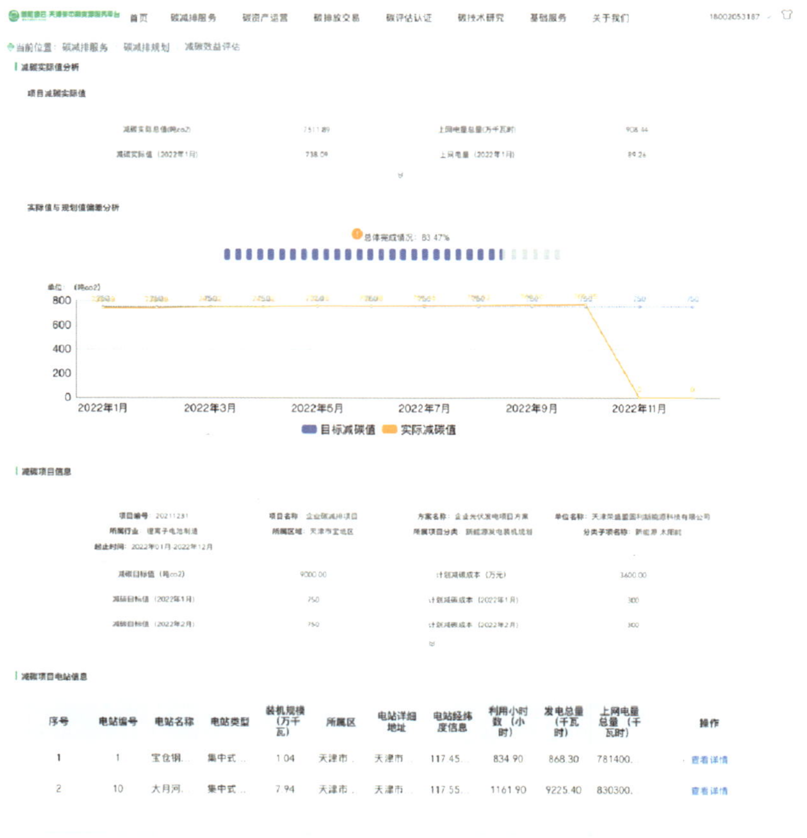

图 12-10 碳减排规划

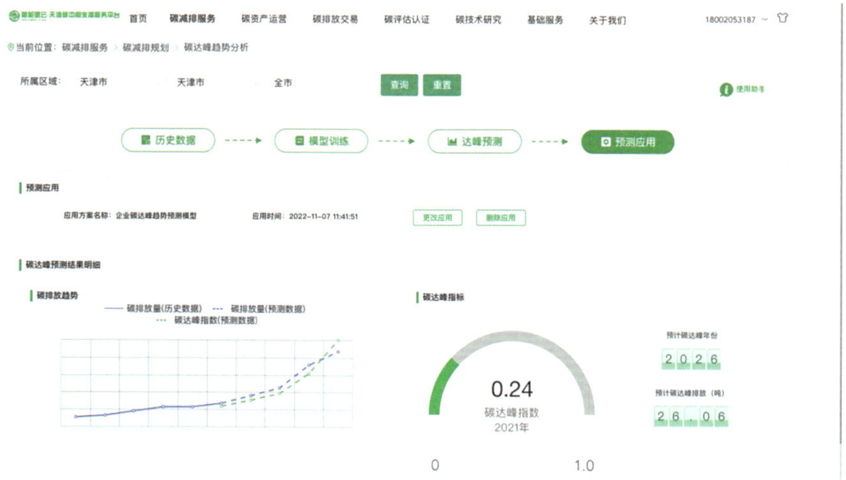

图 12-11 碳达峰趋势分析

2. 碳资产运营

依托碳账户功能，面向能源领域具有减排需求的项目业主、控排企业、咨询开发机构、审定与核证机构，聚焦可再生能源发电、能效提升等节能减排项目，打造集碳资产开发和管理、金融撮合和运营分析于一体的数字服务体系。碳资产运营包括碳资产管理、碳资产开发、碳运营分析、碳供需分析、碳金融服务、碳普惠活动6项主要服务内容。

（1）碳资产管理。

为区域控排企业、减排企业用户提供年度履约情况管理、碳配额管理以及CCER（china certified emission reduction，国家核证自愿减排量）管理服务（见图12-12），用户通过碳资产管理功能对自身碳资产情况进行维护，支撑企业碳资产经营分析、碳金融等服务开展，助力企业碳资产精细化管理。

图12-12 碳资产管理

（2）碳资产开发。

为可再生能源发电企业项目业主提供碳资产项目申报、材料上传、项目管理的一站式线上服务，为咨询代理机构提供资料审核、项目设计等服务，为第三方审定与核证机构提供在线审核服务（见图12–13），创新项目打捆模式，降低开发运营成本。

（3）碳运营分析。

基于企业碳账户、碳交易、减排资产开发等功能，为企业用户提供碳排放统计、碳资产汇总、碳交易分析等功能（见图12–14），支撑企业全面实现碳资产综合管理，打通不同碳资产业务场景壁垒，实现企业从“被动碳配额履约”到“主动碳资产运营”的转型。

图12–13 碳资产开发

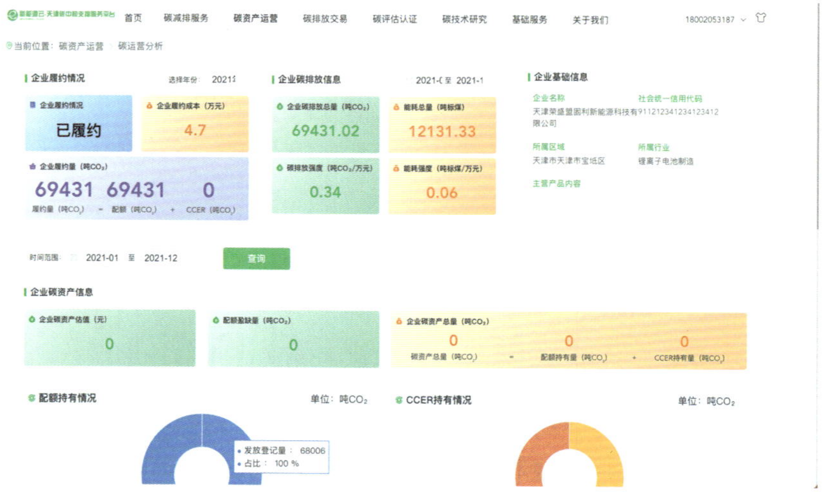

图12–14 碳运营分析

（4）碳供需分析。

面向省市生态环境等政府主管部门，从区域控排企业数量、履约情况、碳资产持有情况、配额发放量和实际生产碳排放量等数据出发，分析辖区碳配额盈缺，科学指导重点区域碳配额发放、碳排放管理，见图12–15。

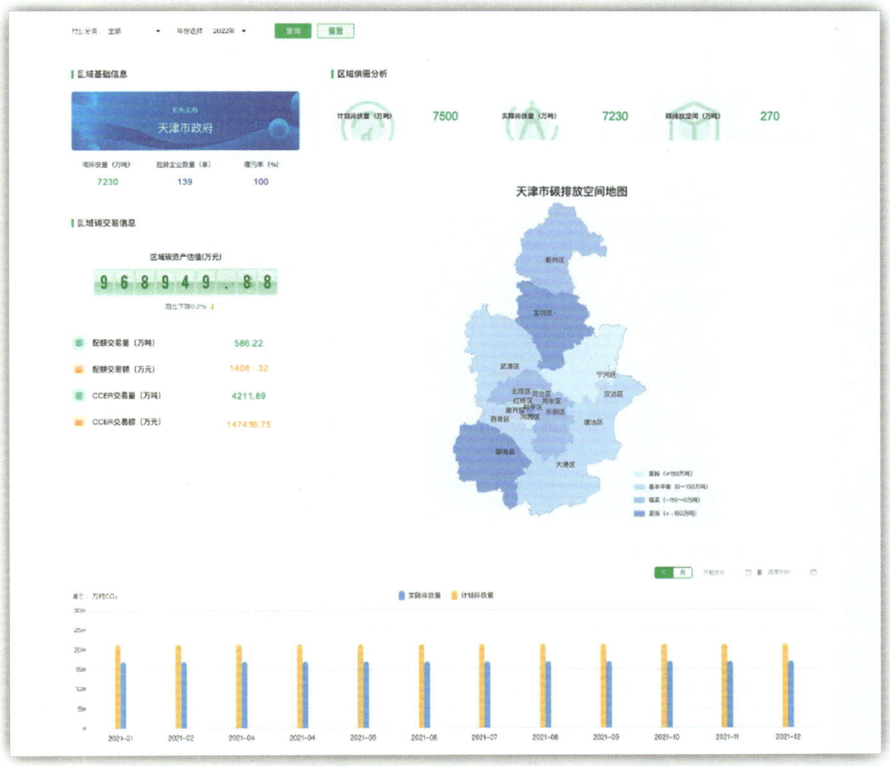

图12–15 碳供需分析

（5）碳金融服务。

为企业用户提供优质碳金融产品在线查询、申请、交易等一站式的碳金融服务（见图12–16）。服务区域政府、金融机构绿色项目管理，创建绿色项目库，进一步提升碳交易市场活跃度，助力能源产业链低碳绿色转型发展。

（6）碳普惠活动。

对社会公众的节能减碳行为进行具体量化和赋予一定价值，结合移动端小程序“津碳旅”（见图12–17），打造绿色出行、低碳生活、公共服务等减碳场景，建立起以商业激励、政策鼓励相结合的正向引导机制，鼓励居民个人参与到节能减碳生活中去，助力社会层面节能减碳目标达成。

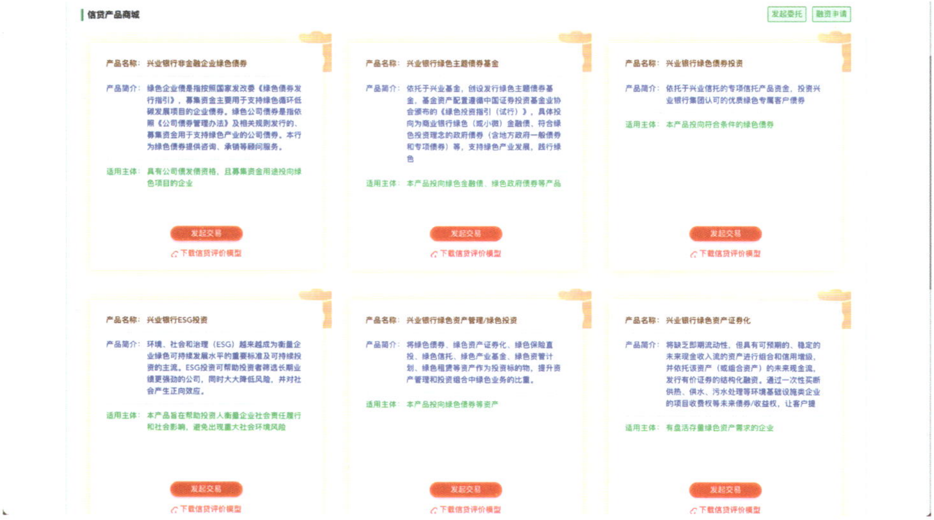

图 12-16 碳金融服务

图 12-17 碳普惠活动

3. 碳排放交易

碳排放交易功能面向区域控减排企业、社会大众、代理机构，提供智能化交易管理和分析，降低交易的平均成本，优化交易策略，支撑企业完成碳减排资产交易、碳配额交易及履约任务。帮助用户集中统筹管理碳资产，实现配额和CCER的数字化、智能化交易管理和分析。包括碳交易咨询服务、CCER协议交易服务、绿电交易撮合、碳交易记录等4项主要服务内容。

（1）碳交易咨询服务。

从碳市场交易规则及运行制度、交易运行分析、价格体系分析、碳金融管理、碳市场法律风险5个维度提供交易咨询服务（见图12-18），帮助企业充分利用现有碳资产价值，挖掘潜在的经济收益从而奠定碳管理能力和形象。重点面向控排企业，通过发布碳市场行情信息，结合企业配额盈缺状况，为企业提供智能推荐交易策略，最大化降低企业交易成本。

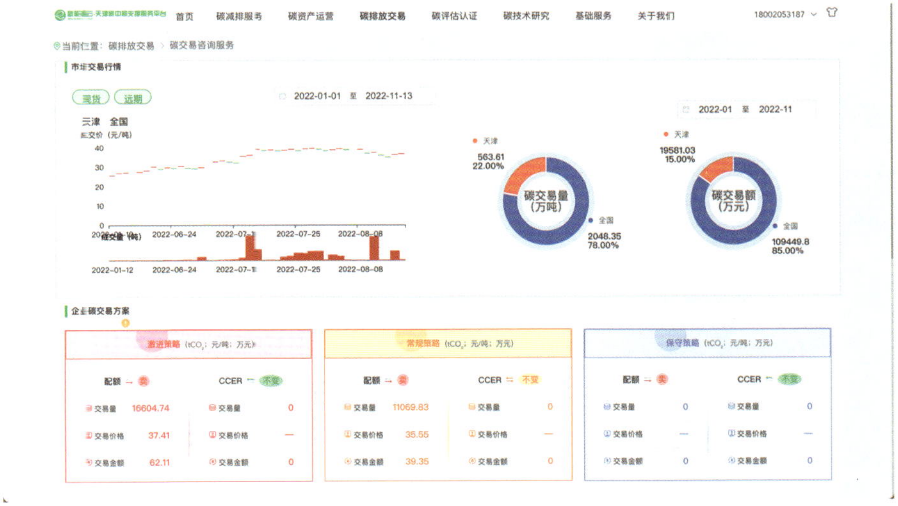

图12-18 碳交易咨询服务

（2）CCER协议交易服务。

基于碳交易市场控排企业配额履约时间、履约量、配额交易、CCER交易等信息，创建CCER资源和需求库，CCER持有方发布近期及远期资源；CCER需求方可根据履约及碳中和目标，发布采购需求，并支持买卖双方在平台上达成交易意向，降低企业甄别、挑选成本，见图12-19。

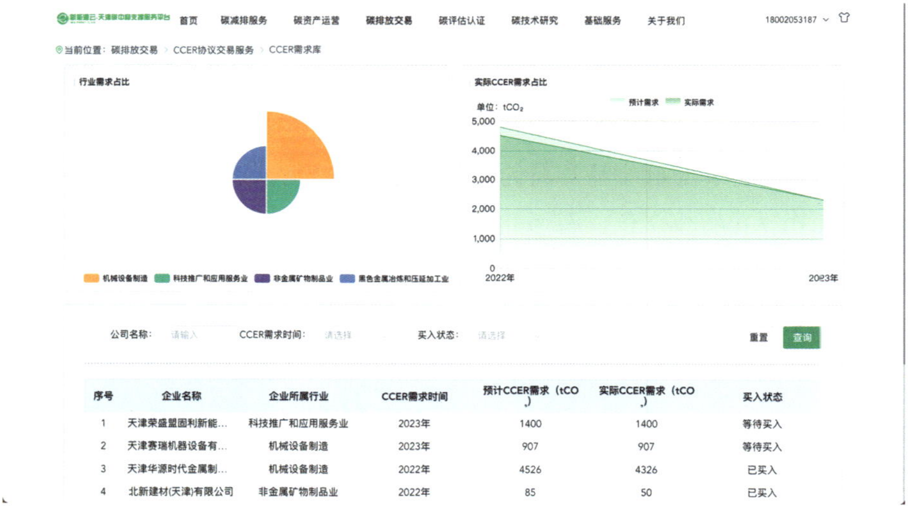

图 12-19 CCER 协议交易服务

（3）绿电交易撮合服务。

展示国内绿电市场、绿证市场、全国CCER市场及天津CCER市场的交易情况，以及为用户提供绿电市场及CCER市场参与决策服务，帮助用户更小成本履约，提升新能源场站项目效益。为企业用户提供绿电交易撮合平台（见图12-20），推动市场主体逐步提升绿色电力消费比例，提升天津市绿色能源消费市场活跃度。

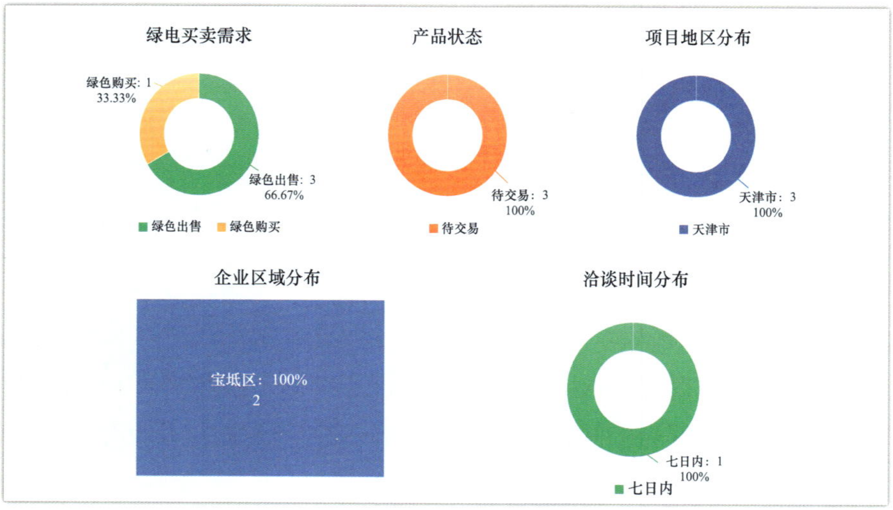

图 12-20 绿电交易撮合服务

（4）碳交易记录。

为企业碳资产交易提供线上记录、统计、分析功能（见图12–21）。企业通过线上维护各类交易信息的详细情况，对用户的卖出记录及月度累计购买量进行填报，实现交易记录精细管理，为企业后续资产统计分析以及交易辅助决策提供数据支持。交易品种包括减排量、配额，对用户的卖出记录及月度累计购买量进行管理维护，实现交易记录精细管理。

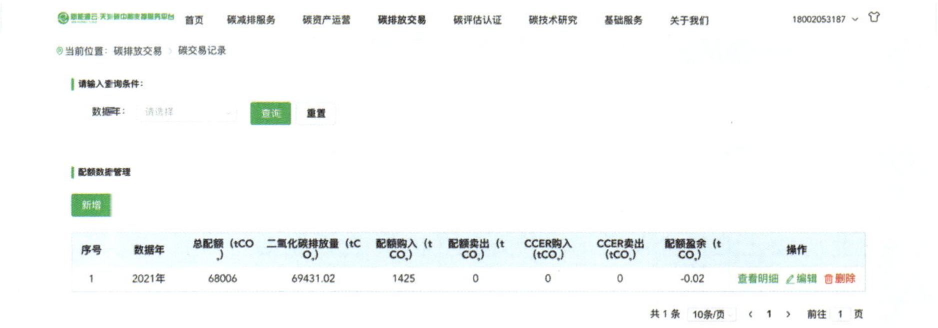

图12–21 碳交易记录

4. 碳评估认证

碳中和评估面向排放企业、园区和区域，基于碳排放、碳减排等监测分析数据，联合权威机构，开展以交易为目的的排放权单项资产评估和以融资为目的的碳资产评估，为企业提供绿色认证及碳评级的产品服务，帮助企业提升社会影响力。碳评估认证包括企业碳排评估画像、企业ESG评级服务、企业碳履约认证、企业碳中和认证、绿色产品认证等5项主要服务内容。

（1）企业碳排评估画像。

针对底数不清、数据分散、协同机制缺乏、企业碳效水平缺乏精准评价等问题，直观鲜明给企业"碳画像"（见图12–22），整体评判企业碳中和的程度，反映企业碳中和进程。通过碳排放数据整合与分析模型构建，开展多视角、全维度的数据应用，为政府、园区及企业提供碳效码及碳评级的产品服务。

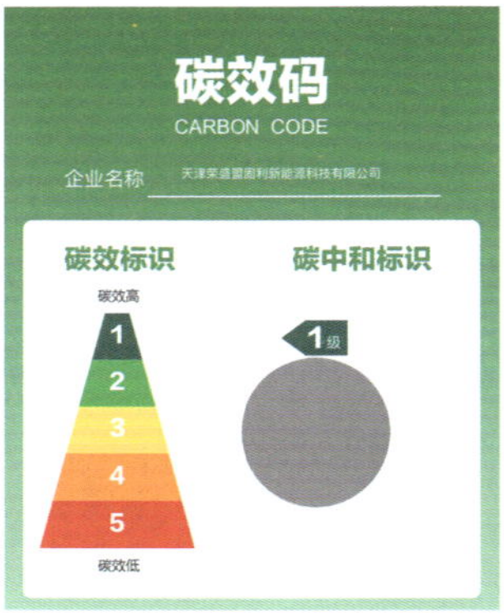

图 12-22 企业碳排评估画像

（2）企业ESG评级服务。

联合第三方审核机构将最新的投资理念与全社会环境可持续发展融合，整合企业所关注的社会发展、气候变化、人文关怀等发展因素，构建一整套低碳发展指标评价体系（见图12-23），引导金融机构向低碳企业、绿色企业、可持续发展企业投资，助力企业低碳循环发展。

图 12-23 企业ESG评级

（3）履约认证。

基于控排企业碳市场履约情况、核查报告等信息，由政府“双碳”主管部门为控排企业用户进行碳履约认证（见图12-24），为碳市场及时履约用户赋予认证码，为其后续在金融服务提供信用背书，提高企业在节能减排、污染控制等绿色环保技术创新和应用方面的积极性。

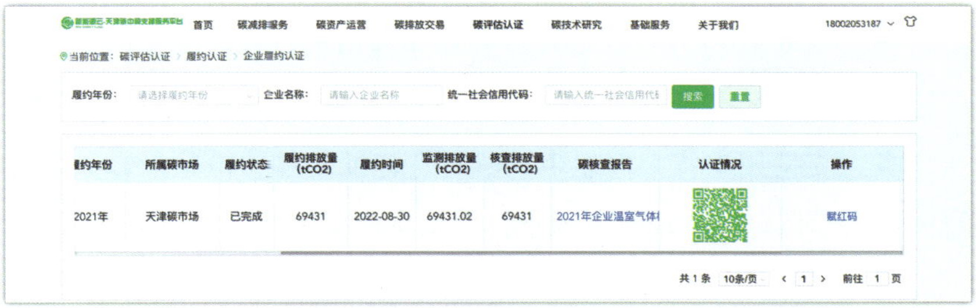

图 12-24 碳履约认证

（4）企业碳中和认证。

面向有碳中和需求的企业、园区或区域，提供碳中和计划的管理、碳中和凭证管理、碳中和证书签发管理等服务（见图 12-25），帮助用户从规划到认证评估闭环管理，支持第三方认证机构依据各类用户上传的核查凭证文件，对其碳排放情况进行碳中和判定，并完成碳中和证书签发，助力各类用户实现碳中和承诺。

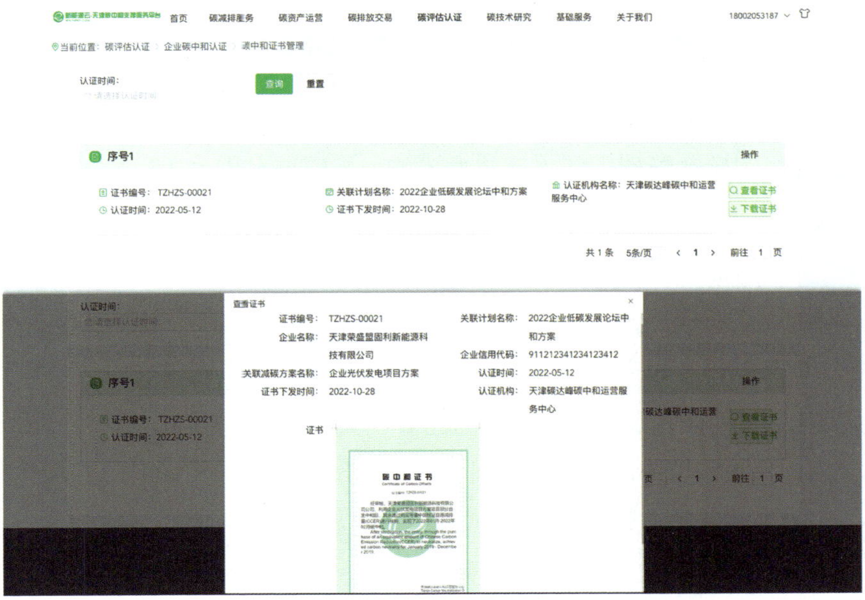

图 12-25 企业碳中和认证

（5）绿色产品认证。

帮助有绿色产品需求的企业了解产品计划、组织、实施、生产、检查、控制改进等生产经营活动在国家政策、规范标准、第三方检验评定等方面的信息咨询服务（见图12-26），节约企业在认证申报过程中的人力、物力和财力，保证认证过程的客观和公正。为有绿色产品申报需求的企业提供绿色产品申报服务，支持用户线上传递申请材料、佐证文件、检验报告、评价结果等信息内容，降低企业认证服务成本，帮助企业绿色低碳发展转型。

图12-26　绿色产品认证

5. 碳技术研究

通过组织碳达峰碳中和关键技术攻关，推广技术攻关成果落地应用，开展“双碳”战略支撑和技术咨询服务，提供低碳技术开发与转化支持，为“双碳”科技攻关和技术研发提供决策支撑。碳技术研究面向政府、排放企业、减排企业、社会大众等各类型用户，建立“政策宣传—标准整合—技术支持—案例引导”为主体的服务全社会生产生活方式低碳转型的信息库，赋能多元化数字生态构建。碳技术研究包括“双碳”技术咨询、“双碳”技术培训、“双碳”技术资源库、成果案例等4项主要服务内容。

（1）“双碳”技术咨询。

通过交易所、咨询研究机构、第三方核查机构、高校等行业权威组织资源整合，在政策研究、路径规划、标准制定、技术创新等方面提供专业化咨询服务（见图12–27），打造专业化技术支撑团队，为企业经营方式转变、用能方式优化提供技术支撑，为政府机构做好碳达峰碳中和顶层设计，优化地区、行业能源生产、消费结构提供决策支持。

图12–27 “双碳”技术咨询

（2）“双碳”技术培训。

整合法规标准、政策服务，归集国家、天津市碳业务相关法律、法规、政策、舆情热点等，为企业用户提供法规政策学习、培训、解读和宣贯等服务，助力企业碳市场知识学习与研究，支撑企业低碳人才储备与低碳发展规划，为建立健全碳中和数字生态提供必要保障。

（3）“双碳”技术资源库。

面向各类企业用户，聚焦不同产业、不同行业的低碳、零碳和负碳技术，构建“双碳”技术资源库，为企业低碳转型之路提供技术基础，引导企业技术升级、改造、创新，促进先进成果转化。收集并系统展示中国各行业主要低碳减排技术的减排效能和经济性参数，汇集收纳光伏技术，绿色建筑技术，化石能源清洁高效利用，固体废物资源化利用，碳捕获、利用与封存技术等相关数据参数和实现方法，展示相关技术项目的示范性工程（见图12–28）。资源库为各行各业节能减排提供技术储备和支持空间。

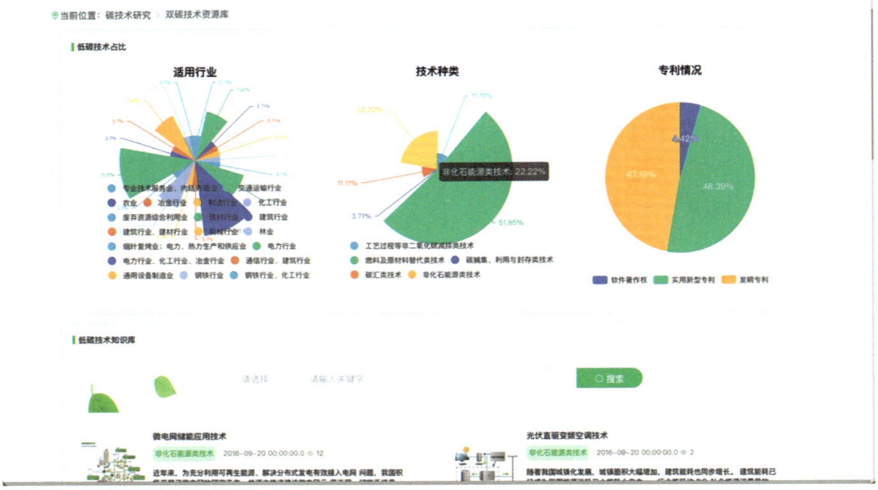

图12–28　“双碳”技术资源库

（4）成果案例。

基于区域内各类低碳减排项目、活动的开展情况，为企业用户提供区域减碳节能案例分享服务，展示区域内各类碳生态活动的成果，促进企业节能降碳工作开展。展示平台应用的成功案例（见图12–29），为用户寻找相似项目、相似服务、匹配需求提供便利，通过案例展示提高平台的影响力和经济社会交易，为供需双方创造良好的交流场所。

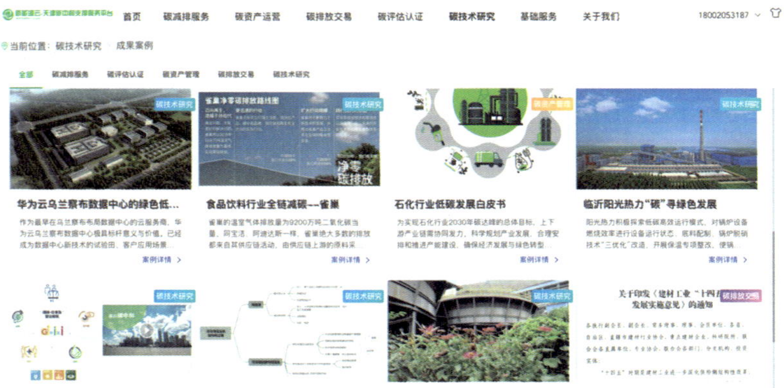

图12–29　成果案例

第三节 平台特色应用

平台聚焦天津地区行业企业碳排放特征与碳管理需求，以助力天津实现社会绿色低碳转型为目标，构建碳减排服务、碳资产运营、碳排放交易、碳评估认证、碳技术研究五大功能24项子功能，打造园区碳监测、乡村旅游碳监测、乡村旅游碳普惠、绿电交易撮合服务、月度碳管理账单、线上碳核查、企业碳中和认证等7项首创特色功能，自主研发区域碳排放与经济发展脱钩分析、低碳旅行碳足迹溯源算法、企业碳减排项目投资效益评估模型，为政府、企业、社会公众等各类主体提供全方位、全地域、全过程碳达峰碳中和综合服务，推动构建开放共享、协同创新、合作共赢的循环融通碳生态，服务天津全面高质量发展。

一、园区碳监测

平台首创园区碳监测功能，面向园区管委会用户，打造园区整体能源消耗核算、预警的监测分析服务体系。及时掌握园区能源消耗总量、碳排放总量等基本信息，并进行全时、全景、全流的动态碳排放监测，跟踪各企业碳效，提升监督管理工作质量。帮助园区管委会摸清园区整体及重点企业碳排放情况，为制定针对行业和企业低碳解决方案提供助力，推动园区创新、低碳、绿色化发展。

二、乡村碳监测

通过接入乡村生产生活煤、油、气、电、热等能源消耗数据，统计乡村旅游车辆停放信息、游客来源信息、游客驻留情况、平均游玩时长、电动汽车充电情况等数据，统计分析餐饮、住宿、交通、购物、娱乐各个环节产生的碳排放量（见图12–30）。打造天津市首个乡村旅游碳足迹模型，形成不同时间维度的旅游碳足迹排放清单。

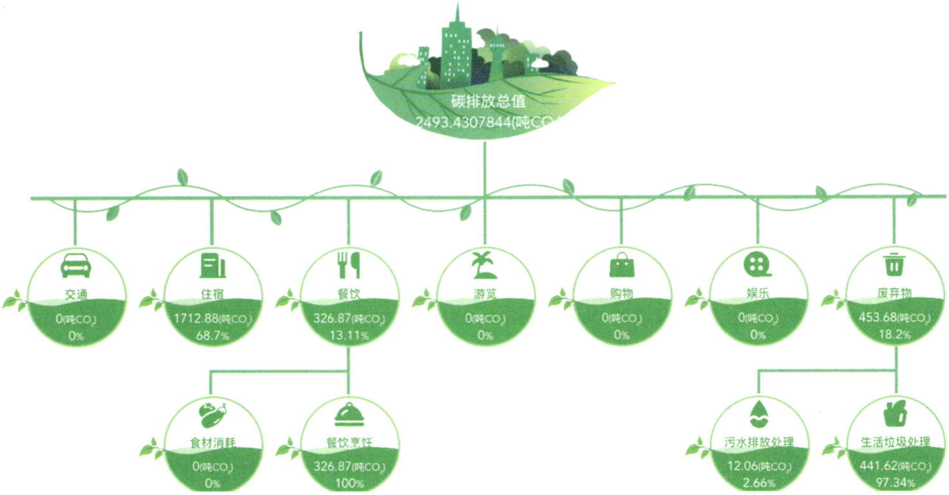

图 12-30 乡村碳监测

三、乡村旅游碳普惠

聚焦天津特色乡村旅游业，开发碳普惠小程序“津碳旅”，以村民和游客为用户主体，设立11大减碳行为激励机制，依据减碳行为兑换规则，量化其绿色出行、低碳生活方面的碳减排量，依据减碳行为兑换各类商品优惠券，鼓励游客和村民积极参与，形成首个旅游碳普惠激励机制。主要功能包括用户注册、普惠科普、减碳行为管理、减碳行为核证、减碳积分管理、减碳积分兑换等功能，如图12-31所示。

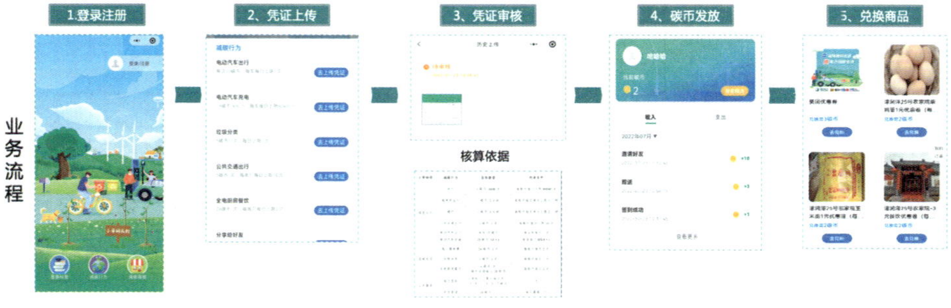

图 12-31 乡村旅游碳普惠

四、绿电交易撮合服务

为企业用户提供绿电交易撮合平台，支持绿色电力交易买卖双方依据本身业务开展需要发布绿电买入、卖出信息，为双方用户提供开放、平等、便捷的交易撮合平台。包含绿电交易信息披露、绿电交易信息管理、绿电商品信息管理3项功能。

五、月度碳管理账单

月度碳管理账单功能为天津市重点排放单位、意向开展碳管理等企业提供基于平台各类功能生成的月度碳排放等信息汇总报告，帮助企业深入分析能源消耗及碳排放趋势，开展企业能效对标分析，为企业解读“双碳”领域最新政策，提供碳市场交易资源、绿电交易资源等信息，提升企业碳资产管理绩效，并支持汇总报告全部内容线上编辑。

六、线上碳核查

面向重点排放单位与第三方核查机构。基于重点排放单位上传的碳排放核算报告和相关凭证材料，支持第三方核查机构通过平台识别核算边界、排放源种类、计量设备、核算能耗和排放量等，实现文件在线评审、报告填写生成等一站式服务，有效提升核查业务效率。

七、企业碳中和认证

为企业提供选定时间内的碳中和认证服务，支撑企业用户通过线上传递的方式，将碳中和计划、碳中和凭证、碳排放报告等信息传递给第三方认证机构，实现企业线上碳中和认证流程，认证机构依据上传的核查凭证文件，对企业的碳排放情况进行碳中和判定，证书签发，实现碳中和评估一站式服务。

参考文献

[1] IPCC. Special report on the ocean and cryosphere in a changing climate[R/OL]. 2019. https://archive.ipcc.ch/srocc.https//archive.ipcc.ch/srocc.https://www.ipcc.ch/site/assets/uploads/sites/3/2019/12/SROCC_FullReport_FINAL.pdf.

[2] Team I. Mass balance of the Greenland Ice Sheet from 1992 to 2018[J/OL]. Nature, 2019, 579(7798): 233–239. https://www.nature.com/articles/s41586-019-1855-2.

[3] IPCC.Working group Ⅱ contribution to the intergovernmental panel on climate change fourth assessment reportClimate change 2007: inpacts, adaptation and vulnerability[EB/OL].[2023-01-04]. https://www.ipcc.ch/site/assets/uploads/2018/05/ar4_wg1_full_report-1.pdf.

[4] 明月. 全球变暖可能导致稻米减产[J/OL]. 世界科学，2004(08)：46. https://kns.cnki.net/kcms2/article/abstract?v=LP6_FsDEj25BpKOQB4F91XMZywFeyhna_IOmzsk9uv48I9gY-n9E2H2NPuv0Unu_oAQivViSG4xrE0yH3cjRNcDHVypEXhD8FbDznX2_KXIiCgRg7ri9lg==&uniplatform=NZKPT&language=CHS.

[5] 沈永平，王国亚. IPCC第一工作组第五次评估报告对全球气候变化认知的最新科学要点[J]. 冰川冻土，2013，35(05)：1068–1076.

[6] Naeem S, Iii F S C, Costanza R, et al. Biodiversity and ecosystem functioning: Maintaining natural life support processes[M/OL]. Issues Ecol, 1999, 4: 2–12. https://www.docin.com/p-418369624.html.

[7] Michael Hoffmann et al. The Impact of conservation on the status of the world's vertebrates[J]. Science, 2010, 330(6010): 1503–1509.

[8] 陈成忠，葛绪广，孙琳，等. 物种急剧丧失·生态严重超载·跨越“地

球边界”·区域公平失衡·“一个地球”生活——《地球生命力报告2014》解读［J］. 生态学报，2016，36（09）：2779-2785.

［9］辛保安. 服务构建新发展格局　奋力推动高质量发展　谱写中华民族伟大复兴电力新篇章［N/OL］. 学习时报，2022-11-04［2023-01-04］. https://paper.cntheory.com/images/2022-11/04/A1/20221104A1_pdf.pdf.